LA ESPADA,
EL RAYO Y
LA PLUMA

Purdue Studies in Romance Literatures

Editorial Board

Floyd Merrell, Series Editor
Jeanette Beer
Patricia Hart
Paul B. Dixon

Benjamin Lawton
Howard Mancing
Allen G. Wood

Associate Editors

French
Paul Benhamou
Willard Bohn
Gerard J. Brault
Mary Ann Caws
Gérard Defaux
Milorad R. Margitić
Glyn P. Norton
Allan H. Pasco
Gerald Prince
David Lee Rubin
Roseann Runte
Ursula Tidd

Italian
Fiora A. Bassanese
Peter Carravetta
Franco Masciandaro
Anthony Julian Tamburri

Luso-Brazilian
Fred M. Clark
Marta Peixoto
Ricardo da Silveira Lobo Sternberg

Spanish and Spanish American
Maryellen Bieder
Catherine Connor
Ivy A. Corfis
Frederick A. de Armas
Edward Friedman
Charles Ganelin
David T. Gies
Roberto González Echevarría
David K. Herzberger
Emily Hicks
Djelal Kadir
Amy Kaminsky
Lucille Kerr
Alberto Moreiras
Randolph D. Pope
Francisco Ruiz Ramón
Elżbieta Skłodowska
Mario Valdés
Howard Young

PSRL   volume 32

LA ESPADA, EL RAYO Y LA PLUMA

Quevedo y

los campos

literario y

de poder

Carlos M. Gutiérrez

Purdue University Press
West Lafayette, Indiana

Copyright ©2005 by Purdue University. All rights reserved.

∞ The paper used in this book meets the minimum requirements of American National Standard for Information Sciences—Permanence of Paper for Printed Library Materials, ANSI Z39.48-1992.

Printed in the United States of America
Design by Anita Noble

Published with the help of the Charles Phelps Taft Memorial Fund, University of Cincinnati.

Library of Congress Cataloging-in-Publication Data

Gutiérrez, Carlos M., 1965–
 La espada, el rayo y la pluma : Quevedo y los campos literario y de poder / Carlos M. Gutiérrez
  p. cm. — (Purdue studies in Romance literatures ; v. 32)
 Includes bibliographical references and index.
 ISBN 1-55753-361-X (pbk.)
 1. Quevedo, Francisco de, 1580–1645—Criticism and interpretation. 2. Quevedo, Francisco de, 1580–1645—Political and social views. 3. Spanish literature—Classical period, 1500–1700—History and criticism. I. Title. II. Series.
 PQ6424.Z5G88 2005
 861'.3—dc22   2005005895

A mis padres, Manuel y Victoria

Índice

ix **Agradecimientos**
1 **Introducción**
    4 0.1. El estado de la cuestión
8 **Capítulo uno**
    El primer campo literario español
      8   1.1. Aspectos teóricos y metodológicos
   24   1.2. Para una teoría del campo literario español hacia 1600
60 **Capítulo dos**
    La interacción literaria: distinción, legitimación y violencia simbólica
   63   2.1. Góngora, Quevedo y las polémicas literarias en torno a la poesía
   75   2.2. Capital cultural simbólico y recepción literaria en la primera mitad del siglo XVII
   84   2.3. Góngora y el viraje hacia la producción pura: distinción, capitalización simbólica y toma de posición
   93   2.4. Genealogía del ingenio: de la agudeza verbal (siglo XVI) a la conceptualizada (XVII)
   98   2.5. Interautorialidad, legitimación literaria y violencia simbólica
107 **Capítulo tres**
    La interacción con el poder: literatura y sociedad cortesana en la España del siglo XVII
   114   3.1. Poética sociocultural del espacio cortesano
   121   3.2. Escritores y cortesanos: burocracia, clientelismo y mecenazgo
   139   3.3. La legitimación institucional de los escritores: academias, certámenes y justas
   149   3.4. Literatura y propaganda histórico-política
165 **Capítulo cuatro**
    El filo de la pluma: Quevedo y su interacción con el campo literario
   170   4.1. Las tomas de posición en la corte vallisoletana de 1603: Justo Lipsio, las *Flores* de Espinosa y la polémica con Góngora
   174   4.2. Hacia la acción por el ingenio burlesco
   182   4.3. Acción literaria y campo literario
        183   4.3.1. Conexión con la intelectualidad poshumanista y con la tradición literaria
        188   4.3.2. Las prácticas culturales cortesanas de Quevedo: competición, distinción e interautorialidad
        200   4.3.3. La práctica satírico-burlesca
   205   4.4. Acción literaria y campo de poder

217 Capítulo cinco

La pluma en el filo: Quevedo o la ansiedad política
  217 5.1. Biografía, trayectoria y literatura: para una unificación "política" del *habitus* quevediano
        221 5.1.1. A la sombra del poder: la relación con los duques de Osuna y Medinaceli y con el conde-duque de Olivares
        224 5.1.2. El "pensamiento político" de Quevedo
  227 5.2. Quevedo o el intelectual y el poder en la primera mitad del siglo XVII
        228 5.2.1. La ansiedad política
        237 5.2.2. Al servicio del poder: la colaboración con Olivares
        242 5.2.3. La hora de la desafección política: el pulso a Olivares
        255 5.2.4. El vasallo ante el Rey
  260 5.3. El *Deus ex machina* de lo religioso

265 Conclusión

272 Apéndice

Traducciones al español

275 Notas

307 Obras citadas

335 Índice alfabético

Agradecimientos

Ocupado lector: todo libro nace lleno de deudas y este no es una excepción. En su primitiva y reducida versión fue mi tesis doctoral (Arizona State University, 1998) y se benefició de la generosa tutela de los profesores Ángel Sánchez, Carlos Javier García y Nicholas Spadaccini. Por el camino ha ido recogiendo los valiosos consejos de Howard Mancing, así como los de los anónimos lectores externos recabados por PSRL. Si estas páginas tienen algo de provechoso, lector, a Pierre Bourdieu y a todos ellos se debe. Si el libro presenta pocas erratas, como espero y deseo, se deberá al tesón corrector de Susan Clawson. Finalmente, deseo agradecer a The Charles Phelps Taft Research Center y al Departamento de Lenguas Romances de la Universidad de Cincinnati su continuo apoyo.

Introducción

> Porque arriba te han puesto y allí estás
> y allí, sin duda alguna, permaneces,
> imperturbable y quieto,
> igual a cada día,
> como tú nunca fuiste.
>
> José Ángel Valente
> "A don Francisco de Quevedo, en piedra"

La crítica moderna se ha acercado al fenómeno literario de dos maneras. Una consiste en intentar reconstruir textos e idiosincrasias autoriales respetando la sincronía y recreando el contexto de prácticas sociales, económicas o literarias del que surgieron. Otra vertiente de la crítica ha ejercido sobre los textos o sobre sus autores una hermenéutica textual fundada en la filosofía, la lingüística, la antropología, la psicología o la sociología. A lo largo del siglo XX hemos asistido a multitud de reencarnaciones, más o menos felices, de esas dos maneras de encarar los textos; desde el positivismo filológico de la primera mitad del siglo hasta las corrientes posestructuralistas de nuestros días. El presente trabajo se apoya en ambas tradiciones.

La vida de un escritor del siglo XVII estaba compuesta por una sucesión abigarrada de desplazamientos, estrategias socioprofesionales, y reacciones a acontecimientos ajenos a dichas estrategias. Guiado por esa convicción, he tratado de recrear interpretativamente, sin violentar los textos, el conjunto de condiciones espaciotemporales en las que se gestó el primer campo literario español. Con esa intención, he tratado de conectar tres elementos: la intrahistoria de los escritores del XVII, sus obras y el marco social en el que éstas aparecieron. Es pues un análisis sociocultural amplio, sobre todo en sus tres primeros capítulos, que se irá centrando en los dos últimos al tratar particularmente de Francisco de Quevedo (1580–1645). Si he decidido ejemplificar en Quevedo ese haz de relaciones ha sido por tres motivos: porque el autor del *Buscón* es, en muchos sentidos (social, literario, relacional, vital), un escritor heterodoxo y complejo; porque su trayectoria coincide en buena

Introducción

parte con la gestación y prácticas sociales del primer campo literario español y, por último, porque su figura concita una especial interacción entre los campos literario y de poder.

El conjunto del libro es un intento por adaptar comprensivamente la teoría de campos de Pierre Bourdieu a la segunda parte del Siglo de Oro español[1] y se articula en torno a tres elementos progresivos de comparación o interacción que acabo de citar: Quevedo, el campo literario español en su conjunto y la sociedad cortesana en que se imbricaron ambos. Por el camino también saldrán a colación comparaciones con la situación sociocultural de Francia e Inglaterra en la época que reforzarán, ya sea por coincidencia o desvío, la condición del que propongo como primer campo literario español; campo cuyo eje de referencia podríamos establecer, de manera aproximada y por las razones que señalaré en el primer capítulo, en torno al Madrid del 1600.

Aunque mi trabajo propone una cierta reinterpretación de conjunto de la literatura española de la primera mitad del siglo XVII desde lo que se podría denominar "hermenéutica sociocultural," he procurado reducir al mínimo los anacronismos así como la aplicación de estrictas plantillas metodológicas, de ahí que en ocasiones haga una adaptación libre o, incluso, me desvíe de la metodología bourdieuana. La convicción que me guía es la de que al siglo XVII literario español le es imprescindible un acercamiento que dé cuenta de la interacción (inevitable, especial y causal) entre sus agentes, los escritores, así como de la de éstos con agentes pertenecientes a otros campos. Quizá por ello y a tenor del título del libro, sorprenda una cierta "excentricidad" de lo quevediano en los tres primeros capítulos, que "arqueologizan," *à la* Foucault, el contexto en el que se imbrican Quevedo y sus obras, a partir de la extensión de la lectura como práctica social que se constata a lo largo del siglo XVI. El presente libro quiere ser también una germinal intrahistoria socioliteraria de los primeros decenios del XVII español. En el proceso de articulación de esa intrahistoria he constatado, asimismo, el papel referencial que ostenta la historiografía sociocultural francesa. En ella sobresalen, además de los trabajos de Pierre Bourdieu, los de Roger Chartier y, el de Alain Viala, quizá el más directamente relacionado con mi trabajo. Viala es autor de *Naissance de l'écrivain*, un completísimo y documentado estudio que, partiendo de presupuestos bourdieuanos, analiza los orígenes y desarrollo históricos y sociales del escritor en la Francia del XVII. Llama poderosamente la atención que *La cultura del Barroco* (1975) maravaliana, magnífico paradigma de la historiografía de las mentalidades, igualmente de aliento francés, no fuera secundada en el hispanismo por estudios más específicos de historia de la cultura y del desarrollo del escritor dentro de esta.

Enfrentarse a Quevedo como simple lector intuitivo, en lo que Dámaso Alonso (*Poesía española* 37–45) llamaba primer conocimiento de la obra literaria, ya representa ciertos desafíos derivados de la vastedad e idiosincrasia de su obra. Hacerlo desde un segundo conocimiento (203–16), como crítico, representa todavía muchos más. Si a eso se añade el intento por incluir el contexto social donde se inserta su trayectoria, el panorama no puede ser más aterrador, teniendo en cuenta la multitud de visitas previas que a la vida y a la obra del autor de los *Sueños* han efectuado la filología, el formalismo, la estilística, el estructuralismo, la psicocrítica, la sociocrítica y el posestructuralismo. Con todo, espero que las deudas contraídas con la exhaustividad (por otra parte no pretendida) y el rigor que pueda manifestar este trabajo queden atenuadas, en alguna medida, por lo quijotesco de la empresa y por las dificultades de ese "esfuerzo totalizador," como señala Hans Ulrich Gumbrecht (Brownlee y Gumbrecht xvi).

Pierre Bourdieu propuso en varias obras un modelo teórico que explica los procesos de producción cultural, insertándolos en un contexto de interacción social y profesional. Al seguir ese procedimiento, Bourdieu elude una de las trampas más frecuentes en las que cae el inmanentismo crítico: colocar la práctica literaria en una esfera autónoma y exenta de interacciones con las estructuras sociales. Para evitarlo, propone un modelo que pone de manifiesto la interacción entre las estructuras sociales y las estructuras simbólicas propias del campo literario. En dicho modelo se van a basar parte de mis presupuestos teóricos los cuales definiré, junto con la metodología, en el primer capítulo: "El primer campo literario español."

El segundo capítulo, "La interacción literaria: distinción, legitimación y violencia simbólica," está dedicado primordialmente a identificar los espacios de contacto físicos o simbólicos de los escritores (academias, cofradías, antologías, preliminares de los libros, intertextualidad...). Uno de los resultados más evidentes de esa interacción social y literaria es la distinción, entendida como concepto bourdieuano, así como su reflejo en las prácticas literarias coetáneas de Quevedo. Para apoyar esta hipótesis dedicaré especial atención a cuatro factores claves. El primero de ellos es el que toca a los fundamentos sincrónicos del falso constructo crítico-literario "culteranismo frente a conceptismo," fijados en el propio siglo XVII mediante polémicas en torno a Góngora. El segundo es el viraje del propio Góngora hacia la producción pura y restringida entendido como mecanismo simbólico de distinción. También aludiré, en tercer lugar, a la importancia de las prácticas agudas e ingeniosas; desde las formas verbales propias del siglo XVI (Chevalier), hasta sus manifestaciones más conceptualizadas y elaboradas del XVII. Por último, trataré de explicitar la conexión entre el concepto de "interautorialidad," el cual propongo para explicar ciertas especificidades del periodo, y el proceso de legitimación socioliteraria.

El tercer capítulo, "La interacción con el poder: literatura y sociedad cortesana en la España del siglo XVII," pretende describir las prácticas de

Introducción

interacción tanto sociales como individuales entre ambos campos. Entre las sociales destacaré las academias y algunas otras prácticas culturales cortesanas. En cuanto a las individuales, me enfocaré en lo que podríamos llamar "alquiler de plumas" (Hurtado de Mendoza, Juan Antonio de Vera, Lope y Quevedo, principalmente) por parte del campo de poder. También destacaré de pasada, dado que lo trataré con más detenimiento en el capítulo quinto, la encarnación barroca del tema sempiterno del intelectual frente al poder.

El cuarto capítulo, "El filo de la pluma: Quevedo y su interacción con el campo literario," se centra ya en la "acción literaria" de Quevedo, concepto en el que incluyo sus tomas de posición dentro del campo literario. Para ello me remonto desde su estadía en la corte vallisoletana desde 1603, donde inicia la polémica con Góngora, hasta su postularse como escritor en la vena estoica y moralista de sus últimas épocas. Entre medias contemplaré el proceso de capitalización simbólica que de las prácticas literarias burlesco-ingeniosas hizo en sus primeros años, así como las obras que entraban abiertamente en el juego competitivo dentro del escalafón del campo literario. Vista como *habitus* activo, la escritura quevediana se manifiesta como una inmensa red de interacciones políticas y literarias.

El quinto y último capítulo, "La pluma en el filo: Quevedo o la ansiedad política" se orienta hacia la acción política de Quevedo, paradigma de las relaciones entre el intelectual y el poder. El punto de vista que asumiré es el de la interdependencia entre ambos propia, según Norbert Elias (145), de una figuración de poder como la Corte en cuya naturaleza reside implícitamente. El corpus del capítulo está compuesto por las obras quevedianas que desprenden más carga política: *La hora de todos,* las dos partes de la *Política de Dios,* el *Chitón de las Tarabillas* y la *Execración por la fe católica,* sobre todo, aunque sin olvidar otras como el *Discurso de las privanzas,* los *Sueños* o los memoriales relativos al patronato jacobino. Asimismo voy a relacionar la ambición de influencia política en Quevedo con la interactividad que desarrolló con miembros de la alta nobleza (los duques de Osuna y Medinaceli y el conde-duque de Olivares). Precisamente la defensa primero y el acoso del valimiento de éste último más tarde, indicios de la interacción entre los campos literario y de poder en el siglo XVII, constituyen el epicentro de esa acción política quevediana.

Espero argumentar de manera eficaz en las páginas que siguen mi propuesta de un Quevedo en quien tomaron cuerpo una ansiedad y una profunda ambición por la acción, ya fuera literaria o política, a cuyo fin dirigió, implícita o explícitamente, la mayor parte de sus obras.

0.1. El estado de la cuestión

Se clamaba en 1983 por la restitución textual de la "imagen auténtica de Quevedo" (Wardropper, *Historia y crítica* 534) y los años transcurridos no han sido rácanos con ese deseo. Las pruebas son numerosas. Ahí está, por ejemplo, la reciente biografía del escritor[2] a cargo de Pablo Jauralde. Numerosas ediciones han venido a engrosar la ecdótica quevediana: la del *Buscón* llevada a cabo por Fernando Cabo Aseguinolaza;[3] las de los *Sueños*,[4] a cargo de James O. Crosby—que ya no se basa en la *princeps* sino en la evolución del manuscrito, en un intento por paliar los efectos de la (auto)censura—y de Ignacio Arellano;[5] la de la traducción quevediana de *Il Romulo* de Virgilio Malvezzi (Bolonia, 1629 para el original; Pamplona, 1632 para la traducción), a cargo de Carmen Isasi Martínez;[6] la correspondiente a la llamada "Prosa festiva," de Celsa Carmen García Valdés;[7] la edición que Valentina Nider hizo de *La caída para levantarse*[8] escrita por Quevedo en San Marcos de 1639 a 1643; la publicación, previo feliz hallazgo, de la por siglos desaparecida *Execración contra los judíos* editada, por partida doble, por Alfonso Rey (BBMP) y Fernando Cabo Aseguinolaza y Santiago Fernández Mosquera (Barcelona: Crítica, 1993), que confirma el acendrado antisemitismo quevediano e ilustra muchos puntos de la defección quevediana de las filas del conde-duque de Olivares; la de *El chitón de las tarabillas*, debida a Manuel Urí Martín (Madrid: Castalia, 1998). Mención aparte merecen los esfuerzos ecdóticos de Editorial Castalia (edición de la prosa completa en proyecto liderado por Alfonso Rey) y de la Universidad de Navarra en sus Anejos de *La perinola*. En estos se han editado los prólogos quevedianos a las obras de fray Luis y de la Torre (1998), a cargo de Elias Rivers; el *Discurso de las privanzas* (2000), por Eva María Díaz Martínez; *Mundo caduco* (2000), por Javier Biurrun Lizarazu; *Lince de Italia u zahorí español* (2002), por Ignacio Pérez Ibáñez; y *Posibles inéditos de Quevedo a la muerte de Osuna* (2003), de Diego Martínez Torrón.

El acervo de los estudios quevedianos de matriz filológica se ha incrementado también con los índices de su poesía, a cargo de Santiago Fernández Mosquera y Antonio Azaustre Galiana (Barcelona: PPU, 1993); por el *Catálogo de los manuscritos de Francisco de Quevedo en la Biblioteca Nacional*, recogido por Isabel Pérez Cuenca (Madrid: Ollero y Ramos, 1997); las exhumaciones documentales y biográficas (*Quevedo y su familia en setecientos documentos notariales*, recopilados por Crosby y Jauralde [Madrid: Universidad Autónoma, 1992]; la citada biografía *Francisco de Quevedo (1580–1645)*, del mismo Jauralde; y *Quevedo y la poesía moral española*, de Alfonso Rey (Madrid: Castalia, 1995), donde también se hace un estudio temático, estilístico y de fuentes, por citar los ejemplos más sobresalientes. El artículo de Henry Ettinghausen "Quevedo 350 Years On" (1996) recoge y glosa alguna de estas adiciones. Para un *status quaestionis* de los estudios quevedianos más recientes me remito a los que Lía Schwartz presenta en *Historia y crítica de la literatura española* (*Siglos de Oro: Barroco, Primer Suplemento;* 1992) y en el volumen editado por Fernández Mosquera, *Estudios sobre Quevedo* (1995). También a los dos volúmenes de *Quevedo y la*

Introducción

crítica a finales del siglo XX (1975-2000), al cuidado de Victoriano Roncero y Enrique Duarte (Pamplona: Eunsa, 2002).

La mayoría de los estudios que se dedican a Quevedo suelen cubrir, por motivos obvios de especialización y acotación, aspectos parciales de su figura (temáticos, biográficos, genéricos, estilísticos, de obras singulares). La variedad y extensión de la obra literaria del escritor madrileño (prosa, poesía y teatro; obra "seria" frente a obra jocosa), así como las sombras y contradicciones que parecen poblar su vida y sus escritos (pro y contra Olivares; liricidad cuasi petrarquista frente a impiedad burlesca; estoicismo filosófico frente a un anhelo irrefrenable por ejercer influencia; conservadurismo frente a contestación sociopolítica) hacen problemática la búsqueda de un hilo conductor que nos guíe tanto por "Quevedo" (el hombre, el personaje histórico), como por "QUEVEDO" (el conjunto de la trayectoria quevediana más su producción literaria), y perdóneseme el guiño derrideano.

Uno de los aspectos quevedianos que menos se ha estudiado ha sido el de su interacción con toda la red de prácticas sociales, políticas y literarias que constituyeron su entorno. La crítica ha tendido o bien a aislar la individualidad del escritor o la de alguna de sus obras, obviando esa interactividad, o bien a extrapolar alguno de sus rasgos (su condición nobiliaria o su neoestocismo), convirtiéndolo en factor interpretador cuasi único de ciertas obras o de toda su trayectoria. Esto ha ocurrido con el formalismo y la estilística, por supuesto, pero también, si bien de modo diferente, con la sociocrítica, el estructuralismo o el posestructuralismo. Pero lo cierto es que no podemos cerrar los ojos a la complejidad social de la que surgen los sujetos españoles del llamado Siglo de Oro. Como apunta George Mariscal en *Contradictory Subjects*:

> ... the subject is in fact constituted by multiple and often contradictory subject positions and thus is always only a provisional fixed entity located at various sites (positionalities) within the general relations of production, systems of signification, and relations of power. (5 [1])

QUEVEDO ("posiciones" más "tomas de posición") sí puede resultar contradictorio cuando se buscan más en él la coherencia biográfica e ideológica que los resultados de su obligada interacción con agentes y estructuras. Estas contradicciones se suelen manifestar tras el cotejo y confrontación diacrónicos de diferentes tomas de posición. Esa tendencia a homogeneizar diacrónicamente tales sincronías suele ser la razón principal por la que Quevedo y muchos otros escritores se nos antojan en algún momento contradictorios. Por ello parece necesario aplicar cierta cautela a la hora de enfrentarse a esa sucesión de posiciones que conforma la trayectoria de un escritor. En esa diacronía ha de caber la variedad de discursos (clase, sangre, religión, etc.) con la que producía sujetos la cultura premoderna a la que pertenece el Siglo de Oro (Mariscal 5) pero también la interactividad inherente a determinadas prácticas sociales en la primera mitad del siglo XVII español.

La contradicción que se suele percibir en Quevedo ha de contrastarse con otras tomas de posición estrictamente coetáneas. Dicho de otra manera, los seres humanos evolucionamos ideológicamente en el transcurso de nuestras vidas y los escritores, a pesar de dejar testimonios ideológicos "sincrónicos" en forma de obras o precisamente por ello, no son una excepción. Por otro lado, la coherencia ideológica es algo que, se me ocurre, sólo sería idealmente concebible, y aun con reparos, en un contexto que albergara la máxima libertad política, la más amplia autonomía económico-profesional y la vida personal más anodina que imaginarse pueda. No parece que fuera el caso de un escritor del siglo XVII como quizá tampoco lo es realmente hoy ni lo será nunca. Finalmente, examinar ciertos textos con criterios exegético-literales y atemporales de verdad moral no se compadece con la naturaleza primera de los textos que es la de salir (o no salir) a la luz, en una época y una forma determinadas, sin prejuicio de la verdadera "ideología" de sus autores. Hablemos, pues, con precaución de las contradicciones ideológicas quevedianas, y mucho más si nos paramos a considerar la naturaleza eminentemente instrumental—esa es al menos mi opinión—que tienen muchos textos de nuestro escritor.

Capítulo uno

El primer campo literario español

> Mais le jeu suprêmement savant que joue Jacques Derrida suppose la lucidité dans l'adhésion au jeu.
>
> Pierre Bourdieu
> *La distinction*

> But when one draws a boundary it may be for various kinds of reason. If I surround an area with a fence or a line or otherwise, the purpose may be to prevent someone from getting in or out; but it may also be part of a game and the players be supposed, say, to jump over the boundary; [...] So if I draw a boundary line that is not yet to say what I am drawing it for.
>
> Ludwig Wittgenstein
> *Philosophical Investigations*

> Yo no sé cómo me avendré con ellos;
> los puestos se lamentan, los no puestos
> gritan, yo tiemblo destos y de aquellos.
>
> Cervantes
> *Viaje del Parnaso*

1.1. Aspectos teóricos y metodológicos

La crítica literaria de la segunda mitad del siglo XX ha prescindido generalmente del individuo. Las causas de este desdén hay que buscarlas, bien en la reacción frente a excesos anteriores (exaltación romántico-idealista del artista y/o del personaje) o en la confianza ciega en la autosuficiencia taxonómica y hermenéutica de formas, funciones, mecanismos y estructuras. Pensadores como Anthony Giddens (205–06) atribuyen este "descentramiento del sujeto" al influjo de Saussure y al hecho de que teóricos como Foucault, Lacan o Lévi-Strauss hayan considerado irrelevante al autor a la hora de interpretar un texto. De ahí, continúa el profesor inglés, que tanto el estructuralismo como el posestructuralismo asumieran en muchas ocasiones que los textos tenían capacidades autogeneratrices (211) y que sus autores eran irrelevantes. Los estudios literarios han adolecido, en ocasiones, de este desprecio hermenéutico del sujeto por el que los escritores quedaban reducidos a repertorios de fuentes, técnicas y formas o, en otros casos, a aparecer como simple reflejo de estructuras alienatorias y mecanicistas. En este último caso se consideraba que el espacio de (auto)determinación del sujeto era prácticamente inexistente al estar predeterminado por la sociedad, por el inconsciente propio o de los personajes[1] y por la propia escritura.

En los últimos años parece haberse producido una reacción a esa segregación del individuo y, en paralelo, una incorporación a los estudios literarios de la preocupación crítica por poner de manifiesto la interacción entre lenguaje, contexto y referente.[2] Buena parte de esa reacción se ha apoyado, directa o indirectamente, en la filosofía de Ludwig Wittgenstein y en la sociología de procesos de Norbert Elias. El impulso del filósofo anglo-austriaco a esa reacción se funda, de alguna manera, en su rechazo a desligar el lenguaje de su contexto de interpretación. De todos modos, ha sido quizás Elias quien ha tenido un influjo más directo en los estudios socioliterarios. Recordemos algunas de sus ideas: (a) los seres humanos actúan de manera interdependientes en figuraciones sociales formadas por ellos y que incluyen gente a la que desconocen; (b) esas figuraciones están en continuo cambio y éste puede ser corto y efímero o lento y de larga duración; (c) los cambios de larga duración están estructurados a pesar de ser imprevistos y no planeados; (d) el conocimiento humano se desenvuelve dentro de figuraciones humanas y constituye un importante aspecto del desarrollo de conjunto de las mismas (Mennell 252). Como conclusiones a todo lo anterior se desprende que las prácticas sociales están constituidas por la interdependencia e interactividad entre los individuos que las forman, que evolucionan constantemente y que acaban por generar estructuras. El campo literario fue una de esas figuraciones sociales, fruto de una lenta evolución y, como tal, acabó estructurándose de manera inevitable. Quien más se ha distinguido en la elucidación de esas prácticas sociales estructuradas que conforman la figuración que llamamos "campo literario" ha sido el sociólogo francés de la cultura Pierre Bourdieu, recientemente desaparecido. También es de destacar un nuevo enfoque disciplinar que se ha dado en llamar *career studies* y que se centra en estudiar las carreras literarias de un escritor o de un grupo de escritores, fundándose sobre todo en modelos "profesionales" surgidos en la antigüedad clásica (la *rota* virgiliana o bien el caso de Ovidio) y en las diversas alternativas genérico-estilísticas (bucólica, pastoral, épica, amorosa) entre las que dichos poetas podían optar. Este enfoque se originó en los años ochenta con un par de estudios seminales: *The Life of the Poet* (1981), de Lawrence

Lipking, y *Self-Crowned Laureates* (1983), a cargo de Richard Helgerson (Cheney, "Jog on" 4). Estos ensayos se complementan perfectamente pues si el primero historiaba el proceso de autodescubrimiento de los escritores, el segundo se centró más en las estrategias de autorrepresentación de éstos (5). Aunque este enfoque se ha centrado en la literatura inglesa, es de notar su reciente preocupación por las carreras literarias de escritores españoles de los siglos XV–XVII como Rojas, fray Antonio de Guevara, Garcilaso y Cervantes. Es el caso del reciente volumen *European Literary Careers: The Author from Antiquity to the Renaissance* (2002), editado por Patrick Cheney y Frederick de Armas, donde se alternan estudios sobre autores de la antigüedad con escritores italianos e ingleses, además de los españoles de la temprana modernidad ya citados. Este acercamiento es sumamente valioso aunque para adquirir plena funcionalidad como espejo de carreras literarias modernas o premodernas ha de ir, quizá, de la mano con otros factores evolutivos dentro de la historia literaria como son la emergencia de un mercado de masas propiciado por la imprenta, por tasas de alfabetización más amplias, por la irrupción de nuevos géneros (la novela, la tragicomedia) y, por último, por el lento proceso histórico que acaba creando la figura del autor moderno como sujeto social y el campo literario como constructo socioprofesional. Todos ellos son factores que, por separado pero sobre todo tomados de conjunto, suponen un salto cualitativo fundamental que alteró desde la temprana modernidad y de manera definitiva la relación clásica entre autor, texto y público lector.

La llamada "teoría de la acción" [*Action Theory*] se articula en torno al concepto de *Agency*; esto es, la capacidad de maniobra que un agente tiene en su interacción con estructuras y prácticas sociales, supuesto del que parten los trabajos de Pierre Bourdieu.[3] De la amplísima obra de éste me interesa especialmente la interpretación generativa y relacional que hace de la cultura (particularmente de la literatura) en libros como *La distinction* (1979), *The Rules of Art* (orig. *Les règles de l'art*, 1992) o *Razones prácticas* (orig. *Raisons pratiques*, 1996). En ellos se lleva a cabo un análisis sociocultural por el que desfilan la interrelación entre los agentes y los campos profesionales a los que pertenecen, así como las relaciones de ambos con el campo de poder.

La sociología de la cultura de Bourdieu parte de la convicción de que las obras culturales, especialmente las literarias, se suelen producir en un universo social propio auspiciado por instituciones y leyes específicas. A ese universo social lo llama "campo." Su teoría de campo estudia diversos grupos profesionales (sacerdotes, juristas, escritores, intelectuales, pintores, etc.) que funcionan como microcosmos sociales con estructuras y leyes propias. Precisamente en la teoría de campo se funda parte de su distanciamiento de otros acercamientos sociológicos, pues en su esquema los grandes cambios estructurales o los cortes epistemológicos han de pasar, necesariamente, por el tamiz mediador de la propia estructura interna del campo:

> The efficacy of external factors, economic crises, technical transformations, political revolutions, or quite simply social demand on the part of a particular category of patrons, of which traditional social history seeks the direct manifestation in the works, can only be exercised by the intermediary of the transformations of the structure of the field which these factors may determine. (*Rules* 204 [2])

Con este enfoque, el sociólogo francés se distancia no sólo de otras aproximaciones sociológicas a la literatura[4] sino que también propone una tercera vía en cuanto al tratamiento de los textos. Su modelo se desvía tanto de la tradición de lectura intrínseca o interna, que considera a los textos independientemente de las condiciones históricas en que se engendraron como de la lectura externa, normalmente asociada con la sociología y que refiere las obras directamente a las condiciones socioeconómicas del momento, obviando a la vez la acción y la interacción de los agentes (*Field* 163). Esa consideración "activa" y gremial de la práctica cultural es una de las mayores diferencias que presenta respecto a otros modelos de análisis socioliterario como la sociocrítica, cuyos exhaustivos análisis buscan, con herramientas más especializadas (la microsemiótica) el reflejo en los textos de discursos y estructuras sociales.

No se puede concebir una sociología del campo literario español del siglo XVII sin asumir la existencia, a su vez, de una sociología de la lectura y de una sociología de la escritura como las entendía Noël Salomon ("Algunos problemas" 18). Por sociología de la lectura, Salomon entiende un estudio de "sociología del público" donde se dé cuenta tanto de su diversidad receptora como los factores que inducían al éxito o al fracaso literarios de determinadas obras en cada una de las capas sociales (28). Finalmente, aboga por una semántica histórica (30) como método para encarar las obras de otras épocas. En lo que respecta a la sociología de la escritura, Salomon propugnaba una taxonomía compuesta por tres tipos de escritores: los aristócratas (Santillana, Garcilaso), los artesanos (Juan del Encina, Lucas Fernández, los poetas "capellanes" del XVII) y dramaturgos como Lope que se aprovecharon de que el teatro entró en una dinámica de producción-consumo (20–22). Sobre la adecuación de una taxonomía tan sencilla a un proceso tan largo, dinámico y complejo como la aparición del primer campo literario (y, consecuentemente, de los primeros escritores-autores), habría mucho que discutir pero no deja de ser un buen punto de partida. Nos encontramos ante un largo proceso de afianzamiento del libro; es decir, de la escritura difundida mediante textos impresos, que acabó dando lugar a "una auténtica *República de las Letras*" entre los siglos XV y XVII dentro de un contexto general de formas de comunicación variadas (Bouza, *Del escribano* 10).

Asumir la existencia de un campo literario a la altura de 1600 implica también tomar en consideración qué cosa se entendía entonces por literatura. Para ello es muy útil la genealogía que del constructo literario trazan Wlad Godzich y Nicholas Spadaccini (xi) en *Literature among Discourses*, donde se nos recuerda cómo el romanticismo alemán fue el verdadero acuñador del concepto de historia literaria y cómo dicho movimiento percibió en el Siglo de Oro español un momento decisivo y convalidador en la formación y desarrollo de tal constructo. Aunque advirtiendo que no se trata de una taxonomía pura ni sucesiva, Godzich y Spadaccini trazan las cinco fases por las que ha atravesado el constructo literario: preliteratura, literatura entre discursos, institucionalización de la literatura, hegemonía y, finalmente, la literatura puesta en cuestión (xi). No nos hallaríamos pues ante un concepto a la manera hegeliana sino, más bien, ante un fenómeno dinámico e históricamente atestiguado (xi). Es precisamente de esa historicidad de las prácticas literarias individuales o sociales desde donde voy a partir en mi investigación. En la época en la que se centra este estudio confluyeron, en mi opinión, varias fases del constructo literario que citaba arriba. Por un lado, ese literaturizar entre discursos que nos remite, en cierto sentido, a la heteroglosia bajtiniana y que en Quevedo puede hallar reflejo, por ejemplo, en textos como la *Execración contra los judíos* donde se intersectan el discurso antisemita emanado de la obsesión por la limpieza de sangre y los de la oposición política al conde-duque de Olivares, Gaspar de Guzmán y Pimentel (1587–1645). En esta época asistimos también a los primeros atisbos de institucionalización y notoriedad del hecho literario propiciadas por numerosas prácticas culturales cortesanas (competiciones poéticas, academias, fiestas palatinas, etc.). Un reflejo de tales prácticas es la materialización de lo que podríamos llamar el *sociotopo*[5] conceptualizador del campo literario: las academias.

El objetivo del análisis de las obras culturales propuesto por Bourdieu consiste en hallar la relación entre dos estructuras: la de las obras y la del campo que las produce. En la estructura de las obras caben consideraciones de género, estilo y tema; en la del campo correspondiente (literario, artístico, científico, jurídico, etc.) interesa conocer la correlación de unas fuerzas internas cuyo fin no es otro que alterar la estructura de poder de dicho campo, poniendo en cuestión formas y estilos establecidos. De ese modo, conservar o transformar la relación de fuerzas previamente instituida en el campo de producción es el verdadero motor de cambio de las obras culturales o científicas, en una sucesión de choques simbólicos cuyas sedes son los campos de producción correspondientes (*Razones prácticas* 63).

Por lo que se refiere al campo literario, las estrategias de los agentes inscritos en esas luchas, es decir, sus *tomas de posición* (específicas, como las estilísticas, o no específicas, como las políticas, las éticas, etc.), dependen de la *posición* que ocupen en la estructura de campo. El organigrama de esa estructura suele estar constituido por la distribución de lo que el profesor francés llama "*capital simbólico específico,*" sea éste institucionalizado—caso de cargos y prebendas honoríficas—, o no institucionalizado—como suele ocurrir en la producción pura ("el arte por el arte," es decir, literatura hecha para consumo interno del campo literario y con la vista puesta en lograr prestigio dentro del mismo). El objetivo último del "juego" consiste así en perpetuar las reglas en vigor o en subvertirlas (Bourdieu, *Razones prácticas* 63–64).

Una vez definida la estructura de campo, Bourdieu desglosa su funcionamiento, su lógica interna. Una de las fuerzas animadoras que habitan en el interior de todo campo es para él la *distinción*, fuerza instrumental que ejemplifica la puesta en cuestión de la jerarquía interna del campo. Todo campo literario está sujeto a una dialéctica de la distinción y a una sucesión de acción-reacción, o de pretensión-distinción (*Rules of Art* 126). Dentro de esa distinción caben muchos pares oposicionales que acaban por estructurar el campo cultural en forma de *tomas de posición* (*prises de position*) de cada agente: ortodoxia frente a heterodoxia; elección de géneros; noveles frente a consagrados; arte puro ("el arte por el arte") frente a arte social, comprometido o de masas. Estas tomas de posición, a su vez, están mediatizadas por las posiciones disponibles en cada campo, así como por el perfil de los agentes que las ocupan en ese momento. El objetivo de la dialéctica distincional es la búsqueda de la *legitimidad* social o artística, generalmente conferida por las instituciones (academias, premios, etc.), que suele entrañar beneficios directos o indirectos. La legitimidad, a su vez, posibilita el monopolio del ejercicio legítimo de lo que Bourdieu llama "*violencia simbólica,*" uno de cuyos resultados es la confección, establecimiento o pertenencia a un canon. Todos los conceptos hasta aquí referidos se imbrican en una compleja red de relaciones entre individuos (agentes, productores culturales) y entre ellos y las formaciones, agentes y estructuras sociales que los rodean, sobremanera el campo de poder. La moneda de cambio de muchas de esas relaciones es el *capital simbólico*, que queda definido de la siguiente manera:

> El capital simbólico es cualquier propiedad (cualquier tipo de capital, físico, económico, cultural, social) cuando es percibida por agentes sociales cuyas categorías de percepción son de tal naturaleza que les permiten conocerla (distinguirla) y reconocerla, conferirle algún valor. (*Razones prácticas* 108)

El capital simbólico es pues una manifestación específica del capital cultural que es, a su vez, una nueva forma de capital añadida a las tres que venía reconociendo la teoría económica contemporánea: capital físico (máquinas, plantas, edificios...), que es el destinado a la producción de bienes de consumo; capital humano (conceptualizado, entre otros, por Gary Becker) y capital natural, que es el relativo a los recursos naturales (Throsby 45). El capital cultural, que en opinión de Throsby se aproxima en su expresión individualista al capital humano, existe a su vez en dos formas: tangible (edificios, objetos, obras de arte) e intangible (intelectual, derivado de ideas, prácticas, creencias o valores compartidos por un grupo (46 49). En el caso que nos ocupa, el capital que más interesa es el capital cultural simbólico y cómo era percibido, reconocido y distinguido en la España de la primera mitad del siglo XVII.

Otro concepto fundamental del modelo de Bourdieu es el de *habitus*, definido como "principio generador y unificador que retraduce las características intrínsecas y relacionales de una posición en un estilo de vida unitario, es decir, un conjunto unitario de elección de personas, de bienes y de prácticas" (*Razones prácticas* 19). El *habitus* viene a ser la mediación entre la acción y la estructura (entendida aquí como contexto social). Así pues, a través del *habitus* se conforman y guían todas las elecciones sociales hechas por un agente o, lo que es lo mismo: el conjunto de prácticas diferenciadoras, de tomas de posición, acaba por dibujar un *habitus* único y distintivo. A la vez, los *habitus* son "principios generadores de prácticas distintas y distintivas" tanto como "esquemas clasificatorios, principios de clasificación, principios de visión y de división, aficiones diferentes" (20). Según lo formula Bourdieu, el *habitus* no es mero producto del campo social o una forma de clase social, como erróneamente cree Jacques Dubois (90), y sí un proceso cognitivo en el que el agente va adquiriendo experiencia social y canalizando su interacción social en función de sus objetivos.

Otra crítica al *habitus* la encontramos en Jeffrey C. Alexander, para quien dicho concepto acaba siendo un oxímoron al representar una estrategia inconsciente por parte de los agentes (152). Garry Potter, al que me remito, ha dedicado un artículo a rebatir a Alexander y a demostrar cómo al insertarse en el modelo de campos el *habitus* no hace, precisamente, sino resolver la dicotomía existente entre el determinismo de la estructura y la agencia humana.

El modelo de Bourdieu se cierra con la consideración de las relaciones entre los agentes y de los agentes con su propio *habitus* y con las fuerzas presentes en los campos a los que pertenecen. La estela de todas estas relaciones acaba dibujando una *trayectoria* (que el profesor francés se apresura a distinguir de la biografía pura y simple), constituida por las sucesivas *posiciones* ocupadas por un mismo agente en el campo literario, fuera del cual no tendrían definición posible (*Field* 189). Dichas posiciones se relacionan con las *tomas de posición* y con el conjunto de potenciales elecciones al alcance de un agente, lo que Bourdieu llama "*espacio de posibles*":

> However great the effect of the field, it is never exercised in a mechanical fashion, and the relationship between positions and position-takings (notably works of art) is always mediated by the dispositions of agents and by the space of possibles which they constitute as such through the perception of the space of position-takings they structure. (*Rules* 256–57 [3])

Esta interrelación entre posiciones, tomas de posición y espacio de posibles desmonta, en mi opinión, el determinismo que se le achaca al modelo bourdieuano.

La ciencia de las obras culturales que plantea Bourdieu implica tres operaciones: (a) el análisis de la posición sincrónica del campo respectivo (el literario aquí) con respecto al de poder, así como su evolución diacrónica; (b) el análisis de la estructura interna de ese campo, es decir, de las luchas de individuos o grupos que compiten por la ocupación de posiciones y por la legitimidad; (c) la ontogénesis del *habitus* de los ocupantes de esas posiciones o, lo que es lo mismo, del producto de las trayectorias sociales de sus ocupantes y de su posición dentro del campo, siendo las primeras consecuencia de la segunda (*Rules* 214). Se trata de mostrar la interacción entre agente y formaciones y estructuras sociales por medio de un "*estructuralismo genético*" cuya función es explicar tanto la génesis de las estructuras sociales—el campo literario—como la génesis de las disposiciones del *habitus* de los agentes envueltos en esas estructuras (*Field* 162). La misma preocupación expresaba Norbert Elias en *The Court Society*, al tratar de explicar las condiciones y proceso de formación de ciertos grupos sociales influyentes:

> With few exceptions such as economic and social history, the individual works and deeds of people belonging to particular social elites are still usually chosen as an historical framework of reference, without the sociological problems of the formation of such elites becoming part of the study. (15 [4])

Elias dirigía su crítica a los modelos historiográficos que, centrados en individualidades históricas, desprecian el contexto en el que surgieron tales individuos. Su propuesta es clara: hay que plantear los estudios centrados en las ciencias humanas en términos de interdependencia. Para ello dedica parte del libro a mostrar los mecanismos de creación y pervivencia del régimen absolutista de Luis XIV, paradigma para cierta historiografía que entiende la historia como una mera sucesión de impulsos individuales. Una crítica, por lo demás, que se podría hacer extensiva a muchos modelos de análisis literario que aíslan el objeto de estudio y no se cuestionan por qué, cómo y desde dónde llegó un determinado escritor a ocupar una determinada posición dentro del campo literario y a escribir determinadas obras. En sintonía con las propuestas de Elias, Bourdieu aboga por "romper con el intuicionismo y con la complacencia narcisista de la hermenéutica," para lo que "hay que conocer completamente la historia del campo de producción que ha producido a los propios productores" (*Rules* 302).

Cuando se trata del modelo de estudio cultural bourdieuano hay que elogiar su esfuerzo reflexivo por elucidar la relación entre sujeto observador y objeto de estudio.[6] La herramienta universal que propone Bourdieu para tal reflexividad consiste en aplicar lo que él llama la "*doble historización*," que atañe tanto a la tradición como a la "aplicación" de la tradición para asegurar el dominio teórico del proceso de comunicación cultural. Para lograr esa doble historización propone un modelo de trabajo (*Rules* 309) que requiere la reconstrucción tanto del espacio de posibles posiciones en relación al cual se elabora el objeto histórico a interpretar (texto, documento, imagen, etc.), como del espacio de posibles desde el que se interpreta. Ese, de hecho, es el reproche que el sociólogo francés le hace a la lectura que Derrida hace de la *Crítica del juicio* de Kant: "Mais le jeu suprêmement savant qui joue Jacques Derrida suppose la lucidité dans l'adhesion au jeu" (Bourdieu, *La distinction* 580). Pero la alarma ante el salto despreocupado y no siempre percibido que se produce entre objeto investigado y sujeto investigador no es privativa de Bourdieu. También Elias propugnaba, a su manera, una especie de "doble historización" (ser consciente del desfase entre el objeto de estudio y el punto de vista del analista), aludiendo a la perspectiva errónea que supone utilizar conceptos e ideas de nuestro tiempo para estudiar el pasado y minimizar la importancia de factores que en otra época sí la tuvieron. Para ilustrar esto Elias pone el ejemplo de la etiqueta y del ceremonial, a los que no se prestaba la debida importancia contextual como refuerzo y símbolo de la jerarquía dentro de las sociedades cortesanas (28–29). Algo parecido podría decirse de la importancia de la ostentación en otra cultura cortesana como era la del XVII español. La ostentación juega un papel importantísimo en la cultura barroca, como oportunamente señaló José Antonio Maravall en *La cultura del Barroco*. Era uno de los rasgos fundamentales no ya de la cultura sino de la sociedad y del sistema político en su conjunto. Baste recordar la importancia que tenía el concepto de "reputación" para reyes y privados (especialmente para Olivares que lo veía como uno de los pilares de la política exterior), dado que tiene numerosos vínculos con la ostentación. En el caso de la ostentación de tipo social, sus motivaciones son bien claras al menos desde Max Weber, quien ya señalaba en *Economy and Society* que el lujo no era algo superfluo para los nobles en el sistema feudal sino, más bien, un mecanismo de autoafirmación. Otro tanto ocurre en la sociedad cortesana. La ostentación de vestidos, coches (recuérdese el lastimoso caso de

Góngora) o poetas no era más que un símbolo del lugar que se ocupaba en la sociedad cortesana. Por eso tiene sentido que, en una época en la que la literatura en general y la poesía en particular gozaban de tanto reconocimiento, se produjera una escena como la que narra Quevedo en una carta que le dirige al duque de Osuna el 21 de noviembre de 1615. Al hacer relación de los festejos celebrados en Burgos con motivo de la boda real franco-española y glosando los cortejos nobiliarios escribe don Francisco: "El duque de Maqueda vino con mucha gente y muy lucido acompañando a su excelencia, mas no trujo poeta, cosa que se notó" (*Epistolario* 24). La cita es mucho más extensa y sabrosa y de ella me ocuparé en el capítulo tercero pero creo que lo adjuntado aquí es botón de muestra del valor simbólico y de ostentación que se le otorgaba a la poesía entre el estamento nobiliario de comienzos del XVII. Así pues, pongamos en su lugar la importancia socio-simbólica de la poesía en la sociedad cortesana de la época y considerémosla como lo que virtualmente era: un capital cultural.

En los estudios literarios de nuestro tiempo abundan los anacronismos. En unos casos, porque el canon académico ha alterado la jerarquía que una obra o un autor determinados pudieron tener en su tiempo. En otros casos, porque se proyectan sobre los textos consideraciones y sensibilidades hermenéuticas claramente anacrónicas. Por fin, nuestros ojos modernos y a menudo intrínsecamente intratextuales no suelen reparar en elementos paratextuales que enmarcan y, en ocasiones, definen un texto. Ejemplo de ello es el hecho de que apenas se haya reparado en la trayectoria social que dibujan las dedicatorias quevedianas.[7] Aunque sólo fuera por eso, las dedicatorias son un indicador del tipo de vínculos que existían entre los escritores y la nobleza, habida cuenta de las servidumbres de la cultura cortesana de la época. Esas dedicatorias dibujan también un aspecto de la formación del sujeto en el siglo XVII que, como recuerda George Mariscal, surgía de un haz de influencias conformadoras: clase, sangre, familia, etc. (5) y merecerían, en opinión de Ettinghausen ("Ideología" 228), un estudio motivacional exhaustivo.

Tomando como punto de referencia la teoría activa de Bourdieu, me propongo encarar un aspecto para mí fundamental en el siglo XVII: cómo interactúa el escritor con el campo literario y con otras formaciones sociales, especialmente el campo de poder. Formulado de otro modo: qué capacidad de desenvolvimiento tenía un escritor del XVII. Y aquí es de notar que uno de los aspectos que hace más interesante el modelo de Bourdieu—como señala uno de sus editores—es que a través del *habitus* Bourdieu reintroduce al sujeto, sacado previamente de escena por el estructuralismo, sin caer en el idealismo "autorialista" de matriz romántica característico de cierta crítica literaria (*Field* 2). A la vez, su modelo de campos provee de una potencialidad predeterminadora pero no obligatoria ni totalizadora al examinar la acción de los agentes. Ello permite que por los resquicios del modelo se atisbe la constitución y desarrollo de la subjetividad de los agentes.

A lo largo del libro daré cuenta, implícitamente, de las críticas (Alexander, Jenkins, Mauss, Sayer)[8] que suelen hacérsele al modelo de producción cultural de Bourdieu. Resumiendo, los principales reproches son: encarnar una especie de marxismo cultural; utilizar el binarismo al hablar de "objetivismo" y "subjetivismo," a pesar de criticar él mismo los binarismos; el determinismo y reduccionismo de alguno de sus supuestos; la falta de reflejo de cambios y diferencias culturales e históricas y, finalmente, dejar sin lugar a la creatividad de autores y artistas (Calhoun, "Pierre Bourdieu" 726–28). De manera breve e irónica, el propio Bourdieu ha respondido a muchas de esas críticas, aludiendo al carácter científico de su proyecto "founded upon a total social break with the mundane games of literary philosophy and philosophical literature" ("Passport" 244). Defiende también el profesor francés su concepto de *habitus* ya que, a su juicio, supone precisamente la superación de la antinomia entre objetivismo y subjetivismo (244). Mediante el modelo de campos se puede lograr una síntesis de la oposición dialéctica entre análisis internos (textuales) y externos (contextuales), así como un aprovechamiento integrador e inclusivo de otros acercamientos crítico-literarios (245), tesis que comparto plenamente. El modelo de Bourdieu es, desde su condición de genética estructural de un campo determinado, el necesario punto de partida "arqueológico" y funcional a toda hermenéutica interna o externa respecto de un texto dado.

Como recuerdan John Guillory y Toril Moi, la universidad norteamericana ha vivido hasta ahora, sobre todo en lo que concierne a los estudios literarios, de espaldas a Bourdieu. Su sociología es considerada como incompatible con la teoría sociocultural vigente en los Estados Unidos. En el caso concreto de los estudios orientados a la literatura española, la presencia de Bourdieu todavía ha sido más escasa en los Estados Unidos, al no ejercer los departamentos de inglés[9] de impulsores, como sí ha ocurrido con otras orientaciones teórico-hermenéuticas. Las razones para este escaso impacto norteamericano de Bourdieu son varias. En primer lugar, el modelo del sociólogo francés es percibido como pesimista, antivoluntarista y determinista al reducir, aparentemente, toda acción social al interés individual y a la acumulación de "capital" (Guillory 20). Otros tres factores que marcan esa recepción son, como señala Toril Moi (*passim*), la ausencia de datos concretos requeridos por el modelo, el uso parcial y "a la carta" de conceptos aislados (*habitus*, campo, capital simbólico) en lecturas intrínsecas[10] o, simplemente, por la tentación de poner a Bourdieu en el cajón de sastre del posestructuralismo. Otra línea de crítica a las propuestas de Bourdieu se basa en que sus métodos o sus hallazgos no se pueden transferir a otras culturas (Derek Robbins 108–09), algo que, espero, será desmentido por este trabajo.

Para hacer un uso adecuado del modelo de Bourdieu se requiere un estudio "arqueológico," en el sentido foucaultiano del término, de las bases fundacionales y operacionales distintivas en las que operaron un campo y unos agentes determinados. Sin dicho estudio de procesos de *longue durée* parece difícil extraer conclusiones parciales o generales que sean pertinentes; especialmente cuando el objeto de estudio acaba viéndose a través de una *mise-en-abîme* conceptual y temporal.[11]

Al acercarse a la literatura de la segunda mitad del llamado "Siglo de Oro" (aproximadamente, la primera mitad del XVII)[12] tenemos que tener en cuenta dos aspectos: el estado de la literatura como institución social y la praxis social en que se insertaba. Lo que hoy consideramos como literatura se hallaba a comienzos del XVII entre la segunda y la tercera etapas del devenir institucional de la literatura señaladas por Godzich y Spadaccini (xi): la literatura entre discursos y su institucionalización. O lo que es lo mismo, la literatura comienza a mostrar pulsiones autonomizantes (creación de nuevos géneros, comercialización de alguno de ellos, establecimiento de competiciones y jerarquías internas, progresiva independencia del conjunto del campo intelectual) pero carece todavía de algunas de las posibilidades que ofrece un mercado plenamente desarrollado, condición que sólo se dará a partir de la segunda mitad del XIX. Por esa razón, en la literatura de la época que nos ocupa coexisten la necesidad del mecenazgo nobiliario y ciertos rasgos que anticipan el campo literario plenamente moderno.

Otro factor a tener muy en cuenta es el de los resultados de la acusada interacción social en que se fundaba la práctica literaria del primer tercio del XVII. Esto es así no sólo por la acusada intertextualidad de muchos textos del Siglo de Oro sino, sobre todo, por la patente "interautorialidad"[13] (válgame el neologismo del que después daré cuenta) que presenta. Las relaciones entre agentes del campo literario se producían en varios niveles en el siglo XVII. A la competitividad inherente al hecho objetivo de escribir algo (se escribe a partir de la tradición, en una época y dentro de un género determinados) y pretender su difusión, en lo que constituye una toma de posición literaria (genérica, estilística, temática o, como veremos a menudo en Quevedo, política), se unían en la época algunos factores más: las academias literarias, las justas poéticas o el teatro, por ejemplo. En el reducido espacio de la Corte (Madrid, Valladolid), se enfrentaban escritores (en ocasiones literalmente) y orgullos literarios. El premio era una porción de legitimidad conferida por otros miembros del campo en cuestión, en reconocimiento implícito de la jerarquización de éste. Esa legitimidad solía derivar en la trasmutación del capital cultural simbólico adquirido en cargos y prebendas cortesanos. No hay más que recordar la profusión de capellanías y secretarías, tanto reales como nobiliarias, que ostentaron muchos de los escritores más significados del periodo: Góngora, Lope, Quevedo y Calderón, entre otros, que enseguida aparecían dando lustre a los pórticos de sus obras impresas.

Asumiendo la existencia activa y autoconsciente de un campo literario a comienzos del XVII quizá veamos a nueva luz propuestas estéticas (la oscuridad gongorina); obras (*Viaje del Parnaso*, *Laurel de Apolo*); tópicos (abundancia de poetas, propuestas y justas académicas o religiosas); opciones genéricas (¿es casual la cercanía compositiva de *El Buscón* con la publicación del *Guzmán*?); polémicas literarias y manifiestos artísticos (el *Arte nuevo*). Por esa razón creo necesario ampliar el foco a la dinámica de campo y de ahí a la relación con el campo de poder, para dar cuenta de lo que podríamos llamar "QUEVEDO." Dentro de ese concepto, bajo el cual se unifica la división analítica que los estudios tradicionales hacían entre obra y biografía del autor, hay que distinguir entre el *microquevedo* (tomas intratextuales de posición) y el *macroquevedo* (espacio de posibilidades sociopolíticas y literarias; *habitus* y conjunto de tomas de posición, en definitiva). Creo que esta dicotomía puede ser de utilidad para soslayar la complejidad del fenómeno "QUEVEDO," dada la aparente contradicción que parecen albergar el cotejo de su obra y algunos episodios de su vida. De este modo se manifestaría la interacción entre individuo-escritor-agente y sociedad-receptor(es)-campo(s)-*habitus*, como condición para contener la complejidad vital y literaria de Quevedo.

Es difícil "capturar" críticamente a Quevedo. A la filología positivista y al estructuralismo se les escapan todo lo que no sean formas, temas, fuentes y *modus operandi,* así como lo extratextual y lo paratextual;[14] a la sociocrítica, la poesía, actividad "antieconómica" de difícil cabida en un modelo que se centra en análisis socioeconómicos; a la psicocrítica, los aspectos sociales; a la estilística, la interacción entre el escritor y un referente que no fuera existencial o psicológico (caso del "desgarrón afectivo" con el que Dámaso conceptualizaba a Quevedo). Consciente de esa fundamental inaprensibilidad quevediana, mi análisis se centra más en el "macroquevedo" al entender que el cotejo conjunto de textos y prácticas sociales resulta más "natural" para acercarse un escritor tan peculiar e idiosincrásico como don Francisco.

En mi análisis juega un papel muy importante el concepto de *interautorialidad* que he propuesto en otro lugar (Gutiérrez, "Interautorialidad"). Entiendo por interautorialidad la interacción social, intrahistórica y textual de un grupo de escritores en torno a prácticas e instituciones sociales y literarias. Es decir, el conjunto de relaciones literarias y sociales que aparecen cuando un grupo de escritores coincide espacial y temporalmente. La interautorialidad representa un doble dialogismo: inter e intratextual por un lado (citas, alusiones epistolares, dedicatorias, alusiones de autores o personajes); extratextual por el otro (pertenencia a grupos o colectivos, luchas por la ocupación o conservación de posiciones, competiciones literarias). La interautorialidad estimula también ciertos comportamientos: distinción, legitimación, capitalización y apropiación simbólicas, tomas de posición, etc. Esto contribuye a explicar, por ejemplo, las polémicas literarias que se desarrollaron en el primer tercio del siglo XVII. Igualmente, creo que deben inscribirse de una vez por todas en el espacio de la interacción social de los escritores de esta época la "intercasticidad" de la que hablaba Américo Castro en *Cervantes y los casticismos españoles* (11–15) y el interclasismo. El que hoy hayan quedado en buena medida borradas las diferencias sociales y de casta entre los escritores del diecisiete español en el *continuum* mostrenco que es la historia literaria y en el análisis intrínseco e individualizado de las obras literarias no ha de llevarnos a engaño. La literatura de la época está atravesada por dos ejes intrahistóricos: el anhelo de movilidad social ascendente que habita en muchos de los escritores y los problemas derivados de la limpieza de sangre. Es en la interacción entre ambas donde cobran auténtico significado el "peregrinaje" (Wright) de Lope y su autoennoblecimiento (las famosas 19 torres de su escudo en las portadas de la *Arcadia* y del *Peregrino*); el "pensamiento" de Quevedo y sus violentos ataques antijudíos, que alcanzan incluso a Góngora;[15] el sorprendente desprecio cortesano por los méritos cervantinos (Lepanto, Argel). Del irredimible carácter *intercastizo* del propio *Quijote* habló Castro (11 y 15; 70–74) para quien la obra, lejos de ser una forma pura y emanada de modelos y referentes exclusivamente literarios, no podría entenderse ni haberse escrito si no es desde el punto de vista de esa intercasticidad. Es a través de esa heterogeneidad de castas, apunta Castro, desde la que hay que contemplar dos tipos de literatura: la concebida desde el punto de vista de los más (el Romancero, los libros de caballerías, la Comedia), y otra inspirada en criterios y perspectivas más minoritarios que iría desde la *Celestina* hasta el *Quijote* (267n67). Esa heterogeneidad de castas, pues, sería uno de los principales factores en la heteroglosia que presentan muchas obras de la época y, sobre todo, la gran novela cervantina.

Hablar hoy de "los escritores del XVII" desde un punto de vista histórico-literario no puede hacerse sin tener en cuenta varios rasgos distintivos. Primero, que la trasposición automática e inconsciente del término *escritor* al siglo XVII encierra, en sí misma, un potencial anacronismo ya que, ni social ni, en muchos aspectos, literariamente los escritores del XVII eran como los de hoy. Segundo, que no todos los escritores eran iguales (social, "castiza" y literariamente) y que había escritores que eran *más* escritores que otros. Podríamos preguntarnos, por ejemplo, si tiene sentido considerar indistintamente a Cervantes, Góngora y Gracián. En mi opinión no, como tampoco tendría sentido analizar indistintamente obras que se publicaron y obras que quedaron inéditas. Por eso se hace necesario plantear un estudio que contemple las obras desde el contexto social, "profesional," individual y genérico (es decir, *gender* y *genre*) en que se produjeron y enmarcar todo ello en *habitus* y trayectoria del autor concreto. ¿Qué tienen que ver la trayectoria y el *habitus* de Gracián con un Lope? Probablemente nada. Otro caso sería el de los *habitus* y trayectoria de, digamos, Lope y Cervantes, que compartieron espacios sociales y prácticas y géneros literarios. En definitiva, que hay que tener en cuenta si un escritor era hombre o mujer; noble o plebeyo; cristiano viejo o converso; cortesano o periférico; cuáles eran sus amistades; si publicó o no sus obras y cuáles fueron la difusión y recepción de estas. Y es que, como recordaba don Américo, "un texto literario... se funda en un *pre-texto*, existe en un *con-texto* en conexión con un *circum-texto*" (130).

La interautorialidad es tanto una condición[16] como un marco generador de prácticas literarias. Por un lado, es un hecho histórico constatado: muchísimos escritores coincidieron temporalmente en el reducido espacio simbólico y material de, la corte. Pero por otro lado, y es el que más nos interesa, esas decenas de escritores fueron conscientes de tal condición y esa consciencia fue en sí motivadora de tomas de posición y configuradora de los *habitus* y trayectorias de muchos de ellos. A grandes rasgos, las áreas de acción e influencia de la interautorialidad son tres: socialización, distinción, y competición. O lo que es lo mismo, donde hay concurrencia "profesional" aparecen el afán distintivo y la competencia por alcanzar unas metas que suelen ser limitadas o contingentes: éxito (de público o de campo), reconocimiento y beneficios simbólicos o materiales.

En los primeros años del siglo XVII, en un lapso de tiempo increíblemente corto, coincidieron algunos de los escritores más significativos de la historia de la literatura española. Además de ellos, permanecen en un segundo o tercer plano multitud de nombres que siempre quedan relegados a las antologías pero que, en su día, jugaron un papel tanto o más importante que los anteriores. La concentración espaciotemporal de todo ese talento no fue casual. Las explicaciones de tal hecho no son fáciles de extraer, presentan distinto signo (histórico, social y político) y requieren un acercamiento genético-estructuralista. Las preguntas de naturaleza bourdieuana se abren paso rápidamente: ¿cómo se formó el campo que produjo a esos productores? ¿Por qué había un campo literario propiciador de esa interautorialidad a la altura del año 1600? Los argumentos, que han de remitirse a la esfera social, tocan muchos puntos: (1) el contexto último en el que surgieron y del que surgieron obras y productores fue eminentemente urbano y cortesano; (2) los escritores ostentaban o pretendían el apoyo del complejo monárquico-señorial con cuyos representantes llegaron a establecer a veces relaciones que iban más allá de lo artístico, casos de Góngora, Lope, Quevedo, Rioja o Hurtado de Mendoza; (3) los nobles se rodeaban a menudo de escritores en un momento en el que la propaganda del poder comenzaba a emplear sutiles técnicas de persuasión, como señala Maravall en *La cultura del Barroco*; (4) los escritores se relacionaban interautorialmente, es decir, tanto intertextual como "intrahistóricamente" y tendían a movimientos centrípetos cuyo destino era siempre la Corte; (5) una cultura de Corte venía anunciándose desde el siglo anterior; (6) en la época existía una clara conciencia de la instrumentalización de la cultura con diferentes fines: activos y distintivos, por parte de los escritores; propagandísticos por parte del campo de poder. A partir de todos estos elementos intentaré dibujar la interacción entre agente(s) y campo(s) en la media centuria escasa que va de 1600 a 1645, año este último de la muerte de Quevedo. Se trata, en resumen, de aplicar un acercamiento tanto microsociológico como macrosociológico al campo literario español de la primera mitad del XVII en general, y a la figura de Francisco de Quevedo en particular. Para ello se requiere trazar una suerte de *cursus honorum* de los escritores auriseculares que contenga sus estrategias, sus tomas de posición en ambos campos, el literario y el de poder, en un juego cuyo objetivo era la conquista de la legitimidad cultural a ojos de los árbitros de tales campos. Para ese fin cada agente configuraba un *habitus* diferente y particular; una especie de mapa compuesto por todas las acciones y relaciones de dependencia e interdependencia a las que decidía sujetarse: un protector o mecenas cortesano, unos compañeros o amigos del campo literario con los que intercambiar, ya fuera como receptores o como dispensadores, simbolismo legitimador (poemas laudatorios, menciones e intertextualidades favorables, asistencia a academias, distribución y expansión de manuscritos, etc.). Este modelo de *agency* representa, en cierto sentido, un intento por restar rigidez y constricción a modelos sociales previos aunque, como recuerda Bourdieu, se haya de pagar un precio por ello:

> Renouncing the angelic belief in a pure interest in a pure form is the price we must pay for understanding the logic of those social universes which, through the social alchemy of their historical laws of functioning, succeed in extracting from the often merciless clash of passions and selfish interests the sublimated essence of the universal. (*Rules* xviii [5])

Los escritos de Bourdieu son también un ataque dual a la estética pura y a los "análisis de la esencia." Primero por no tener en cuenta las condiciones sociohistóricas de posibilidad de su creación ni constitución como tal de esa experiencia estética, ni las condiciones bajo las que opera la apreciación estética (*phylogenesis*), ni las de reproducción en el tiempo (*ontogenesis*); segundo, por crear una ilusión de universalidad a partir de un caso subjetivo y particular (*Rules* 286). La ilusión de la esencialidad artística queda así descubierta por el modelo bourdieuano ante la glosa de los mecanismos y condiciones bajo las que su falso reflejo aparece. Las aplicaciones de esta "materialización" social de la esencialidad artística tienen un alcance extenso. Buena prueba de ello es la noción que Bourdieu tiene de la intertextualidad, a la que ya no contempla como un fenómeno puramente intertextual sino también como relación entre los textos y la estructura del campo y los agentes específicos (*Field* 17). Para dar cuenta de esa intertextualidad de alcance social es precisamente para lo que propongo el concepto de interautorialidad, con el que trataré de dar cuenta de las especificidades interactivas que alberga la práctica literaria en el siglo XVII español.

1.2. Para una teoría del campo literario español hacia 1600

Ya don Américo Castro (64) aludió a la "estrechez del ambiente literario y lo intenso de la *vida oral* (las habladurías)" del Madrid de comienzos del XVII pero la pregunta es obligada: ¿existía un "campo literario" hacia 1600 en España? ¿Son transferibles y válidos para dicha época conceptos aplicados a formaciones sociales y agentes de la segunda mitad del siglo XIX francés? 250 años, con revoluciones políticas, sociales e industriales de por medio, separan ambos objetos de estudio. A pesar de todo, creo, hay similitudes entre la cultura cortesana madrileña de principios del XVII y el ambiente de los salones parisinos del XIX: el mecenazgo cultural, la ostentación de diferentes tipos de capital cultural simbólico (el ingenio, la agudeza conceptista en el XVII), la competitividad entre artistas y escritores, la interacción social de aristocracia e intelectualidad auspiciada por un anhelo de intercambio de capital simbólico (crematístico y de lustre social por un lado, cultural por el otro). Por lo que concierne a su funcionamiento interno hay algunas invariantes en todos los campos literarios como la dialéctica de la distinción y la lucha por la legitimidad literaria. En las páginas que siguen trazaré el proceso social y cultural de larga duración que dio origen al primer campo literario español.

El proceso histórico que transcurre entre la redacción de textos que hoy consideramos literarios (poesía, drama y ficción, sobre todo) y la aparición, en un momento determinado y más tardío de esa historia, de un campo literario como espacio social definido está directamente relacionado con la progresiva autonomía de los autores de dichos textos y, por ende, de la del campo que acaba conteniéndolos a ambos. Hoy podemos afirmar que dicho proceso se acelera desde mediados del siglo XVI en Europa occidental por dos factores: la popularización de la imprenta y la aparición y desarrollo de las sociedades cortesanas. Éstas, nacieron en torno a un poder monárquico que se fue centralizando poco a poco gracias al "mecanismo real" o *Köenigsmechanismus*, concepto acuñado por Elias para explicar la tendencia de los monarcas a incrementar su poder al ejercer de árbitros entre la nobleza y el pueblo (Koenigsberger 299–300). Ese proceso simbólico y geográfico de concentración de poder dio indirectamente lugar, en las primeras décadas del XVII, a los que sin duda podemos considerar como los primeros campos literarios de la cultura europea: el español, el inglés y el francés, sin que puedan establecerse relaciones claras entre ellos, especialmente entre los dos primeros.

Una de las consecuencias más importantes de la extensión de la imprenta fue la aparición de una dicotomía entre la lectura intelectual de tipo humanista y la de entretenimiento. En una carta que Maquiavelo escribió a su amigo Francesco Vettori, en diciembre de 1513, le habla de sus hábitos de lectura en los que distingue entre las lecturas de entretenimiento (Dante, Petrarca, o "poeti minori, come Tibullo, Ovidio e simili"), en las que busca un deleite catártico-amoroso, y las intelectuales (Grafton 319). Mientras las primeras tienen lugar al aire libre, bajo un árbol y junto a una fuente, las segundas ocurren en su casa cuando, despojado de sus ropas embarradas y "rivestito condecentemente entro nelle antique corti delli antique uomini" (Grafton 319). Aunque no se puedan extraer consecuencias generales de un caso tan particular como el de Maquiavelo, la cita sirve al menos para mostrar esta temprana separación de ámbitos de lectura privada en la misma persona, así como del papel que comenzaba a jugar la poesía culta en la literatura de entretenimiento de la época. A su vez, la popularización de la imprenta tuvo repercusiones editoriales y literarias directas sobre la literatura de entretenimiento como ilustra otra cita que quisiera traer a estas páginas. Pertenece a la dedicatoria "Al lector" de la *República literaria* de Diego de Saavedra Fajardo, obra cuya primera versión es de hacia 1612. Allí nos encontramos con una verdadera metadedicatoria en la que se satiriza la hiperabundancia literaria y editorial y se le recuerda al lector que no debe dejarse llevar por las lisonjas de las dedicatorias autoriales pues

> … no debe esta cortesía vana pesar en ti más que el daño que resulta a la república literaria, donde, entregados los ingenios a esta estudiosa gula, casi todos mueren opilados; en que tiene mucha culpa la imprenta, cuya forma clara y apacible convida a leer; no así cuando los libros manuscritos eran más difíciles y en menor número. (Saavedra 67)

La popularización de la imprenta trajo consigo otras consecuencias. Una de ellas es la "mercantilización" del ámbito de consumo y lectura de los textos, como ilustra el mismo Saavedra (69) que se confiesa alarmado por el "número grande de los libros," por el "atrevimiento de los que escriben" y por la "facilidad de la imprenta, con que se ha hecho trato y mercancía."

Capítulo uno

Pero la imprenta también originó otro tipo de efectos de carácter interactivo, entre los que podemos destacar el creciente control de la escritura por parte del poder ante la amenaza que suponía la lectura "masiva" y silenciosa de los textos y la presión que la demanda lectora suponía para los escritores. Ambas tuvieron diversas ramificaciones. Así, entre las de la primera podemos señalar la aparición de los privilegios de impresión, de los derechos de autor y, en general de las relaciones establecidas entre el autor, el impresor y la Corona[17] mientras que para la segunda, podemos destacar como consecuencias directas de esa creciente demanda de los lectores el paso de la oralidad a la escritura y de la corte al hogar de cierta literatura de entretenimiento,[18] la progresiva especialización de la producción literaria, la adaptación a los gustos del público y, por último, la posibilidad de orientar una "carrera" literaria hacia el éxito popular.[19] No por casualidad, el periodo comprendido entre 1616 y 1625 fue—excepción hecha de Valladolid que alcanzó su tope con la estancia de la corte entre 1601 y 1605—, el del cénit de la actividad impresora en el XVII. Así lo señalan los gráficos correspondientes al número de libros impresos en las principales ciudades castellanas (Madrid, Sevilla, Valladolid y Toledo) que presenta Donald W. Cruickshank (802–03).

Hablaba unas líneas atrás de la expansión de la imprenta y de factores añadidos a la misma que favorecieron la aparición del campo literario. Quizá sorprendan tales asertos cuando se habla de los siglos XVI y XVII y convenga dedicarle unas líneas al asunto, desde una vertiente cuantitativa y básica: ¿cuánta gente sabía leer? ¿se compraban muchos libros? ¿podemos hablar de una difusión masiva de lo impreso? Comencemos por los niveles de alfabetización. Richard L. Kagan afirma que Castilla era, a finales del siglo XVI, una de las sociedades más educadas de Europa y la que contaba con más estudiantes universitarios *per capita*[20] (*Students* 244–45). Difícilmente podría pensarse que tantos miles de estudiantes universitarios no tuvieran una correlación directa con los niveles de alfabetización: a más *letrados*, más alfabetizados; cuantos más alfabetizados en la base, más *letrados* en la cúspide; a más *letrados*, más lectores. Las cifras de la pirámide educativa no pueden sino ser correlativas y se me hace harto difícil que se pueda defender otra cosa. Esa "revolución" educativa del XVI propiciada por las necesidades burocráticas de la monarquía[21] explicaría, en parte, el resplandor cultural aurisecular y la capacidad para establecer y regir burocráticamente un imperio tan extenso como el español. Concuerdo también con Rivers en que ese cuerpo estudiantil tan numeroso fue la verdadera matriz social e intelectual de la poesía barroca española ("Garcilaso" 71). De hecho, ya debía de haber cierto mercado para la poesía cuando Boscán firma, en marzo de 1542, un contrato con el librero Juan Bagès para una edición de mil ejemplares de sus obras y "otras." Un año más tarde aparecieron, póstumamente, *Las obras de Juan de Boscán y algunas de Garcilasso de la Vega repartidas en quatro libros* de las que se hicieron dos tandas de 500 ejemplares: una se la quedó Bagès (privilegio real firmado el 19 de marzo de 1543) y la otra fue vendida a un librero lisboeta con un privilegio del rey de Portugal (68). A más abundamiento, ese mismo año fueron pirateadas ambas ediciones en Lisboa y Barcelona y en los quince años que siguieron hubo hasta diecisiete impresiones de la primera edición, sin cambios sustanciales, en Lisboa, Barcelona, Amberes, Estella, París, Salamanca, Medina del Campo, León y Venecia. De 1557 a 1559, sin embargo, sólo aparecieron dos ediciones conjuntas de Garcilaso y Boscán (69). Este temprano interés puede explicar también el lugar que la poesía de Garcilaso iba a ocupar luego, intensificado por la canonización simbólica que supusieron los comentarios del Brocense y Herrera.

En resumen: parece razonable relacionar el poder militar, político y económico de la Monarquía Española con el nivel de alfabetización de la sociedad en su conjunto y con un potencial aumento del número de lectores. Hasta donde pudiera llegar esa alfabetización es difícil de precisar. Hay pocas herramientas de investigación que nos permitan proponer cifras concretas. Una de las más utilizadas por los historiadores en general y por los de la cultura en particular ha sido el estudio de inventarios y documentos notariales. Los historiadores franceses han sido, desde la "microhistoria," la historia de las mentalidades, de la vida privada, de la lectura en Europa o desde el mismo hispanismo, especialmente pródigos en este tipo de estudios. Rápidamente nos vienen a la memoria los trabajos de Roger Chartier, Maxime Chevalier (*Lectura y lectores*), Janine Fayard y Jean-Marc Pelorson citados en la bibliografía. Pero, pese a ser un indicio interesante del estado de la cuestión, estos inventarios en los que se apoyan muchos de esos trabajos suelen marginar factores a tener muy en cuenta: (1) que no tienen por qué aparecer libros en todos los inventarios, aun en el caso de que existieran; (2) que en los inventarios no suelen aparecer, obviamente, libros presentes en el *Index*, como prueba la reciente aparición de la llamada "Biblioteca de Barcarrota"[22] que incluye, entre otras joyas, una edición desconocida del *Lazarillo*; (3) que de todo el material impreso en los inventarios sólo aparecen los libros que no eran sino un medio potencial entre muchos —y en ocasiones caro— de acceso a la lectura, frente a impresos, pliegos sueltos, relaciones, pragmáticas y pasquines; (4) que hay alfabetización y hasta lectura, sin necesidad de que se posean libros. En definitiva, para la época que nos ocupa, hay que aplicar factores correctores al alza de la relativa escasa presencia documental de los libros. Con mayor razón, hay que extremar la cautela ante la escasa aparición en esos inventarios de literatura de ficción en general y de textos indexados en particular, para no extraer conclusiones apresuradas y reduccionistas sobre el público y el alcance de dicha literatura.

Capítulo uno

Concuerdo plenamente con Sara T. Nalle quien sostiene que la lectura y la posesión de libros eran más amplias de lo que de ciertos datos podría deducirse, que las tasas de alfabetización eran más altas[23] de lo que sugieren los escrutinios de bibliotecas privadas y los documentos notariales y que la mitad de los varones castellanos sabían leer en el XVI ("Printing" 127). También señala la propia Nalle que, a pesar de que la posesión de libros y las tasas de alfabetización estén muy relacionadas no son equivalentes y en la segunda mitad del XVI, por ejemplo, el número de personas que sabía leer era muy superior al de quienes poseían libros ("Literacy" 70–74). Sólo los más ricos solían hacer testamento, por lo que al hacer proyecciones (de alfabetización, de posesión de libros, de lectura) se corre el riesgo de dar cifras de posesión de libros demasiado bajas (67). Otra fuente documental de la época eran los inventarios, los cuales iban habitualmente acompañados de una tasación de bienes, si había herederos menores de 25 años o si el fallecido dejaba deudas (Dadson, *Libros* 15). A diferencia de los testamentos, los inventarios sí suelen dar los títulos de los libros (20), por lo que son un documento muy interesante para hacerse una idea del contenido de ciertas bibliotecas.[24]

A modo de resumen de todo lo anterior, sirva el recordatorio que hace Chartier (*Lectures* 94–95) de que, en los siglos XVI y XVII, la relación con lo escrito no implica forzosamente una lectura individual, que la lectura no implica forzosamente la posesión de un libro y que la frecuentación del impreso no fuerza la del libro. Como veremos, todas esas circunstancias se daban de manera relativamente frecuente en la época que nos ocupa.

Otro aspecto a tener en cuenta al considerar el alcance social que pudieron tener los textos literarios es el de su variado acceso a los mismos, como han señalado Fernando J. Bouza (*Del escribano* 12) y Chartier (*Order* 8 y 9; *Lectures* 94 y 95) al recordar las lecturas colectivas y en voz alta, rememoradas en el *Quijote* (I.32).[25] Chartier también alude al impacto de la imprenta en la cultura popular urbana, casi siempre en impresos sueltos (pliegos, relaciones, *canards*) o en hojas volanderas y por medio de la religión, de las actividades profesionales de carácter gremial y de las celebraciones festivas (*Lectures* 95–120). También hubo de implicar una progresiva familiaridad textual la reacción popular ante el creciente uso que los poderes hacían de la escritura para formalizar relaciones con vasallos y súbditos (Bouza, *Del escribano* 12). La gente común pudo darse cuenta, de una manera palpable y práctica, de la importancia legal de lo escrito como instrumento de control y ejercicio del poder. Esta progresiva "textualización" del poder tuvo otras consecuencias. Así, Joël Sagnieux señala, recogiendo una idea de Marie-Claude Gerber, que a partir de los Reyes Católicos, la nobleza de sangre ya no bastaba para ocupar cargos administrativos en el entorno cortesano y cada vez se recurría más a letrados (48–49), asunto de sumo interés sobre el que volveré en el tercer capítulo y que también puede ligarse con la "socialización de la lectura" como potenciación del estado premoderno (Maravall, *Oposición* 31). Pero si importante fue esa socialización de la lectura mucho más lo fue lo que podríamos llamar "socialización de la literatura." Ya desde la baja Edad Media se venían escribiendo autobiografías populares[26] que subrayaban la necesidad de preservar la memoria individual, familiar y colectiva y que resaltaban su función de lección para hijos y descendientes (Amelang, "Formas" 136–39). Para España, los datos más concretos y detallados que poseemos son los de Cataluña. De 3420 inventarios *post mortem* registrados en Barcelona entre 1473 y 1600, el 18% de los hombres y el 12% de las mujeres[27] dejaron papeles privados (libros de cuentas, experiencias) entre sus pertenencias (Amelang, "Mental" 221). La escritura fue popularizándose como forma de expresión incluso entre las clases populares, comenzando por las autobiografías y siguiendo con autores tan exitosos como Ginés Pérez de Hita (¿1544?–¿1619?), que era un zapatero murciano, y el curtidor valenciano Joan Timoneda (¿1520?–1583), autores de *Las guerras civiles de Granada* (1595) y *El patrañuelo* (1567), respectivamente (Amelang, "Formas" 132). Como dato anecdótico del alcance social que pudo tener la literatura en la España de la segunda mitad del XVI, baste citar que Lope afirma en el *Laurel de Apolo* que su padre, bordador de casullas, componía "versos… a Dios, llenos de amores," según recuerda Carreño en su edición de las *Rimas* (xxx). La escritura, pues, también estaba más extendida de lo que en principio pudiera parecer y no era, en el siglo XVI, exclusivo asunto de aristócratas como Feliciano de Silva o Jorge de Montemayor.[28]

El mercado del libro del siglo XVI reflejaba en su conjunto el gusto relativamente poco sofisticado de lectores de clase media y baja, interesados sobre todo en libros religiosos y didácticos (Nalle, "Printing 127). A los libros piadosos y didácticos podríamos añadir también los de caballerías como objeto de consumo por parte de dicho tipo de lectores. De hecho, al estudiar los archivos inquisitoriales del Tribunal de Cuenca, Nalle llegó a la conclusión de que la mitad de los poseedores de libros eran gente común, como artesanos o labradores ("Literacy" 77). La imagen de una familia protoburguesa como la de Santa Teresa, en la que, comenzando por su madre, todos parecen ser ávidos lectores, seguro que no era la norma en la primera mitad del XVI pero probablemente tampoco una excepción. Al hablarnos de su afición infantil por los libros de caballerías, dice la Santa:

> Yo comencé a quedarme en costumbre de leerlos… y parecíame no era malo, con gastar muchas horas de el día y de la noche en tan vano ejercicio, aunque escondida de mi padre. Era tan en estremo lo que en esto me embebía que, si no tenía libro nuevo, no me parece tenía contento. (8)

La cita nos habla, además de esa afición lectora de una mujer española del XVI, de otros dos aspectos muy significativos: un temprano testimonio de la costumbre de leer de noche y la aparente disponibilidad para tener libros nuevos de manera frecuente.[29] No es un ejemplo aislado el de la monja carmelita. Como señala José Manuel Lucía (103) tras estudiar documentos de la Barcelona de los dos últimos tercios del XVI, en cualquier estrato social había lectores de libros de caballerías y entre los poseedores de *amadises* y demás sergas, encontramos nobles, hosteleros, notarios, cereros, presbíteros.... Esta auténtica manía caballeresca presenta otros aspectos interesantes, como el éxito de los libros españoles de caballerías en Francia, donde Colbert y Mazarino se aprestaron a adquirirlos para sus bibliotecas, o el prolongado interés por ellos de los lectores españoles, incluso después de publicado el *Quijote*.[30] Otro aspecto a tener en cuenta, aunque de difícil evaluación, es el papel de eslabón que jugaron los libros de caballerías entre la popularización de la imprenta, la demanda de un mercado "masivo" que pedía libros de entretenimiento y la aparición de los primeros escritores profesionales o semiprofesionales. Y es que, digámoslo ya: la literatura de entretenimiento del XVI (y los libros de caballerías lo fueron por antonomasia) fue la que, de alguna manera, sentó algunas bases para que pudiera aparecer el escritor profesional. Su mayor alcance y su accesibilidad fueron los factores que propiciaron su popularidad y, consiguientemente, su posterior demanda por parte de un público lector cada vez más numeroso. Esa demanda, traducida para el escritor en capital (fuera simbólico o material), fue la que le permitió ir logrando progresivas cotas de independencia económica y creativa. Por razones más amplias que las puramente caballerescas, sin un Feliciano de Silva (1492–¿1560?) en el siglo XVI, quizá no hubiera habido un *Quijote* en el XVII. Igualmente, sin el éxito de la *Diana* (1558) de Jorge de Montemayor (20 eds. entre 1559–99), una novela neoplatónica de ambiente pastoril, pero también novela de clave con tintes de novela caballeresca y cortesana y colección de versos (Chevalier, "La *Diana*..." 46–52), quizá Cervantes no se hubiera animado a hacer del *Quijote* receptáculo y redoma de toda la literatura de su tiempo.

Un aspecto del mundo de la literatura aurisecular es el papel que en ella jugó la mujer. Las estadísticas relativas a la época siempre dan tasas de alfabetización más bajas que para los hombres y, en cuanto a la actividad propiamente literaria, hay muy pocos nombres de escritoras que hoy nos suenen: Ana Caro (cuya condición de escritora profesional ha sido señalada y documentada por Lola Luna [146–57]) y María de Zayas, fueron, quizás, las más destacadas y las que, finalmente, están teniendo atención crítico-académica. Hubo muchas otras como Cristobalina Fernández Alarcón, Luisa de Carvajal y Mendoza, Feliciana Enríquez de Guzmán, Ana de Espinosa, Isabel de

Liaño, las hermanas Hipólita y Luciana de Narváez, Bernarda de Paz y Pastrana,[31] etc., que tuvieron un rol relativamente activo en la vida literaria de la época. Sin embargo, da la impresión de que la verdadera influencia de la mujer en la literatura hubo de venir por la condición de muchas ávidas lecturas que, a buen seguro, comprendieron algo más que libros religiosos.[32] Quizás el caso de Santa Teresa no fue, después de todo, tan especial. Si combinamos la reducida movilidad social que tenían las mujeres, ya fueran doncellas, casadas o monjas se ha de convenir en que la lectura había de ser para las letradas una de las principales actividades de ocio. Siempre se ha considerado el tono del *Día de fiesta por la mañana* (Madrid, 1654) y del *Día de fiesta por la tarde* (Madrid, 1660) de Juan de Zabaleta como uno de sátira costumbrista. Esa es al menos la caracterización que hace Cuevas (41) en su edición conjunta de ambas obras. Pues bien, de un texto satírico y costumbrista a la vez hay que esperar una cierta hipertrofia caricaturesca en los estereotipos pero también un anclaje realista; de otro modo la sátira no tendría sentido. Pues bien, en el capítulo VI del *Día de fiesta por la tarde*, titulado "Los libros," Zabaleta describe cómo pasan el domingo diversos tipos de lectores entre los que encontramos dos femeninos: "La doncella" (384) y "La casada" (387). La primera es pintada como una ávida lectora de comedias en cuya lectura se engolfa y entusiasma hasta acabar representando, en una imagen casi quijotesca, lo que va leyendo. La casada, por su parte, "no puede trabajar y quiere divertirse" para lo que "toma un libro de narraciones amatorias (a esto llaman novelas)... siéntase con las espaldas a la calle y abre el libro" (387). Si de algo nos hablan estas dos sátiras, en las que Zabaleta critica que ambas mujeres prefieran la literatura de entretenimiento a la piadosa, es seguramente de lo extendida que estaba tal práctica a mediados del XVII. No hay motivos para pensar que ello no hubiera sido así desde muchos años antes. Las mujeres eran también, en fin, espectadoras numerosas y llamativas de los corrales adonde en alguna ocasión se pensó en prohibirles el acceso (Vega, *Cartas* 119). Su presencia está asimismo constatada en academias, y el ejemplo por excelencia es, quizás, la mención que de la presencia de Ana Caro en una academia sevillana hace Luis Vélez de Guevara (212) en *El diablo cojuelo*, aunque hay otros quizá más significativos, como el que trae Jeremy Robbins (28) citando los vejámenes cruzados entre Pantaleón de Ribera y Castillo Solórzano con el trasfondo de una prostituta que frecuentaba la Academia de Madrid.

En conclusión, aunque es difícil de probar y no me atrevo a afirmarlo con rotundidad ni es el momento de entrar a fondo en el tema, creo que las mujeres jugaron un papel mayor del que se cree y, en cualquier caso, fundamental en la demanda de literatura de entretenimiento y, especialmente, de comedias y *novellas* en la primera mitad del XVII. También fueron espectadoras privilegiadas de teatros y academias y el necesario referente de buena parte de la poesía amorosa[33] y de géneros como la novela amorosa de ambiente urbano.

El argumento que me interesa extraer y destacar de los párrafos anteriores es que la sociedad española de comienzos del XVII tenía más contacto del que podríamos suponer en un principio con los textos en general (probablemente también con los literarios) y que, en muchos sentidos, se habían creado las condiciones socioculturales para la aparición del primer campo literario. Según Keith Whinnom (162), en la primera mitad del XVI la tirada media de un libro pudo oscilar entre los 200 y los 250 ejemplares, con excepciones como la del *Cancionero general* de 1511, volumen lujoso y caro que tuvo una primera edición de mil. Bouza (*Del escribano* 38), por su parte, calcula una tirada media de alrededor de 1500 ejemplares[34] para el libro del Siglo de Oro español (segunda mitad del XVI y primera mitad del XVII). El formidable incremento que supone la segunda cifra implica, automáticamente, que el número de lectores cuya demanda se pretendía cubrir se había incrementado igualmente. Ya que hablamos de demanda, detengámonos por unos momentos en el *hit parade* de la literatura española del Siglo de Oro. En una lista en la que apenas aparecen obras de poesía profana (Mena, Garcilaso, Eneida, Esopo, Ercilla), *La Celestina* es, de largo, la obra literaria más exitosa de todo el Siglo de Oro, sólo superada por el conglomerado del *Amadís* más sus secuelas (Whinnom 166, al igual que los datos editoriales que siguen). Vienen después el *Guzmán* (39 ediciones en el XVII), la *Diana*, el *Amadís*, *Cárcel de amor* y *Don Quijote* (24 eds.). Fuera de esta lista quedarían, claro está, el *Libro de la oración* de fray Luis de Granada (cien eds. entre 1554 y 1679; 23 de ellas en los 5 primeros años); el *Marco Aurelio* de fray Antonio de Guevara (casi 50 eds.) y las *Guerras civiles de Granada*, de Ginés Pérez de Hita (35 eds.), que fueron los auténticos triunfadores. Como recuerda Whinnom (168), la producción editorial del XVI estuvo dominada por la prosa devota, moralizadora e histórica. Esta supremacía se ha visto reforzada por recientes estudios de inventarios de librerías de la época. Así, para la primera mitad del XVI, es muy interesante la consulta del inventario de la librería sevillana de los Cromberger (1540), publicado por Clive Griffin. Las conclusiones que se extraen de su consulta son que la mitad de los libros inventariados eran religiosos, de devoción popular muchos de ellos (tiradas superiores a los 2000 ejemplares); que la literatura de entretenimiento—la segunda en importancia—estaba dominada por obras medievales, libros de caballerías y por la omnipresente *Celestina*; y que el interés por la "materia americana" era muy escaso e inferior al de, por ejemplo, viajes ficticios a Tierra Santa (Griffin 263–65).

A resultas, quizá, de ese predominio de la literatura religiosa, las obras de ficción más exitosas hubieron de presentarse bajo apariencias didácticas y moralizantes (*Celestina, Guzmán, Amadís*), al igual que ocurría con las

Fábulas de Esopo o la alegorización de las *Metamorfosis* de Ovidio. A pesar de ser muy útil su consulta, tenemos que tomar los inventarios y *rankings* con ciertas precauciones. La primera de ellas es que la poesía fue la forma literaria por excelencia del Siglo de Oro. Es cierto que apenas se editó poesía lírica romance en forma de libro pero, a pesar de ello se cuentan por miles los pliegos sueltos,[35] manuscritos y cuadernos poéticos conservados. Por añadidura, esos tipos de impresos eran más frágiles, volátiles y perecederos que un libro. Se editaba poca poesía en libro,[36] sí, pero se leía (y se oía) muchísima. También hay que tener en cuenta que la imprenta coexistía con la circulación manuscrita y que ésta tuvo unas proporciones que hoy nos cuesta concebir. Si hemos de juzgar por todo lo que ha llegado hasta nosotros, no sería descabellado pensar que otro tanto se perdió en el transcurso de los tres últimos siglos. Por poner un solo ejemplo de esa correlación manuscrito-impreso, hay más de doscientos manuscritos en la Biblioteca Nacional de Madrid que contienen obras de Quevedo o a él atribuidas, como recoge Isabel Pérez Cuenca en su *Catálogo*. Muchos de ellos son poéticos y, como sabemos, Quevedo no llegó a publicar en vida sus poesías en forma de libro. Significativamente, de la *Política de Dios* (Madrid, 1626, 1ª parte; Madrid, 1655, 2ª parte), la obra quevediana que tuvo más éxito de imprenta en el XVII según Whinnom (167), sólo hay una mención[37] entre ese doble centenar de manuscritos. Por otro lado, ¿hasta qué punto es relevante en la trayectoria quevediana la fortuna editorial de la *Política* si fue mayoritariamente póstuma y Quevedo ni siquiera llegó a ver publicada la segunda parte de la obra? Otro *caveat*: a la vista de la controversia y ataques que rodearon a los libros de entretenimiento durante buena parte de los siglos XVI y XVII; a las reservas que pudo originar la actividad inquisitorial en escritores, impresores y lectores, y al efecto que la clientela más o menos "cautiva" de libros religiosos que representaban conventos y órdenes religiosas, quizá fuera prudente corregir al alza la verdadera influencia social que tuvo la literatura profana. También es cierto que otras veces tendemos a minusvalorar obras que tuvieron una importancia capital a la hora de configurar técnicas, géneros y orientaciones de la literatura auriesecular. Pienso en obras como las *Epístolas familiares* (1539) de fray Antonio de Guevara (1480–1545); la *Silva de varia lección* (Sevilla, 1540; Valladolid, 1550) de Pedro Mexía; el *Jardín de flores curiosas* (1570) de Antonio de Torquemada o en las misceláneas, polianteas y repertorios que proveyeron de munición erudita y curiosa a la mayoría de los escritores que vinieron luego. Después de todo, *Don Quijote* tuvo menos ediciones que la *Silva*, y la *Arcadia* lopesca—su obra más editada (Whinnom 167)—, menos que las *Epístolas familiares*.

Datos como los expuestos hasta ahora nos tienen que hacer reflexionar y, con seguridad, llevar las cifras (y las hipótesis) más allá de lo que los testimonios conservados nos permiten, en ocasiones, inferir de modo positivista.[38] Seguramente la biblioteca vallisoletana del conde de Gondomar era, con sus 6.563 impresos[39] y 731 manuscritos (Lamourette 64), una excepción a la altura de 1623. Igualmente excepcional es hoy la fortuna de Bill Gates. Ni todas las bibliotecas españolas de la época eran como la de Gondomar, ni todas las grandes fortunas asociadas al auge de las computadoras e Internet son iguales pero, en ambos casos, ofrecen indicios del carácter de una época. Seguramente, la biblioteca de Lope también era, dada la singularidad de su propietario, excepcional con sus "Mil y quinientos libros," según recoge Cayetano Alberto de Barrera (*Biografía* 2: 162) al publicar un "Inventario de los bienes de Lope de Vega Carpio" hecho el cinco de febrero de 1627, donde también aparecen muebles de maderas nobles, numerosos objetos de oro y plata, tapices y un número muy significativo de cuadros. Que un escritor "profesional" como Lope pudiera atesorar una biblioteca tan respetable resulta muy significativo, tanto si se trata de mayoritariamente de adquisiciones del propio escritor como si nos hallamos, en muchos casos, ante regalos de otros escritores.

El segundo pilar sobre el que se asienta el primer campo literario español es, como señalaba unas páginas más arriba, el de su imbricación en una sociedad plenamente cortesana. Hay varias razones para pensar que sus efectos en el campo cultural aparecieron o se acentuaron hacia 1600. La muerte en 1598 de Felipe II, monarca mucho más austero, papelista y dedicado que los que le siguieron, supuso dos cambios muy importantes para el desarrollo de un ambiente cortesano: el eje de poder se desplazó de El Escorial a Madrid (salvedad hecha del breve interregno vallisoletano) y los privados comenzaron a llevar las riendas del poder.

Los reinados de Felipe III (1598–1621) y de su hijo, Felipe IV (1621–65), comenzaron dando muestras de distanciamiento con los modos, figuras, estilos y personalidades del reinado precedente. Un eco indirecto de estos visibles intentos por marcar diferencias con un reinado y régimen anteriores nos lo ofrece un epistolario paragongorino. En una carta enviada el 28 de agosto de 1620 por Francisco Fernández de Córdoba, Abad de Rute, al licenciado Pedro Díaz de Ribas, escribe el Abad: "La adulación muy hija es de los poetas, no sé si podrá desarrigárseles; pero no ha de ser tan descubierta y falsa como la de nuestro don Luis de Góngora condenando los tiempos y ministros del rey pasado, por subir de punto el gobierno del duque de Lerma, en el *Panegírico* que ahora hizo: el Manco [Juan de Aguilar] me le mostró" (Alonso, "Góngora en las cartas" 52). La cita ilustra también las servidumbres cortesanas a las que se veían impelidos los escritores que deseaban el triunfo y el favor cortesanos.

Merece destacarse también un hecho que, en el contexto de una monarquía cortesana, tuvo una gran importancia dado el lugar tanto simbólico como efectivo que ocupaba en ella el Rey: los gustos personales de cada monarca. A Felipe II no le gustaba especialmente la poesía,[40] mientras que su nieto llegó a intervenir como actor en representaciones palaciegas y a asistir ocasionalmente a comedias y academias. La sociedad cortesana era muy dada a la emulación y a la ostentación competitiva; sobre todo por parte de la nobleza pero también de instituciones como municipios y órdenes religiosas que competían entre sí por las mercedes o el reconocimiento reales. Los gestos del Rey se estudiaban e interpretaban hasta el extremo, y la etiqueta palatina era, según conviniera, reconocimiento o ejercicio de la violencia simbólica real. Sería pues un grave error no tener en cuenta la enorme influencia que para el conjunto de la cultura cortesana tenía la personalidad del monarca.

Dentro de cada reinado hubo varias privanzas (Lerma, Uceda, Baltasar de Zúñiga, Olivares, Haro) y hasta privanzas de privanzas (Rodrigo Calderón en la de Lerma; Antonio de Mendoza en la de Olivares) que también fueron imprimiendo una dinámica de cambio en lo que respecta a alineamientos, lealtades, arrimos y desapegos por parte de los miembros del campo literario. Dicha dinámica era el resultado de combinar el espacio de posibles, las tomas de posición y el *habitus* de cada escritor, por lo que no cabe atribuir el mismo grado de importancia que pudieran tener las intrigas cortesanas a todos los escritores, como se verá en el capítulo tercero. Hubo escritores cuyos *habitus* y prácticas (casos de Francisco de Rioja, Antonio de Mendoza, Quevedo) les situaron cerca del epicentro cortesano y cuya producción cultural fue, en ocasiones, más allá del entretenimiento, adentrándose en los dominios de la propaganda política oficial y el trato frecuente y "oficial" con Olivares. Otros se situaron, en función de su prestigio y prácticas literarias, en el mundo cultural de la Corte (Lope, Vélez de Guevara, Calderón y, en menor medida, Góngora), al ser comisionados para producir obras de entretenimiento cortesano y recibir beneficios simbólicos (Góngora) o materiales (Lope). Finalmente estaban aquellos que, como Cervantes,[41] Alemán o Rojas, eran escritores sin un "don" con el que encabezar sus obras y que, pese a ser en algún momento escritores de éxito popular, vivieron al margen de la cultura oficial de la Corte y tuvieron que circunscribir sus prácticas literarias y su *habitus* al entorno urbano (Madrid, Valladolid) en el que se situaba físicamente la Corte. En no poder traspasar este muro tuvieron que ver tanto su condición social (no eran hidalgos ni caballeros) como las características de su triunfo: con obras de entretenimiento en prosa en un momento en el que el prestigio simbólico cortesano era otorgado, sobre todo, por la erudición o por la poesía en cualquiera de sus variantes (épica, lírica, dramática). De manera harto significativa, Cervantes no se desplaza a Valladolid siguiendo a la corte sino que es forzado a ir, en 1603, para rendir cuentas de sus labores como recaudador comisionista a los contadores de relaciones (Alonso Cortés, *Noticias* 77). El espacio de posibles de un

Capítulo uno

Cervantes era por sangre, edad, educación, condición social y *habitus*, mucho más reducido que el de Quevedo. Como señala Harry Sieber, las dificultades del triunfo cortesano de Cervantes tuvieron que ver con su propia carencia de conexiones familiares cortesanas, con el fracaso en lograr un mecenas fiel y con su ausencia de la universidad, que era donde se comenzaban a forjar alianzas cruciales (108).

Todo cambio dinástico generaba una gran movilidad en los cargos político-administrativos (miembros de los consejos, embajadores, secretarios) o pertenecientes a la etiqueta cortesana (mayordomos, aposentadores, ayudas de cámara...) y algunos de los escritores eran directa o indirectamente afectados por el carrusel de cambios. Los escritores en particular y los miembros del campo cultural en general (cronistas, historiadores, pintores) se vieron impelidos a "apostar" en la contienda que las familias Sandoval y Zúñiga sostuvieron en las dos primeras décadas del XVII (Elliott, *Count-Duke* 38–45; Feros, *Kingship* 101–07). Un determinado *status quo* cortesano-administrativo desaparecía o se inestabilizaba automáticamente con el rey fallecido, cuyos hombres de confianza dejaban habitualmente de serlo para el rey entrante. Con Felipe III, además, se instauró en la persona de Francisco de Sandoval y Rojas—futuro duque de Lerma—, el tipo de valido que caracterizaría al XVII: un primer ministro por el que pasaban todos los asuntos de gobierno, la concesión de mercedes y el ejercicio directo del poder. Este tipo de valimiento lo encarnó, sobre todo, Olivares quien, por duración, influencia, complejidad de carácter, ambición y capacidad de gobierno fue el archivalido del XVII español. Tanto Lerma como Olivares estuvieron muy cercanos a los reyes a los que sirvieron desde que éstos eran príncipes. Lerma fue nombrado caballerizo mayor del príncipe por Felipe II, lo cual fue definitivo para ganarse la confianza del débil Felipe III y, por ende, el valimiento; Olivares, que ya era el gentilhombre del joven príncipe a la caída de Lerma, intrigó para traer a la Corte a su tío, Baltasar de Zúñiga, el líder de la facción cortesana compuesta por los Guzmán y los Zúñiga. La muerte de Felipe III, el 31 de marzo de 1621, trajo consigo la sustitución cortesana de los Sandoval por los Zúñiga-Guzmán y, como resultado, el acceso a la privanza de Gaspar de Guzmán, conde-duque de Olivares.[42] Si ponemos estas luchas cortesanas por el poder en relación con un campo literario en ciernes que todavía dependía de las relaciones de patrocinio, mecenazgo y clientelismo que establecían con la nobleza, se verá que tienen más importancia de la que en principio cabría esperar en el seno de la actividad literaria.

Con el acceso a la privanza de Francisco de Sandoval y Rojas (1553–1625), marqués de Denia y futuro duque de Lerma, se acrecentó la percepción en escritores y artistas de que la corte era una "fuente magnífica" (Sieber 86) de patronazgo cultural. Inversamente, quienes gobernaban esa sociedad de corte también comenzaron a percibir la literatura como un instrumento de propaganda y glorificación personal. En ese contexto hemos de situar, por ejemplo, el inconcluso y ya citado *Panegírico al duque de Lerma*, en el que Góngora trabajaba a finales de 1616 o comienzos del 1617, según apunta Carreira (*Gongoremas* 16–18) y que acabó enviando al propio Duque. Otra cosa es que éste, a esas alturas tan tardías y problemáticas de su valimiento, le prestara escasa atención al poeta,[43] pendiente como estaba el Duque de escapar, con el capelo cardenalicio, del cambio de fortuna en la privanza.

Si el nuevo papel que va a asumir la figura del privado en el XVII es ya importante para el desarrollo de una cultura de corte, mucho más lo fue la personalidad de Lerma. Como virrey de Valencia, Sandoval había desplegado una gran actividad teatral y literaria entre 1595 y 1597. Buena prueba de esa actividad literaria de su virreinato es la novelita académica *El prado de Valencia* (Valencia, 1600) del *nocturno* Gaspar Mercader, conde de Buñol (Ferrer 22). Además, y por diversas razones (muchos de sus virreyes habían sido de sangre real, tenía acusada relación con Italia y su cultura), el Reino de Valencia había tenido una gran actividad teatral y editorial en la segunda mitad del XVI, lo cual se puede explicar, precisamente, como pervivencia de una tradición cultural cortesana (19–22). Todas estas implicaciones del acceso al poder de Sandoval no pasarían desapercibidas, a buen seguro, para los escritores que se arracimaban en torno a la corte que, junto a las posibilidades inherentes a una sucesión real, verían al marqués como un potencial animador de una cultura de corte que había permanecido un tanto mustia en los últimos años de Felipe II.

Otra transición importantísima y altamente simbólica se produjo al asumir Madrid no ya sólo la condición oficial sino también la metonímica de corte. La corte no será ya solo su directa figuración palatina, un determinado palacio sino que su condición de núcleo urbano y de poder, motivador y receptor de toda suerte de movimientos centrípetos no hará sino acentuarse a lo largo de la primera mitad del siglo. La corte se convierte en figuración urbana por excelencia; en un personaje más que la literatura coetánea dibuja como imán de pretensiones, famas y fortunas y como epicentro de la Monarquía Española. Esto es patente tanto en obras tempranas como *El Buscón* o relativamente tardías, como *El diablo cojuelo* (1641). Esa llamada del ambiente urbano-cortesano, más sofisticado que el conocido hasta entonces, propició una mutación en la condición y en el comportamiento de los hombres de letras que se movían en el entorno del poder. Se pasa, así, del cortesano característico del XVI al discreto del XVII, transición que tomo prestada de la obra homónima de Blanco González, cuyo título, a su vez, combina los de las obras homónimas de Castiglione y Gracián. Esa mutación debe mucho a ese carácter urbano destacado por Maravall en *La cultura del Barroco*. Por poner un ejemplo pertinente de esa incidencia cultural de

Capítulo uno

la corte, piénsese que en Madrid se imprimió el 40% de los libros españoles del siglo XVII (Cruickshank 803).

Hubo dos motivos adicionales que propiciaron la concentración de hombres de letras en Madrid: la voracidad burocrática de la Monarquía Española, necesitada como nunca hasta entonces de mover una inmensa y compleja correa de transmisión de poder, y la necesidad de gente letrada que tenía la aristocracia para defender sus intereses o su prestigio en la corte. El primero de esos motivos se explica solo: el imperio a regir era enorme en extensión (América, Italia y el Mediterráneo, Flandes) y complicado (tensiones internas entre algunos reinos e instituciones peninsulares y la Corona,[44] diplomacia europea). Muchos de esos letrados con cargos oficiales y administrativos provenían de familias que habían ocupado cargos similares. Bastantes de ellos poseían bibliotecas y no pocos dieron en la funesta manía de escribir. Uno de los casos más conocidos e interesantes es el del segoviano Alonso de Barros (*ca.* 1540–1604) que pertenecía a una familia de burócratas del XVI y heredó de su padre el cargo de aposentador en 1563. A su muerte, Barros tenía una biblioteca de unos 151 tomos entre los que había, sobre todo, filosofía moral y política; también religión e historia; algo de literatura clásica y apenas cinco libros de literatura de entretenimiento. Entre estos últimos destacan *La Celestina*, *El pastor de Filida* de Gálvez de Montalvo y *Los coloquios satíricos* de Torquemada aunque también leía libros prestados, como recoge su testamento (Dadson, *Libros* 182–86). Pero, una vez más, los inventarios *post-mortem* pueden ser engañosos a la hora de establecer lecturas, pues muy probablemente leyó el *Guzmán* de su amigo Alemán, que lleva un elogio suyo.

La necesidad que la aristocracia tenía de defender sus intereses tenía que ver, sobre todo, con el proceso de concentración de poder en favor de los reyes y en detrimento de dicha aristocracia que supuso la sociedad cortesana. Pero lo que ahora nos interesa explicar es cómo esa masa de letrados creada por la sociedad cortesana y por las crecientes necesidades administrativas de las monarquías de la temprana modernidad favoreció la aparición del primer campo literario español.

Ya en el XVI había una clara vinculación de carácter regulador y administrativo entre los humanistas y los estados renacentistas (Maravall, *Oposición* 26) pero la relación que se va a establecer a partir de la segunda mitad del XVI entre el campo intelectual y el de poder va a ser crecientemente compleja, dinámica e interdependiente. La abundancia de letrados requerida por las instituciones civiles y eclesiásticas se convirtió en uno de los más activos potenciadores de movilidad social ascensional (Domínguez Ortíz, *Sociedad* 46–47). Buena parte de esos letrados eran de la clase media y su formación intelectual les permitió alzarse sobre su origen social y cosechar honra, reputación o distinción, según los casos. Los literatos no eran una excepción en el conjunto de los letrados.[45] Buena parte de los escritores europeos más famosos del siglo (Cervantes, Lope, Greene, Shakespeare, Jonson, Racine, Corneille, Molière...) procedían de lo que hoy consideraríamos clase media o pequeñoburguesa y tuvieron acceso a una educación considerable para la época, lo que les permitió, en última instancia, descollar en la práctica literaria y, en ocasiones, ascender en la escala social. No todos tuvieron la misma fortuna pero la condición profesional o semiprofesional[46] de algunos de esos escritores nos habla de las posibilidades de promoción y reconocimiento sociales que ofrecía la escritura en la primera mitad del XVII. Como ejemplos tenemos los casos de Shakespeare, Góngora y Corneille, que fueron directa o indirectamente ennoblecidos en razón de su prestigio como escritores. La literatura del periodo isabelino refleja las reacciones de otros escritores a la concesión de un *"grant of arms"* (cuyo lema era *Non sanz droict* o "No sin derecho") para el padre de Shakespeare, en 1599, y la compra por parte del escritor de 107 acres de tierras de cultivo: "With mouthing word that better wits had framed, / They purchase lands, and now esquires are made"[47] (Wyndham lv; ver también Greenblatt, *Will* 78–81). Corneille fue ennoblecido a través de su padre en 1637 (Viala 222). Veamos ahora lo que Góngora escribe al licenciado Heredia, el 4 de enero de 1622:

> He llegado a mejor estado: a ser oído de mi rey y de sus ministros superiores, y de alguno de ellos a ser bien visto; (...) déjanme la puerta abierta a las esperanzas, dándome intención que la merced hecha [un hábito de una orden militar] es sólo remuneración de mis padres; que mis servicios tendrán premio después; que me entretenga ahora con la merced de éste hábito... y que luego pida para mí. Esto me han dicho tío y sobrino [Baltasar de Zúñiga y Olivares] dos o tres veces.... (*Obras completas* 901)

Otro hábito para uno de sus sobrinos arrancó a la corte el poeta cordobés pero basta comprender el alcance de ese "mis servicios" para apreciar el capital cultural que atesoraba la práctica literaria, pues no cabe pensar que esos servicios aludidos fueran los de remolón e inquieto racionero catedralicio. Sirvan estos tres ejemplos como indicios del reconocimiento logrado por la práctica literaria en las sociedades cortesanas europeas de finales del XVI y de buena parte del XVII.

Recordaba páginas atrás que Bourdieu describe un campo como un universo social propio con instituciones y leyes específicas. ¿Se daban esas condiciones en el Madrid de hacia 1600? Con las salvedades y reservas de rigor me atrevo a afirmar que sí; que en el primer tercio del siglo XVII se contempla la actividad literaria como un espacio social definido con leyes, comportamientos e instituciones específicas.

Si pensamos en instituciones específicas del campo literario a comienzos del XVII, forzosamente hemos de pensar en las academias, que son instituciones eminentemente urbanas. Así, destacaron en España como sedes académicas Valencia, Sevilla, Zaragoza, Granada y Madrid, sobre todo. Uno de los aspectos que más destaca en el conjunto de las academias españolas, como recuerda Aurora Egido (*Fronteras* 120), es que en prácticamente ninguna de ellas se respiraba el ambiente filosófico de las primeras academias italianas. Recuerda también la propia Egido (155) la evolución que vivieron; de domésticas, cortesanas o itinerantes (como las del duque de Alba o la de Hernán Cortés), que giraban en torno a conversaciones útiles y apacibles, pasaron a convertirse en el periodo barroco en auténticos certámenes públicos de rango cuasi teatral. Un rasgo, este de lo teatral que, junto con los aspectos espectaculares y performativos, también resalta J. Robbins (15–28) en su monografía sobre la poesía académica de carácter amoroso bajo Felipe IV y Carlos II.

Las academias son a la vez reflejo y causa parcial de la aparición de una cultura relativamente pública, abierta y espectacular. Por supuesto hemos de tomar estos tres adjetivos de manera cautelosa pero si algo representan las academias es una cierta socialización y, sobre todo en el caso francés, el germen de una estatalización de la cultura. Ambos procesos son posibles gracias a una concentración cultural propiciada por la sociedad cortesana y a las consecuencias de aquella: mecenazgo, clientelismo, legitimación, competición y distinción. Por primera vez en la historia de la temprana modernidad comienzan a darse las condiciones, el *milieu* o, finalmente, el caldo de cultivo social en el que pueda aparecer algo muy parecido al escritor profesional. Dice George Mongrédien (15) que los escritores franceses hicieron su "entrée dans le monde" entre 1620 y 1630. Ambas fechas se pueden retrasar, creo, en los casos español e inglés. En el caso inglés porque hay elementos muy diversos que así lo aconsejan. Me refiero a la competitividad teátrico-literaria surgida en la generación de los "*university wits*"; a la aparición de obras de carácter metaliterario como *Poetaster* de Ben Jonson (1601), donde se atacaba a Thomas Dekker, y la inmediata respuesta de éste, *Satiro-mastix*, también de 1601; a la publicación de obras teatrales por parte de su autor, caso del propio Jonson, etc. En el caso español se puede retrasar igualmente la fecha porque se dan factores, elementos y motivos sociohistóricos que apuntan a un campo literario ligeramente más temprano. Uno de esos elementos van a ser las propias academias.

Como señaló Viala en *Naissance de l'écrivain*, las academias jugaron un papel importantísimo en la conformación del campo literario ya que, aunque no constituyen de por sí un campo, las propiedades específicas de éste se clarifican en el dispositivo de fuerzas en acción presente en aquellas (14). En el ensayo de Viala, el primer campo literario francés nace de un proceso de decantación y concentración del campo cultural que conforman academias y salones en la primera mitad del siglo XVII (14–28). Es decir, que los literatos se fueron desgajando e independizando del mundo de los salones, mucho más amplio y heterogéneo y las academias se vieron forzadas a escoger entre la diversidad de intereses de los humanistas o el enfoque en una disciplina u objeto precisos (25). En dicho proceso Viala advierte varias fases dentro de las academias: de 1620 a 1635, en un marco de expansión cultural generalizada, todavía predominarían en ellas los letrados sobre los escritores, aunque se van desarrollando los círculos propiamente literarios; de 1636 a 1650 se experimentan los efectos aglutinadores, prestigiadores y oficializantes de la Académie Française, fundada en 1635; en una tercera fase, de 1650 a 1666, la especialización disciplinar habría modificado, definitivamente, las estructuras del campo cultural y los círculos, públicos o privados, se multiplican (25–28). Interesa destacar ahora las diferencias entre las academias españolas y las francesas.

En mi opinión hay una especialización literaria más temprana en las academias españolas que en las francesas, como prueban multitud de testimonios recogidos por Miguel Romera Navarro, Willard F. King, José Sánchez, Aurora Egido, Clara Giménez Fernández y Anne Cruz, entre otros. Habría que hacer sin embargo una precisión: esta especialización no se da de manera extensiva ni uniforme sino en Madrid, en torno a la corte, en un rasgo muy significativo y al que hay que dar la importancia que merece. En el periodo que va de 1571 (muerte de Mal Lara, en torno al cual se estableció una academia sevillana que llegó a "heredar" más tarde el pintor Francisco Pacheco)[48] a 1628 (cuando debió de surgir la zaragozana de los Anhelantes, encabezada por Juan Francisco Andrés de Uztarroz, que llegó hasta 1653)[49] de ninguna[50] de las academias más significativas de la periferia extracortesana puede decirse que dedicara sus esfuerzos a la literatura en exclusiva. Esto sirve igualmente para la celebérrima Academia de los Nocturnos valenciana que desarrolló sus actividades entre 1591 y 1594, según King (*Prosa* 35). En dicha academia las "liciones' siempre solían discurrir alrededor de temas serios tales como el valor de armas y letras o "la excelencia de los elementos" (35). En Aragón el académico más distinguido solía ser historiador o un aficionado a la arqueología o a la numismática, como el propio Uztarroz o el conde de Guimerá (102), al igual que ocurría en Sevilla, como ya he señalado. ¿Por qué se observa, pues, en las academias madrileñas una especialización literaria mucho más temprana y evidente? La razón no puede ser otra que la de ser consecuencia de un proceso progresivo de concentración, competición y distinción "profesional" dentro del campo cultural que se va agrupando en torno a la corte en un periodo que va de 1598 a 1625. Dicho periodo comprende dos sucesiones dinásticas tras las muertes de Felipe II (1598) y Felipe III (1621) y, de paso, la concatenación de dos factores conexos: el destacado incremento del patronazgo cultural por parte de la monarquía y la aristocracia y la utilización propagandística de la cultura por parte de estas. Si he extendido el periodo hasta 1625 en lo político es porque, a mi entender, los cuatro primeros años de reinado de Felipe IV y del valimiento de Olivares son años que concentran esperanzas sociales y políticas a las que no fueron ajenos los escritores.

La aglomeración (de poder, de personas, de riqueza, de libros) que generaba la corte española hizo que esta se convirtiera en el principal mercado de bienes culturales no ya sólo de la Monarquía Española sino de toda Europa. Piénsese, por ejemplo, en el trasiego de artistas que provocan las construcciones del Escorial, bajo Felipe II, y del Buen Retiro, bajo Felipe IV; en la interesada política de mecenazgo y clientelismo cultural que llevó a cabo el duque de Lerma,[51] en las compras artísticas que embajadores o enviados *ad hoc*, como Velázquez, hacen para las colecciones reales o nobiliarias.[52] Este contexto cultural cortesano ayuda a explicar también que la cultura efímera (literaria, arquitectónica, teatral) se fuera haciendo mucho más frecuente y onerosa en los reinados de los Austrias menores; que se llegaran a comisionar bajo estas costosísimas obras dramáticas de una o dos representaciones palatinas; que se escenificaran en ellas batallas navales; que se utilizara a ingenieros de fortificaciones militares para levantar escenografías, etc. También explica que hoy tengamos tanta información sobre toda esa luminaria efímera y dispendiosa, gracias a los centenares de relaciones comisionadas a escritores y letrados por parte de quienes querían verse reflejados en aquellos fastos que hoy nos escandalizan pero que en la época eran moneda corriente. Pero para no desviarnos del impacto urbano-cortesano en lo literario, vayamos a cifras concretas sobre la producción y consumo de libros. Sólo entre 1601 y 1625 se editaron 1.441 libros en Madrid, según recoge Cruickshank[53] (803). Si esa cifra la multiplicamos por los 1.500 ejemplares de la tirada media de la época que calcula Bouza (38), se estará de acuerdo en el enorme impacto que una producción potencial de más de dos millones de libros podía tener en un núcleo urbano tan pequeño como Madrid en un cuarto de siglo. Aún descontando que Madrid creció considerablemente en la primera mitad del XVII desde los 37.000 habitantes que tenía hacia 1597 hasta los casi cien mil que llegó a tener a mediados de siglo (Cruickshank 801), y que muchos de esos libros se diseminaban por los reinos y colonias españoles (América incluida) y aun por Europa,[54] todavía nos encontramos ante un fenómeno de considerables proporciones que, en mi opinión, ayuda a explicar la explosión literaria que vivió el XVII español.

A este núcleo de generación, acumulación y consumo cultural que era la corte madrileña hay que añadirle un factor multiplicador: la ostentación propia de la cultura de la época, rasgo agudamente señalado por Maravall en *La cultura del Barroco*. Y esa ostentación, aunada a la emulación que provocaba la corte como centro originador de tendencias y modas, contribuyó a multiplicar los poderes de atracción y consagración de ésta. La escritura no fue ajena a todo ese proceso.

Lo que hoy consideramos literatura ocupaba un lugar de privilegio a comienzos del XVII. Esto es doblemente válido para la poesía, auténtico archigénero que incluía a casi todo el teatro (salvedad hecha de algunos entremeses en prosa) pero también a una poesía de carácter no lírico y muy cercana a la narración (pienso en poemas como *La Dragontea* de Lope o el *Viaje del Parnaso* cervantino). Este privilegiado carácter que alcanzó la literatura y la existencia de un mercado incipiente pero bien definido en el que el teatro tuvo un papel definitivo en España, Inglaterra y Francia, favorecieron la aparición de la figura social del escritor y, como consecuencia, del campo literario, en un proceso que Viala ha descrito magníficamente para la Francia de aquel siglo. El teatro fue pues la piedra angular sobre la que se fundaron los campos literarios europeos (español, inglés e francés) en el XVII. ¿Razones para ello? Sobre todo tres, cuya combinación le daba al teatro un halo de cierta heterodoxia: su carácter marcadamente comercial y/o cortesano, la estrategia de triunfo más adecuada para quienes buscaban un éxito rápido y directo en el ejercicio de las letras; su carácter espectacular y masivo y, por último, su compleja relación con la poesía, el archigénero literario de aquel tiempo. Su carácter comercial está, en general, fuera de toda duda, por lo que no creo necesario insistir en ello. Sí quiero destacar la influencia que tuvo el teatro en la generación de lo que podríamos llamar con cierta liberalidad "derechos de autor," más temprana quizá en España e Inglaterra que en Francia. Así, Lope confiesa en las *Rimas* que, como no había previsto "que la voz a la impresión llegara," optó por tomar "en plata el veneno / que me daban en cobre" (714), aludiendo a que se vio forzado a imprimir sus obras de teatro para evitar que otros se beneficiaran al imprimirlas sin su consentimiento. El carácter por naturaleza masivo y espectacular de la obra teatral en el Siglo de Oro (sobre todo en Lope) tuvo una considerable influencia en la visibilidad social de la literatura, convertida así en objeto de demanda por parte tanto de los corrales como de palacio. Por último, el teatro, concebido en general para "la voz" y para las masas, se convertía en el perfecto par oposicional de la poesía, a menudo manuscrita y pensada—excepción hecha de las academias—para una lectura individual y silenciosa. Dicha oposición se trasladó, con rasgos ciertamente difusos, a la jerarquía del campo literario. No estaría de más recordar que el cierre de los teatros—de noviembre de 1597 al 17 de abril de 1599 en las postrimerías del reinado de Felipe II y en los primeros meses del de su hijo—coincidió con una eclosión editorial. Esto es especialmente significativo en el caso de Lope. En apenas año y medio de cierre teatral éste afirma, con un verdadero torrente editorial, su condición de autor culto y de prestigio (la *Arcadia*), de

Capítulo uno

cronista cortesano (*Fiestas de Denia*), o de escritor de encargo (*Dragontea, Isidro*).[55] No contento con eso, utilizará dichos encargos para promover su carrera en la villa (Lope utilizó el *Isidro* para promoverse como poeta laureado [Wright, *Pilgrimage* 15]) y en la corte—la primera edición de la *Dragontea* iba dirigida al entonces príncipe de Asturias y futuro Felipe III, con sutiles toques de manual de príncipes. Ambas obras representan claras tomas de posición de un Lope en pleno lanzamiento como escritor "profesional."

Al hablar de las estrategias de los escritores "profesionales" franceses del XVII, Viala (183–85) establece una distinción entre *succès* (éxito de público, notorio, monetario y espectacular, fundado sobre todo en los derechos de autor), y *réussite* (ascensión lenta en la escala institucional socioprofesional). Dicha dicotomía no es del todo aplicable a las primeras décadas del XVII español donde no hay, según creo, ningún ejemplo "puro" del primero de los casos. Lope, el escritor comercial y de éxito por excelencia, estafermo de todos los pretendientes del campo literario,[56] había velado también sus armas juveniles en obras como *La Arcadia* (1598), que debe mucho a los tiempos en que sirvió al duque de Alba y con la que quiso dar muestra ostensible de erudición (Sendín *passim*). Dicho alarde erudito y pastoril no podía tener, desde luego, los mismos destinatarios implícitos que sus comedias; al contrario: Lope buscaba la distinción y el capital cultural simbólico que sólo podía proporcionarle el reconocimiento de los otros escritores, el de la clase nobiliaria o ambos a la vez. En 1598, a las puertas de un nuevo reinado y de un nuevo siglo, el primer campo literario español estaba en plena gestación.

Viala sitúa la aparición del primer campo literario francés hacia mediados de siglo, cuando dicho campo literario deviene objeto del imaginario clásico, sobre todo en forma de campo de batalla (153–55). Así, la *Nouvelle allégorique des derniers troubles arrivés au royaume d'Eloquence* (1658), de Furetière, ficcionaliza la confrontación entre puristas y eruditos arcaizantes y refleja la mutación acaecida en el mundo de las letras en la primera mitad del siglo. Otro ejemplo del mismo tenor sería el *Parnasse réformé* (1667) de Gabriel Guéret, perteneciente a la segunda generación de jóvenes doctos, que plantea su obra en forma de sueño escrutinizador de obras y autores y fue continuada en 1671, con el trasfondo del enfrentamiento entre puristas y galantes, en *La Guerre des Autheurs anciens et modernes* (Viala 156–61). Los autores franceses del siglo XVII comenzaban a concebir el mundo de las letras como un espacio específico y cerrado; en tanto que campo de batalla y como separado del campo intelectual en general, estableciendo una distinción entre la "República de las letras," nombre usado tradicionalmente por los humanistas eruditos, y "Parnaso," territorio de los literatos (Viala 162). Pues bien, esas discriminaciones terminológicas y esos enfrentamientos entre escritores se escenifican ya en los quince primeros años del XVII español e inglés de una manera clara y definida. Pienso, en el caso español, en la polémica en torno a la poesía gongorina que se sigue a la difusión del *Polifemo* y de las *Soledades* y en el *Viaje del Parnaso* cervantino. Ambos hechos son, a mi entender, ejemplos que refuerzan la existencia de un campo profesional específico e institucionalizado; con sus prácticas y sus jerarquías internas; con sus modos de producción y de consagración. Tiempo habrá a lo largo del segundo capítulo de hablar con más detenimiento de ambos. En la misma dirección afirmadora de un campo literario van, según creo, otros ejemplos que nos hablan del funcionamiento interno de algunas academias madrileñas. Así, Sebastián Francisco de Medrano redactó hacia 1621 unos minuciosos estatutos para la "Academia Peregrina" en la que, entre muchos requisitos detalladísimos sobre temas, organigrama jerárquico-administrativo, distribución horaria, etc., se exigía que los miembros fueran insignes o famosos, que ofrecieran ejemplares de sus obras publicadas y que sus obras fueran aprobadas. Se proponía, además, la "coronación" de miembros que hubieran publicado "doce novelas, comedias, pinturas o libros de poesía," requisito que se podía igualar con un poema épico de éxito (King, *Prosa* 55–56). Salvedad hecha de esa referencia a la pintura,[57] todo apunta a un proceso de selección y cooptación que parece no tener únicamente baremos sociales sino, sobre todo, "profesionales" y literarios. Interesante es la mención que hace de varios géneros, sobremanera del teatro, habida cuenta de que en éste primaba más lo espectacular que lo textual.

Un aspecto de las academias que ha quedado bien claro es su carácter público (Cruz 72), algo que no quedaba tan patente en anteriores monografías sobre las academias. Alude Anne J. Cruz a que habría que estudiar el papel que el Estado de la temprana modernidad tuvo en la regulación, impulso y control de la producción poética, lo cual iluminaría el papel que las academias tuvieron en la producción poética (73). Creo, sin embargo, que este aliento estatal sólo se produjo claramente en Francia con la creación de la Académie Française en 1635. Las academias españolas tuvieron, más que otra cosa, un impulso de emulación cortesana en un contexto en el que la nobleza titulada también medía su prestigio por su cercanía a la práctica literaria o por su mecenazgo (activo o pasivo) de esta. No existió, que yo sepa, ninguna academia auspiciada por Rey o Valido. Lo más parecido que hubo fue la academia burlesca y circunstancial que se celebró para inaugurar el Palacio del Buen Retiro el 15 de febrero de 1637. Según King, pudo tratarse de una reunión especial de la academia madrileña de Francisco de Mendoza (*Prosa* 93).

Afirma Viala que, en su mayoría, los literatos franceses se adhirieron al movimiento académico (40). Las razones que apunta para esta adhesión son cinco: las posibilidades de *sociabilidad* que, sobre todo para neófitos o recién llegados, ofrecían las academias; la condición de estas de lugar de *formación e información*, en una época en la que la imprenta y el correo eran una

Capítulo uno

rareza; el *apoyo mutuo* (elogios cruzados, polémicas comunes, solicitud de opiniones) que propiciaban, que se traducía en *reconocimiento y consagración* potenciales; finalmente, la *legitimación colectiva* que suponía la reunión de los escritores como grupo (42–43). Cruz añade, refiriéndose al caso español, un motivo adicional y que no habría que perder de vista: el puramente material y económico (76) pues muchos de los escritores verían en estas instituciones la manera de sacar algún beneficio no ya simbólico sino material e inmediato. Concuerdo con todas esas razones aducidas por Viala y Cruz aunque discrepo con el primero, al menos en lo que a su aplicación al caso español se refiere, en que la imprenta y el correo fueran una rareza en la época. Quizá fuera el caso de Francia pero la situación española parece bien diferente. Cruickshank (814) resalta un par de datos muy significativos: el número de impresores casi se duplicó en Madrid entre 1616 y 1625 y la Inquisición listaba unos 45 libreros en Madrid en 1650, de los que 6 eran "quantiossos" (805n1; dato tomado de E. M. Wilson). A mediados del XVII, sólo en la calle Mayor de Madrid, había seis libreros que se dedicaban en exclusiva a libros de importación y otros siete que se dedicaban en exclusiva a libros nacionales; la calle de Toledo tenía 12 librerías y había más en la Carrera de San Jerónimo, en las calles Atocha, Santiago, San Ginés, San Basilio, y Carmen y en las plazas de Santo Domingo, Antón Martín y Santa Cruz. Estos datos aparecen en la *Memoria de los libreros que hay en esta villa de Madrid a 29 de noviembre de 1650*, manuscrito que se encuentra en la Biblioteca Nacional de Madrid (ms. 718) y que recoge Bouza (*Del escribano* 68), de donde cito. En lo que respecta a la rareza del correo en España también manifiesto mi escepticismo. Repárese en los nutridos epistolarios que conservamos de escritores[58] coetáneos (Lope, Góngora, Quevedo); sin ir más lejos, el de uno tan trashumante como Quevedo, cuya peripecia vital incluyó destierros ocasionales y que, a pesar de todo, se las ingenió para dejar varios centenares de cartas escritas desde muy diversos lugares.

Otra prueba "académica" de la existencia del campo es la literatura de carácter metaacadémico. Tan intensa era la vida académica que aparecieron lo que podríamos llamar "novelas académicas," que son poco más que extensas relaciones de las reuniones académicas, unidas por el más ligero hilo argumental, como recordaba King (*Prosa* 111). La propia profesora norteamericana aducía varios ejemplos: desde la temprana *El prado de Valencia* (1600) del citado Gaspar de Mercader—donde todavía se intercalan en una leve trama poesías académicas, empresas, juegos de ingenio literario y una justa poética que, según señala King, pudo ser real—a *La Cintia de Aranjuez*, de Gabriel del Corral (Madrid, 1629), obra surgida en torno a la academia liderada por Francisco de Mendoza y que resulta ser una mezcla de novela cortesana y bizantina (114–19). Este fenómeno no es privativo de la prosa; al contrario, es mucho más patente en la poesía donde tendríamos el *Arte nuevo* de Lope como ejemplo por antonomasia de textos creados para o influidos por un contexto académico.[59]

Hemos hablado de literatura metaacadémica pero podríamos haber hablado también de metaliteratura a secas que es, en mi opinión, otra prueba importante de la existencia de un campo literario (auto)consciente y activo desde los albores del XVII. También podríamos mencionar como factores que refuerzan su existencia a la intertextualidad y los testimonios que nos han llegado de la interacción social y directa entre escritores, a la que daré el nombre de interautorialidad y en la que me detendré más adelante.

Al trazar la biografía de la idea de literatura Adrian Marino ha identificado en la época clasicista-barroca ciertos rasgos que también parecen remitir a una práctica literaria social y autoconsciente. Así entre las que él llama "formas sutiles de antiliteratura" aparecen la saturación y exceso de la escritura, la ironía, la desconfianza hacia la literatura, o la revelación irónica de los artilugios y técnicas literarias como ocurre con el metasoneto de Lope "Un soneto me manda hacer Violante," imitado luego por el francés Voiture (Marino 199).

A la hora de considerar la metaliteratura lo primero que hay que destacar es que nos encontramos ante una literatura de segundo grado que no solo busca a un lector común o "de primer grado" sino también a lectores "iniciados." Aquí hay que aclarar que, de hecho, hubo una metaliteratura de primer grado que apareció casi simultáneamente con la eclosión de la prosa de entretenimiento propiciada por la imprenta. Como señalaba B. W. Ife (3), la expansión de la imprenta trajo consigo dos efectos concatenados: el aumento de la lectura silenciosa en privado, relativa novedad para los lectores de comienzos del XVII y, como resultado, la desconfianza que esto generó en las autoridades culturales y religiosas. Esos dos aspectos fueron tenidos muy en cuenta por los escritores de ficción (especialmente los de la novela picaresca, objeto del estudio de Ife) y uno de los resultados más patentes de esa tensión fue que muchos escritores tuvieron de defender en sus páginas ese tipo de lectura(s) (3). Sin embargo, va a ser más adelante, en el marco de un campo literario, cuando nos encontremos con lo que podemos llamar, en puridad, metaliteratura.

El diálogo simultáneo y reflexivo entre las posibilidades de un molde genérico y sus límites que propone el *Quijote* no constituía únicamente un diálogo con los preceptistas, como a veces se sugiere, y sólo pudo darse en un contexto receptor muy especial en el que la competición "profesional" animaba a desafiar los límites de las formas literarias conocidas hasta entonces. La novela cervantina es un diálogo simultáneo porque en el juego de espejos de sus páginas aparecen, además del propio autor, instituciones y prácticas literarias o paraliterarias[60] (academias, certámenes, la lectura en sí), géneros, obras y autores estrictamente contemporáneos. Pero también y sobre todo es un ejercicio reflexivo[61] que sólo puede ser plenamente entendido como diálogo con el conjunto del campo literario. Son igualmente metaliterarios esos errantes "pasos de un peregrino"[62] con los que Góngora puso boca arriba la mesa de juego de una poesía culta voluntariamente dirigida a una selectísima minoría. No menos metaliterarios son el *Viaje del Parnaso* cervantino, el *Laurel de Apolo* e infinidad de poemas lopianos,[63] *La peregrinación sabia* de Salas Barbadillo o la *Perinola* quevediana, obras, todas ellas del primer tercio del siglo y que sólo se explican como reflejo de la existencia de un campo literario. Poderoso rasgo metaliterario es, en cierto sentido, la autorrepresentación autorial (*self-fashioning*), que de manera muy novedosa para la literatura de entretenimiento aparece en las obras del periodo. Me refiero a la vocación de personajes literarios que manifiestan muchas de las grandes plumas. El ejemplo más obvio es Lope, auténtico archipersonaje de su obra lírica y creador de heterónimos[64] literarios; pero también Cervantes (sus autorretratos, el *Viaje* todo), Góngora (con sus "máscaras y epifanías"[65]). No se puede comprender cabalmente esta pulsión autorrepresentadora sin la existencia de un campo literario autoconsciente y competitivo y en el que los escritores se preocupen por su imagen público-literaria.

El caso de Quevedo es, quizá, el más variado y complejo ya que, aunque buena parte de su obra constituye un intento por labrarse una imagen público-política, en ocasiones aparece "como personaje deformado bajo la lente del esperpento" (Pedraza viii) y, en consecuencia, acaba siendo visto no ya como autor sino como personaje. Junto al alcance más "masivo" y popular de sus obras festivas, muchas de las cuales datan de su juventud, la trayectoria de Quevedo nos muestra a un hombre podríamos decir público que pretende ser percibido por el campo de poder como "intelectual,"[66] moralista, y filósofo político. El objetivo último de tal pretensión era hacerse con un capital simbólico que, unido a su *habitus* y a sus credenciales de sangre, le permitieran ser distinguido, reconocido y escuchado por dicho campo.

Metaliteratura (ciertamente paradójica) es también que encontremos avisos contra la literatura de ficción... en obras de ficción. A medida que fueron menudeando las denuncias contra dicha literatura y aun contra la poesía en el último cuarto del XVI (con ejemplos como el de Diego de Estella en 1576 en su *Tratado de la vanidad del mundo*), escritores como Mateo Alemán y López de Úbeda quisieron distanciarse en sus prólogos de la literatura profana (Cruickshank 807–08). Por último, hay que mencionar la metaliteratura de carácter interautorial e intertextual, que consiste en menciones directas, alusiones y glosas a obras o escritores coetáneos. Como muestra, ahí están las innumerables alusiones a Lope[67] y a sus obras por parte de contemporáneos suyos o las frecuentes intercalaciones de versos de romances y letrillas gongorinos por parte de otros escritores, recogidas por Miguel Herrero García en *Estimaciones literarias del siglo XVII* (108–36 y 141–236, respectivamente).

Tres argumentos adicionales en favor de un campo literario tan temprano como el que propongo podrían ser el triunfo de la *comedia nueva*, la aparición de un género virtualmente nuevo (la novela moderna con el *Quijote*) y el salto cualitativo y autonomizante de una poesía que, con Góngora, suelta las amarras que le sujetaban al resto de las ciencias como compendio de todas ellas y reclama una parcela independiente; amoral y hedonista.[68] Que estos tres logros formidables acaecieran en plazo tan exiguo (los primeros quince años del 1600, digamos) no es casualidad y sí fruto, entre otras cosas, de la presión distintiva que ejercía la existencia del campo. El triunfo de la comedia nueva en medio de ataques y polémicas aristotelizantes fue decisivo para el advenimiento del campo literario porque representó, mejor que ninguna otra práctica o género literarios, la flexibilidad comercial característica de la producción cultural para las masas y su influencia en la jerarquía y en el espacio de posibles de dicho campo. El teatro gozaba de una condición dual por su presencia dentro y fuera del corral lo que posibilitaba dobles ingresos materiales (venta a "autores" y posterior venta a impresores); doble consumo (pragmático-representacional y textual); y doble jerarquización literaria (como poesía dramática, masiva, iletrada, espectacular y oral y, secundariamente, como lectura de entretenimiento, con lo que de prestigio y fama pudiera acarrear). En lo que toca a la novela cervantina hay que traer a colación que, aunque representa el nacimiento de lo que consideramos novela moderna, no apareció en el vacío sino que, muy significativamente, coincidió con otras obras narrativas como *El viaje entretenido* (1603) de Rojas Villandrando; *El peregrino en su patria* (1604) de Lope; *El Buscón* quevediano (*ca.* 1604), o *La pícara Justina* (1605) de López de Úbeda. Como afirma Francisco Márquez Villanueva,[69] el éxito del *Guzmán* (1599) provocó una "desbandada de ingenios ansiosos de aprovechar el mismo filón" y recuerda que el *Quijote* "se imprimió en competencia por anticiparse en el mercado a la *Pícara* [*Justina*] y sus autores quedaron enemistados de por vida" (247). Así y todo, me parece que la fortuna editorial del *Guzmán* fue un elemento más y por sí sola, no podría explicar semejante eclosión literaria, más allá de la intrínsecamente picaresca.

Además de todas las implicaciones que la creación y desarrollo de una cultura de corte en torno a Madrid pudo tener para la literatura, hay un par de factores socioeconómicos a no desechar al contemplar ese auge cortesano de comienzos del XVII: la conjunción de malas cosechas, hambre y epidemias que asolaron Castilla entre 1596 y 1602 y la consolidación de la oligarquía rentista, que venía produciéndose desde el último cuarto del siglo XVI (Elliott, *El conde-duque* 116–17). Las epidemias despojaron a Castilla del 10% de su población en dicho periodo y la dejaron sumida en tel estancamiento económico y demográfico. Por otro lado, la acumulación de tierras de realengo en manos de particulares reforzó aún más el poder señorial y los rasgos inherentes a tal poder y, se me ocurre, hizo más necesaria la gestión burocrático-cortesana por parte de letrados adscritos a las casas nobiliarias. Si combinamos el deseo de evasión intelectual de una sociedad asediada por las desgracias y la acumulación urbana de letrados y escribanos, potenciales lectores y autores, y aunamos ambos factores a una emergente cultura cortesano-citadina, el resultado bien puede ser esa eclosión de la literatura de entretenimiento que se observa a comienzos del XVII.

Como vengo señalando repetidamente, creo que hay que darle toda la importancia que merece al reflejo que las transiciones monárquicas tenían en el campo cultural. Sin el dinamismo y auge de expectativas que generaban los cambios dinásticos no podríamos entender cabalmente ni esa "desbandada de ingenios" (Márquez Villanueva 247) inmediatamente posterior a la muerte de Felipe II en 1598, ni febriles periodos de actividad como los que se observan en Quevedo y en otros autores con la llegada al trono de Felipe IV, en la primavera de 1621.

En resumen: tres fueron los factores que hicieron del Madrid de hacia 1600 el centro del primer campo literario español. En primer lugar, las perspectivas que abrió el relevo dinástico de 1598, que supuso el triunfo del régimen de la privanza y la aparición de una exaltación ostentosa, propia de la cultura de corte.[70] En segundo lugar, el poder consagrador que se derivaba de su condición centrípeta de corte (academias, eco instantáneo y amplificador, patronazgo nobiliario, socialización y reconocimiento público por parte de los otros escritores, etc.). Finalmente, y como resultado directo de los dos factores anteriores, comienza a manifestarse una demanda "masiva" y concentrada de obras de ficción.

Una vez defendida la existencia en España de un campo literario a comienzos del XVII, paso ahora a confrontar conceptos de la sociología cultural de Bourdieu con dicho campo y a situar a Quevedo en dicho contexto.

Para entender el espacio de posibles del campo literario en el que estaba inserto QUEVEDO es conveniente tener en cuenta el modelo cultural formulado por Maravall en *La cultura del Barroco* (1975) donde sostiene que dicha cultura se caracterizaba socialmente por ser masiva, urbana, dirigida y conservadora; también, que fue auspiciada en muchos sentidos por el complejo monárquico-señorial. Como resultado, buena parte de la cultura acabó transmitiendo la ideología del complejo monárquico-señorial. Maravall ejemplifica su tesis en el teatro y la emblemática, tratando de demostrar cómo la práctica del poder absoluto entrañaba una consciencia de la violencia y coerción inherentes a tal dominio, por lo que a menudo se volvía los ojos hacia la persuasión (Maravall, *Teatro* 15–16) como una manera de ejercer una rección fuerte con la máxima anuencia o, si se quiere, con el mínimo estruendo. Hoy está más o menos admitido (tras Mousnier, Hartung; Elias; etc.) que lo que se ha venido considerando "poder absoluto" estaba sometido a la interdependencia y, por consiguiente, tenía ciertos límites. Tal ajuste, sin embargo, no resta coherencia al esquema de Maravall que ya se había adaptado, *a priori*, a tales matices. Así, al estudiar el fenómeno literario, Maravall (*Teatro* 15–16) observa tres respuestas diferentes al ejercicio de poder de la época: discrepancia en la narrativa picaresca; "moral táctica y acomodaticia" en las obras de Gracián o Saavedra Fajardo; "participación propagandística" en el teatro.

Sin apenas oposición se ha venido considerando los alrededores de 1600, fecha asociada a una idea de crisis, como un periodo clave en el devenir de España. A la altura de 1600, con el restablecimiento de los poderes socioeconómicos tradicionales, se hizo necesario aplicar nuevos procedimientos ampliando la base del sistema con nuevos propietarios y labradores ricos, alterando a su vez el sistema de los viejos hidalgos y revitalizando la nobleza rural (Maravall, *Teatro* 9–14; Domínguez Ortiz, *Sociedad* 47). En esa campaña de fortalecimiento de la sociedad señorial estaba comprometido todo el teatro barroco, según Maravall (*Teatro* 21). Pero este restablecimiento del orden no estaba exento de cierta oposición que hacía necesaria la propaganda y la captación de voluntades, idea desarrollada luego por el propio Maravall en *La cultura del Barroco*. Dentro de esa captación de voluntades ejercía un importante papel la absorción e integración de un anhelo no rupturista de ascensión social, protagonizado por labradores ricos y protoburgueses a los que el sistema acababa por incorporar, pero también por parte de una nobleza inquieta que pugnaba por y con los círculos del valimiento. En esa pugna, desarrollada tanto a través de intrigas palaciegas como, a menudo, en la esfera de lo simbólico (la honra, el lujo, la etiqueta, los alardes y derroches de capital cultural, etc.), se encuadra la práctica literaria de la mayoría de los nombres más significativos del siglo XVII español. A este hecho conformador de toda una dinámica social en el campo literario de 1600, y sorprende decirlo, apenas sí se le ha prestado atención en los estudios sobre literatura barroca, sometidos casi siempre a la tiranía de la observación exenta de la excelencia individual o del determinismo socioeconómico.

Otra de las características del modelo de análisis de Bourdieu que se pueden aplicar al siglo XVII es la inversión de los valores del mundo económico que se suele producir en el campo de la producción pura y en el marco de lo que el sociólogo francés llama economía de los bienes simbólicos. El campo literario no está siempre sujeto a la correlación entre éxito inmediato y consideración artística, lo que crea un "interés por el desinterés" (*Razones* 186). El mundo artístico suele devolver un reflejo de mundo económico

Capítulo uno

invertido en el que las "locuras" más antieconómicas son, en determinadas condiciones, "razonables" puesto que el desinterés es reconocido y recompensado simbólicamente (186). Ese puede ser el caso de la poesía en el siglo XVII, ya que su circulación abrumadoramente manuscrita impedía su capitalización económica.[71] Aquí entramos en un espinoso asunto, la recepción y producción de obras literarias en el Siglo de Oro, del que hay dos visiones opuestas: la reducida, representada por Chevalier (*Lectura y lectores*), para quien había un reducido número de escritores y lectores, y la extendida de José Manuel Blecua ("El entorno") y Margit Frenk ("Lectores y oidores"), entre otros, para quienes se habría infraestimado el número de productores y receptores literarios. Como ya he apuntado arriba, se hace necesario revisar las cifras al alza, extrayendo las conclusiones pertinentes. En mi opinión, el siglo XVII constituye una época sumamente literaturizada por varias razones: influencia y acentuación de prácticas culturales asociadas con la sociedad cortesana, afluencia editorial alentada por la condición hegemónica de España, auge de las instituciones universitarias, promoción contrarreformista de las letras en detrimento de las ciencias. En ese contexto no sorprende que, por vez primera, se pueda hablar en España de un campo literario. Esa dinámica de campo llevó, a su vez, a una economía de los bienes culturales simbólicos que en el esquema de Bourdieu se manifiesta a través de un par oposicional: el "campo de producción restringida," en el que los 'productores' producen para sí y el "campo de producción a gran escala" en el que los productores están subordinados a los controladores y difusores de esa producción y cuya relación obedece a la conquista del mercado (*Field* 125 y ss.). Un ejemplo se halla en el teatro al cotejar los casos de Lope y Cervantes. Lope triunfó popularmente; Cervantes hubo de refugiarse en la textualidad editorial y lectora para que se viera "despacio lo que pasaba apriesa, y se disimula o no se entiende cuando las representan."[72] La literaturización (la novelización, en concreto) de los entremeses, es decir, su complicación literaria, como han notado Eugenio Asensio (*Itinerario* 99), Nicholas Spadaccini en su edición de aquellos (1982) o Cory A. Reed en *The Novelist as Playwright,* pudo ser una de las causas de su falta de conexión con el espectador tradicional. Lo que parece haber ocurrido en los entremeses cervantinos es que su propia sofisticación, manifestada en su polifonía y en sus juegos metateatrales, determinó su rechazo por parte de los *autores*. En definitiva, que la poética teatral implícita cervantina representa, frente a la muy explícita del Lope del *Arte nuevo,* un cierto ejercicio de producción pura. Frente a Cervantes, Lope es claramente un ejemplo de producción cultural a gran escala. La desventura cervantina fue que, a diferencia de la poesía, el teatro no representaba un dispensador tan poderoso de capital simbólico dentro del campo y él no pudo capitalizar su intento "purificador." La causa de esta antinomia parece clara: el teatro tenía una manifiesta vocación comercial; la poesía no. Por otra parte, al no presentar el teatro cervantino un decidido apoyo propagandístico al complejo monárquico-señorial (piénsese en *El retablo de las maravillas*), su espacio de posibles era aún más reducido si cabe.

Otro ejemplo de la dialéctica entre producción restringida y producción a gran escala es Góngora. La exacerbación de la polémica en torno a las *Soledades*, cuando éstas se aprestaban a caminar "a Palacio con lento pie" (Góngora, *Sonetos* 279), no derivó simplemente de la divergencia de propuestas estéticas. Además de ser un *casus belli* que dividió al campo intelectual español, dicha polémica tiene la virtud de probar la existencia de dicho campo en la España de 1600, aun cuando fuera en algunos casos *in partibus infidelium*, esto es, fuera de la Corte. En esta aserción resulta providencial el magnífico recuento que Joaquín Roses Lozano ha hecho de la polémica en *Una poética de la oscuridad* (1994). Allí, partiendo de la condición de manifiesto de una nueva poesía que encarnaban las *Soledades*, Roses da cuenta de la polémica generada por la difusión de éstas y en torno a la cual se congregaron encendidos defensores y acérrimos detractores ofreciendo una cierta foto de familia del campo literario español en torno a 1613. Quevedo partía en octubre de ese mismo año a Italia con el duque de Osuna lo que, sin duda, restó un seguro y acre adversario a las *Soledades*. De todos modos, lo que interesa es reparar en la condición simbólica del poeta cordobés como representante de la producción poética pura, lo que le convertía en obligado punto de referencia con el que Quevedo ejercitó una vez más ese característico obrar suyo a la contra del que habla Domingo Ynduráin (66).

Las prácticas quevedianas, como muchas otras en el siglo XVII o en cualquier otro momento histórico, estructuran una trayectoria de posiciones aparentemente contradictorias. A través de ellas se fue configurando la subjetividad en un contexto de prácticas e ideologías en el que puede distinguirse la tríada de elementos que Raymond Williams situaba en todo campo cultural: dominantes, emergentes y residuales (cito por Mariscal 37). La lectura que George Mariscal hace en *Contradictory Subjects* de estos elementos es sociopolítica: honor, virtud, discurso de la limpieza de sangre, etc. Creo que sería igualmente fructífero aplicarlas al funcionamiento interno del campo literario, tomando en consideración "microelementos" como género, estilo o tema, que nos hablan mucho más explícitamente del campo literario español de la época. La subjetividad que atesora Quevedo bien puede ser, como afirma Mariscal (100), el motivo principal por el que todavía hoy su figura concita tanta atención. La parte del león de esa subjetividad descansa en la literatura como cauce discursivo de toda una serie de tomas de posición que, además de dibujar una trayectoria y formar parte del *habitus*, son reflejo de esa subjetividad *in fieri*.

Volvamos por un momento a las *Soledades* gongorinas. Se trata de un poema inusualmente largo, una silva de algo más de mil versos, de difícil adscripción genérica, como ha notado Nadine Ly, y en el que, de alguna manera, se concentran esos elementos dominantes, emergentes y residuales a los que aludía arriba, insertados en una dinámica de campo y de discursivización de la subjetividad. Sin duda nos hallamos ante la obra de un poeta simbólicamente dominante, como era don Luis, cuya maestría poética reconocía incluso el Quevedo de entre 1600 y 1603 en su "Vida de la corte" (*Prosa festiva* 233). Se trata también de un signo emergente por cuanto constituye, junto con el *Polifemo*, una toma de posición estética, un ejercicio de subjetividad y una afirmación simbólica a la vez. Tiene, por último, raíces en la tradición literaria, como su *retractatio* de fábulas mitológicas renacentistas, que se reinsertaron en el siglo XVII con la "Fábula de Genil" de Pedro Espinosa.[73] Por todo ello, las *Soledades* jalonan una serie de tomas de posición gongorinas dentro del campo que, como refleja la acalorada polémica que suscitaron, insinuaban una oposición dialéctica a otro tipo de poesía y, sobre todo, a otras posiciones dentro de ese campo. Así, tanto en Góngora como en Quevedo, la subjetividad que emana del discurso literario parece afirmarse por oposición y a la contra; como un ejercicio decidido de oposición distintiva frente a lo existente que certifica la dinámica que Bourdieu ve en toda toma de posición literaria; en toda obra. Otros rasgos que destacan poderosamente la atención en la escritura literaria del XVII frente a la no literaria son la emergente discursivización de la subjetividad y la pulsión por la autonomía autorial y literaria.[74]

La fuerte carga simbólica de la literatura me parece fuera de toda duda, así como su condición de capital cultural simbólico percibido por agentes sociales que no sólo la conocían sino que también la reconocían (la "distinguían"), confiriéndole valor (Bourdieu, *Razones* 108). El valor que se le pudiera dar a la literatura en una época tan literaturizada como aquella no puede ser minusvalorado. Baste recordar que gran parte de los mitos, personajes y géneros literarios característicos de la literatura española son de esta época: la picaresca que, fijada como género por el *Guzmán* (1599), sirvió de puente entre el hipotexto (el *Lazarillo*) y secuelas hipertextuales de ambos como *El Buscón*, *Don Quijote* (1605 y 1615), *El burlador de Sevilla* (ca. 1620), las comedias de capa y espada y un largo etcétera. Y eso sin olvidar reiteradas prácticas sociales, como las academias, o el auge y alcance de la producción editorial, factores que reflejan el eco e importancia de la práctica literaria. En caso contrario sería inconcebible un dato como el que aduce José Sánchez en *Academias literarias del Siglo de Oro español* (13) donde calcula unos tres mil poetas a la muerte de Felipe II. Difícil sería también contextualizar la visita que le hizo Felipe IV a la Academia de Madrid, en la primavera de 1622, si un desempeño tan antieconómico como la poesía no tuviera un correlato simbólico en el marco de la cultura cortesana.

Las academias conceptualizan muchos aspectos no tenidos en cuenta a la hora de estudiar textos y autores del siglo XVII. Me refiero, sobre todo, a la interacción entre agente-productor-escritor y sociedad-receptor/es-campo; al espacio literario de construcción de la subjetividad y a la interacción directa entre escritores o interautorialidad. Las academias eran, en cierto sentido, las sedes físicas, el espacio social y casi diría que hasta fenomenológico de lo que Bourdieu entiende por campo literario. De ahí que el enfoque implícito en esta teoría de campos, lejos de tender hacia el determinismo de otros acercamientos socioliterarios, apunta más a una elucidación de las estructuras de interdependencia de los agentes-escritores y, a la vez, a un alejamiento del estilo de crítica individualizada que, de alguna manera, perpetúa la dicotomía individuo-sociedad. La determinación de Elias (34) de estudiar procesos históricos de larga duración, además de modelos de figuraciones específicas dentro de tales procesos puede ser, *mutatis mutandis,* trasladada al siglo XVII en un intento por mostrar los espacios social, cultural y político que dieron cabida al "sujeto contradictorio" (Mariscal) que fue QUEVEDO.

Como el agua en una cesta, QUEVEDO siempre se nos escapa cuando pretendemos buscar un principio unificador en su obra, sea éste ideológico, religioso, biográfico, temático, estilístico, psicológico o sociológico. No creo que exista tal. El gran inconveniente de los estudios quevedianos es, irónicamente, que la crítica siempre encuentra lo que busca al superponer una hermenéutica apriorística al cotejo de textos; de ahí la conveniencia de aplicar a la obra quevediana un concepto como el de trayectoria, que tiene una naturaleza fundamentalmente espaciotemporal e interactiva y que se basa en la cronología de las obras, en las reescrituras, en las dedicatorias, etc.

Sostiene Ettinghausen que la crítica moderna ha encarado de tres maneras el fenómeno QUEVEDO. La primera sería la encarnada por quevedistas clásicos como Aureliano Fernández Guerra, Luis Astrana y Agustín González de Amezúa quienes perseguían por entre los avatares de su vida y obra a un Quevedo multiforme y polifacético. La segunda sería la que ha pretendido buscar constantes por su obra, con el objetivo último de buscar su unicidad. La tercera, por último, ha partido de la consideración del escritor de los *Sueños* como "esquizofrénico," "poeta bifronte," u "hombre del diablo, hombre de Dios" que es la que, con matizaciones, asume el propio Ettinghausen (43). Más tarde éste propone la fijación cronológica como elucidadora de los motivos y evolución de los escritos quevedianos, con lo cual su compleja personalidad podría, finalmente, cobrar sentido (44). Si a eso le añadimos una cierta cronología extendida que alcance no sólo a las obras, sino también a sus posiciones y a las posiciones y tomas de posición de otros agentes que interaccionaron con él, nos hallamos ante la trayectoria que propone Bourdieu como superadora de la oposición tradicional vida/obra. Así se daría cuenta de toda la subjetividad inserta en el discurso quevediano porque, como Mariscal (101) reclama, hemos de contemplar la poesía quevediana como un escenario discursivo donde se manifiestan formas múltiples y contrapuestas de subjetividad. Si no se tiene en cuenta toda esa heteroglosia discursiva no hay manera de dar cuenta del ejercicio activo de subjetividad que describe la trayectoria quevediana.

Quevedo, qué duda cabe, tuvo en cada momento de su vida adulta una ideología, sí, pero sobre todo tuvo unas circunstancias y unos espacios sociales con los que interactuar. Dado que la actividad literaria no era en principio libre (existencia de la censura inquisitorial) ni autosuficiente (los escritores no eran, en general, profesionales) las consideraciones que extraigamos de sus textos han de estar necesariamente influidas por tales condiciones. De ahí que los intentos por aislar su pensamiento político o sus prácticas literarias sin tener en cuenta la huella de lo inquisitorial, el débito de lo cortesano o el espacio interactivo en el surgieron y se desarrollaron dichas prácticas resulten incompletos. Como ejemplo valgan las inferencias que se derivan del hallazgo de la *Execración contra los judíos* sólo recientemente editada. Aislada la obra de un correlato social e interactivo podría haber pasado como una pura y simple reacción a unos pasquines projudaicos que aparecieron una mañana en la Corte. Hoy, sin embargo, sabemos que hay algo más; que entre sus furibundos dicterios antisemitas late también el testimonio más temprano con que contamos de su desafección antiolivarista, tan significativa en la trayectoria de don Francisco, así como de su cercanía al duque de Medinaceli. La obra refuerza igualmente la tesis de Julio Caro Baroja quien sostenía la existencia de un grupo antisemita y de oposición al conde-duque de Olivares (*Los judíos* 2: 40) y, de rebote, confirma la cronología establecida por los editores de *La hora de todos*, Jean Bourg, Pierre Dupont y Pierre Geneste (98), que fechaban algunos episodios antiolivaristas de la obra en la segunda mitad del año 1633.

Ya Pablo Jauralde ("Obras de Quevedo" 160) hablaba del "descarado uso" que Quevedo hizo de su pluma "como instrumento de sus pretensiones." Lo mismo cabría decir de sus barquinazos políticos y, en general, de todas sus tomas de posición en un espacio social dado, fuera éste el campo literario o el de poder. La escritura se convirtió para Quevedo en una prolongación textual de unos anhelos más activos que ascensionales, como a primera vista pudiera pensarse por su condición de miembro de la hidalguía administrativa cortesana. Lo que quiero decir es que Quevedo no podía ir, por nacimiento, más allá del hábito de caballero de Santiago en la escala nobiliaria. Ese límite contextualiza mucho mejor su constante anhelo de influencia política y, en definitiva, el *habitus* que dejó marcado su trayectoria.

En lo que concierne a la maniobrabilidad activa quevediana dentro del campo literario creo que no es siempre funcional la dicotomía entre obras serias y jocosas que se suele aplicar hermenéuticamente, aunque sí sea pertinente desde una perspectiva estrictamente taxonómica. En su disparidad, ambos tipos de obras perseguían un mismo objetivo. Entre los alardes de sublimidad poética que bien pueden estar representados por el poema "Al polvo de un amante que en un reloj de vidrio servía de arena a Floris, que le abrasó," que comienza,

> Este polvo sin sosiego,
> a quien tal fatiga dan,
> vivo y muerto, amor y fuego,
> hoy derramado, ayer ciego,
> y siempre en eterno afán;
> ....
> (#420; Quevedo, *Obra poética*, ed. Blecua)

y alguna de sus muchas diatribas gongorinas:

> ¿Qué captas, noturnal, en tus canciones,
> Góngora bobo, con crepusculallas,
> si cuando anhelas más garcibolallas
> las reptilizas más y subterpones?
> (#838; ed. Blecua)

acaba por haber un hilo conductor muy claro: ambos poemas constituyen sendas tomas de posición dentro del campo literario del primer tercio del siglo XVII. En el caso del poema burlesco, es cierto, esa toma de posición se ve mediatizada por una inquina personal previa entre ambos poetas pero, de igual modo, dicho poema refleja la reacción a un desvío estético como es la invocación Gongorina a la oscuridad. Esa inquina personal a la que me refería nos lleva a aclarar el deliberado entreverar terminológico que hasta ahora voy siguiendo en lo que se refiere a la referencia de la individualidad: "sujeto," como término cuya referencialidad nos lleva a los predios de la psicología y la filosofía; "autor," que nos remite al campo de los estudios literarios; por fin "agente," cuyo significado proviene de la sociología y, específicamente, de los modelos accionalistas de esta. El porqué de esta mixtura es sencillo. Pretendo que mi estudio participe al máximo de un eclecticismo integrador y superador de oposiciones binarias del tipo individuo / sociedad, por cuanto se me hace difícil concebir qué tipo de estructuras sociales no han sido creadas por y para individuos (es decir, para agentes). En ese sentido, el presente trabajo se adhiere a las propuestas teóricas que contemplan la interacción entre los individuos y las estructuras y formaciones sociales creadas por ellos mismos. En el marco de esa interacción me interesa, igualmente, el desarrollo heteroglósico de la subjetividad en los escritores de la primera mitad del siglo XVII y su representación literaria, aunque en este libro permanecerá en un segundo plano. Las representaciones literarias de la subjetividad son para Mariscal (39) constructos que

Capítulo uno

dependen de múltiples y a menudo contradictorias prácticas y afiliaciones y que se suelen manifestar a través de relaciones dialécticas. De este modo se pueden soslayar esas contradicciones y esquizofrenias quevedianas vistas por una crítica preocupada por buscar una coherencia ideológica, literaria o psicológica a los escritos del autor madrileño. Y ello porque, sin duda, no se repara en que lo hemos venido considerando literatura aurisecular es, en realidad, una confluencia de prácticas culturales y discursivas a través de las cuales se articulaba el desarrollo de la subjetividad (Mariscal 97; Godzich y Spadaccini *passim*). Que del recuento de esa heteroglosia se deduzcan posiciones aparentemente contradictorias de los sujetos no nos habla más que de la interacción entre agentes, prácticas y estructuras sociales. Como recuerda Jauralde (*FdeQ* 882), parafraseando a Aranguren, Quevedo supeditaba su teoría política e incluso la moral al personaje, a la institución, al hecho o al momento histórico correspondiente, lo que me parece una prueba más de esa interacción-negociación quevediana.

Entre 1580 y 1645, guarismos que contienen biográficamente a QUEVEDO, hay muchas prácticas y estructuras sociales que historiadores como John H. Elliott, Antonio Domínguez Ortiz y José Antonio Maravall, entre otros, han revelado y explicado. Tenerlas en cuenta es uno de los propósitos de este trabajo, por cuanto parece necesario acotar unos márgenes temporales generosos, a la manera de Elias, para poder insertar y comprender esa interacción entre lo social y lo individual de la que hablaba arriba. De igual manera, y como señalaba Maravall ("Renaissance" 3), mal se podrían comprender el Barroco o el siglo XVII sin partir del Renacimiento y del siglo XVI, respectivamente, por lo que consideraré ciertas prácticas características del XVII (por ejemplo el ingenio o la agudeza) en función de su genealogía.

Como conclusión de este capítulo me gustaría resumir una propuesta epistemológica destinada a los estudios literarios sobre el Siglo de Oro. A no ser que se pretenda otra cosa (y eso habría que advertirlo desde el principio), para ser consecuentes con un texto de los siglos XVI o XVII tenemos que leerlo en sus coordenadas; de otro modo no estaríamos haciendo crítica literaria o filología sino una hermenéutica anacrónica y desplazada del objeto que se pretende *leer* o interpretar. El eje de esas coordenadas ha de ir de lo general a lo particular; de la época en la que se compuso dicho texto a los aspectos microtextuales del mismo. Como inevitables estadios intermedios del proceso hemos de atender al momento sociohistórico en que se produjo, a la tradición genérica en que se inserta, al campo literario en que aparece, al lugar que ocupa la obra en la trayectoria del autor y, por fin, al macrotexto que es la obra en su conjunto: preliminares, dedicatoria(s), prólogo(s), texto en sí. A la vez, cada uno de los aspectos del proceso ha de ser matizado y explorado. Así, habría que ver qué tipo de diálogo establece cada obra con su molde genérico (ruptura, continuismo, parodia, intertextualidad); qué lugar ocupa el autor en la estructura o en la jerarquía del campo literario en que se inserta; si se trata de una obra de vocación "pura" o masiva. Un factor extra a tener en cuenta al acercarse a obras literarias de la temprana modernidad es aquilatar las circunstancias materiales de su emisión y transmisión: si fue manuscrita o impresa (y, en su caso, si fue publicada en vida del autor o lo fue póstumamente); si fue costeada por el autor, por el impresor o por el librero; a quién iba dirigida formalmente, etcétera. Obviar alguno de esos factores puede llevarnos a interpretaciones erróneas o, en el mejor de los casos, parciales.

Capítulo dos

La interacción literaria
Distinción, legitimación y violencia simbólica

> Eso mismo hallará v.m. en mis *Soledades*, si tiene capacidad para quitar la corteza y descubrir lo misterioso que encubren. De honroso, en dos maneras considero me ha sido honrosa esta poesía: si entendida para los doctos, causarme ha autoridad, siendo lance forzoso venerar que nuestra lengua a costa de mi trabajo haya llegado a la perfección y alteza de la latina...
> Góngora
"Carta de don Luis de Góngora
en respuesta de la que le escribieron"

> Pero volviendo al *Laurel de Apolo*, a muchos ha dado pesadumbre no verse allí puestos...
> Alonso Castillo y Solórzano
Las harpías de Madrid

> Notábanme de maldiciente universal, de oyente desabrido, de juez apasionado, de crítico ignorante... Tal vez llegaron a mi noticia ajenos disgustos... Resolvíme, por evitarlos, de decir bien de todo, de no cansarme en censuras y de recuperar, si pudiese, el perdido nombre de lector benévolo.
> Cristóbal Suárez de Figueroa
El pasajero

En una carta al duque de Sessa, de hacia marzo de 1612, relata Lope cómo le habían quedado "dos cartas por responder, que irán [en] el [correo] ordinario que viene, por haber entrado gran suma de poetas en mi aposento, con la mayor gana de hablar que en mi vida he visto" (*Cartas completas* 149). Imaginar el aposento de Lope tomado por una turbamulta de poetas evoca instantáneamente la popularidad del dramaturgo y el lugar de privilegio que ocupaba en la jerarquía del campo literario. La escena no es, ni mucho menos, privativa del XVII; ese peregrinar vespertino y casi devoto hasta la vivienda del escritor famoso ha sido frecuente en la literatura española. Recuérdense, por ejemplo, los casos de Pío Baroja y Vicente Aleixandre. Lo que, sin embargo, llama la atención es que el episodio lopiano transcurra en el Madrid de comienzos del siglo XVII y no en el de la segunda mitad del XX y que esa "gran suma de poetas" nos hable tanto de cantidad como de cierto aire casi diríamos gremial y hasta (si no fuera poco menos que oxímoron referido a la poesía) profesional.

A finales del siglo XVI y comienzos del XVII el tópico literario de la abundancia de escritores estaba muy presente. Testimonios como el de Juan de Castilla Aguayo, fechado en 1586 y citado por Ricardo García Cárcel (11)—"Verdaderamente, como dicen que hubo una era de oro y otra de plata, la que agora tenemos es de letras"—no eran casuales ni esporádicos. De hecho, la abundancia de poetas se convirtió en tópico (meta)literario. Baste recordar, a vuelapluma, las menciones de Lope ("De poetas, no digo: buen siglo es éste. Muchos están en cierne para el año que viene..." [*Cartas* 68]; de otro tenor, en *Peregrino* 56); la cohorte de poetas pastoriles y de aluvión que secundan a Marcela en la primera parte del *Quijote* ("Aquí sospira un pastor; allí se queja otro; acullá se oyen amorosas canciones, acá desesperadas endechas" [I.12]), en un episodio que ironiza y parodia tanto la novela pastoril como la feracidad del Parnaso español de la época; los "excessos" poéticos que describe Luis Carrillo y Sotomayor en su póstumo *Libro de la erudición poética* (1611); las repetidas chanzas que entrevera Cristóbal Suárez de Figueroa por entre las páginas de *El pasajero* (Madrid, 1617), como cuando se refiere a las justas poéticas en las que "apenas tiene el mar tantas arenas cuantos poetas se descubren" en ellas (1: 236). Quevedo, que también frecuentó el tópico en *El alguacil endemoniado* o en el *Sueño del infierno*, escribía en el quinto ítem de la *Premática del tiempo*:

> ... habiendo visto la multitud de poetas con varias sectas que Dios ha permitido por castigo de nuestros pecados, mandamos que se gasten los que hay y que no haya más de aquí adelante, dando de término dos años para ello, so pena que se procederá contra ellos como contra la langosta, conjurándolos, pues no basta otro remedio humano. (*Prosa festiva* 213)

Burla, esta de la comparación con la plaga de langosta, que se repite en las *Premáticas destos reinos* y en la *Pregmática de aranceles generales* cuya segunda parte (ítems 38 a 55) sitúa Celsa Carmen García Valdés (39) entre las *Premáticas de estos reinos* y la *Premática del desengaño contra los poetas güeros*, de 1605. En la humorada quevedesca se llega al conjuro "pues no han bastado otros muchos remedios que se han intentado, antes cada día hay poetas nuevos, sin ser conocidos, ni sus versos, en España" (177). A

Capítulo dos

tenor de todos estos ejemplos implícitos o explícitos parece claro que, como poco, la España del XVII se percibía a sí misma infestada de poetas y que la poesía era el género literario de referencia.[1] Teniendo en cuenta ambos factores sólo cabe preguntarse que efecto tuvieron estos hechos en este momento preciso de la historia literaria española.

Las biografías de los escritores más importantes de la primera mitad del XVII concuerdan, en general, con el destino que el refranero español auguraba a los segundones de las familias nobles: Iglesia, mar o Casa Real. Dejando aparte la aventura americana que se escondía bajo la invocación marinera, lo cierto es que la gran mayoría de los escritores de la primera mitad de siglo estuvieron relacionados muy directamente con los dos restantes. Todos, casi diría que sin excepción fueron, en mayor o menor medida, pretendientes cortesanos. Entre los "menores," Hurtado de Mendoza, Soto de Rojas, los Argensola, Vélez de Guevara, etc. Entre los grandes, Lope fue un cortesano por demás, con sus servicios para diferentes nobles, especialmente, el duque de Sessa pero también y sobre todo por su frustrado anhelo de convertirse en cronista real. Conocidos son los fallidos intentos de Cervantes de pasar a Indias o de hacerse con un hueco en el séquito napolitano del conde de Lemos, al igual que Góngora. Éste fue, quizás, quien llevó a mayor extremosidad unas pretensiones cortesanas no satisfechas con un par de hábitos para sus sobrinos. Su penuria económica en la corte, tratando de mantener las apariencias, se muestra descarnadamente en su epistolario. Quevedo, en fin, fue más allá de las simples pretensiones cortesanas en sus complejas relaciones con los duques de Osuna, Medinaceli y Olivares y se convirtió en decidido activista y propagandista político. De igual manera todos esos escritores también tuvieron una participación bastante activa en la vida religiosa, ya fuera regular o secular: Lope, Góngora y Calderón fueron capellanes reales; Tirso fue mercedario, Gracián jesuita e incluso Cervantes fue miembro seglar, en sus últimos años, de la Orden Tercera de san Francisco.

La relación de muchos de nuestros hombres de letras del XVII con la religión no es casual. Una de las explicaciones más plausibles para este hecho es la que avanza George Mariscal (204) para quien, en la España de la época, las estructuras sociales seculares no daban lugar al individualismo ético y sólo a través de la religión se podía concebir la construcción de éste o del sujeto mismo. De igual manera, esta circunstancia religiosa nos habla también del desfase entre lo sofisticado y autónomo de las prácticas literarias de estos escritores y su dependencia socioeconómica de los aristócratas. La estructura del campo literario español a la altura de 1600 está claramente constituida, aunque también está sometido a las vicisitudes de un desequilibrio: la falta de correspondencia entre la producción artística y su "comercialización." Esto implicaba dependencia del mecenazgo proveniente del campo de poder de la que trataré más por extenso en el siguiente capítulo. La estructura del campo literario de la primera mitad del XVII nos habla también de otro hecho difícilmente cuestionable: Góngora era en los primeros años del siglo XVII un referente—con toda probabilidad "el" referente—poético. Tal condición referencial se fue acentuando luego con las polémicas desatadas a su alrededor y, más tarde, con su canonización académico-humanística en forma de comentarios eruditos a sus obras. Los ecos de esas polémicas condicionaron la recepción que del campo literario español del siglo XVII tuvo la crítica académica posterior. Me refiero a la tan traída y llevada oposición culteranismo-conceptismo.

2.1. Góngora, Quevedo y las polémicas literarias en torno a la poesía

Hoy es ampliamente aceptado que no existió una oposición estilístico-ideológica entre culteranismo y conceptismo, entendidos como movimientos poéticos encarnados por Góngora y Quevedo. Este consenso actual de la crítica de que existía una *homogeneidad* de base en la poesía de ambos no ha de llevarnos a negar que existieran diferencias poéticas entre ellos ni a negar lo que efectivamente *dicen* determinados textos. Así, el que tanto Góngora como Quevedo emplearan latinismos, hipérbatos e hicieran gala de un más que generoso uso del conceptismo ¿elimina la voluntad de algunos textos quevedianos de ir contra la poética gongorina? En mi opinión desde luego no. Una vez asumida una cierta identidad estilística de código entre Quevedo y Góngora todavía queda por interpretar la formidable polémica que se generó alrededor de la poesía gongorina, en la que ambos tuvieron papeles bien distintos. Góngora como centro; Quevedo como tardío[2] e implacable asediador de lo que el cordobés representaba pero también, y sobre todo, como cuestionador del legado poético que dejaba éste tras de sí. Se hace por ello imprescindible interpretar la acendrada voluntad gongorina de escribir una poesía "difícil."

Me refería al comienzo del párrafo anterior a "textos" porque donde verdaderamente aparece el antigongorismo quevediano no es tanto en los poemas burlescos, que tanto empeño hay en desatribuir a Quevedo (Jammes, Introducción 676–77; Carreira, *Gongoremas* 418–19; de Paz *passim*), sino en obras que firmó y editó: las dedicatorias a las obras de fray Luis y de la Torre, *La culta latiniparla* o la *Aguja de navegar cultos*. Que no existiera una confrontación culteranos-conceptistas, entendida como combate singular entre Góngora y Quevedo, no justifica el que se niegue de modo absoluto que tuvieran diferencias estético-ideológicas o, incluso, que existieran escaramuzas burlescas entre ambos. Lo significativo aquí no es tanto lo textual como lo socioliterario. Por ello, no importa tanto demostrar la similitud de base de la poesía de ambos como explicar percepciones y situaciones socioliterarias de aquella época, como la que se infiere del testimonio del poeta gongorino tardío Francisco de Trillo y Figueroa (ca. 1618–85) quien aludía en su *Neapolisea* (Granada, 1651) a "aquellos que tanto escarnecieron la sagrada *Cultura* del honor de nuestra Andalucía (= Góngora), D. Juan de Jáuregui y D. Francisco de Quevedo, ingenios cual todos saben en aqueste ministerio" (López Bueno 29). Si ya un contemporáneo como Trillo percibía a don Francisco como ministro del antigongorismo, difícil se me hace pensar que todo sea una invención del XVIII que se fortificó en el XIX y el XX y que para nada hubo antigongorismo en Quevedo, como tan aventuradamente se sugiere en ocasiones. En definitiva, que hay que hacer una doble historización y contextualizar tanto el objeto de estudio como el momento desde el que lo interpreta el crítico. No se puede despachar sin más la polémica Quevedo-Góngora fundándose en la problemática atribución a Quevedo de algunos sonetos (Jammes, Introducción 676–77; Carreira, *Gongoremas* 418–19; de Paz *passim*) o en que fue una cuestión de malentendidos.[3] Robert Jammes, por ejemplo (y si sale a colación es por su condición de fuente de los comentarios de Carreira y de Paz), comienza diciendo que le extraña "que nadie ponga en duda la legitimidad de esas atribuciones, fundadas en la autoridad de un solo manuscrito" (677),[4] con lo cual se puede estar o no de acuerdo pero que, dada la problemática naturaleza de la transmisión manuscrita en la época tiene sentido. Lo que no me parece tan razonable es que se pase de tan legítima sospecha al *non sequitur*, tan subjetivo, de que "son poesías mal escritas, pesadas y totalmente desprovistas de gracia" en las que "el autor trató de disimular su falta de talento detrás de un cúmulo de groserías y ataques personales... que no basta para hacer una poesía de Quevedo" (677). Tampoco, cabría decir, para desatribuírselas. El poema "Poeta de *¡Oh qué lindicos!*" (nº 828 de la ed. de Blecua) pasa de ser de atribución quevediana "menos inverosímil" para Jammes, a directamente dudoso para de Paz (41–42) por razones estilísticas. Un poema éste, por cierto, donde al tiempo que se defiende a Lope y Quevedo, "dos templos altos" (v. 68) atacados por Góngora-Eróstrato, se ataca duramente al poeta cordobés advirtiéndole "... que ni Quevedo / ni Lope harán de ti caso, / para honrarte con respuesta" (vv. 93–95). Quede ahí el testimonio de época, sea o no de Quevedo, de una percepción simbólica y dicotómicamente dividida del campo literario español ya hacia 1609.[5]

Francamente, el que algunos poemas burlescos antigongorinos no se puedan atribuir con rotundidad a Quevedo no cambia mucho las cosas. Primero porque, tan significativo o más que éste los escribiera es que le fueran atribuidos ya en la época; pero también porque esos poemas son sólo un aspecto (aunque no para la tradición crítica que, desde Artigas,[6] los utilizó como estandarte de la polémica) y quizá no tan significativo como otras obras en las que Quevedo estampó su firma al frente como fiscal "público" del gongorismo. Me refiero a las citadas dedicatorias quevedianas a las obras de fray Luis y de la Torre, en las que el antigongorismo adquiere tonos académico-preceptivos y simbólicos y a otras obras en las que predomina la pura burla como *La culta latiniparla* y la *Aguja de navegar cultos*. El carácter édito de todas estas obras las convierte en auténticas tomas de posición quevedianas. A diferencia de la poesía aurisecular, que plantea muchos problemas de atribución y de recepción, la edición autorizada en libro (mucho más en el caso de Quevedo, que denunciaba ediciones no autorizadas de sus obras) nos pone en otro ámbito de interpretación textual muy diferente: el de quien voluntariamente decide "fijar" un texto llevándolo a la imprenta. Y lo que Quevedo fija aquí es su agresivo desdén por lo que para él representaban la poesía gongorina o filogongorina. Poco importa que Quevedo no cite siempre expresamente a Góngora (sobre todo cuando éste ya había fallecido), cuando son transparentes en sus burlas y diatribas las alusiones a las *Soledades*. Poco importa, igualmente, que lo que de verdad simbolizaba al "contragóngora" en la época histórica de la polémica fuera la llaneza de la vega lopiana. Eso no imposibilita, sino todo lo contrario, que Quevedo se sintiera mucho más cercano a lo que Lope representaba (la idea misma de "llaneza," el castellanismo, la cercanía ideológica con el complejo monárquico-señorial, la adhesión a los mecanismos represores y de control[7]). Por último, no me parece argumento de peso el que existan rasgos similares en la poesía de ambos. ¿Qué tiene que ver que ciertos estilemas gongorinos pasaran a Quevedo con que éste atacara feroz y sistemáticamente la poesía del cordobés? Como sabemos por el refranero, una cosa es predicar y otra dar trigo.[8] El "problema" de Góngora no eran sus estilemas conceptuosos o sus juegos con la *verba* sino la praxis "ideológica" que dibuja el conjunto de su poesía mayor: densa oscuridad, hedonismo esteticista y amoral, *delectare* irrefrenado.

Una prueba adicional de las intenciones quevedianas, así como de que en la época existía la percepción de que había dos maneras si no opuestas sí bien diferentes de encarar la poesía, es que Quevedo acaba la *Aguja de navegar cultos* invocando al apostolado "llano" y simbólicamente luminoso del Fénix: "Y Lope de Vega a los clarísimos nos tenga en su verso" (*Prosa festiva* 441).

En mi opinión, Quevedo jugó un papel preponderante en el origen de la espuria bipolarización entre culteranos y conceptistas al presentarse como una especie de inquisidor antigongorino. No se trata de que existieran dos "movimientos" poéticos, lo que nunca fue el caso, pero sí de que la poesía gongorina y, sobre todo, la de sus seguidores suscitó un rechazo en determinados sectores castellanistas que respondieron a la poética gongorina no ya con poesía sino con el ensayo crítico de cariz preceptivo (el *Antídoto* de

Capítulo dos

Jáuregui, las misivas de Lope, las dedicatorias quevedianas a las obras de fray Luis y de la Torre) o con la burla (*Culta latiniparla*, *Aguja de navegar cultos*). Lo que quiero significar es que Quevedo se ofreció en ocasiones y de manera consciente como una suerte de "Antigóngora," distorsionando y condicionando la recepción poético-estética que de la poesía del siglo XVII ha tenido hasta fechas recientes la crítica literaria. A esta percepción contribuyeron también el que Jáuregui, acendrado enemigo primero de las *Soledades*, acabó en poeta culterano luego y que Quevedo sobrevivió varios años a Lope, quedando como representante "histórico" castellano de la polémica antigongorina.

En un soneto tradicionalmente atribuido a Quevedo que comienza "Yo te untaré mis obras con tocino" (*Poesía original* 1171), se achaca a Góngora, el ser "perro de los ingenios de Castilla" (v. 3). Si, como sugiere Blecua (Quevedo, *Poesía original* 1171), el poema es de hacia 1609, nos hallaríamos ante un temprano y claro intento de presentar un enfrentamiento simbólico Góngora-poetas castellanos en el que se dibuja al cordobés, "chocarrero[9] de Córdoba y Sevilla" (v. 7), como alguien dispuesto a "morder" a aquellos. El soneto en su conjunto contiene, además, una doble estrategia textual: si por un lado el Yo poético se singulariza, inscribiéndose como víctima—"*Yo te untaré mis obras con tocino, / porque no me las muerdas, Gongorilla*"—, por otro se diluye en el interesado gregarismo del conjunto de "los ingenios de Castilla" (*Poesía original* 1171).

Dos factores adicionales contribuyeron a favorecer una percepción de la poesía barroca española como irresoluble dialéctica entre Góngora y Quevedo: la existencia reflexiva de un campo literario y la memoria del enfrentamiento simbólico entre poetas castellanos y andaluces en torno a los comentarios del Brocense y Herrera a Garcilaso. Este último factor, tan olvidado a menudo, ha sido recordado oportunamente por Begoña López Bueno (29) al trazar una genealogía de poetas andaluces abonados al cultismo, al hedonismo formal y a la dificultad docta. Esa línea cronológica iría de Herrera y su contexto humanístico hasta su culminación en Góngora, y tendría como estaciones de paso a los poetas sevillanos de transición al XVII (Arguijo, Medrano, Rioja, Caro) y al grupo antequerano-granadino congregado en torno a Barahona de Soto y Espinosa. No es extraño, pues, que en las polémicas con su adversarios Góngora se sintiera respaldado por círculos cultos andaluces, como demuestra la larga serie de comentaristas, defensores e imitadores de su poesía. A esa lista de coterráneos hay que añadir también un precursor como Carrillo y Sotomayor que, a pesar de ser más joven que Góngora, se significó públicamente antes que el cordobés como poeta culto y buscadamente difícil en su *Libro de la erudición poética* (Madrid, 1611).

Martín de Angulo y Pulgar llegó a establecer en sus *Epístolas satisfactorias* (1635) un mapa de los imitadores andaluces de Góngora en Sevilla, Córdoba, Granada, Antequera, Andújar, Baena y Osuna. Esta percepción coetánea de un enfrentamiento simbólico entre poetas andaluces "puros" y poetas castellanos "sobrios" estaba muy enraizada, como evoca la cita de Trillo antes evocada. De todos modos, advierte López Bueno (225–26), aunque nos hallemos ante unas bases confrontacionales de carácter regional (andaluces contra castellanos) se trata, en el fondo, de un enfrentamiento entre *cultos* y *llanos*. La percepción de tal enfrentamiento poético era muy clara ya en la época. En su dedicatoria al príncipe de Esquilache de *La pobreza estimada* (incluida en la *Decimaoctava parte de las comedias de Lope de Vega Carpio* [Madrid: 1623 pero colofón de 1622] escribe el propio Lope: "[Los poetas] se dividieron en bandos, como los güelfos y gebelinos, pues a los unos llaman *culteranos,* deste nombre, *culto,* y a los otros *llanos,* eco de *castellanos,* cuyo llaneza verdadera imitan" (cito por Jammes, Introducción 667n85). Esa conciencia de la polémica seguía viva en el XVIII, como prueba el testimonio de Francisco Benegasi aparecido en sus *Obras líricas* (Madrid, 1746): "Los claros, de los cultos murmuraron; / los cultos, de los claros y sus flores" (cito por Herrero García 221).

La aparición de las *Anotaciones de las obras de Garcilaso de la Vega* (1580) de Fernando de Herrera supuso una prefiguración de hechos y situaciones que se manifestaron años más tarde en el campo literario español. Las *Anotaciones* dieron lugar a una encendida polémica iniciada por las *Observaciones del Licenciado Prete Jacopín, vecino de Burgos, en defensa del príncipe de los poetas castellanos Garcilaso de la Vega, natural de Toledo, contra las "Anotaciones" de Fernando de Herrera, poeta sevillano,* en donde se hacía bandera y defensa del castellanismo atacando al poeta sevillano. Al parecer, el conde de Haro y futuro Condestable de Castilla, Juan Fernández de Velasco[10] fue, aunque no hay pruebas que lo certifiquen, el autor de estas *Observaciones* a las que, bien Herrera o bien Pacheco (Morros 298–301), dieron contrarréplica en una *Respuesta*. Lo que podemos sacar en claro de esta polémica de fines del XVI es que las *Anotaciones,* obra de erudición de un poeta andaluz "culto" (preculto, si se quiere), provocaron malestar en algunos eruditos castellanos que saltaron a la palestra a defender usos gramaticales y vocabulario poético de un poeta castellano al que consideraban patrimonial y al que percibieron menoscabado por el comento herreriano. Hasta qué punto esta polémica tuvo importancia en el devenir literario del XVII lo demuestra el hecho de que el mismísimo Quevedo buscara en la poesía herreriana munición con la que atacar a los cultos, de quienes ciertamente consideraba precursor a Herrera. Como señaló Peter Komanecky al estudiar las notas autógrafas de Quevedo a un ejemplar de la poesía del Divino, "The predominant tone of the notes... is the same acrid disdain that Quevedo used against later 'cultistas,' with whom he no doubt associated Herrera" (126).

Como ya he puesto de manifiesto, hay una cierta percepción consciente y reflexiva entre los escritores del XVII sobre la existencia de un campo literario cuya mecánica interna consagraba a Góngora como poeta por excelencia[11] y *primus inter* "puros"; esto es, como cabeza de la poesía destinada al propio campo literario. Es de esa "jerarquía profesional" y dual (producción masiva frente a producción pura; detentadores de capital simbólico frente a pretendientes) y de factores temporales (los escritores noveles y su "ansiedad de influencia" frente a la tradición y frente a la generación anterior) e incluso geográficos (castellanos frente a andaluces) desde donde hay que partir para interpretar esas rencillas, malquerencias y querellas a las que tan aficionado fue el siglo XVII... como cualquier otra época posterior, por otra parte.[12]

Hoy se dan por supuestas las raíces "conceptistas" del llamado culteranismo y los innegables débitos quevedianos para con la poesía del cordobés.[13] Escribía Alexander A. Parker: "el culteranismo me parece ser un refinamiento del conceptismo, ingiriendo en él la tradición latinizante. El conceptismo es la base del gongorismo; más todavía, es la base de todo el estilo barroco europeo..." (347). Fernando Lázaro Carreter asimilaba igualmente la base fundacional de ambos términos: "El culteranismo aparece, pues, como un movimiento radicado en una base conceptista" (*Estilo* 43). A partir de estos mismos supuestos, Andrée Collard, Félix Monge y Pilar Celma han acabado por demoler ese constructo oposicional, tan artificial como artificioso, que la crítica fue trasmitiendo. Uno de los últimos empellones se lo propinó Celma, quien formula una de las explicaciones más sucintas y eficientes:

> En Góngora y en Quevedo no se da una verdadera conciencia de oposición de estilos (conceptismo / culteranismo). El conceptismo es la base de todo el barroco literario español, y Góngora participa en él en la misma medida que Quevedo. El gongorismo no es más que una superación del conceptismo en busca de nuevos cauces de expresión; pero Góngora buscará esta superación en algunas obras cultas, en el resto de sus composiciones seguirá siendo uno de nuestros mejores poetas conceptistas. (66)

Jammes da otro giro de tuerca señalando que las dificultades mayores de los poemas gongorinos "no proceden de su 'cultismo' (latinismos, hipérbatos, etc.) sino de su 'conceptismo'" (Prefacio xiv).

Está claro que, salvo Quevedo y, quizás, Jáuregui, pocos escritores se opusieron frontal y públicamente a la poesía gongorina y únicamente el primero lo hizo de manera sostenida e inquebrantable. Es cierto que la poesía del cordobés tuvo muchos adversarios ocasionales, como Lope, que le lanzaron algunos ataques, mayoritariamente articulados en torno a la difusión del *Polifemo* y las *Soledades* a comienzos de la segunda década del XVII. Igualmente, sobre estos poemas hubo una polémica que, como recuerda Roses (187), se centró en un aspecto concreto de la poesía del cordobés: su oscuridad. No hay pues una clara base formal o estilística sobre la que sustentar un conflicto entre Quevedo y Góngora. Pero eso no debe llevarnos a desvirtuar los antagonismos casticistas,[14] regionales, socioliterarios y generacionales que hubo entre ambos. Así, mirando fuera del marco estilístico en busca de respuestas al conflicto, a veces se ha dado el salto a las diferencias ideológicas y de personalidad. Al respecto, señala Carreira que la diferencia entre Quevedo y Góngora no se debe

> a su militancia en corrientes estéticas contrapuestas sino a su talante individual, a su individualidad, cosa irreductible a definiciones y encasillamientos. Quevedo, por ejemplo, es profundamente afín al neoestoicismo, y por ello se encuentra en los antípodas de Góngora, que es hedonista y no lo disimula. Quevedo, laico, se siente cristiano, se aferra a Séneca y a san Pablo, da vueltas y vueltas a la *meditatio mortis*; Góngora, clérigo, escribe casi siempre como pagano, sus modelos son Virgilio y Epicuro, y prefiere darle al naipe y pasarlo bien. (*Gongoremas* 295-96)

Pero, ¿cómo explicar entonces su primer rifirrafe en la corte vallisoletana, a todas luces provocado por Quevedo?[15] ¿Habría que fundarlo solamente en una oposición ideológica o de choque de personalidades o es también, por el contrario, fruto de otros factores (competitividad distintiva en el marco de una cultura cortesana unida a las divergencias regionales y generacionales entre ambos? Por otro lado, ¿es realista poner una trayectoria literaria tan variada y compleja como la quevediana bajo una advocación neoestoica? No nos engañemos: la trayectoria literaria y humana de Quevedo es ciertamente más compleja que la de Góngora. Por supuesto que hay neoestoicismo en ciertas obras de Quevedo pero harina de otro costal es hacer de toda la trayectoria quevediana un reconocible ejercicio neoestoico.[16] Ni el Quevedo vallisoletano, a pesar de las cartas a Lipsio, ni mucho menos el del periodo italiano con Osuna, con tanto fuego (político, económico y cortesano) entre las manos, ni mucho menos el antiolivariano de la cuarta década del XVII apoyan que se pueda pensar en un Quevedo consistentemente neoestoico. El que en fecha tan temprana como 1603 se produjera el primer chispazo textual entre ambos poetas cuestiona el que hubieran tenido tiempo de contrastar personalidades o ideologías y apunta a la más que probable coexistencia de esos otros factores que apunto, propios de la dinámica interna de un campo literario. Góngora era ya en la época de la corte vallisoletana el referente poético por excelencia, hecho que no hizo sino acentuarse una década más tarde con la polémica generada por las *Soledades*. Como recordaba Dámaso Alonso en *Góngora y el "Polifemo"* (1: 231), no se trata tanto de que el poeta cordobés ejerciera una influencia, que ciertamente la ejerció, como al hecho de que creó un ambiente que los otros poetas habían de respirar, quisieran o no. Reflejo de esa ineludibilidad de la figura de Góngora son numerosos testimonios de la época. Citaré simplemente dos. Escribe Suárez de Figueroa en su *Plaza universal de todas las ciencias* (Madrid, 1615), aludiendo a las *Soledades*: "Grandes son las contiendas que causó esta novedad entre los poetas de España, contradiciéndola por una parte muchos... y por otra siguiéndola algunos, como exquisita y adornada de poéticos resplandores" (cito por Collard 71). La segunda cita pertenece al prematuramente desaparecido Anastasio Pantaleón de Ribera (1600–29): "Poeta soi gongorino, / Imitador valeroso / Del estilo que no entienden / En este siglo los tontos" (cito por Collard 19).[17] La cita de Ribera no por burlesca deja de ser significativa del eco gongorino. También reflejo del impacto del cordobés son, qué duda cabe, vocablos como "gongorino," o "gongorizar" cuyo uso traza Collard (17–23) tanto en defensores como en detractores de la poesía de aquél.

    Quevedo fue uno de los poetas a quienes les tocó respirar ese ambiente al que se refería Dámaso. Los ataques cruzados entre ambos son un hecho tercamente corroborado, sean atribuibles o no ciertos poemas sueltos que en nada alteran ni el grado ni mucho menos la existencia de tal enfrentamiento. Sí, es difícil fijar indisputablemente la autoría de algunos poemas[18] (¡cómo hacerlo con absoluta certeza en una época en la que corren libérrimamente los manuscritos y suelen ser apócrifas las burlas *ad hominem*!), pero también hay que tener en cuenta que Quevedo publicó *La culta latiniparla* y la *Aguja de navegar cultos con la receta para hacer "Soledades" en un día*, hecho tan significativo como indisputable. Quevedo bascula en sus diatribas desde la pura glosa burlesca de un poema gongorino al asedio argumentado y con gran acopio de citas de autoridades con el que articula los ataques a la nueva poesía en sus prólogos a las ediciones de Luis de León y de Francisco de la Torre. Ambas andanadas tienen, creo, munición y alcance diferentes y recuerdan el papel que tuvo Quevedo en la creación y transmisión de un espurio enfrentamiento entre "conceptistas" y "culteranos." Por añadidura, el hecho de que estos velados ataques se publicaran añade más importancia simbólica a los mismos. Así pues, el, que tal lucha de opuestos estéticos culterano-conceptistas no existiera en realidad no significa que no hubiera *ninguna* diferencia en el fondo o que no existieran ataques inopinados o unidireccionales. Algunas de las paladas de tierra con las que justamente se ha enterrado esa dicotomía entre culteranismo y conceptismo han tenido a veces un efecto contraproducente al llegar a cuestionar, incluso, el que hubiera divergencias y disputas tanto estilísticas como personales entre escritores. Que tales controversias fueran en buena medida unidireccionales (ataques y burlas de ciertos estilemas característicos de la poesía gongorina por parte de sus críticos) no le resta importancia y significado al hecho. También se tiende a difuminar el hecho de que Góngora y Quevedo se singularizaron simbólicamente en tales enfrentamientos de manera harto diferente: como poeta por excelencia Góngora; como crítico acerbo y guardián de ciertas esencias Quevedo. Ambos se emplearon en su objetivo con igual denuedo: El poeta cordobés prohijando sorprendentes maridajes de conceptos y metáforas; el polígrafo madrileño acarreando preceptivas y argumentos santificados por los clásicos. Góngora, sin renunciar ni un ápice a su credo poético, defiende su estética tomándose todas las molestias y precauciones del mundo (pidiendo pareceres a los doctos, encargándole a Almansa y Mendoza la difusión madrileña de las *Soledades*) para hacer triunfar su poesía en la corte y entre los discretos; los dos juicios cuyo dictamen verdaderamente le importaba. El caso de Quevedo es más sorprendente ya que, en el fondo—sobre todo a la altura de 1630—, no le va nada poéticamente en el envite, ya que él no pretendía ser un poeta de poetas, como Góngora, sino que su ámbito de actuación e intereses era mucho más amplio. En Quevedo tenemos a un humanista de modos cuasi arbitristas y agitadores; a un intelectual prooliviariano y comprometido con el régimen unas veces, enemigo mortal del Conde-Duque otras; a un moralista cristiano, en fin, que es también autor de diatribas violentas y feroces.

La altura poética de Góngora y su privilegiada posición simbólica en el campo literario hacían imposible su descalificación absoluta. Tras su muerte en 1627 se prodigaron ediciones y comentarios de sus poemas. Ese mismo año aparecen las *Obras en verso del Homero español* que recogió Juan López de Vicuña y las *Anotaciones* de Díaz de Rivas. De 1628 parece ser el Manuscrito Chacón, que se edita como el códice más cuidado textualmente. Al igual que los autores clásicos, Luis de Góngora recibió los comentarios de los eruditos del momento, como se comprueba en los de Salcedo Coronel, de 1629 hasta 1648 o en las *Lecciones solemnes a las obras de don Luis de Góngora y Argote* (1630), de José Pellicer de Salas y Tovar. Dado que no podía haber una cruzada antigongorina directa, lo que sí hubo en algunos sectores castellanistas fue una virulenta reacción contra el gongorismo, esto es, contra los *cultos* a los que aludía Quevedo. Me refiero a epígonos del poeta de las *Soledades* como Salazar Mardones, Angulo y Pulgar, Agustín Collado del Hierro, Gabriel Bocángel, Pedro Soto de Rojas, Francisco de Trillo y Figueroa, Luis de Ulloa y Pereira y Salvador Jacinto Polo de Medina, entre otros. Eso es lo que hace Lope de Vega en la "Respuesta a un papel que escribió un señor de estos reinos en razón de la nueva poesía," publicada en

Capítulo dos

1621, donde afirma que la poesía de Góngora es de alta calidad y que le gusta, pero no así la de sus imitadores y continuadores cuya poesía equipara, en lo oscuro de sus versos, a "la liga que se echa al oro, que le dilata y aumenta, pero con menos valor, pues quita de la sentencia lo que añade de dificultad" (*Obras selectas* 2: 1060). Y para que no le quepa duda al duque de Sessa, destinatario de la misiva, añade Lope al final: "Y para que mejor vuestra excelencia entienda que hablo de la mala imitación, y que a su primer dueño reverencio, doy fin a este discurso con este soneto [se refiere al que principia "Canta, cisne andaluz..."] que hice en alabanza de este caballero" (1060). La cita, claro está, debe leerse en su contexto específico: es una carta que Lope manda al noble andaluz a quien sirve que, a su vez, tenía ciertas conexiones con Góngora.

En las dos terceras partes de su vida literaria encontramos en Quevedo un sostenido esfuerzo por atacar la poética gongorina. Esto es patente en obras de carácter tanto serio (prólogos a las obras de Fray Luis y de la Torre) como satírico (poemas sueltos, *La culta latiniparla* y la *Aguja de navegar cultos*[19]) que alcanzan aproximadamente hasta 1630. La cosmovisión sociopolítica quevediana convierte los usos gongorinos en *casus belli* al igualarlos a una sociedad, una cultura y un imperio percibidos por él como decadentes y laxos. Ante semejante percepción de decaimiento estético, moral y político (Rivers, *Poética* 15) cobra sentido que el autor del *Buscón* enfrente la poesía de matriz gongorina a la tradición castellana (Garcilaso, Fray Luis, de la Torre); que intente hacer caer todo el peso de la doctrina de autoridades sobre ella y que presente el resultado, en el caso de las poesías de Fray Luis, nada menos que a Olivares. No por casualidad, los modelos quevedianos evocan de alguna manera una época imperial, y "utópica," la que comprende el reinado de Carlos V y la primera parte del reinado de Felipe II, en la que el expansionismo militar se fundaba en virtudes "masculinas" como la sobriedad y el ardor guerrero de la élite monárquico-señorial. Quevedo singulariza las prácticas poéticas caracterizadoras de Góngora y de sus epígonos como contrarias a los modelos emanados de la tradición, propios de esa estética sobria y "castellanista." Esa idea de poesía castellanista es precisamente sobre la que el autor del *Buscón* edificó su labor editorial como recuperador, por la vía de la edición, de las obras de Fray Luis (1629) y de Francisco de la Torre (1631). Quevedo trajo a la palestra las obras de ambos poetas como adalides de una sobriedad y perspicacia poéticas frontalmente opuestas a los usos gongorinos. Dirá Quevedo en la dedicatoria a la *Poesía completa* del bachiller Francisco de la Torre que la poesía de éste

> ... está floreciendo hoy entre las espinas de los que martirizan nuestra habla, confundiéndola; y al lado de los que la escriben propia, y la confiesan rica por sí, en competencia de la griega y latina, que soberbias la

daban de mala gana limosna en las plumas de escritores pordioseros, que piden para ella lo que la sobra para otras. (67–68)

Mucho más claro había sido un par de años antes en la dedicatoria a las obras de Fray Luis donde, tras hacer una descripción del estilo poético de éste acaba mostrando su verdadero propósito: "Todo su estilo, con majestad estudiada, es decente a lo magnífico de la sentencia, que ni ambiciosa se descubre fuera del cuerpo de la oración ni, tenebrosa, se esconde, mejor diré, que se pierde en la confusión afectada de figuras y en la inundación de palabras forasteras" (Quevedo, *Obras completas* 1: 466). Y continúa más adelante, no sin antes haber aducido un profuso aparato de citas de autores clásicos (Horacio, Quintiliano, etc.) y modernos (Erasmo, Herrera, etc.): "No tiene mucha edad este delirio, que pocos años ha que algunos hipócritas de nominativos empezaron a salpicar de latines nuestra habla..." (470). O, aún más denotadamente: "De buena gana lloro la satisfacción con que se llaman hoy algunos *cultos*, siendo temerarios y monstruosos" (472). A pesar de todo, no hay en la dedicatoria alusiones directas a Góngora, quizá por la predilección que le mostraba a éste el Conde-Duque, que es a quien va dedicada la edición. Pero Quevedo no ahorra argumentos. Uno de los más sutiles es enfrentar maniquea y sutilmente a la poesía luisiana con la culterana, lo que hace justo al comienzo de la dedicatoria:

> Por sí hablan, excelentísimo señor, las obras del reverendísimo Fray Luis de León con mejor pluma y lengua que lo podrá hacer algún apasionado suyo. Son en nuestro idioma el singular ornamento y el mejor blasón de la habla castellana, con inclinación tan severa a los estudios *varoniles* que, aun en el desenfado de las vigilias positivas y escolásticas (de esto le sirvieron las consonantes), nos dio fácil y docta la filosofía de las virtudes y dispuso tan apacibles a la memoria los tesoros de la verdad que con logro del entendimiento ocupa su recordación, que, *faltos de este decoro*, embarazan escritos *vanos o escandalosos*. (466)

Queda así la "varonil" poesía frayluisiana enfrentada con el término tan ausente como obvio de tal comparación: "femenino," *ergo* "afeminado"; frente a la inclinación severa al estudio del agustino, la vanidad poética del cordobés; el *decorum* del agustino, frente a la escritura escandalosa de Góngora, el Gran Ausente de ese prólogo. Queda así el cordobés convertido en la huella de todo el edificio argumental quevediano y la prueba de esto radica en el acendrado esfuerzo que pone Quevedo en debelar los frutos de la poesía de aquél y de sus seguidores. Góngora, el innombrable, es definitivamente el Otro. Es cierto, como recuerda Jammes (685) en su edición de las *Soledades*, que en ninguna parte del prólogo quevediano se menciona a Góngora; en lo que ya no estoy tan de acuerdo es en que tampoco aparezca "por alusión." En mi opinión el sibilino rescate editorial de Fray Luis y de la Torre responde, muy en el estilo quevediano de la reacción instantánea, no tanto a los poetas pro y posgongorinos como a la proliferación de estudios, comentarios y sahumerios de la poesía del cordobés aparecidos entre 1624 y 1630, muchos de ellos a cargo de andaluces: Díaz de Rivas, Serrano de Paz, Salcedo Coronel, López de Vicuña, Martínez de Portichuelo y Pellicer de Salas, por nombrar a los más significados.[20] Poca falta hacía nombrar a quien había generado tan generoso torrente de prosélitos; el alcance de la iniciativa estaba bien claro. Además, no hubiera tenido ni sentido ni decoro nombrar al fallecido poeta; especialmente en textos dirigidos a alguien como Olivares, que no solo no le había hecho ascos a la poesía de su paisano andaluz sino que le urgía a que la publicara y se la dedicara (Góngora, *Epistolario completo* 199).

Otra prueba más de todo lo anterior es que Lope duplicara en su *Circe* (1623 ó 1624), la estrategia quevediana de atacar lo que Góngora representaba de "anticastellano." El propio Jammes (Introducción 675) recuerda que el canto segundo de la *Circe* constituía un intento evidente de rivalizar con el *Polifemo* gongorino rehaciendo "en la lengua de Castilla que se usaba no ha muchos años," según escribe Lope en la dedicatoria de la obra, dirigida precisamente a Olivares. Casi al mismo tiempo que Quevedo "resucita" a Fray Luis y de la Torre, Lope publica *La Dorotea* donde menudean los ataques al gongorismo y a su entronización por obra de sus numerosos comentaristas.[21]

En conclusión: una vez admitida la base "conceptista" de toda la poesía barroca queda por dilucidar cuál fue la razón por la que llegó a formarse, desde el XVIII hasta casi el último tercio del XX, una recepción crítica que oponía estética y literariamente a Góngora y a Quevedo. El motivo principal de tal distorsión parece ser fundamentalmente uno: el afán distintivo de ambos autores que la crítica de siglos posteriores acabó enfrentando en oposición estética de credos, estilos y esencias. En ese sentido, lo que confundió a la crítica fue, sobre todo, la solapación del afán quevediano por postularse como reflejo oposicional de la figura gongorina (en un movimiento de clara motivación distintiva, como desarrollaré en el capítulo cuatro), con el anhelo de distinción poética del propio Góngora. Éste pretendía, con su viraje hacia la oscuridad poética iniciado con el *Polifemo* y las *Soledades*, plantear una poesía "pura" de tonos elitistas y metapoéticos gracias a la cual se consolidó simbólicamente como representante por excelencia de la producción restringida en el primer tercio del siglo XVII.

Otros factores que contribuyeron a esa distorsionada y falsa percepción oposicional entre culteranismo y conceptismo son la figura de Lope y la distintiva condición geográfica y cultural (castellanos y andaluces) de quienes participaron en las principales polémicas literarias del XVII. La voluntaria y sostenida agresividad "intrahistórica" y estético-ideológica de Quevedo para con la poesía de Góngora motivó una distorsión de percepción, tanto en la tradición como en la crítica literaria. Esta distorsión desembocó en una falsa dicotomía entre conceptistas (Quevedo) y culteranos (Góngora) que fue alimentada por algunos historiadores literarios del XIX y canonizada por los manuales de historia literaria de los tres primeros tercios del XX. Ahora bien, el que no existiera explícitamente dicha dicotomía no ha de llevarnos a negar el que, de hecho, hubo controversias en el XVII en torno a la praxis poética gongorina representada por el *Polifemo* y las *Soledades*. Esas controversias se articularon en torno a una dicotomía claridad-llaneza / oscuridad-cultismo y tuvieron un carácter tanto geográfico (poetas castellanos frente a poetas andaluces) como diacrónico (de la polémica en torno a los comentarios de Hererra a Garcilaso a la de la poesía gongorina). Por último, la polémica entre cultos y llanos sólo puede singularizarse en el primero de ambos cabos pues, así como la identificación culto = Góngora es automática tanto entre defensores como para sus detractores,[22] la representación de los llanos fue muy variopinta: Lope, quizá el más significado de entre estos por su destacada posición en el campo literario no fue, públicamente, contrario a Góngora; Jáuregui, sevillano, adversario público y teórico-literario de las *Soledades,* se "convirtió" luego al culteranismo; Quevedo fue, por su parte, enemigo tenaz en lo estético y en lo ideológico de la poesía gongorina y filogongorina. Otra peculiaridad añadida es que los culteranos, después de todo, siempre estaban a la defensiva y eran los "llanos" quienes les atacaban al sentir peligrar un cierto ideal poético-lingüístico "castellano" por la "herejía" poética de los primeros.

2.2. Capital cultural simbólico y recepción literaria en la primera mitad del siglo XVII

Como señala Paul Julian Smith en *Writing in the Margin*, la lírica del Siglo de Oro tuvo un desarrollo decididamente suplementario en el que el poeta buscaba tanto dejar su huella en la tradición poética como, al tiempo, desplazarla (72). Y lo que es más, esa parece ser la auténtica mecánica del campo literario: una dialéctica de la distinción cuyos puntos de referencia son las prácticas literarias vigentes en un determinado momento y las reacciones de continuidad o rechazo que éstas provocan en los escritores. El propio acto creador, como recuerda Edward Friedman, lleva inscrita esa dialéctica distintiva:

> Perhaps the most obvious form of literary competition is the writer's decision to tread familiar ground, that is, retell a story attributable to

> another author or to a recognizable tradition. This is direct confrontation, in which the writer invites comparisons through a dialectics of revision and rejection, reverence and disrespect, continuity and discontinuity. (52 [6])

En el caso español, y en el marco de ese juego distintivo, a medias entre lo social y lo literario, va a participar Góngora con su poesía. Ese es el medio por el que el don Luis busca tanto la distinción social como la superación de sus predecesores en el campo literario y en su propia clase social, en un movimiento que tiende, ineludiblemente, hacia la proximidad con la aristocracia auténtica, la de la sangre, constituidora del campo de poder (Beverley, "Production" 27–29). En el caso de Góngora no podría hablar de rechazo a unas formas poéticas coetáneas sin desdecirme, al menos parcialmente, de lo que escribía unos párrafos más arriba. Es decir, que la poética de Góngora se alimenta de un sustrato conceptista común a la mayoría de la poesía epocal. ¿Dónde se funda, pues, esa búsqueda gongorina de la distinción? ¿Cuáles son los procedimientos poéticos de que sirve el poeta cordobés para ejercer esa acción distintiva? El principal de ellos ha sido glosado admirablemente por Joaquín Roses: su buscada oscuridad; es decir, esa característica *"poética de la oscuridad"* que presentan sus obras poéticas mayores. La oscuridad, que constituía la principal objeción que se le hizo al estilo de Góngora, era a la vez la fuente de deleite que proponía el poeta de las *Soledades* a sus lectores (Roses 187–89). Pero, ¿quiénes eran los lectores a los que se dirigía Góngora; esos a los que, a tenor de la "Carta de don Luis de Góngora, en respuesta de la que le escribieron," éste esperaba alcanzar a través de los buenos oficios de su correo, corresponsal y propagandista Andrés de Almansa y Mendoza? La respuesta es clara: la corte en su conjunto y, dentro de ella, a los discretos. La elección de Almansa por parte de Góngora no se hizo a humo de pajas. Oigamos el retrato que de él se hace en la "Carta que se escribió echadiza a don Luis de Góngora,"[23] atribuida a Lope o a su entorno:

> ... el tal Mendoza es el paraninfo de los predicadores, el que duerme en sus celdas y lleva las cédulas a sus púlpitos, el *que anda en los coches con los señores*, conoce todas las damas, *oye todas las comedias entre los poetas*; es cualificador de los sermones, consultor de los sonetos, *embajador de la señoría de la discreción en esta corte*, agente de la puerta de Guadalajara y Mercurio de las nuevas y sátiras de este Reino. (Orozco, *Lope y Góngora* 556; el énfasis es mío)

De Almansa esperaba Góngora que esparciera la defensa de su propia poesía "por estrados, en el patio de Palacio, puerta de Guadalajara, corrales de comedias, lonjas de bachillería" (Martínez Arancón 42). De ese modo, el poeta cordobés esperaba deparar al desconocido objeto de su misiva "el perjuicio que hubiere lugar de derecho" (42). Almansa y Mendoza era la persona ideal para ese y otros cometidos similares.

Otro de esos procedimientos poéticos con los que Góngora busca distinguirse literariamente es el juego de límites al que somete a géneros y subgéneros poéticos como la silva o el romance. Como ha destacado Carreira ("*Loci*" 39) al hablar de sus romances y, particularmente, de "La fábula de Píramo y Tisbe," que era el poema del que Góngora más se vanagloriaba, en los romances del cordobés nos encontramos con un auténtico *tour de force* donde se mezclan a la vez lo épico y lo lírico; lo popular y lo culto; lo serio y lo burlesco. No nos encontramos pues, como a veces ocurre, ante la parodia "homenajeadora" de determinado género sino ante un entreveramiento consciente, reflexivo y metaliterario de elementos que la tradición solía rechazar como opuestos desde la teoría virgiliano-medieval de los estilos. Esta mezcla tan sorprendente que frecuentemente encontramos en Góngora no es, en mi opinión, sino una prueba más de que la poesía se había convertido en una práctica altamente competitiva en la que había que distinguirse y crear un sello poético original que fuera reconocido inmediatamente en el mercado simbólico de la escritura.

Una de las ideas que desarrolló Whinnom en "The Problem of the 'Best-Seller' in Spanish Golden Age Literature" es la de la polarización en la recepción de la literatura y del teatro barrocos entre "vulgo" y "discretos." Sobre esta idea volvió Margit Frenk en otro artículo posterior (117–18). La idea es atractiva, ya que explicaría no pocas complejidades de los textos auriseculares. Por ejemplo el doble nivel que parece albergar el teatro de Lope, quien parece ponerle en muchas de sus obras una vela a Dios y otra al diablo o, lo que es lo mismo, darle gusto al vulgo mientras lanza guiños textuales a los "iniciados." Como muestra, ahí está la huella que de tres áreas de inscripción social (comida, vestimenta y parentesco) traza Paul Julian Smith (*Writing* 138–44) en *Peribáñez*, elementos que marcarían la primacía de la cultura y de lo simbólico sobre la naturaleza y sobre el imaginario, respectivamente.

El teatro adquirió a comienzos del siglo XVII un valor nuevo en la jerarquía del campo literario al pasar de la oralidad representacional a la escritura; de la demanda popular, a la demanda culta o, en algunos casos, propagandística (comedias o autos encargados para loar alguna figura, familia o entidad). Esto fue especialmente evidente en el caso de Lope que, además de publicar obras "serias" (*Arcadia, Dragontea, Isidro, Peregrino*, la *Angélica*) con las que trató de labrarse una imagen de escritor culto y respetable y acumular capital simbólico "puro," fue incorporando cada vez con más seguridad y desenfado las comedias a su imagen canónica. En ese sentido, Lope tenía la mirada puesta en los lectores puros, discretos, cultos, pero sin dejar de lado a los lectores más populares con las sucesivas ediciones de sus comedias. Esta trasposición de las comedias desde la fungibilidad e inmediatez de lo oral a la canonicidad de la escritura no le salió gratis a un Lope que vio aumentar el número de sus enemigos, ya en pie de guerra por lo rupturista del *Arte nuevo*, con la publicación de sus comedias (García Santo-Tomás, *La creación* 132). Pero Lope había alcanzado una posición simbólica en la que no era fácil atacarlo, como prueban la *Expostulatio Spongiae* de 1618, una defensa culta y académica de Lope a cargo del catedrático alcalaíno de griego y hebreo Alfonso Sánchez o la carta colectiva que los aristócratas sevillanos, encabezados por el futuro conde de la Roca, Juan de Vera y Zúñiga, alaban su arte dramático y le animan a que siga escribiendo para sus admiradores (136–39). Defensas tan dispares prueban, una vez más, que la mayoría de los escritores de la época siempre tenían presente un horizonte de expectativas dual en lo que respecta a sus lectores y que intentaban apelar tanto a los pocos como a los muchos. También sería interesante aplicar esa consciencia de los escritores hacia la dualidad de sus receptores en el caso cervantino. Cervantes sabía muy bien que, en tales condiciones, había que escribir para los propios escritores; que había que metaproducir, por así decir, y ese esfuerzo es bien patente en el *Quijote*, con todos sus guiños literarios y su alacena de espejos ficcionales. Pero ¿y Góngora? Oigamos a Jeremy Robbins:

> ... the almost hysterical polarization of readers into two camps, the highly educated and the "barely literate" masses, in the earlier decades of the seventeenth century can be viewed as one of the reasons behind the development in poetry of an elitist aesthetic, exemplified by Carrillo y Sotomayor and Góngora, marked by its cultivation of lexical and conceptual difficulties. (44 [7])

Quizá habría que precisar qué entendemos por histerismo, por "masas" y aun por "lectores" teniendo en cuenta las peculiaridades y los claroscuros de la recepción cultural en la España del año 1600.[24] Ha habido diversos debates provocados al socaire de las tesis reduccionistas de Chevalier en *Lectura y lectores en la España de los siglos XVI y XVII* y en algún que otro trabajo adicional en lo que respecta al número de lectores que podía haber.[25] Lo que sí parece más sostenible es esa conexión que Robbins hace entre la existencia de un cierto público receptor y el viraje gongorino hacia la oscuridad poética.

Una manifestación de esa dialéctica distintiva inherente a todo campo literario fue, por citar un caso de la Inglaterra isabelina, las críticas que generó el éxito popular del *Pandosto* (1588) de Robert Greene. Como señala Lori Humphrey Newcomb (101), muchos de quienes se pronunciaron contra este *pastoral romance*—Ben Jonson, Thomas Overbury, Samuel Richardson e Isaac Bickerstaff—no diferían de Greene en sus técnicas y propósitos: intentar escalar socialmente comercializando textos cuidadosamente autorizados. Publicar obras que se dirigían a un público popular, como hacía Greene, no buscaba sino reforzar la fama y la creciente profesionalización de los escritores. A la vez, esos intentos de otros escritores por demarcarse de la literatura de tonos más populares representan una clara pulsión distintiva propia de la dinámica interna del campo literario (101). Los paralelos con el caso español son claros ya sea por lo popular (recepción del teatro de Lope entre algunos productores "puros") o por lo genérico (el limbo jerárquico-genérico en que se situó la novela cervantina, a pesar de su éxito popular).

A pesar de ser el caso más significativo de autodefensa autorial (publicar para fijar la autoría de una comedia), así como de indicio de una incipiente demanda por parte del público lector, no podemos limitar al teatro la irrupción de la imprenta en géneros tradicionalmente no impresos hasta entonces. También la poesía, como sabemos por Góngora, suscitaba una promesa de beneficios económicos al imprimirse. Es cierto, como he señalado, que Góngora no llegó a imprimir su poesía pero también es verdad que estuvo muy cerca de hacerlo, impelido por sus problemas económicos. En sendas cartas de 8 y 15 de julio de 1625 (es decir, apenas un par de años antes de su muerte), se hallan un par de testimonios excepcionales al respecto. En la primera de esas cartas el escritor suplica a su administrador, Cristóbal de Heredia, que le compre un cartapacio de sus propias poesías "por un ojo que sea de la cara, por que saque hoy lo que me sacará de aquí desempeñado" (*Epistolario completo* 195–96). Unos días más tarde, en la segunda de esas cartas, don Luis acusa recibo de ese cartapacio, y anuncia su intención "de co[rregirlo?] y añadirle cuanto he hecho después, para estampar este septiembre, y procurar valga aun la mitad de lo que me aseguran" (197–98). Estas citas impagables nos hablan, además de las paradojas de la emisión y transmisión poéticas en esta época, del creciente capital no ya simbólico sino dinerario que comenzaba a acumular la poesía. También de la demanda comercial que este nuevo valor material de la poesía iba suscitando. Ya en un soneto anónimo de carácter satírico-burlesco de hacia 1610 se critica que Góngora reciba y espere recompensas por sus poesías. El poema fue erróneamente atribuido a Góngora y en realidad es una burla intertextual de un soneto gongorino que principiaba "El conde mi señor se fue a Nápoles" y dice así:

> El duque mi señor se fue a Francia,
> Y tu musa a la tuya o a su estancia;
> Impertinente alhaja fuera en Francia,
> Pues tiene por provincia a Picardía.

Capítulo dos

> Demás que en el riñón de Andalucía
> *Han hecho sus dictámenes ganancia,*
> *Que musa que así agarra, aun a distancia,*
> *Menos tiene de musa que de arpía.*
>
> Sea lo uno o lo otro, el tiempo lo ha acabado,
> Pues muestras por las ingles que ya orina,
> Que era vena que seca. ¡A Dios sea dado!
>
> Dete su gracia la piedad divina;
> Pues la humana en tus versos ha expirado,
> Reza o escribe en coplas la dotrina.
> (Alonso, *Estudios* 264–65; el énfasis es mío)

Como señala Alonso, el sentido del poema consiste en atacar al cordobés, señalándole que su musa apicarada estaría de más en Francia, que hace dinero con su poesía en Andalucía, que su vena poética está seca y que se tendría que dedicar a rezar o a escribir poesía religiosa y no profana (271).

Desconocemos la razón concreta por la que las poesías de Góngora, fuera de algunas sueltas en antologías o de las que circularon anónimamente, no llegaron a publicarse ni en el mentado septiembre de ese año 1625 ni en vida del poeta. Pudo deberse, paradójicamente, a que no encontró "Cirineo que me ayude a la impresión de mis borrones" (es decir, o bien mecenas al que dedicárselas o bien impresor), en una corte alterada por el parto de la reina, las incertidumbres de los galeones con la plata americana y el sitio de Cádiz y en la que todo era "Consejos de estado y guerra y paramentos" (*Epistolario completo* 197–204). Tampoco ayudarían a la impresión las mordeduras censorias de los padres Fernando de Horio y Juan de Pineda, si hemos de juzgar por las que emitieron sobre la edición que de las obras de Góngora hizo Juan López de Vicuña, es decir, las *Obras en verso del Homero español* (1627). Pineda escribió en su censura, fechada el 2 de junio de 1628:

> mirando prudentemente por su honra, [Góngora] no quiso ni permitió en su vida que sus obras se imprimiesen, por lo mucho que desdecían de la tan digna y principal iglesia de España, como la de Córdoba, y Capellán de Su Majestad, a los cuales títulos repugnan como cosas indecentísimas composiciones y obras llenas de todo género de inmundicia, que pasando de burlas y chocarrerías... passan a pura lascivia y descompostura intolerable, y aun picardías, que tal las juzgó el mismo autor, cuando llamó a su musa *picaril*. (Entrambasaguas, *Estudios* 115)

Y sigue el implacable jesuita asegurando que "el autor sólo tuvo su famosa eminencia en lo lascivo y pueril, verde y picante, por esta sola materia y título es leído y buscado, como si desto solo escribiera, y assí hace tanto daño" (131). Llamativamente, tanto el soneto anónimo como la censura pinediana aluden a la "picardía" gongorina, rasgo presente en buen número de sus poesías y que le otorgó mucha de la popularidad de la que gozaron entre todo tipo de lectores.[26]

La poesía era el género más simbólicamente privilegiado en la España de la primera mitad del siglo XVII y ese es el hecho que explica que tanto Lope como Cervantes, quién sabe si por sentirse ambos prisioneros de una notoriedad lograda fuera del propio Parnaso (en las tablas, Lope; con ese *outsider* genérico que es el *Quijote*, Cervantes), se decidieron a hacer una glosa escrutinizadora e interesada de sus moradores por razones en las que luego me detendré. Las razones por las que la poesía era el género más prestigioso en los albores del siglo XVII son variadas. Por un lado, y aunque es trabajoso dilucidar si se trata de una causa o de un efecto, tenemos la proliferación de academias cuyo cometido es, fundamentalmente, el ejercicio poético. Por otro lado, y atendiendo a su habitual condición fragmentaria, directa y breve, la poesía era un género más susceptible de ser transmitido de una manera más sencilla, ya fuera oralmente o por escrito. Era, también, muy dúctil por su adaptabilidad dramática y espectacular, como rastrea Robbins en la poesía amorosa de contexto académico (101–35). La poesía es, en fin, la producción habitualmente más tradicional y "pura." Como afirma Bourdieu, el campo literario da lugar en su relativa autonomía a una economía a la inversa fundada en la naturaleza de las mercancías simbólicas, cuya lógica es independiente de las materiales. Al final de un proceso de especialización se producen bienes simbólicos para el mercado y para los propios productores (producción "pura"). El principio de diferenciación se funda en la distancia objetiva o subjetiva que los productores tienen con las exigencias del mercado: sumisión o rechazo. Los productores puros, mediante la negación presente del mercado, buscan acumular capital simbólico que, a largo plazo, también puede traducirse en reconocimientos sociales o económicos (*Rules* 141–42). Creo que tales presupuestos pueden aplicarse a la dinámica interna del campo literario español de comienzos del XVII.

En el funcionamiento del campo literario Bourdieu ve dos jerarquías bien diferenciadas. Por una parte está la del beneficio comercial, cuyo orden decreciente (teatro, novela, poesía) creo que puede trasladarse sin mayores problemas al siglo XVII español. Esta jerarquía comercial coexiste con una suerte de jerarquía inversa, que es la del prestigio (poesía, novela, teatro). El orden en las dos últimas posiciones en esta última jerarquía puede estar sujeto a debate, por cuanto es difícil medir fuerzas entre un género más o menos emergente, como la novela, y otro firmemente asentado en las prácticas sociales. Gracián nos ofrece un curioso testimonio de esta condición dual del campo literario en *El Criticón*. Allí, al visitar Andrenio y Critilo la Corte en la cuarta crisi del segundo libro, titulada "El museo del discreto," son llevados al palacio de Sofisbella, que es una suerte de metáfora simbólica de la actividad intelectual. La primera estancia corresponde a la poesía que, personificada, guía a Andrenio y Critilo por entre los plectros modernos. Al primero al que alude de entre estos es a Góngora:

> El primero que pulsó fue una culta cítara, haciendo extremada armonía, aunque la percibían pocos, que no era para muchos; con todo, notaron en ella una desproporción harto considerable, que aunque sus cuerdas eran de oro finísimo y muy sutiles, la materia de que se componía, debiendo ser un marfil terso, de un ébano bruñido, era de haya y aun más común. Advirtió el reparo la conceptuosa ninfa y con un regalado suspiro, les dijo:
> —Si en este culto *plectro cordobés* hubiera correspondido la moral enseñanza a la heroica composición, los asuntos graves a la cultura de su estilo, la materia a la bizarría del verso, a la sutileza de sus conceptos, no digo yo de marfil, pero de un finísimo diamante merecía formarse su concha." (Gracián 375; el énfasis es mío)

Aparecen luego los Argensola, "dos laúdes tan igualmente acordes que parecían hermanos" y que "en el metro tercero son los primeros del mundo, pero en el cuarto, ni aun quintos" (375). Un poco más adelante, alude a Lope:

> Resonaba mucho y embarazaba a muchos un instrumento que unieron cáñamo y cera. Parecía órgano por lo desigual y era compuesto de las cañas de Siringa cogidas en la más fértil *vega*; llenábase de viento popular mas con todo ese aplauso, no les satisfizo y dijo entonces la poética belleza:
> —Pues sabed que éste, en aquel tiempo desaliñado, fue bien oído y llenó por lo plausible todos los teatros de España." (376; el énfasis es mío)

Se cita también a Dante y Boscán, Camõens y Marino en este "culto Parnaso" pero, curiosamente, habremos de esperar hasta el salón de la Moral Filosofía para encontrar una alusión a Quevedo al que, a pesar de estar en compañía de Séneca, Epícteto, Luciano, Esopo, Alciato, Plutarco y Justo Lipsio, se critica el carácter humorístico y burlesco de sus escritos, más dados al deleite que al aprovechamiento (386). Ahí tenemos, pues, una clara indicación receptora de los miembros más significativos del campo literario. Cervantes está conspicuamente ausente y Quevedo no se encuentra entre los poetas, sino entre los filósofos morales. En cuanto a Góngora y Lope, cabezas visibles de ese campo, Gracián destaca, entre críticas a los temas del primero y a la desigual calidad del segundo, los que vienen a ser motivos principales de su lugar preeminente en la jerarquía del campo: el elitismo de uno y el éxito popular del otro.

Otra clasificación propuesta por Bourdieu se funda en considerar los géneros desde una vertiente económica en la que se repara en tres aspectos: precio de su consumición simbólica (relativamente alto para el teatro, etc.); número y calidad de los consumidores, así como su "productividad" simbólica o económica; y, tercero, longitud de su ciclo de producción (cuánto se tarda en recoger beneficios simbólicos o materiales y cuánto duran). Por otra parte, a medida que el campo se va autonomizando los géneros se van distanciando unos de otros, en función de su crédito simbólico, que suele ser inverso a los beneficios que generan (*Rules* 115). El capital simbólico dentro del campo literario que pudiera ostentar un, digamos, Lope, parece menor que el que llegó a tener Góngora. Este último, como parece indisputable, optó en un momento de su trayectoria por una producción poética pura, restringida y "antieconómica," que ni siquiera llegó a ver publicada a pesar del aliento del conde-duque de Olivares. Cuando pienso en una práctica "antieconómica" me refiero a las que Bourdieu ve como tomas de posición aparentemente desinteresadas:

> Disociando el éxito temporal y la consagración específica y garantizando unos beneficios específicos de desinterés a quienes se someten a sus reglas, el campo artístico... crea las condiciones de la constitución de un verdadero interés por el desinterés... En el mundo artístico como mundo económico invertido, las "locuras" más antieconómicas son en determinadas condiciones "razonables" puesto que el desinterés está reconocido y recompensado. (*Razones* 186)

Y esa recompensa venía dada en la poesía del XVII por la adquisición de capital cultural simbólico y de distinción mediante el ejercicio de prácticas literarias o artísticas puras que no dependían de una demanda previa. Esa distinción llevaba, si era percibida por los agentes sociales adecuados, a diferentes recompensas en la sociedad cortesana. Eso explica el que hubiera escritores que, aun dependiendo económicamente de sus plumas, se dedicaran a un ejercicio tan antieconómico como la poesía. El caso de Góngora es, una vez más, sintomático. Como señalaba Antonio Rodríguez Moñino (34), Góngora fue el único poeta cuyos manuscritos generaron cierto tráfico comercial entre libreros profesionales, lo que demuestra que hubo un enorme interés por poseer sus poesías, de las que existían numerosos y extensos cartapacios con el mismo contenido y hasta título. Nos hallamos así ante la paradoja de que un producto cultural "antieconómico" como la poesía gongorina, que aspiraba a convertirse en capital simbólico a medio y largo plazo, entraba, sin que de ello se beneficiara su autor, en el circuito comercial de la oferta y la demanda. Sólo en 1623, acuciado por sus deudas, comienza Góngora a pensar en editar sus obras. Quizá porque, como escribe el desconocido autor de la "Vida y escritos de don Luis de Góngora" que aparece en los preliminares del Manuscrito Chacón, Góngora gozó de la familiaridad y estimación de los aristócratas aunque le fueron "benéficos poco" (Góngora, *Obras-Chacón* vi). No hay que olvidar, sin embargo, que recibió, como allí mismo se recuerda, "una capellanía de honor, que llaman de su majestad" bajo el valimiento de Lerma y Siete Iglesias y "el favor de dos hábitos de Santiago para dos sobrinos suyos" en el de Olivares, bajo el que, "si no lo estorbara la muerte, se prometía algún mayor deshielo" de la fortuna gongorina (vi). Esos galardones cortesano-señoriales fueron un reconocimiento implícito y legitimador del capital cultural que llegó a atesorar Góngora con su práctica poética. Una prueba muy significativa del privilegiado estatus simbólico que alcanzó la poesía gongorina a lo largo del XVII es su inclusión en actualizaciones de 1620 de la manuscrita *Instrucción de Juan de Vega a su hijo*[27] (1592), como recoge Bouza (*Corre* 57). Este opúsculo era un auténtico manual de instrucción cortesana que daba pautas sobre la educación, costumbres y gestos esperados en un caballero cortesano de la época y en su primera versión sólo destacaba la poesía de Garcilaso. Esto último da idea del carácter simbólico que alcanzó socialmente la poesía del cordobés ya que la *Instrucción* era, por naturaleza, un texto que pretendía promover y transmitir distinción social en la corte. Según parece, el orgulloso escribir para los pocos de Góngora alcanzó su objetivo de establecerse como obra distintiva en sí misma pero también generadora de distinción social para todos aquellos que tuvieran la competencia suficiente para desentrañarla.

Un caso diferente al de la poesía era el del teatro, ya fuera de corral o palatino, que contaba con un circuito de demanda, distribución y retribución bastante definido. Este hecho, unido a otros (falta de demanda, dificultades inherentes a la transmisión de la poesía, desaliento, problemas económicos o su voluntaria condición de producción restringida), pudo influir en que su poesía no fuera dada a la imprenta en vida de Góngora. Su teatro, sin embargo, sí lo fue, y ello me parece sumamente significativo de qué papel jugaba cada uno de estos dos géneros en el campo literario de la segunda mitad del Siglo de Oro y de cuáles eran los mecanismos otorgadores de capital simbólico. En el caso de Góngora, como trataré de demostrar en las líneas que siguen, ese mecanismo parece hallarse en su manifiesta opción por una producción restringida, pura y hermética.

2.3. Góngora y el viraje hacia la producción pura: distinción, capitalización simbólica y toma de posición

A decir de Carreira, Góngora "era un poeta a quien Córdoba le venía algo estrecha, y un cortesano a quien Madrid le resultaba demasiado ancha"

(*Gongoremas* 162). Es difícil concentrar en menos palabras esa etopeya gongorina que nos lo muestra en sus contradicciones: poeta y sacerdote; hedonista andaluz y sufridor de la corte madrileña. La poesía fue, con toda probabilidad, motor y combustible de sus pretensiones cortesanas. No puede entenderse de otra manera el interés por dar a conocer su poesía en Madrid, donde vivió desde 1617 hasta 1626 año en el que, viendo acercarse la muerte, deshizo sus pasos y volvió a Córdoba. Que llevara o no cartapacios de sus poesías con él a la corte importa poco, pues estas eran ya conocidas y le habían precedido por los buenos oficios de Andrés de Almansa y Mendoza. Pensar que Góngora aspiraba a mercedes cortesanas con otra cosa—¿cuál?— que un capital simbólico emanado del ejercicio poético me parece desencaminado.[28]

A la vista de la polémica casi instantánea que tuvo la difusión restringida y manuscrita de las *Soledades* a partir de 1613 cabe preguntarse a qué se debió aquella. La respuesta que parece más plausible es que Góngora, que ya era desde finales del XVI una de las cabezas visibles de la excelencia poética restringió aún más su musa y se lanzó a una escritura mucho más elitista y orientada a un cuerpo de lectores muy reducido. El Góngora anterior a sus poemas mayores todavía se dirigía a un amplio (entendido el adjetivo con las limitaciones propias del caso) lectorado. Esto se manifestaba tanto en los metros (romances, letrillas, décimas…) como en los temas (poesía abiertamente burlesca, asuntos de tono popular o carnavalesco). La salida a la luz de la primera *Soledad* y del *Polifemo* marca, por contra, una clara apuesta gongorina por una producción pura de tonos exquisitos y dificultosos que se encomienda, sin ambages, al puro goce estético aunque sin renunciar a ciertos guiños burlescos y "picariles" que nunca abandonaron su poesía. En segundo lugar esos poemas marcaron, y esto importa más, un giro hacia la distinción poética y la adquisición de capital cultural simbólico. El mecanismo de esta distinción radicaba en la competencia que exigía del lector para desentrañar la oscuridad en la que se envolvía su poesía.

En opinión de Jammes (Introducción 9–13), se aprecia en Góngora un proceso de intensificación y de "profesionalización" poéticas que va, *grosso modo*, de 1610 a 1614, años durante los cuales compone el 40% de su obra. Este periodo se inicia hacia 1610, cuando el poeta buscaba compensar la disminución de sus ingresos solicitando apoyos para otras mercedes (una chantría que nunca le otorgaron), y se acentúa a partir de 1611, cuando su sobrino Luis se hace cargo de sus obligaciones para con el cabildo cordobés. Es a partir de entonces, dice Jammes, cuando "de aficionado a la poesía se transforma en escritor" (13). La tentación de ver a Góngora como artífice y sumo sacerdote de la oscuridad poética es muy fuerte. Sin embargo, no creo que puedan comprenderse cabalmente los poemas mayores gongorinos sin entender que nacen en un contexto abonado ya para semejante *tour de force* estilístico y estético. Dicho de otra manera: ni las *Soledades* ni el *Polifemo* hubieran sido iguales sin la precedencia de Herrera y de Carrillo y Sotomayor. Por alguna razón, este último se vio impelido a escribir el *Libro de la erudición poética* (1611) que no es sino la teorización partidista de un debate poético que ya existía *antes* de que aparecieran los grandes poemas gongorinos. No en balde, el subtítulo del *Libro* reza "Lanzas de las musas contra los indoctos, desterrados del amparo de su deidad." Como apuntaba Antonio Vilanova, la obra de Carrillo era más bien "un discurso polémico y un manifiesto de escuela que un arte poética elaborada con verdadero rigor preceptivo" (cito por Navarro Durán 68).

La trayectoria gongorina hacia la distinción está enraizada en los inicios de su trayectoria, cuando era estudiante en Salamanca y comenzó a crecer la admiración en torno a su calidad como poeta. Esa búsqueda de la admiración y del respeto ajenos se fundaba, según Lázaro Carreter, en causas psicológicas; fundamentalmente, en su "necesidad imperiosa de destacar, de llamar la atención, de ser protagonista" (*Estilo* 138). Algo a lo que ya estaba acostumbrado el poeta desde niño pues en una ocasión asombró con su ingenio a Ambrosio de Morales, cronista de Felipe II, en algo que bien podía ser "acicate para la esperanza" (132). A pesar de todo, creo que el anhelo de distinción de Góngora y el de otros muchos escritores de la época distan mucho de deberse a causas puramente psicológicas e individuales. La propia condición competitiva del campo y el entorno cortesano parecen causas más plausibles y comprensivas de esa dialéctica de la distinción que habitó la literatura de la época. Como afirma Jammes (Introducción 7–9), Góngora llegó a ser entre 1600 y 1605 el poeta más admirado de España. En 1600 se publicó el *Romancero general*, que contenía 26 poemas suyos, en su mayoría anónimos, que pasan a 37 en la edición de 1604. En 1605, aparecieron 37 poemas aprobados por él en las *Flores de poetas ilustres* de Espinosa. Lo que queda por aclarar es el proceso que llevó a alguien como Góngora, que en 1605 era ya un poeta celebrado y reconocido, a componer unos poemas tan desafiantes e impactantes como el *Polifemo* y las *Soledades* pocos años más tarde.

Todo campo literario implica competición y el primer campo literario español no fue una excepción. Para comprender cómo comenzó a instalarse esa dinámica competitiva podemos recordar testimonios de finales del XVI, donde ya aparece muy claramente la poesía como objeto de competiciones públicas entre poetas. El 22 de julio de 1594 se celebró en Valladolid un certamen poético con motivo del traslado de una reliquia a San Benito. Los poetas contendientes, que optaban a diferentes categorías y premios,[29] debían presentar dos copias "la una en forma grande para se poner en público" (Alonso Cortés 19–21). Además de cierta competitividad presente en la poesía de finales del XVI, esta cita traída de *Noticias de una corte literaria* nos habla también del carácter público y espectacular que comenzaba a rodear a la poesía. Una vez instalado ese germen competitivo entre los poetas, fueran diletantes o "profesionales," se hacía poco menos que inevitable que cada uno de ellos comenzara a buscar la distinción poética, el estilo característico, personal y reconocible que lo distinguiera del resto. Un proceso de diferenciación distintiva que, por otra parte, se acomoda bien a esa panoplia de recursos de acción psicológica sobre la sociedad barroca (extremosidad, suspensión, dificultad) a la que se refería Maravall en *La cultura del Barroco* (421–48, en particular). Dichos recursos se corresponden tanto con el devenir de la cultura barroca en conjunto (piénsese en la progresiva complicación escénica del teatro) como con los mecanismos internos de distinción más usuales en todo campo literario.

Un ejemplo indirecto de la competitividad asociada a la práctica literaria de comienzos del XVII se manifiesta en las frecuentes quejas de Lope o de Góngora, especialmente del primero, sobre las asechanzas de la envidia ajena ante el triunfo propio. Las citas gongorinas que se podrían traer son muy numerosas[30] pero es sin duda Lope quien más se queja. Hay muchos ejemplos de esto, empezando por su epistolario, pero el caso más significativo es quizás la inscripción emblemática en el frontispicio de *El peregrino en su patria,* con el archiconocido "*Velis nolis invidia.*" Otra muestra de ese ambiente sumamente competitivo, esta vez en el terreno del triunfo "masivo" de lo teatral, lo hallamos en las cartas 430 y 431 de dicho epistolario lopiano donde alude a que se encuentra "compitiendo en enredos con Mescua y don Guillén de Castro, sobre cuál los hace mejores en sus comedias" (*Cartas completas* 2: 83) y a cómo se ha visto obligado a trabajar con los actores de una de sus comedias "por no perder alguna opinión y darla al doctor Mescua" (84).

Al comparar los campos literarios franceses del XVII y del XIX Bourdieu señala la existencia de una estructura dual en el campo literario:

> The progress of the literary field towards autonomy is marked by the fact that, at the end of the nineteenth century, the hierarchy among genres (and authors) according to specific criteria of peer judgement is almost exactly the inverse of the hierarchy according to commercial success. This is different from what was to be observed in the seventeenth century, when the two hierarchies were almost merged… (*Rules* 114 [8])

Creo que esto no es aplicable al caso español ya que esa dualidad estructural sí aparece, aunque con ciertos matices, en el siglo XVII. El teatro era el único género literario que podía realmente asociarse con el éxito comercial porque, a diferencia de los otros géneros, contaba con una demanda directa y remunerada de los "autores" a los dramaturgos. Este hecho, combinado con la dinámica distincional que reseñaré a continuación, no podía, por pura lógica comercial, redundar en el logro de un sustancioso capital cultural simbólico por el número de obras que habían de producir los autores consagrados, forzados por la ley de la oferta y la demanda (ahí está la desmesurada fábrica teatral lopesca para confirmarlo). En segundo lugar, por las servidumbres propias de contentar a públicos muy diferentes. En la economía que se deriva de la dialéctica distincional recordada por Bourdieu el provecho simbólico generado por la apropiación material o simbólica de una obra de arte se mide por su rareza y por la competencia intelectual que exige (*Distinction* 253). Se explica por ello que el teatro del XVII no pudiera erigirse en procurador de distinción literaria por sí solo; algo que sí podía hacer la poesía, liberada de las constricciones de la pura demanda. De ahí, también, las elaboradas excusas de Lope en el *Arte nuevo* (especialmente en 15–48, 128–56 y 363–76) sobre las consecuencias derivadas de servir al vulgo.

Como recuerda Edward Friedman (54), la voluntad creativa en el periodo barroco requería de un ejercicio de aislamiento y soledad en el que el escritor se alejaba de lo común y, tras proponer fórmulas nuevas, había de defenderlas y, hasta cierto punto, defender la validez o superioridad creativas de sus obras, en un intento por justificar el rompimiento con las normas consuetudinarias de producción literaria. Esto ocurría en una época en la que era corriente un ideal casi prosaico para la poesía, razón por la que sorprendió más el anhelo oscurantista gongorino y su propuesta de una poesía "difícil" que defiende la libertad poética frente a los preceptos clásicos, en lo que Jammes (Prefacio xiv–xv) describe como "la emergencia, alrededor de las *Soledades*, de un concepto moderno de la poesía." Esa modernidad consistía en involucrar al lector en un ejercicio desentrañador de dificultades lingüísticas y conceptuales. Góngora proponía, además, una poesía que iba más allá del puro alarde ingenioso y que apuntaba a un uso más amplio del lenguaje, una poesía donde se cuestionaban—desde la perspectiva de un poeta cortesano testigo de una crisis histórica (Beverley, *Aspects* 13 y 23)—las relaciones entre naturaleza y sociedad y conceptos tales como libertad, amor y autoridad. Lejos de proponer un espejo convalidador del referente, esta trascendencia del lenguaje ponía el acento en su propia reflexividad, es decir, en su insistencia por hacer visible su condición de constructo poético (Smith, *Writing* 71–72).

En "Otra epístola a un señor de estos reinos sobre la misma materia," aparecida en el tomo de *La Circe* (Madrid, 1624), Lope aprovecha, mientras alaba la *Égloga* del príncipe de Esquilache, para lanzar un ataque a la poesía "culta." Dice el Fénix que el de Esquilache escribe "sin andar a buscar para cada verso tantas metáforas de metáforas, gastando en los afeites lo que falta de facciones y enflaqueciendo el alma con el peso de tan excesivo cuerpo" (*Obras selectas* 2: 1064). Precisamente en esas "metáforas de metáforas" se cifraba una de las propuestas más provocadoras de Góngora, como era proponer lo que podríamos denominar una distinción de segundo grado. Una primera distinción, de carácter primario, deriva de dirigirse a un público "discreto." De entre ese público discreto, Góngora establecía otra distinción más sutil: la de dirigirse a los teóricos y a los propios escritores; al resto de los poetas. Cada poema suyo encarnaba así una toma de posición simbólica frente a otra manera de hacer poesía que era la que se había venido practicando, de molde petrarquista y tonos más tradicionales y contenidos. Queda claro que en ese viraje hacia la producción pura, el vulgo quedaba completamente fuera del horizonte de expectativas del cordobés.

Antes me refería al nivel de competencia necesario para leer un texto como uno de los principales elementos atesoradores de capital cultural simbólico. En el caso de los poemas mayores de Góngora la competencia de lectura requerida era altísima. Por un lado estaban las dificultades de primer grado, esto es, las filológicas, centradas en aspectos léxicos y sintácticos (hipérbaton, cultismos, latinismos). Después vendrían las dificultades de segundo grado, fundamentalmente alusiones y, por fin las de tercer nivel, que es el conceptual; es decir, esa "relación inesperada, original, inédita que el autor introduce entre los 'objetos'... [que] puede ser de correspondencia o, al contrario—caso más frecuente en la obra de Góngora—, de contradicción" (Jammes, Prefacio xiii). A lo que parecen apuntar todas estas dificultades reseñadas es al puro deleite estético y a la libertad creativa del escritor lo que, en opinión de Francisco Fernández de Córdoba, abad de Rute y defensor y examinador de la poesía del cordobés, emparejaba a Góngora con Lope. Según el Abad, la búsqueda gongorina del goce estético conectaba con la revolución lopesca de la comedia en la defensa del gusto popular y en la originalidad creadora en la que los primeros objetivos poéticos pasaban a ser la *admiratio* y el deleite (Roses 189). Los objetivos y medios de ambos escritores eran, por el contrario, bien diferentes, tanto en lo que se refiere al tipo de producción arquetípica (a gran escala, en el teatro de Lope; restringida en la poesía "oscura" de Góngora) como a la recepción a que se orientan ambas (conquista del mercado teatral y producción para escritores, respectivamente).

Las vías escogidas por Góngora para hacerse con capital simbólico fueron bastante dinámicas. Comienza el poeta cordobés apegado a la tradición petrarquista y a los metros y temas populares pero después se va abriendo camino en su poesía una oscuridad que desafiaba al lector con sutilezas y complejidades intelectivas, aunque sin olvidar lo burlesco. De hecho, uno de los principales peros que ponía a las *Soledades* Pedro de Valencia, el famoso humanista cuyo parecer requirió Góngora, era la presencia en la silva de elementos burlescos que, decía, desentonaban con la forma del poema (Roses 188). Esa apelación a lo burlesco, tan omnipresente en todo el Siglo de Oro,

Capítulo dos

tiene lazos de conexión con el gusto por las prácticas ingeniosas, de cuya filiación y características trataré más adelante.

En "Para una etopeya de Góngora," uno de los capítulos de *Estilo barroco y personalidad creadora*, Lázaro Carreter hace una suerte de estudio psicológico del cordobés a la luz de sus prácticas literarias. Allí se resalta el afán de protagonismo que tenía el poeta de las *Soledades* y cómo sus ataques a Lope, inexplicables y sorpresivos para éste, pudieron estar motivados "por emulación, por protagonismo," ya que Lope poseía el aplauso popular que al escritor cordobés le faltaba (*Estilo* 138-39). Este elemento nos dejaría con una jerarquía bicéfala en el campo literario español asociada, respectivamente, a los dos modos de producción artística conceptualizados por Bourdieu. La posición de productor masivo y de éxito dentro del espacio de posibilidades del campo literario estaba ocupada firmemente por Lope. El único trono vacante por el que pugnar era pues el de la producción restringida, y a ello se aplicó Góngora. Su producción es un proceso de acentuación progresiva de la oscuridad poética y de constricción del horizonte de expectativas receptoras que desembocó en una "poética virtual" de las *Soledades*, consistente en "elitismo literario, erudición poética, hermetismo, furor poético, magnificencia de estilo, elevación de la lengua, transformación de los géneros convencionales, quiebra del decoro y preponderancia del deleite" (Roses 188). Se trata de características en su mayor parte propias de la tríada "heterodoxa" (*ingenium-verba-delectare*) del sistema de dualidades horaciano (*ars/ingenium, res/verba, docere/delectare*) sobre el que se descansaba gran parte de la teoría literaria clásica. Asumiendo *de facto* y por mor de su poesía esa opción heterodoxa, Góngora tomaba también una posición específica en el espacio de posibilidades del campo literario español de las primeras décadas del siglo XVII: la de poeta para minorías.

El abrazar Góngora un ejercicio "culto" de producción poética pura de ninguna manera ha de verse como decisión repentina y debida únicamente a la difusión de sus poemas mayores. Es más, como señalaba Dámaso Alonso en *La lengua poética de Góngora* refiriéndose al supuesto cultismo de sus vocablos:

> lo único que hizo Góngora fue popularizar, difundir una serie de vocablos, de los cuales la mayor parte ya eran usados en literatura y habían conseguido entrar en los vocabularios de la época, y sólo los menos... podían ser considerados como raros, aunque estaban implícitos en la conciencia gramatical de fines del siglo XVI. Aquí, como siempre, ... Góngora no inventa: recoge, condensa, intensifica; ése es su papel. (45)

Don Dámaso rastreó vocablos cultistas en obras muy tempranas de Góngora, llegando a la conclusión de que ya había un número significativo de cultismos en las poesías de 1580 a 1590 que aumentó escasamente en los diez años siguientes. Cuando sí hubo un aumento muy apreciable de cultismo léxicos fue en el período que va de 1600 a 1611, en cuyos cinco últimos años el nivel era ya similar al de las *Soledades* (81–82). Con todo, los destinatarios últimos de los poemas no eran los mismos que los de las composiciones anteriores al *Polifemo* y las *Soledades*. Como prueba, baste el hecho de pedir pareceres al abad de Rute y a Pedro de Valencia, que parece tanto un dubitativo tantear el terreno como un orgulloso y consciente mostrar sus criaturas poéticas a quienes expresamente se dirigían: a los doctos (Roses 10). Pero había una motivación más profunda que la pura soberbia intelectual: buscar la legitimación de quienes Góngora veía como (con)validadores y legitimadores de su distinción poética. No en vano el respetado humanista Pedro de Valencia era, desde 1607, cronista oficial del reino, puesto cada vez más ambicionado en el campo cultural. Como tal cronista, Valencia era una de las figuras más visibles de una cultura oficial que veía la historiografía como principal instrumento de propaganda para la cúspide del complejo monárquico institucional, para la cultura de corte y, desde luego, para la política exterior. Para Góngora estos pareceres eran una de las llaves potenciales, junto con su hidalguía, sus órdenes religiosas, su condición andaluza y su excelencia poética, para acceder al patronazgo y a las mercedes palatinas. Hay otra interesante concomitancia que suele pasar desapercibida al contemplar la trayectoria gongorina y su particular elección del cronista real como convalidador de su poesía: Pedro de Valencia había aprobado el 3 de mayo de 1611 las *Obras de don Luis Carrillo y Sotomayor*. En su aprobación alababa don Pedro una "poesía compuesta con mucho ingenio y singular elegancia, y la prosa escrita con artificio y elocuencia no vulgar" (Carrillo, *Obras* 104). A Góngora no debió de pasarle desapercibida la proclividad que Valencia parecía mostrar hacia una poesía como la de Carrillo que tendía hacia la artificiosidad elitista sin despreciar el ingenio. Tan significativa aprobación la hemos de leer, claro está, a la luz del eje de las dualidades horacianas *ars/ingenium, res/verba* y *docere/delectare*, del que se privilegia la tríada *ingenium-verba-delectare*.[31]

Del afán tanto competitivo como distintivo del poeta andaluz da cuenta también, por ejemplo, el que Góngora parodiara el romance morisco de Lope[32] "Ensíllenme el potro rucio," publicado en la *Flor* de Moncayo de 1589, en cuya siguiente edición, la de 1591, aparecía contrahecho anónimamente por Góngora: "Ensíllenme el asno rucio" (*Romances* 43). O el que la edición del *Polifemo* fuera, en realidad, una *retractatio* de un mito visitado recientemente por otro poeta cordobés, Carrillo y Sotomayor, quien con su *Libro de la erudición poética* (1607) encarnó el primer intento por establecer una cierta poética de los usos cultistas (Harst 80). Carrillo visitó el mito de Galatea y Acis en 1610, en su *Fábula de Acis y Galatea,* dedicada al conde de Niebla. Igualmente dedicado al conde de Niebla irá el *Polifemo* gongorino en 1612 ¿Casualidad? Probablemente no.[33] Ciertamente el concepto de originalidad que se tenía en el Siglo de Oro difiere del actual pero no deja de llamar la atención que ambas obras surgieran en coordenadas espaciotemporales tan similares. La crítica gongorina del siglo XX (Walter Pabst, Dámaso Alonso[34] y José María de Cossío, sobre todo) se aprestó a defender la originalidad de Góngora y su singularidad estilística, que me parecen fuera de toda duda, pero que no parecen los elementos principales en el cotejo de ambas obras. Lo más significativo de estas *retractatios* del episodio mitológico no son sus similitudes o divergencias textuales sino su proximidad espaciotemporal que, inevitablemente, nos lleva a los terrenos de la distinción literaria. Fuera debida a una academia cortesana de carácter palatino en torno al conde de Niebla y futuro duque de Medina Sidonia o no lo cierto es que la segunda visita al mito, la gongorina, tenía contraídos innegables lazos con la primera. Como señala Bourdieu (*Rules* 126), cualquier toma de posición, cualquier obra literaria, nace de esa dialéctica de la distinción que es el verdadero elemento propulsador y dinamizador de un campo literario. La poética gongorina emanada del *Polifemo* y las *Soledades* apunta a un claro intento por buscar una consagración poético-distincional en un campo literario fuertemente competitivo. No es pues sorprendente sino ineludible y hasta obligatorio que el *Polifemo* se distanciara simbólicamente de su inspirador: necesitaba *distinguirse* de la *Fábula* de Carrillo y Sotomayor. Tampoco es sorprendente que Góngora solicitara para sus *Soledades* el parecer de Pedro de Valencia que era, precisamente, quien había aprobado las *Obras* de Carrillo, libro que, de alguna manera, desbrozaba el camino para el advenimiento de la artificiosidad culta gongorina y le servía de precursor.

    El logro de una posición de privilegio en la jerarquía interna del campo podía significar, dada la cercanía de las prácticas literarias y del campo de poder en la primera mitad del siglo XVII (recuérdese un fenómeno como el de las academias), la consecución de alguna prebenda o pretensión cortesanas. De entre estas destacaba la inclusión en un séquito nobiliario o cortesano. Ahí están, para demostrar esto último, las pugnas por entrar en el del conde de Lemos cuando partió como virrey a Italia y, optando por los Argensola, dejó en la estacada a Góngora, Cervantes y Suárez Figueroa, por citar los casos más significativos. Sacar provecho del capital cultural simbólico de un escritor pasaba, en el caso del poeta de Córdoba, por lograr esa simbólica consagración poética como escritor puro. Ejemplo de ello es lo que ocurrió a la muerte de la duquesa de Lerma, cuando—dice Jauralde—"puede detectarse una auténtica batalla por el prestigio poético," especialmente entre Quevedo, que escribió cuatro sonetos, y Góngora, que acabó escribiendo dos "que barrieron a los de sus competidores, incluyendo desde luego los cuatro de Quevedo" (*FdeQ* 915). La distinción estaba pues ligada al reconocimiento de un desempeño puro y excelente del ejercicio poético. Una condición, la de escritor puro por excelencia, que solían otorgar los doctos; protointelectuales como Pedro de Valencia y el abad de Rute que gozaban del crédito oficial suficiente para "consagrar" y legitimar una práctica poética tan provocadora e innovadora como la gongorina.

El objetivo último de todo el anhelo distincional gongorino en el marco de esta cultura cortesana parece apuntar a un intento de reinserción social. El poeta, que venía de la pequeña nobleza provinciana, buscaba reinsertarse en los círculos aristocráticos desde el exterior (Beverley, "Production of Solitude" 24). Ese "exterior" hemos de entenderlo en un sentido amplio: Góngora venía tanto desde la periferia provincial como desde esa lejanía del campo de poder representado por la aristocracia cortesana; pero también, si hemos de dar algún crédito a las maledicencias e insidias quevedianas, desde una periferia sociorreligiosa que tocaba a la limpieza de sangre. Igualmente, y con respecto al campo literario Góngora era, en un principio, un advenedizo (aquí hay que recordar su estadía en la corte vallisoletana) para el propio campo literario arracimado centrípetamente en Madrid y con Lope como *pontifex maximus*. El modo en el que Góngora trató de negociar esta su "exterioridad" dibuja, en mi opinión, una trayectoria de creciente oscuridad poética que fue a desembocar en el *Polifemo* y las *Soledades*, pero que ya se había manifestado en sucesivas tomas de posición como escritor puro y minoritario dentro del campo literario español de las primeras décadas del siglo XVII.

2.4. Genealogía del ingenio: de la agudeza verbal (siglo XVI) a la conceptualizada (XVII)

El ingenio fue uno de los principales capitales culturales simbólicos del siglo XVII y alrededor de él se han entablado innumerables debates críticos. El más conocido quizás sea el de la interpretación crítica del *Buscón* quevediano. Para la crítica filológica (Fernando Lázaro Carreter, Francisco Rico y otros) la obra quevediana fue, sobre todo, una obra de ingenio, mientras que para algunos hispanistas (Edmond Cros y Alexander Parker, por citar sólo a los más significados), el libro encerraría un propósito moral (Parker) o de defensa de los valores de clase (Cros). Desde mi punto de vista habría que tener en cuenta ambas aproximaciones ya que el ingenio ha de estudiarse desde la conjunción de prácticas sociales cortesanas y literarias propia de la época. Es decir, que la práctica ingeniosa se asienta tanto en el campo de poder como en el de la producción cultural. Primero por las indudables conexiones que la agudeza y el ingenio tienen con los divertimentos cortesanos de épocas anteriores, como ha señalado Chevalier en un par de trabajos (1992, 1994). En lo que respecta al campo literario, creo que la práctica ingeniosa presenta conexiones con la dialéctica de la distinción que Bourdieu ve en todo campo cultural.

Venimos hablando del ingenio pero, ¿qué es el ingenio? José Antonio Marina lo define en *Elogio y refutación del ingenio* como "el proyecto que elabora la inteligencia para poder seguir jugando." Añade que su meta es lograr "una libertad desligada, a salvo de la veneración y de la norma" por medio de "la devaluación generalizada de la realidad" (23). Además, Marina le atribuye al ingenio originalidad, fecundidad, rapidez, eficacia, capacidad de condensación, gusto por el juego y gracia; es decir, capacidad humorística (112–30). A lo largo del *Elogio* aparecen las cuatro paradojas que se observan en el ingenio: (1) El ingenio fortalece al sujeto devaluando la totalidad de lo real, aunque en la totalidad de lo real está incluido el propio sujeto, que resulta también devaluado; (2) sólo es libre la acción espontánea; (3) todas las opiniones merecen respeto; (4) el único valor permanente es la novedad, que no es permanente. De estos rasgos me interesan tres para su cotejo con las prácticas socioculturales del siglo XVII: su condición humorística, su acción devaluadora y su dependencia de la novedad.

Desde las facecias cortesanas del XVI, entroncadas con el humor popular y recopiladas en la *Floresta española* de Melchor de Santa Cruz o en los *Dichos graciosos de españoles*, hasta las formas, temas y procedimientos que aparecerán en el siglo siguiente se puede trazar una clara genealogía. Un factor fundamental de esa evolución consistió en sacar al ingenio y a la agudeza de los terrenos del humor y la burla, por donde solía campar en el XVI. Aunque en el siglo XVII la burla siguió siendo una de las principales manifestaciones del ingenio, éste hubo de compartir su hegemonía, antes absoluta, con el gusto por la dificultad, la sorpresa y lo que podríamos llamar la búsqueda de la espectacularidad expresiva e impactante, características de la cultura barroca. Una de las pruebas de esa sofisticación del ingenio reside, en mi opinión, en la invitación que se le hace al espectador-receptor para que participe en un juego de complicidades y sobreentendidos. La invitación es, al mismo tiempo, un desafío desentrañador y decodificador que se encuentra en muchas de las obras más significativas de la época. Góngora y sus desafíos poéticos son un ejemplo obvio pero hay muchos otros como la invitación al juego del *Quijote,* los juegos metaliterarios de Lope (como en "Un soneto me manda hacer Violante") o poemas quevedianos en *contrafacta*, en los que el lector se topa con una *retractatio* burlesca de poemas de la tradición, como el que comienza "Bermejazo platero de las cumbres" (Quevedo, *Poesía original* 536), donde el poeta se burla del motivo mitológico y petrarquizante de Apolo persiguiendo a Dafne.

La burla tuvo en todo el período una presencia destacada y aparecía en contextos tan sorprendentes como los poemas mayores gongorinos, hecho que molestaba a los detractores de su poesía y que sorprendía a sus defensores, que no acababan de comprender qué papel jugaba en un ejercicio poético tan oscuro y depurado (Roses 188). También se ha visto la burla como instrumento de crítica social o ideológica. Así, Kimberly Contag señala:

> What stands out in this literary category (especially when handled by skillful manipulators of language like Cervantes, Góngora, and Quevedo) is the formal strategy which systematically critiques the ideological formations that recreate the key social relations between writers and their historical audience. (9 [9])

Creo, sin embargo, que esa crítica social implícita de la burla es más un *modus operandi* que un propósito previo; es decir, que entronca con esa devaluación de la realidad propia de la práctica ingeniosa de la que habla Marina y en la que se suele imbricar la burla barroca. Por otro lado, y siempre que la burla no se dirija directamente contra el campo de poder o contra alguno de sus agentes, su práctica comporta un potencial de capitalización simbólica susceptible de ser apreciado por dicho campo. El ejemplo más palpable de esto lo tenemos en el *Chitón de las tarabillas* quevediano donde se aúnan la burla y la defensa de la política económica del Conde-Duque.

La búsqueda de la sorpresa impactante en un público no necesariamente lector también solía llevarse a cabo mediante prácticas ingeniosas. Como apunta Chevalier ("Historia" 26), no puede hacerse una dicotomía excluyente entre formas orales y escritas de la agudeza del XVI, ya que no nos hallamos ante prácticas opuestas, sino complementarias. Lo que es más, muchas formas de esa cultura de la recepción oral y de alcance masivo de los siglos XVI y XVII presentaban una acusada retorización y aunque no establecían una relación dialógica con el público sí acababan aunando las prácticas cultas con el gusto "vulgar" buscando dejar confusa y boquiabierta a la audiencia (Godzich y Spadaccini 47). Las obras dirigidas a la audiencia culto-discreta en el siglo XVII parecen compartir una característica: la búsqueda de la sorpresa y la estupefacción del espectador por todos los medios a su alcance. En la comedia, por ejemplo, se buscaba el pasmo visual o auditivo del espectador. En la poesía gongorina se apuntaba a la complicidad admirada, conceptualizada y "dialógica" del lector al que se invitaba a un juego de complexión y clausura. Todo esto concuerda con ese gusto por lo dificultoso e inacabado que Maravall[35] atribuye a la cultura barroca. En ambos casos lo ingenioso estaba presente en diferentes grados y formas: como agudeza verbal en la producción destinada al consumo masivo (teatro); como agudeza de concepto en la orientada a la producción restringida (poesía).

El ingenio no es algo exclusivo del barroco aunque existe cierto consenso en cuanto a que el barroco y nuestro tiempo son quizá las dos épocas por excelencia del arte ingenioso (Marina 83). Cuando se piensa en ingenio y en el barroco al mismo tiempo siempre surge inevitablemente el nombre de Gracián. Con todo, la práctica ingeniosa barroca no le "debe" nada al jesuita, pues le precedió, y a veces se tiende a olvidarlo. Es fácil quedar seducido por la exposición y conceptualización que del tema hace el aragonés y olvidar que, aun sin la *Agudeza y arte de ingenio*, la práctica ingeniosa barroca hubiera existido de todos modos. El *Arte de ingenio* (1642) y la *Agudeza y arte de ingenio* (1648), de Gracián, marcan el momento en el que el concepto de agudeza ocupa el centro del discurso literario español" (J. Robbins 136). El concepto quizá sí, pero no necesariamente la práctica, que ya tenía una asentada trayectoria en la cultura barroca, guiada por una búsqueda de la ingeniosidad o agudeza expresivas que poblaban el ambiente. Primero, porque ese gusto por técnicas sorpresivas (Maravall, *Cultura* 445) era característico de la época. Segundo, por la conexión con formas anteriores de agudeza verbal y cortesana provenientes del XVI, cuya genealogía y taxonomía traza Chevalier en su artículo "Para una historia de la agudeza verbal," dibujando una filiación de la oralidad ingeniosa en el Siglo de Oro. El hispanista francés identifica varias prácticas relacionadas con la agudeza de las que nos interesan cuatro: la costumbre cortesana del motejar, que data de Fernando el Católico; el trayecto oral-impreso-oral de muchas agudezas aparecidas en la *Floresta* o los *Dichos graciosos de españoles*; la improvisación poética académica o palaciega; y la existencia del paradigma de los sonetos jocosos (23–29). Anteriormente, en *Quevedo y su tiempo* (1992), Chevalier había conectado dichas formas con el posterior ejercicio agudo quevedesco. Lo que interesa destacar aquí es esa evolución de formas de agudeza verbal del XVI a otras más conceptualizadas y sofisticadas, en una dinámica que de nuevo apunta a dos aspectos: una dialéctica distincional y una interacción social de agentes y prácticas paraliterarios con el campo de poder.

Malcolm K. Read (102–03) ha hecho una lectura neomarxista de la dinámica del concepto haciendo de éste un objeto de consumo sujeto a leyes de oferta y demanda, en tanto que estimulador del apetito intelectual, lo cual estaría relacionado con el grado de desarrollo del intercambio capitalista en la España de la época. Aunque ciertamente existe una demanda exterior, la verdadera razón de ser de este florecer de lo difícil y de lo oscuro está más ligada a la dinámica interna del propio campo literario que a requerimientos ajenos a éste. ¿Podríamos afirmar sin titubear que existía una demanda previa y reconocible para el viraje hacia la oscuridad que Góngora efectúa en el *Polifemo* y las *Soledades*? A decir verdad y dadas las reacciones que generó, probablemente no. Lo que sí había era un espacio, un campo abonado para que Góngora tomara una posición distintiva ocupando lo que sentía era un hueco funcional en el espacio de posibilidades del campo literario español de comienzos del siglo XVII. Read (121) presenta la dificultad poéticointelectual como un ejercicio de alienación por parte de quienes se arrogan el control de la "circulación lingüística" dejando a los súbditos-sujetos (*subjects*) desprovistos de los "medios lingüísticos de producción." Sin embargo, el fin último de la agudeza, de la oscuridad y de la dificultad es, precisamente, la estimulación de la *perspicuitas* de un lector al que se invita a un juego de superación intelectual que en modo alguno dificulta, como sugiere Read (100–01), su capacidad de crítica. Más bien todo lo contrario, y ahí están Quevedo o las *Paradoxas racionales* de López de Vega para dar fe del grado de crítica que pueden entrañar la dificultad y la agudeza.

En el siglo XVI, "el hombre culto había de saber referir 'cuentos, fábulas y facecias,' como afirmaba don Alvaro de Mendoza en *El Scholástico*; y el caballero 'novelas y cuentos,' en opinión de Gracián Dantisco" (Chevalier, *Quevedo* 13). Esta oralidad ingeniosa de los caballeros del XVI, con su ingenio burlesco y sus equívocos, dilogías y paronomasias de carácter humorístico, desemboca en las prácticas agudas del XVII de los Alonso de Ledesma, Góngora, Quevedo o Gracián, que desarrollaron y evolucionaron la parte conceptual y escrita de la agudeza (47–51). El gusto por el ingenio y lo agudo se manifestaba especialmente en la Corte, es decir, allí donde los agentes del campo literario y de poder del siglo XVII coincidían en una relación simbiótica. La *Fastiginia* (1605) de Tomé Pinheiro da Veiga refiere multitud de ejemplos de agudeza y chistes en la corte vallisoletana de 1605 pero ese gusto por la agudeza no era privativo de la corte y todos los focos culturales de España manifestaban idénticas prácticas: Sevilla, con los dichos del maestro Farfán, celebrados tanto en los *Cuentos* de Juan de Arguijo, o en *El culto sevillano* de Juan de Robles como en las composiciones poéticas de Juan de Salinas; Córdoba con Góngora y Juan Rufo, autor de los *Apotegmas*; Madrid, por supuesto, donde se publicaron los *Conceptos espirituales* de Alonso de Ledesma en exitosas y sucesivas ediciones (1600, 1606, 1611) y también su *Monstruo imaginado* (1615); Barcelona, donde se reimprimen los *Conceptos* de Ledesma (cada año entre 1603 y 1607 y luego en 1612) y la mayor parte de las ediciones de los *Diálogos de apacible entretenimiento* de Gaspar Lucas Hidalgo (1605, 1606 y 1609) [Chevalier, *Quevedo* 109–10]. Todo ello apunta, qué duda cabe, a una sofisticación del ingenio que acabará dejando la agudeza, originada en las prácticas cortesanas de filiación oral del XVI, en los terrenos del concepto un siglo más tarde. En este tránsito de la oralidad a la escritura también se fue especializando su uso. De puro entretenimiento a base de facecias, dichos y anécdotas para divertimento de la nobleza, la agudeza ingeniosa pasó a ser un instrumento fundamental en el juego distincional en el que se hallaba enmarcado el incipiente campo literario español de comienzos del siglo XVII.

Capítulo dos

2.5. Interautorialidad, legitimación literaria y violencia simbólica

El último mecanismo capaz de producir distinción y de convalidar todos los demás dentro de un campo literario es la legitimación. Cuando un agente o grupo de agentes que ya ocupan determinadas posiciones en un campo certifican o (con)validan a otro agente u obra lo están legitimando al expedir un marchamo de similitud, de contigüidad, de valía. En el periodo que nos ocupa, los primeros cincuenta años del siglo XVII, la mayoría de estas certificaciones estaban directa o indirectamente relacionadas con lo que he dado en llamar interautorialidad. Como apuntaba en el primer capítulo, entiendo por este término el dialogismo social entre escritores tanto dentro de los límites de la práctica literaria (citas, alusiones de autores o personajes, alusiones epistolares, dedicatorias, antologías, "escrutinios" como el *Viaje del Parnaso* o el *Laurel de Apolo*) como en sus márgenes y prácticas sociales (pertenencia a grupos o colectivos, pugnas por la ocupación o mantenencia de posiciones). Así pues, la interautorialidad comprende tanto los textos como la interactividad entre agentes de un determinado campo literario y los *habitus* de éstos. La interautorialidad puede revestir propósitos profesionales de carácter amistoso o agresivo: tomas de posición, distinción, co-legitimación, capitalización y apropiación simbólicas, ejercicio de la violencia simbólica, etc.

Uno de los casos más claros de interautorialidad lo encontramos a finales del XVI. Me refiero al grupo de "funcionarios reformistas... formado en torno al protomédico real Cristóbal Pérez de Herrera" (Dadson, *Libros* 179). Estaba formado por Alonso de Barros, Mateo Alemán, Hernando de Soto y Luis del Valle, entre otros. Todos ellos escribieron obras sobre cómo luchar contra la pobreza y la mendicidad y cruzaron elogios en los preliminares de sus obras. Así, los *Discursos* de Pérez de Herrera llevan un epílogo de Barros, quien también contribuyó al *Guzmán de Alfarache* con un largo y nada formulaico elogio. Hernando de Soto, elogiador también del *Guzmán*, recibió a su vez el encomio de Barros a sus *Emblemas moralizados* (Madrid, 1599). Alemán, por su parte, había prologado antes los *Proverbios morales* (Madrid, 1598), la exitosa obra de Barros (Dadson, *Libros* 178–81). Nos hallamos, pues, ante un programa de legitimación colectiva en el ámbito cortesano, por mucho que Alemán acusara luego a Pérez de Herrera de abandono, de endiosamiento y de promocionarse en dicho ámbito (Dunn 134). Otro ejemplo epocal que no me resisto a glosar es este de Góngora. En carta al padre Hortensio de Paravicino, fechada en Madrid el 19 de diciembre de 1623, Góngora relata uno de los episodios más chuscos y divertidos de la época: el sabotaje de la comedia de Alarcón *El antecristo*, estrenada la semana anterior:

> La comedia, digo el *Antecristo* de don Juan de Alarcón, se estrenó el miércoles pasado; echáronselo a perder aquel día con cierta redomilla que enterraron en medio del patio, de olor tan infernal, que desmayó a muchos que no pudieron salirse tan aprisa. Don Miguel de Cárdenas hizo diligencias y a voces invió un recado al vicario para que prendiese a Lope de Vega y a Mira de Amescua, que soltaron el domingo pasado, porque prendieron a Juan Pablo [Mártir] Rizo, en cuyo poder hallaron materiales de la confeción [sic]... (*Epistolario completo* 181)

El episodio—que bien puede ser un resultado indirecto del escándalo en que incurrió Alarcón pocos meses antes al descubrirse que había recibido ayuda de varias manos en unas octavas a él encargadas con motivo de la visita del príncipe de Gales a Madrid—refleja bien a las claras la percepción de intensa competencia autorial que había en los corrales madrileños. Estas obras mancomunadas eran, por cierto, muy comunes en la época, y encontramos otro ejemplo de ello, aunque frustrado, en el epistolario de Lope:

> Estos días se decretó en el Senado cómico que Luis Vélez, don Pedro Calderón y el doctor Mescua hiciesen una comedia, y otra en competencia suya el doctor Montalbán, el doctor Godínez y el licenciado Lope de Vega, y que se pusiese un jarro de plata en premio. Respondí que era este año capellán mayor de la Congregación, y que el año que viene aceptaba el desafío. Grande invención, solemne disparate, desautorizada cosa, gran plato para el vulgo. (Castro y Rennert 290)

Como afirma Bourdieu, las trayectorias de los agentes, que son la única manera posible de comprender su paso por el espacio social, acaban dibujando en el interior del campo una red intrageneracional (*Rules* 259). El campo literario español de las primeras décadas del XVII ilustra muy bien el aserto anterior. Todo ese conjunto de espacios físicos (academias, justas, cortes literarias, fiestas), o simbólicos (citas, referencias a autores o personajes, versos laudatorios, alusiones epistolares, dedicatorias, pertenencia a grupos o colectivos así como las pugnas por la ocupación o conservación de posiciones, etc.) dibujan una red de trayectorias cruzadas entre los nombres literarios más significativos de aquel tiempo. La mayoría de esos elementos que citamos no tendría sentido si no nos encontráramos ante un auténtico campo literario rodeado por un entorno sumamente competitivo cuyo motor era la distinción y que tenía la legitimación literaria como objetivo último y principal.

En lo que toca a las academias, de las que me ocuparé más por extenso en el capítulo siguiente, lo que más llama la atención es su extremada dosis de interautorialidad. Hay infinidad de pruebas de ello. Algunas podemos rastrearlas por el séptimo capítulo del libro de Willard F. King, *Prosa*

Capítulo dos

novelística y academias literarias en el siglo XVII, dedicado a la prosa novelística con digresiones académicas y donde se citan varios ejemplos directos de interautorialidad. Uno de ellos aparece en *Las harpías de Madrid* (Barcelona, 1631), de Alonso de Castillo Solórzano, que contiene un episodio académico encabezado por el título "Belardo, visorrey del Parnaso, viceprotector de las Nueve hermanas y el Fénix de la poesía," que constituye una clara alusión a Lope (167). En *La peregrinación sabia*, de Alonso Jerónimo de Salas Barbadillo, publicada en 1635 pero escrita hacia 1621 ó 1622 según King, se dibuja una reunión académica de animales llena de alusiones a poetas y escritores reales, por ejemplo un perro llamado "Fisgarroa" (Suárez de Figueroa) que se empeña en fisgar siempre en los "escritos ajenos y, como si fueran huesos, los roía y despedazaba" (169). Hacer referencia a las intertextualidades presentes en la literatura del siglo XVII requeriría varios volúmenes pero lo que no se puede dejar de reseñar es que las academias fueron, por naturaleza y funcionamiento, una privilegiada fuente de interautorialidad directa o indirecta. Y la existencia de tanta literatura metaacadémica no deja de reforzar esa idea.

Hay interautorialidades textuales en algunos de los autores mayores del siglo XVII que llaman muchísimo la atención. Pensemos por ejemplo en el *Quijote* y, en concreto, en el episodio de los galeotes (I.22) y en el del escrutinio de la biblioteca del hidalgo manchego (I.6). En el primero sale por primera vez a relucir la figura de Ginés de Pasamonte que probablemente era, como apuntó Martín de Riquer en *Cervantes, Passamonte y Avellaneda* y parece haber remachado luego Alfonso Martín Jiménez, un trasunto de Jerónimo de Passamonte, autor de una biografía homónima. Riquer y Martín proponen, con argumentos al menos sugerentes, la atribución a este personaje de la autoría del *Quijote* apócrifo. Si ello fuera cierto nos encontraríamos ante la interautorialidad por excelencia de todo el Siglo de Oro español y ante lo que algunos críticos han visto como una reacción conservadora contra el *Quijote* de 1605 (Mariscal 158–60). En lo que concierne al escrutinio llama poderosamente la atención que, de las pocas menciones de libros estrictamente contemporáneos se centren en competidores de la *Galatea* (1585), la primera obra que Cervantes había dado a la imprenta. Me refiero a *Desengaño de celos* (Madrid, 1586), de Bartolomé López de Enciso; a *El Pastor de Iberia* (Sevilla, 1591), de Bernardo de la Vega; y a las *Ninfas de Henares* (Alcalá, 1587), de Bernardo González de Bobadilla. ¿A qué puede deberse la malévola e ígnea condena cervantina sino a una defensa de su posición dentro del campo literario? La proximidad tanto temporal como "espacial" de estas obras con la *Galatea* provocó el ejercicio cervantino de la violencia simbólica al escrutar (y condenar) unas tomas de posición de otros agentes del campo literario a quienes veía como competidores, ejemplificando perfectamente el supuesto de Bourdieu:

La interacción literaria

> ... the field of production and diffusion can only be fully understood if one treats it as a field of competition for the monopoly of the legitimate exercise of symbolic violence. Such a construction allows us to define the field of restricted production as the scene of competition for the power to grant cultural consecration... (*Field* 121[10])

La consagración cultural a la que se refiere el sociólogo francés es, sobre todo, académica e institucional y difiere algo de la que pudiera darse en el siglo XVII en el que no existían las academias como recintos institucionalizados y *oficiales* de consagración socioliteraria. El grado de consagración literaria descansaba más, pues, en los juicios y opiniones de otros agentes del campo, aunque ciertamente estos podían trasladarse también a las academias que, antiguas o modernas, siempre suelen funcionar por medio de un sistema de cooptación por el que quienes ya pertenecen a dichas instituciones seleccionan o invitan a quienes consideran dignos de convertirse en nuevos miembros de la corporación. En ese sentido, elegir y sobre todo *no* elegir a alguien se convierte en un ejercicio de violencia simbólica. Todo parece indicar que las academias españolas de la época se constituían en la intersección de lo social y lo literario o, si se quiere, de la interautorialidad por un lado y de la cooptación y el capital cultural simbólico acumulado por el otro.

En referencia al tipo de interautorialidad de la que hablamos interesa sobremanera una obra cervantina, el *Viaje del Parnaso* (1614), en la que, siguiendo una práctica muy típica de él, Cervantes escogió convertirse en juez del Parnaso en un libro que acaba mezclando las burlas y las veras reflexivas con la violencia simbólica. Como ha ocurrido en numerosas ocasiones a lo largo de la historia literaria, la antologización y los catálogos literarios suelen convertirse en elementos de canonización o ataque, sea por presencia o ausencia de escritores, en los que se premia a amigos y se castiga a enemigos. Cervantes, muy hábilmente, eligió ejercitar ese poder simbólico a lo largo de su trayectoria: el de consagrador o denegador de las ansias de legitimación que presenta todo agente de un campo cultural:

> Unos, porque los puse me abominan;
> otros, porque he dejado de ponellos
> de darme pesadumbre determinan.
> Yo no sé cómo me avendré con ellos;
> los puestos se lamentan, los no puestos
> gritan, yo tiemblo destos y de aquellos.
> (*Viaje,* ed. Gaos IV.541–46)

Como recordaba al principio del capítulo, Vicente Gaos se mostraba muy sorprendido en su edición del *Viaje del Parnaso* ante la existencia misma de la obra. ¿Qué motivos podían haber guiado a Cervantes, se preguntaba Gaos, para que "en la plenitud de su genio" (28) se hubiera dedicado a componer una obra tan manifiestamente menor como aquella? La única justificación que don Vicente le encontró al *Viaje* fue la de considerarlo como "autobiografía reivindicadora" cervantina (30). También le añadía el propósito de granjearse amigos, de exaltar el yo y de convertir la obra en espejo de las vanidades humanas y literarias (30–31). A primera vista, sin embargo, no parece muy lógica la conjunción en el *Viaje* del propagandismo del propio escritor con la crítica de la vanidad literaria ajena. Es difícil entrar en disquisiciones acerca de los motivos que Cervantes pudo tener para escribir y publicar la obra. Lo que sí se puede hacer, y es lo que propongo, es contemplar el *Viaje* como interesado y parcial reflejo del campo literario español de las dos primeras décadas del siglo XVII. En la *inventio* del *Viaje* confluyen tres elementos de fondo que la pluma cervantina mezcla hábilmente: la partida del conde de Lemos a Italia, las sesiones de la academia de Saldaña y la irrupción en Madrid de los grandes poemas gongorinos. A su vez, estos tres elementos se articulan en torno a la existencia de un campo literario con todas las características que ya se han descrito.

A menudo nos topamos con los efectos de la falta de esa doble historización que Bourdieu propone a la hora de encarar épocas y textos pasados. Un ejemplo de ello es el poco cuidado que se ha tenido de distinguir entre la consideración y prestigio transhistóricos de que ha gozado el autor del *Quijote* y la que pudo tener entre sus contemporáneos y, sobre todo, entre el resto de los escritores. Sobre la estima que tuvo entre sus colegas hay prácticamente consenso en la crítica: a Cervantes no se le consideraba un autor en la cumbre. Primero, porque ambos tronos, el de la producción masiva y el de la producción restringida ya estaban ocupados, respectivamente, por Lope y Góngora. Segundo, porque la producción cervantina en la que logró fama y reputación (*Quijote, Novelas*) quedaba fuera de los géneros que podían identificarse con ambas atribuciones simbólicas (teatro y poesía). En esas condiciones, y aun gozando de una popularidad tardía que lo fue sobre todo de sus personajes quijotescos, Cervantes era bien consciente de su mediocre rango en la jerarquía simbólica del campo literario. Su teatro había sido barrido de los escenarios por Lope; su poesía (y en esta ocasión ahorraré la consciente y manida confesión cervantina de tal inferioridad) no alcanzaba la altura de orgullosas y soberbias luminarias como Góngora y Quevedo. Donde de verdad descollaba, en la ficción prosística, ni siquiera su maestría autorreflexiva en un género tan "atípico" era capaz de granjearle el capital cultural simbólico suficiente como para que la cumbre del Parnaso español admitiera un tercer trono. Quizá por todo ello Cervantes se decidiera a escribir y publicar el *Viaje* en un intento, como señalaba James J. Gibson, traductor de la obra, por buscar su lugar al sol en la literatura de su tiempo (Gaos

36–37). Lo que verdaderamente parece el *Viaje* a través de sus ironías, elogios y veladas censuras es una suerte de toma de posición metaliteraria en la que Cervantes, encontrada ya su posición-techo-nicho dentro del campo literario, se dedicó a saldar cuentas con amigos y enemigos en un patente ejercicio de interautorialidad.

La trayectoria literaria de Cervantes es, si en ello se repara, una continua huida hacia adelante en la que fue dejando la tierra quemada de sus "fracasos" teatrales y poéticos, que habían acabado poniendo un horizonte limitado (un techo) a sus pretensiones de triunfar en los géneros otorgadores de respetabilidad literaria. La primera parte del *Quijote*, por añadidura, fue recibida como una obra burlesca y dejó en un segundo plano sus guiños metaliterarios que se escribieron, con toda probabilidad, pensando en otros escritores. No cabe pensar otra cosa de todo ese juego de espejos ficcionales y del permanente dialogismo con la literatura coetánea que entreveran la obra. Quizá por ello se postulara, orgullosamente, como un innovador en el prólogo de las *Novelas ejemplares* ("que yo soy el primero que he novelado en lengua castellana, que las muchas novelas que en ella andan impresas todas son traducidas"). De ahí también, quizás, que la obra en la que cifró sus esperanzas y complacencias fuera el *Persiles,* que tan alejada estaba de las modas literarias vigentes.

El *Viaje del Parnaso*, como señalaba más arriba, podría ser considerado un texto descriptor y escrutador de un cierto *statu quo* en lo que concierne a buena parte del conjunto de agentes que conformaban el campo literario de hacia 1614.[36] Creo que es la única lectura posible a hacer y la que naturalmente se desprende de su propia existencia. Cervantes se colocó como árbitro en un juego en el que no había podido ser contendiente atribuyéndose la potestad, como había hecho en el escrutinio bibliotecario de la primera parte del *Quijote* (I.6), de ejercitar una cierta violencia simbólica contra otros agentes (Lope). Alberto Porqueras escribe en su estudio sobre los prólogos auriseculares que "la ironía de los prólogos cervantinos es amplia y sólida al tiempo" (163). Y ciertamente lo es. Sus prólogos, como los de otros muchos escritores de la época, contienen, además de razones preceptivas, afectivas, justificativas o doctrinales, muchas de las claves de esa interautorialidad a la que vengo refiriéndome. En el caso del *Viaje*, según Porqueras (163), "se ataca finamente al lector" en la frase "Si por ventura, lector curioso, eres poeta, y llegara a tus manos (aunque pecadoras) este viaje..." Pero, ¿por qué había de "atacar" Cervantes a un lector común, de "primer grado"? Claro está que Cervantes no se dirige a un cuerpo mostrenco y neblinoso de lectores. Muy al contrario. Su dedicatoria, como el resto de libro, apunta muy específicamente a un grupo concreto de lectores: los escritores. El *Viaje*, como el "Canto a Calíope" de la *Galatea* (1585), las *Flores de poetas ilustres* de Pedro Espinosa (1605) o el *Laurel de Apolo* lopesco (1630) apuntaban principalmente a un auditorio específico: el conjunto de agentes del campo literario, auténticos "lectores privilegiados" y sólo de manera secundaria al público lector en general. El objetivo era doble: apelar con el elogio a los más, mientras con el ataque más o menos soterrado y mordaz se dirimían querellas personales de naturaleza literaria. En el *Laurel* de Lope se alaba y ensalza a más de 300 poetas aunque, todo hay que decirlo, también se le saca a relucir la madre a José de Pellicer (silvas I, VII y IX), enzarzados como estaban ambos en cruenta guerra literaria. En los retratos del *Viaje*, mientras, campea una socarrona ironía cervantina que no siempre se resalta. En la mención que se hace de Quevedo en el *Viaje* el sarcasmo es a ratos sutil, a ratos más directo: "Este que el cuerpo y aun el alma bruma / de mil, aunque no muestra ser cristiano, / sus escritos el tiempo no consuma" (ed. Gaos 2.295–97). Aquí se le cae a Cervantes la lista de la mano y cuando la retoma continúa haciendo chistes sobre su cojera: "haz que con pies y pensamientos prestos / vengan aquí, donde aguardando quedo / la fuerza de tan válidos supuestos" (vv. 301–03). Después enlaza la glosa de este defecto físico quevediano con otra alusión mucho más sutil, en un fingido diálogo con Mercurio:

> —¡Oh señor, repliqué, que tiene el paso
> corto y no llegará en un siglo entero!
> —Deso, dijo Mercurio, no hago caso,
> *que el poeta que fuere caballero,*
> *sobre una nube entre pardilla y clara*
> *vendrá muy a su gusto caballero.*
> —*Y el que no, pregunté, ¿qué le prepara/*
> *Apolo? ¿Qué carrozas o qué nubes?*
> *¿Qué dromerio, o alfana en paso rara?*
> —Mucho, me respondió, mucho te subes
> en tus preguntas; calla y obedece.
> —Sí haré, pues *no es infando lo que jubes.*
> Esto le respondí, y él me parece
> que se turbó algún tanto; ...
>
> (II.313–26)

El pasaje parece apuntar de una manera un tanto jocosa al orgullo caballeresco quevediano que contrasta, necesariamente, con la estrecha condición social cervantina y con su falta de hidalguía. Tras quedarse sin asiento en el Parnaso al final del tercer capítulo, "despechado, colérico y marchito," Cervantes se encara con Apolo y comienza a hacer glosa de sus obras al comienzo del cuarto. A los consejos de Apolo, quien le recomienda que se siente estoicamente sobre su capa a consolarse de su mala fortuna, sabiendo que la merece buena, responderá Cervantes: "Bien parece, señor, que no se advierte, / le respondí, que yo no tengo capa" (IV.88–89). La capa es, no se olvide, un poderoso símbolo social que solía implicar nobleza y buena posición económica. De ninguna manera debe considerarse esta mención como ironía anecdótica; antes bien, esta mención alegórica al sistema social entonces en vigor cobra todo su sentido en un tiempo en el que la opinión, el linaje y la sangre eran factores mucho más importantes de lo que en el siglo XXI alcanzamos a comprender. Se va ilustrando así, en el transcurso del cuarto capítulo, el amargo reconocimiento cervantino de que su práctica literaria, que albergaba muchas características de producción pura, minoritaria y antivulgar—características que, como recordaba Américo Castro (*Cervantes* 113) lo acercaban a Góngora—, había sembrado las semillas del triunfo literario en los vientos y en la arena de la heterodoxia social y genérica.

El *Viaje* contiene también interesantes pasajes y retratos relativos a Góngora (II.49–60) y Lope (II.364–72; 388–90) que, como mínimo, están sujetos a una interpretación irónica o "violenta." Ellen Lokos, en concreto, lee el *Viaje* como una crítica al mundo académico de la época (*Solitary* 101–29) y a la negativa influencia que ejerció Lope sobre el campo literario al plegarse al dictado popular (101; "Lenguaje" *passim*).

Como señalé en otro lugar ("Ironía"), no se puede interpretar exclusivamente el *Viaje* como una autorreivindicación de la poesía cervantina. El *Viaje* es, ante todo, una obra reflexiva y metaliteraria en la que la parodia, la ironía y la narratividad contribuyen a difuminar el capital cultural poético que pudiera atesorar. Por si estos rasgos no fueran suficientemente contraproducentes para esa supuesta reivindicación, se trata de una obra poética de carácter auto y sociorreferencial que no corre manuscrita sino que es directamente publicada (Madrid: Viuda de Alonso Martín, 1614), factores ambos que parecen ir a contracorriente de un cierto *decorum* coetáneo, en lo que a adquisición de capital poético-simbólico se refiere.

A pesar de los citados ejemplos de violencia simbólica[37] cervantina, ni Quevedo ni Cervantes, quienes con Calderón, Lope y Góngora componen el quinteto canónico *a posteriori* del siglo XVII, podía competir por ninguno de los puestos de privilegio mediante los que ejercer el monopolio de la violencia simbólica como se entiende en el modelo de Bourdieu (*Field* 121–37). Quevedo no podía competir por dos razones: primero porque nadaba entre las aguas de los campos de poder y literario, en un deliberado apoyarse en el segundo para dar fuelle a sus pretensiones de influencia en el primero; segundo por la intrínseca heterodoxia y variedad de buena parte de su obra donde, como es sabido, alternan lo estoico y lo burlesco; lo moral y lo irreverente; el concepto amoroso y el exabrupto; las apologías de santos (Tomás de Villanueva, Santiago), en fin, con las vidas de pícaros. El autor del *Quijote*, por contra, y aunque sí ejercitó, repito, esa violencia simbólica, constituía por razones sociales y literarias una peculiaridad de por sí bastante a contracorriente en el fluir del campo literario. Cervantes no era ni

Capítulo dos

siquiera hidalgo y pertenecía a una generación que tenía unos referentes contextuales distintos (Lepanto, la "Invencible," el erasmismo). También representaba una práctica literaria "anómala" tanto en lo que se refiere a proponer un teatro más "restringido" y literario que "de masas"—al contrario que el Fénix—, como a introducir orgullosamente (como él mismo recalca en la dedicatoria de las *Novelas ejemplares*) o crear (*Quijote*) géneros nuevos, tras haber "fracasado" en los tradicionales (poesía y teatro). Cervantes estaba bien advertido de ello, como parecen traslucir sendas citas del *Viaje*. Me refiero a su lamentar "que en la cumbre de la varia rueda / jamás me pude ver sólo un momento, / pues cuando subir quiero, se está queda" (I.100–08), y a lo que el escritor tiene que escuchar del mismo Apolo: "Tú mismo te has forjado tu ventura" (IV.79). En ambas citas parece latir ese reconocimiento amargo de que la rueda de la fortuna y el reconocimiento literario giraban al reclamo de otros vientos. De igual manera, a lo largo de estos pasajes se trasluce una consciente decisión cervantina de aspirar a la producción pura. Pero, como señalaba antes, ni Quevedo ni Cervantes estaban en condiciones o en disposición de optar a cualquiera de las dos posiciones simbólicas cuya representación se dirimía: la producción de masas y la producción restringida.

Capítulo tres

La interacción con el poder

Literatura y sociedad cortesana
en la España del siglo XVII

> Y cuando los Reyes y príncipes ven la milagrosa ciencia de la poesía en sujetos prudentes, virtuosos y graves, los honran, los estiman y los enriquecen, y aun los coronan con las hojas del árbol a quien no ofende el rayo, como en señal que no han de ser ofendidos de nadie los que con tales coronas se veen honrados y adornadas sus sienes.
>
> Cervantes
Don Quijote II.16

> Ayer de mañana, el pie en el estribo, [Olivares] me dijo: "Vuesa merced no quiere estampar." Yo le respondí: "La pensión puede abreviar el efecto."
>
> Carta de Góngora a Cristóbal de Heredia

> Señor, no encuaderne vuestra excelencia mis papeles, que no son para tanta publicidad ni es justo que nadie sepa que yo escribo así, y en tercera persona es cosa indigna.
>
> ....
>
> Hartas veces he pensado cuán mal empleé mis escritos, mis servicios y mis años en el dueño de aquellos pensamientos del *Arcadia*, ni se me puede quitar la lástima de que no hayan sido por vuestra excelencia…
>
> Cartas de Lope de Vega al duque de Sessa

Hablaba en el primer capítulo del rol que jugaba lo que hoy llamamos "literatura" en las prácticas sociales del XVII. Acaso uno de los ejemplos más insospechados pero significativos de esa presencia de lo literario en la cultura cortesana la ofrece el epistolario del conde de Gondomar. Se trata del borrador de una carta que el Conde escribió a Felipe III, dándole cuenta de una cena privada con el rey Jaime I de Inglaterra en la Nochebuena de 1617. La carta está escrita en un tono elegantemente narrativo, literario casi, y

Capítulo tres

contiene, además de pormenores sobre tradiciones florales navideñas inglesas y españolas y un divertido debate sobre el colorido de la barba del sabio Merlín, numerosas referencias literarias o paraliterarias: Lancelote, fray Antonio de Guevara y su *Relox de príncipes*, la ínsula Barataria (Escapa 3–4). Uno de sus pasajes ilustra la vigencia de la lectura privada de novelas de caballerías entre la aristocracia:

> Y añadió... que había encargado cena privada, y que de bonísima gana se metiera en el lecho sin otro alimento que el Lancelote de no ser por mi presencia... Respondí yo que había acudido a su encuentro... como amigo suyo que era, y que por esa noche nada trataría... de las rodamontadas del embajador de Francia por causa de la precedencia, que de tan disputada cuestión ya había aconsejado el mago Merlín al rey Artús aposentar a sus caballeros en una mesa redonda, para que ninguno triunfara de los demás por su asiento. Celebró mucho el rey esta ocurrencia, y... me preguntaba que si en España eran también conocidas las andanzas de Merlín, y que si se sabía de Aglován y de Abriorís, y del Castillo de la Roca y de la selva sonora de Brocelandia. Acomodéme... y le dije que del tal Merlín todos habían oído hablar en la corte de Vuestra Majestad... (3–4)

Si consideramos que el ciclo artúrico parecía estar vivo y bien vivo[1] entre los miembros más prominentes del complejo monárquico-señorial a comienzos del siglo XVII quizá nos resulte más fácil comprender por qué había tantos escritores en la corte madrileña (y, de paso, que uno de ellos acabara escribiendo un exitoso *Don Quijote* cuya escritura y cuya lectura tanto deben a las novelas de caballerías).

Otro rasgo destacable de la carta de Gondomar es su acentuado estilo literario que refleja un gusto cuidado por la expresión y el estilo. Júzguese, si no, el siguiente pasaje:

> Cuando [el mozo] hubo abandonado la cámara, le dije yo al rey que de aquél José de Arimatea o Abarimatía también se sabía en Galicia, porque por allí había pasado con el grial de esmeralda arropado en el fajín, que la camisa la reservaba para navegar subido a ella por los ríos que le cortaban el camino, y que en esa figura de navegante sobre paño fue visto vadeando el Sil, en un claro que dejó la niebla a unos pescadores de salmón. (4)

Si no supiéramos que se trata de una carta que un embajador español manda a su rey, a comienzos del siglo diecisiete, podríamos atribuir estas líneas a Manuel Rivas o al mismísimo Álvaro Cunqueiro. A buen seguro que muy pocos nobles coetáneos gozaban de las lecturas, la biblioteca y el talento de Gondomar. Sirva este ejemplo, sin embargo, para comenzar a abordar la idea de que la época que nos ocupa fue una de las más literaturizadas y que lo que hoy entendemos por literatura ocupó en ella un lugar que no había ocupado antes y que, ciertamente, tampoco ocupó después.

La literatura del XVII tuvo una acusada interacción con el campo de poder. En el presente capítulo voy a abordar cuatro puntos de conexión entre ambos campos, el literario y el de poder, que van desde lo general a lo particular. El principal objetivo es deslindar el contexto que produjo a los primeros escritores, trascendiendo el esperpéntico retrato que Deleito y Piñuela hacía de estos:

> Aquellos pobres pretendientes, devorados por mutuos recelos y envidias, se hacían sorda guerra, disputándose el favor del poderoso, como los canes hambrientos se disputan el hueso o la piltrafa que les arroja el amo; rivalizaban en adularle, le juraban adhesión hasta la muerte y hasta en alguna ocasión le servían de terceros. (*También...* 155)

Para intentar re-historizar ese contexto, mucho más complejo que como lo describía Deleito, presentaré en primer lugar las características epocales que posibilitan esa conexión entre nobles y escritores, atendiendo tanto a fuentes sociológicas (Norbert Elias y su *The Court Society*) como históricas (J. Brown, Elliott, Feros, Maravall, Ranum...). En segundo lugar me centraré en los espacios físicos y simbólicos que congregaban a agentes de ambos campos. El tercer apartado va dedicado a los mecanismos de captación, patronazgo y clientelización de escritores por parte de nobles (cortes literarias, oficios, cargos, prebendas, etc.). Por último, y como ejemplo privilegiado de esa trabazón, me ocuparé de la instrumentalización propagandística que el campo de poder hizo de escritores y protointelectuales del XVII.

Hay una carta de 1625 de Góngora a Cristóbal de Heredia que describe, como quizá ningún otro testimonio, las relaciones entre los escritores españoles del diecisiete y el campo de poder:

> Ayer de mañana, el pie en el estribo, me dijo [Olivares]: "Vuesa merced no quiere estampar." Yo le respondí: "La pensión puede abreviar el efecto." Replicóme: "Ya he dicho que corre por vuesa merced desde 19 de febrero, en volviendo se tratará de todo, no tenga pena." Con esto he quedado suspenso, porque veo que quiere sin duda que el hábito sea satisfacción de la dirección de mis borrones... (*Epistolario completo* 199)

El episodio que narran estas líneas es toda una imagen conceptual de la cultura de la época: el hombre más poderoso de la Corte solicita del poeta más eminente que éste le dedique la edición de sus poemas, dejándole ante la diatriba de satisfacer dicho deseo o desairarlo accediendo a una petición similar de otro aristócrata. La carta es toda una prueba del carácter de capital mercantil que tenía la poesía en este tiempo: Góngora barrunta que la dedicatoria de sus poesías ("la dirección de mis borrones") se pagará en especie con un prestigioso hábito de Santiago para uno de sus sobrinos. Nos hallamos pues ante una transacción simbólica y el que esta no se llevara a cabo (Góngora murió sin editar su poesía) finalmente importa poco en el fondo. Queda claro que el capital poético podía ser reconocido y retribuido directa o indirectamente con una de las mercedes cortesanas más apreciadas: el hábito de caballero en una orden militar. A pesar de que Góngora se encontraba en una situación en la que imprimir significaba para él no solo "reputación sino interés" (199) y de las diversas presiones a las que se vio sometido, sus poesías no se editaron. Este hecho sorprendente acaba por cerrar el círculo de paradojas en el que se hallaba la poesía en el siglo XVII: era una especie de *lingua franca* genérica que no se solía imprimir pero cuyo valor simbólico era muy alto; no lograba beneficios económicos inmediatos pero podía alcanzar recompensas simbólicas diferidas (como un hábito o un cargo cortesano); tenía una audiencia más reducida que la prosa o el teatro pero era, por contra, más influyente, "respetable" y decorosa.

Sirva ese breve ejemplo gongorino para ejemplificar que al examinar las condiciones de producción y consumo de la literatura española del XVII hemos de despojarnos de todos los velos que el pasar de los años y el anacronismo de nuestras "retrolecturas" críticas puedan oponer. Esta literatura se produjo en un momento histórico muy diferente del nuestro cuya matriz social no era una democracia capitalista sino una férrea figuración centralizada y cortesana del poder. El momento cultural era igualmente diferente y novedoso ya que por primera vez los referentes de la producción literaria eran a la vez el mercado y el patronazgo aristocrático. Esta confluencia hizo que los escritores comenzaran a dar muestras autoriales de una subjetividad compleja y problemática que se conecta con la creciente percepción de que tenían que (man)tener una imagen pública. Las siguientes páginas van destinadas a explicitar cómo marcaron estas condiciones la literatura de la primera mitad del siglo XVII español.

Llegados a este punto hay que precisar quiénes constituían el campo de poder en la primera mitad del siglo XVII. El primer e inevitable concepto de poder que se nos presenta es, sin duda, lo que Maravall dio en llamar "complejo de intereses monárquico-señorial" ("Pensamiento" 75). Se trata de un concepto un tanto vago pero ineludible a la hora de valorar quién ostentaba el poder en la época. Con todo, este concepto está sujeto a revisionismos como el de John Beverley quien señala, entre otras críticas, que el de Maravall es un modelo demasiado monolítico que presupone identidad de intereses entre diferentes grupos sociales tan diversos como la corona, la nobleza o la iglesia ("Concept" 223–25). Con todo, y aun concediendo que el poder descansaba realmente en una acusada interdependencia entre formaciones y agentes sociales, ese entramado monárquico-señorial representaba la encarnación más visible de ese poder y era, a la vez, el obligado nudo donde confluían los hilos de las pretensiones sociales, culturales y económicas. Tradicionalmente, la historiografía ha venido utilizando el concepto de monarquías absolutas para definir ciertos ejercicios del poder real en la Europa de la temprana modernidad. Hoy, por contra, después de algunas delimitaciones como las de Roland Mousnier y Fritz Hartung se tiende a contemplar el poder en la época como algo más limitado, distribuido y constreñido por las prácticas sociales. Para el lapso temporal que concierne a mi investigación es conveniente aclarar que aunque el poder estaba fuertemente centralizado en torno a la Corte y, en concreto, a las figuras de monarca y valido, distaba bastante de ser absoluto. Ejemplos bien patentes de esa limitación son las reticencias de la Corona de Aragón, especialmente en Cataluña, a contribuir económicamente en la medida que Olivares y el propio Rey demandaban o la resistencia a la Unión de Armas propugnada por el Conde-Duque. Además, la capacidad de acción de muchos agentes sociales implicaba la existencia de multitud de microrresistencias a esa presunta homogeneidad del poder. Mariscal (212) ve alguna de esas micorresistencias en la poesía picaresca de Quevedo y en ciertos pasajes de ambos *Quijotes* pero podrían adjuntarse otras más significativas, caso de las pertenecientes al antiolivarismo quevediano. Las razones y ejemplos estructurales de esa condición no absoluta del poder son múltiples: la cuasi solapación de política y religión; los flujos y reflujos del "mecanismo real"; la condición "birreinal" (Castilla y Aragón) y dinástico-familiar (los Austrias españoles y sus lazos con los Habsburgo del Sacro Imperio) de la Monarquía Española, así como las instituciones emanadas de esa condición; la burocratización y centralización del gobierno, que había de descansar cada vez más en la burocracia funcionaril, etc. Por otro lado, y como señalan Mousnier y Hartung, están los derechos de los individuos (propiedad privada y libertad de la persona, sobre todo), que también limitaban el ejercicio del poder (13). A este respecto son muy reveladoras las líneas que Olivares dirige a Felipe IV en 1642, con motivo de las encarcelaciones de Quevedo y del inquisidor Adam de la Parra:

> ... todavía parece que para tomar una resolución como recluir un hombre por toda su vida, quien avisa del delito y da luz dél, es justo que le califique, y consulte por lo menos, y aún habrá que mirar, pues como V. Maj[esta]d. sabe por el negocio de don Francisco de Quevedo [se refiere a su prisión en San Marcos], fue necesario que le acusase de infiel y enemigo del gobierno y murmurador dél, y últimamente por confidente de Francia y correspondiente de franceses, *y no bastó todo hasta que el presidente de Castilla y Joseph González consultaron lo que parecía se debía hacer con él.* (Elliott y De la Peña 189; el énfasis es mío)

Significativa es también la reprimenda que recibe el joven Felipe IV del presidente de Castilla, Fernando de Acevedo, cuando el monarca quiso proveer caprichosamente un cargo cortesano (Elliott, *The Count-Duke* 177). La propia pulsión propagandista del régimen olivarista nos recuerda la continua negociación que el Valido había de hacer con la opinión pública o cortesana por medio de plumas más o menos mercenarias. En este sentido, y como trataré más por extenso en el quinto capítulo, el caso de Quevedo constituye un paradigma de esa interacción entre los campos literario y de poder en el marco de una cultura cortesana. El caso del escritor madrileño ilustra igualmente la literaturización barroca de la acción a la que me refería en el primer capítulo por la que las estructuras, aun constriñendo, todavía dejaban espacio al escritor para la desafección y hasta el enfrentamiento con el poder desde el albedrío de dicha acción. Con esa convicción, y siguiendo de nuevo a Elias (*Court* 145), creo que hay que observar los fenómenos sociales congregados en torno a la corte madrileña del XVII en tanto que multiplicidad de individuos interdependientes que, en función de las circunstancias, llegaron a formar figuraciones específicas como la propia corte y, por ende, la cultura cortesana.

La interacción entre los escritores y el campo de poder a comienzos del XVII se caracterizó por su heterogeneidad y asimetría. Heterogeneidad, en primer lugar, porque aunque hoy llamemos "escritores" a todos aquellos de quienes sabemos que escribieron o publicaron textos que hoy consideramos literarios, las circunstancias y los motivos particulares que les animaron a hacerlo fueron muy diversos. Para algunos se trataba de un divertimento elegante y en boga; para otros, la literatura se constituía en un instrumento de autorrepresentación e inserción en la cultura cortesana o en la "masiva."[2] La práctica literaria era también asimétrica por cuanto los orígenes sociales de los literatos y las relaciones entre éstos y los miembros del complejo monárquico-señorial variaban mucho en intensidad y duración.

En *Contradictory Subjects* advierte George Mariscal (205) que a la hora de leer la poesía del XVII hay que atribuir al patronazgo y a lo que él llama "economía política de la sociedad cortesana" la importancia que realmente tuvieron. La condición de cortesana de la cultura del siglo XVII ha sido una característica que, tras darse por supuesta, suele olvidarse a pesar de que fue uno de los factores cruciales de la literatura de la época. Es cierto que la práctica literaria de comienzos del XVII no fue la primera que se desarrolló en el marco de una cultura cortesana. De hecho, hubo literatura cortesana desde Alfonso X en adelante, aunque el reinado más destacado por su literatura cortesana fue, quizá, el de Juan II[3] ¿Qué hay, pues, de nuevo a comienzos del XVII que no hubiera existido en épocas anteriores? En mi opinión es la existencia no ya de una cultura sino de una sociedad cortesana y *urbana*, lo que realmente hace posible ese primer campo literario del que vengo hablando. Una sociedad cortesana que trajo consigo procesos de centralización y urbanización, la progresiva aplicación al mecenazgo del "mecanismo real,"[4] el aumento de la alfabetización, la concentración y expansión de la imprenta y un aumento de la demanda libresca, entre otros factores destacables. Estos factores se combinaron, a su vez, para generar una creciente autonomía en la práctica literaria. Ya que hablamos de autonomía en un campo literario algo a tener muy en cuenta es que no hay un solo tipo de autonomía, sino varios. Así, podríamos hablar de una autonomía creativa, de una autonomía económica y de una autonomía social. Por autonomía creativa, entiendo la que genera la propia creación literaria cuando el marco referencial es la propia literatura. Pensemos en las *Soledades*, por ejemplo, que es una obra nacida de una voluntad creadora libre e irrestricta de Góngora que no muestra ningún tipo de teleología ni de referente ideológico,[5] político o religioso. Contrariamente a lo que quizá podría ocurrir hoy, la autonomía creativa del XVII se veía favorecida por dos factores: el desinterés económico (al menos inmediato) y la transmisión manuscrita. El primero favorecía la libertad creativa; la segunda ofrecía, con la posibilidad de la anonimia, una libertad de emisión de la que no gozaba la imprenta.

Cuando hablamos de autonomía económica de los escritores, pensamos, sobre todo, en si un escritor podía vivir *exclusivamente* de su pluma, pero tal asunción es problemática. Vivir de la pluma y ser escritor no son equivalentes. De hecho hay muchísimos escritores, aun en nuestros días, que a pesar de ser profesionales (es decir, de cobrar por sus obras), mantienen ocupaciones laborales que poco o nada tienen que ver con la literatura. Se podrían citar infinidad de casos de la literatura española contemporánea en los que el escritor *no* vive de sus escritos. Y eso por no mencionar todos los casos de escritores que suplementan sus ingresos con conferencias, colaboraciones periodísticas, trabajos docentes ocasionales, etc. No nos dejemos llevar pues por esa imagen romántica del escritor que *sólo* se dedica a escribir. Sin duda esos casos existen, han existido y existirán pero son verdaderamente excepcionales. Hay que cuestionarse, por tanto, si podemos definir a un escritor del XVII (o de cualquier época) como alguien "who lived or attempted to make a living producing literary commodities" (Baker 105). Y es que, si bien es cierto que "the patron-client relation stood at the very center of a writer's activity" y que el mecenazgo tuvo claras connotaciones patriarcales (107), no lo es menos que en la práctica literaria del XVII ese mecenazgo convivió con un incipiente mercado de bienes simbólicos (poesía, comedias, novelas) que propició la aparición del primer campo literario. La existencia de dicho mercado es manifiesta, independientemente de su tamaño e idiosincrasia, como prueban los contratos entre autores e impresores,[6] el encargo remunerado (directa o indirectamente) de determinadas obras por parte de particulares o instituciones y sobre todo, el que muchos autores que no gozaban de ingresos fijos (es decir, que no tenían "oficio ni beneficio") optaran por una práctica tan aparentemente antieconómica como la literaria.

Hay un tipo de autonomía económica primaria e irreductible en la que no solemos reparar tampoco pero que es fundamental para comprender la época y consistía, simplemente, en disponer de tiempo y "recado de escribir." La transmisión manuscrita podía hacer el resto. ¿Quién gozaba de más autonomía, Lope el "protoprofesional" o Góngora el "puro"? Uno pensaría que, a pesar de todos los ingresos directos o indirectos que pudo generar con su pluma, Lope no tuvo una práctica literaria más autónoma que la de Góngora o Cervantes; antes al contrario, ésta fue más reducida en muchos casos.[7] Finalmente, está la autonomía social de la práctica literaria, que es la más problemática y consiste en determinar si los escritores eran percibidos como grupo social. ¿Gozaban los escritores del XVII español de una consideración específica como grupo socioprofesional por parte de otros grupos o campos? Es difícil responder con rotundidad, aunque me inclinaría por aventurar que no del todo; al menos no claramente, y esa falta de reconocimiento social específico y "gremial" provocó una interesante dinámica porque los escritores sí comenzaban a percibirse socialmente como grupo distintivo, autónomo y específico.[8] Esa es, quizá, la gran tensión dialéctica de la primera mitad del XVII español: el campo literario es autoconsciente y por ello acaba reflejándose especularmente en los textos, produce para sí mismo y para el público, creando sus propias reglas y jerarquías, y alberga fuertes competiciones internas. Englobando a los escritores estaban el campo de poder y la cultura cortesana. La interacción entre los escritores y el poder se dirimió tanto en espacios simbólicos (dedicatorias, certámenes y justas) como en espacios urbano-cortesanos (el palacio, las academias, el corral de comedias, los viajes del monarca...). En dicha interacción las prácticas comunes alcanzaron diversos niveles de intensidad que van desde los fallidos intentos de algunos escritores por ponerse bajo la protección de un noble con dedicatorias y otras tomas de posición similares, al carácter simbiótico que adquieren alguna de esas prácticas (Lope y Sessa; Rioja y Olivares; Quevedo con Osuna, Olivares o Medinaceli). De todos esos espacios hablaremos, de una u otra forma, en el presente capítulo.

3.1. Poética sociocultural del espacio cortesano

A la hora de dar cuenta de la eclosión literaria a comienzos del siglo XVII español se han dado diversas explicaciones. Gareth A. Davies (87–93), por ejemplo, la explica como resultado de fenómenos puramente literarios (la influencia de *Il cortegiano* y el triunfo de la novela pastoril) y de individualidades históricas (impulsos de Felipe III y Felipe IV, frente a la "apatía" poética de Felipe II). Trevor Dadson (Introducción 19) opina, siguiendo a

Davies, que fue el carácter de Felipe III, mucho más festivo que el de su padre, el que acabó por hacer posible un tipo de cultura aristocrática en el que los hijos de la nobleza (Villamediana, Esquilache, Antonio Hurtado de Mendoza, el conde de Salinas, etc.) se dedicaban a rivalizar en la escritura de poesía lírico-amorosa y a dar cuenta de los acontecimientos sociales de la Corte, alumbrando con ello una cultura cortesana. En lo que toca al teatro, parece indisputable que a la llegada de Felipe III las representaciones ante la nobleza proliferaron y que se sucedían representaciones privadas para la corte por parte de compañías profesionales (Ferrer 30). Más tarde, en 1607, se construye en los patios de las Casas del Tesoro un "teatro donde vean sus majestades las comedias como se representan al pueblo" (31) y, por poner un último y significativo ejemplo, el 3 de noviembre de 1614 hubo una representación cortesana en Lerma de *El premio de la hermosura*, de Lope, en la que intervinieron el príncipe Felipe, que hizo de Cupido, la Reina, los infantes y muchas damas cortesanas (249).

El florecer literario del XVII español se debe no sólo a individualidades o a causas estrictamente literarias sino también a otros factores, como el solapamiento de espacio físico y espacio intelectual que García Santo-Tomás ("El espacio" 32) sitúa en los primeros años del reinado de Felipe IV. Dicho solapamiento se manifiesta ya en el reinado de Felipe III, como veremos en las páginas siguientes.

El palacio, núcleo físico del espacio cortesano, es para Elias (42) la metáfora conceptual que encarna el funcionamiento de la administración y la propia conservación del poder. La sociedad cortesana se constituye alrededor de esa figuración espacial en cuyo epicentro están el palacio real y el propio Rey. La corte se convertía en el destino principal de todos los desplazamientos horizontales (viajes, tráfico de mercancías) o verticales (pretensiones, movilidad social, carreras políticas o cortesanas, patronazgo cultural) de la época. Este gran movimiento centrípeto hizo que ciudad, corte y palacio se convirtieran en tres espacios concéntricos y casi solapados. A su vez, esos tres espacios eran al mismo tiempo espacio urbano, "escenario" cortesano y "espacio de posibles." En esos espacios se vivía, se interactuaba con el Otro en el archiescenario que era la corte y se llevaban a cabo las estrategias distintivas y las tomas de posición adecuadas al espacio de posibles y al tipo de capital (social, cultural, simbólico) de cada cual. Este espacio triádico fue también el crisol fundamental en el que se forjaba y manifestaba esa subjetividad contradictoria (Mariscal *dixit*) presente en muchos escritores de la época. Veamos qué influencia tuvieron estos tres espacios en el primer campo literario español.

Enrique García Santo-Tomás ("Artes" 118) afirma que Madrid fue "inventada" como personaje literario a mediados del XVII en *El diablo cojuelo* y que la "cartografía real y metafórica" que dibuja un desengañado Vélez de

Capítulo tres

Guevara permite ver a su través cómo los madrileños experimentaban la mezcolanza y el caos urbano propiciados por la corte. Protagonismo literario madrileño hay también en obras más tempranas como el *Isidro* (1599) de Lope, el *Viaje del Parnaso* (1614) cervantino o *Las harpías en Madrid* (1631) de Castillo Solórzano, entre otras obras que podrían traerse a colación y que manifiestan la importancia espacial y simbólica que tenía la corte en el entramado social español. Casi todos los espacios madrileños (calles y paseos, prados, mentideros, iglesias, corrales, mercados) se literaturizaron desde los primeros años del siglo, como se puede seguir por la geografía literaria que ya glosó Deleito en *Sólo Madrid es corte*. Ciudad, corte y palacio se convirtieron en el referente por excelencia de la literatura de la época y, de alguna manera, en los horizontes de expectativas de los escritores. Este proceso se agudizó probablemente a la muerte de Felipe II cuando quedó claro que Felipe III no era ni tan papelista como su padre ni tan proclive a encerrarse en el austero monasterio de la sierra madrileña.[9] Ese fue el punto de partida para el desarrollo de una verdadera cultura cortesana en España.

Como afirmaba Elias (87), la sociedad cortesana surgió de la progresiva centralización estatal que convirtió a la corte en la formación social más poderosa. Elias estudió la corte francesa del Rey Sol pero su modelo teórico es fácilmente trasladable a la corte de los Austrias menores ya que causas y efectos se mimetizan perfectamente en los dos casos. En ambas monarquías, quizá antes en la española, se produjo una acusada y gradual centralización del poder gracias a la monopolización de los principales instrumentos de poder: el mando político-militar y la recaudación de impuestos. Esa concentración descansaba en una formidable sucesión de movimientos centrípetos hacia la corte y, por extensión, hacia la ciudad que la cobijaba (Valladolid, brevemente, pero sobre todo Madrid). Los ejemplos literarios de esa concepción de la Corte como almacén y estación social de destino (la búsqueda de fortuna o medro en ella) o tránsito (embajadas, trámites burocráticos) y, en general, como obligado referente de toda pretensión (peticiones de mercedes, memoriales, arbitrios) se multiplican. Se suceden también las obras que "capitalizan" la novedad centrípeta, desconocida y heterogénea que es la corte, advirtiendo de sus asechanzas, peligros y novedades. Es algo que encontramos ya en germen en obras tempranas como el *Menosprecio de corte y alabanza de aldea*[10] del obispo de Mondoñedo y plenamente desarrollado en obras como la *Guía y avisos de forasteros que vienen a la corte* (1620), atribuída a Antonio Liñán y Verdugo. Entre medias de ambas obras, Quevedo fue uno de los escritores que más se significó en el uso de la corte como objeto literario en obras de juventud como la *Vida de la corte*, el *Papel de las cosas más corrientes en la corte* (también conocido como *Lo más corriente de Madrid*) y en algunos pasajes concretos de otras obras. Citemos, por volver a un ejemplo archiconocido, este del *Buscón* que, a pesar de ser claramente formulaico, da paso a los episodios madrileños de la obra:

> Lo primero, ha de saber que en la Corte hay siempre el más necio y el más sabio, más rico y más pobre, y los extremos de todas las cosas: que disimula los malos y esconde los buenos; y que en ella hay unos géneros de gentes que no se les conoce raíz ni mueble ni otra cepa de la que descienden los tales. (144)

En las "Capitulaciones matrimoniales" acaba Quevedo definiendo burlescamente el escenario cortesano madrileño como "centro de sufridores, verdugo de sirvientes y sepulcro de pretendientes" (*Prosa festiva* 256). Muchas son las obras de esta primera época quevediana en las que el escritor se aprovecha del ambiente, de los tipos ("figuras" les llama Quevedo) y, en general, del espacio cortesano para hacer gala de su ingenio. Una de las conclusiones a sacar de ello es que la corte era ya a comienzos del XVII un horizonte literario de expectativas creadoras y receptoras, como atestiguan los numerosos traslados manuscritos (García Valdés 47–48) que hoy conservamos de la *Vida de la corte*. Este opúsculo quevediano comienza parodiando los preliminares editoriales propios de la época con una "Dedicatoria a cualquiera título," un "Prólogo" y una "Carta" (Quevedo, *Prosa festiva* 229–30), que constituyen una burla de las tomas de posición de los escritores de la época. La parodia burlesca que es este breve escrito refleja en su "Dedicatoria" usos como la búsqueda del mecenazgo nobiliario:

> Por tanto, fuera de la obligación y afición que tengo a vuesa señoría (aunque no le conozco ni sé quién es), y advirtiendo su valor, claro ingenio, buen nombre, virtud y letras, en las cuales desde la tierna edad ha resplandecido, fuera yo digno de represión y de ser argüido de ingrato si reconociera a otro, fuera de vuesa señoría, por Mecenas y defensor de mi curiosidad, que no la quiero llamar obra. (229–30)

Refleja también el arrimo que a veces se buscaba contra censuras y críticas al poner a un miembro del campo de poder al frente de la obra, con la esperanza de que "los censuradores quedarán temerosos para no morderme" (230). No faltan tampoco en el "Prólogo" alusiones a la creciente venalidad de la literatura que se iba convirtiendo, gracias a la imprenta, en una fuente de ingresos y, en algunos casos, en la razón misma de la escritura:

> Algunos autores buscan otros mejores ingenios que los suyos, a los cuales compran prólogos para con ellos dar muestras de su habilidad y que los que compran sus obras les atribuyan lo que en ellas no hay... llevados del cebo de aquel primer proemio, con que unos y otros sueltan su

Capítulo tres

> dinero, que es el fin principal de muchos que hoy escriben a bulto y manchan el papel a tiento. Yo, pues, no pretendo ganar nombre de autor, ni menos enriquecerme con mis borrones... Sólo ruego al benévolo lector que repare es esto lo que pasa y sucede en la corte, y que sólo vendo el trabajo que confío ha de tener algún merecimiento cerca de los hombres curiosos. (230–31)

Lo que nos interesa destacar de estas dos citas es que esas alusiones al patronazgo, a prácticas metaliterarias como los prólogos y al carácter crecientemente económico de la práctica literaria, gracias a la imprenta, demuestran que esos referentes eran lo suficientemente comunes y conocidos como para ser parodiadas por Quevedo ya entre 1600 y 1603.[11] Igualmente interesante es ese "ganar nombre de autor" que nos tiene que hacer pensar en los motivos que podía haber en la época para aparecer como autor y en las potenciales recompensas simbólicas o materiales aparejadas a tal condición. La corte era por extensión el primer "espacio de posibles" del campo literario y el lugar donde verdaderamente tenía sentido hacerse visible como autor ejercitando tomas de posición tales como publicaciones, dedicatorias, poemas laudatorios, etc. Aquí no podemos dejar de notar que Quevedo escribe desde una circunstancia que no es la de Lope o la de Cervantes. La suya es una perspectiva de *insider* cortesano; de alguien que "pertenece" a la corte en tanto que miembro de la tercera generación de una familia de cortesanos y burócratas palaciegos tanto por parte paterna como materna (Jauralde, *FdeQ* 65–88). Desde la seguridad que dan la corte y el abolengo, Quevedo se permite afirmar que "la mucha experiencia que tengo de la corte, aunque en el discurso de juveniles años, me alienta a dar a entender lo que en ella he conocido" (*Prosa festiva* 229). Y aquí Quevedo no bromea: está hablando un joven patricio cortesano que, sin pertenecer a la nobleza titulada[12] era un caballero sin hábito que, educado como tal, conocía desde la infancia la etiqueta y los entresijos cortesanos (Jauralde, *FdeQ* 30–43).

Otro fue el caso de Lope. El dramaturgo, marcado por unos orígenes que limitaron su *habitus* y su espacio de posibles, hubo de seguir un camino diferente al de Quevedo. Por ello su visión del *sancta sanctorum* cortesano fue siempre anhelosa y deseante; la de un pretendiente que ni por sangre ni por antecedentes familiares *pertenecía* a ella. Con razón ha comparado recientemente Elizabeth Wright (*Pilgrimage*) la trayectoria literaria y humana de Lope con un peregrinaje, centrándose en estudiar estrategias editoriales y acciones públicas que el escritor utilizó para afianzar y elevar su condición en la corte de Felipe III. Lope, quizá forzado por la temporal prohibición de las comedias, cambió espectacularmente su práctica literaria al final del reinado de Felipe II y en los albores del de Felipe III: de vender comedias a autores pasó a orquestar un debut editorial sin precedentes al publicar en cascada *La Dragontea* (Valencia, 1598), la *Arcadia* (Madrid, 1598) y el *Isidro* (Madrid, 1599) con los que fue construyéndose un perfil de autor (Wright, *Pilgrimage* 15). En Quevedo, como en Lope o en muchos otros escritores, nos encontramos con manifestaciones forzosamente contradictorias de unos sujetos surgidos de un abanico de prácticas y discursos (clase, sangre, familia, religión) que están constituidos por múltiples posiciones carentes de fijeza y "cierre" (Mariscal 5–6). A su vez estos sujetos interactúan en un complejo marco de sistemas de significación y de relaciones de producción y de poder (6). Hay que poner pues en su contexto que muchos de sus textos o de sus tomas de posición nos resulten hoy contradictorios, incoherentes, atípicos y hasta esquizofrénicos y ese contexto no es otro que la intersección del espacio cortesano con los diferentes discursos sociales de la época: sangre, intercasticismo, antecedentes profesionales familiares, impulsos de movilidad social y geográfica, etc.

El espacio cortesano se constituye como un hábitat heliotrópico en el que la corte gira en torno a la figura del Rey. Alrededor de la regulada visibilidad del monarca[13] giraba toda una subcultura celebratoria: relaciones, representaciones, justas, elogios, fiestas… que cortesanos hábiles como el duque de Lerma supieron utilizar en su provecho (Sieber). Cualquier movimiento del monarca (asistencia a espectáculos, cacerías, visitas de estado o de placer) tenía su correlato textual celebratorio y, de paso, alentaba toda una sucesión de crónicas cuasi periodísticas (las *relaciones*), que se encargaban a escritores de renombre. Existen numerosas referencias a dichas prácticas. Muchas de ellas se han perdido. Es el caso, al parecer, de la que se le encargó a Cervantes para narrar los festejos celebrados en 1605 en Valladolid con motivo del nacimiento del futuro Felipe IV, a los que asistió el embajador inglés (Canavaggio 282). Estas relaciones fueron un género muy fecundo y popular y han concitado últimamente el interés de la crítica.[14] Las relaciones no tenían mucho prestigio en el campo literario pues no dejaban de ser, en su vertiente cortesana, un subgénero alimenticio, circunstancial y de encargo; poco prestigioso para autores consagrados, previsible y lleno de tópicos. Esto[15] explica el desdén que transmite Lope al duque de Sessa cuando, desde Segovia, y camino de Lerma donde se iban a celebrar unos festejos cortesanos, escribe el 23 de septiembre de 1613 al Duque:

> Las fiestas de esta ciudad han sido notables: la relación de las cuales tendrá algunas otavitas de Vélez u de otro alguno de los obligados a este género de sucesos, con que me escuso de decir a vuestra excelencia cuáles fueron: toros bravos, juego de cañas concertado, caídas, lanzadas, cuchilladas venturosas, mozos arrojados por aliento de las personas reales, máscara de los caballeros corrida, otra de los mercaderes

parada, aquella sacada dellos a pagar a plazos, y esta de las mismas tiendas sin escribirla. (*Cartas completas* 181–82; *Cartas* 115)

No era la primera vez que Lope seguía a la corte. Ya en 1599, cuando estaba al servicio del marqués de Sarria, había seguido a la corte a Valencia y Denia con motivo del viaje que Felipe III y su hermana hicieron para recibir a sus futuros consortes, los archiduques Margarita y Alberto de Austria. El dramaturgo tuvo un destacado papel en la organización de festejos y entretenimientos cortesanos, luego novelados parcialmente en *El peregrino en su patria* y recreados en el poema-relación *Fiestas de Denia* (Valencia: Diego de la Torre, 1599). El poema consta de 192 "otavitas" (es decir, octavas reales), metro exigido por el *decorum* temático, y en su dedicatoria a la condesa de Lemos se trasluce claramente su carácter de obra de encargo: "Por excusar al marqués [de Sarria], mi señor, de lo que él supiera hacer tan bien en prosa como en verso… escribo a vuestra excelencia la relación de las fiestas que en Denia hizo su ilustrísimo hermano a la majestad de nuestro César Católico" (*Obras selectas* 2: 536). Lope fue aquí el obligado a hacer relación detallada de estos festejos y la remató con un romance (555–57) a la pastoril ("A las bodas venturosas") en el que glosó a la Grandeza nobiliaria asistente a las bodas.

Las relaciones propiamente cortesanas oscilaban entre lo noticioso, lo turiferario y lo humorístico, dependiendo del género y de sus circunstancias, y volveré a ellas más adelante, al aludir a la carta quevediana al marqués de Velada con motivo del viaje real a Andalucía de 1624.

Otro aspecto espacial de la cultura cortesana relacionado con la literatura es la relación entre la existencia de un epicentro cortesano y la percepción por parte de los escritores de un Parnaso real y urbano y no sólo simbólico. En efecto, así como la Corte congrega toda ansia y pretensión, la praxis literaria (social, urbana, cortesana) en la que se mueven los escritores da pie a que el Parnaso no sea visto ya como mero *topos* simbólico tomado de la tradición sino como concreción social y competitiva de la escritura. Ese es el terreno de cultivo de una obra como el *Viaje del Parnaso* cuyo referente es madrileño (es, de alguna manera, la obra más "madrileña" de Cervantes) y que no es sino trasunto del campo literario de la época con sus batallas, alianzas, celos, afán distintivo….

La Corte y sus espectáculos se convirtieron también, a decir de algunos críticos, en molde privilegiado y clave de lectura e interpretación de ciertas obras. Así, Marsha S. Collins (170 y 220) ha propuesto leer las *Soledades* gongorinas a la luz de las máscaras cortesanas pues el poema gongorino reflejaría, desde su ambiciosa pansofía, una compleja trama intelectual y espectacular donde se entrecruzan los teatros de la memoria, la relación de la poesía con el resto de las artes y una poética de la *admiratio* y de la transformación alquímica.

Otro espacio simbólico de la corte que atañe a los escritores es el religioso. Lope, Góngora y Calderón fueron capellanes reales; Tirso fue mercedario; Gracián jesuita; e incluso Cervantes fue, en sus años postreros, miembro seglar de la orden de San Francisco. También sabemos por Aurora Egido (*Fronteras* 133) que, al menos en Aragón, algunas academias estaban relacionadas con órdenes religiosas. Egido da sendos ejemplos; zaragozano uno (colaboración en 1637 en la edición del libro *Aula de Dios, cartuxa Real de Zaragoza*, del cartujo Miguel de Dicastillo), y oscense el otro (elogio en 1610 del nuevo arzobispo Apaolaza). El peso de la religión en la sociedad y en la cultura de la época es tan amplio que en el reducido espacio de estas líneas no queda sino generalizar y, si acaso, traer una cita de *El pasajero* (Madrid, 1617) de Suárez de Figueroa. Allí leemos cómo el doctor da consejos al maestro para que triunfe como caballero en la corte recordándole que "no puede ser dañoso tener plaza en alguna de las congregaciones y esclavitudes de la corte" (573). A ese consejo se atuvieron, como sabemos, muchos de los escritores de la época, convirtiendo alguna de esas congregaciones en un multitudinario Parnaso de pretexto religioso. Me refiero a la Hermandad y Congregación de Indignos Esclavos del Santísimo Sacramento, sita en la calle del Olivar y fundada el 28 de noviembre de 1608 a la que, según Luis Astrana Marín (159), se fueron afiliando los escritores en cascada: Cervantes el 17 de abril de 1609; Salas Barbadillo el 31 de mayo de ese mismo año; Espinel el 5 de julio; Quevedo en agosto y Lope ese mismo verano de 1609.[16] Estas cofradías eran, al igual que otras prácticas sociales cortesanas (academias, justas, actos públicos), lugares donde los escritores podían ser vistos y en los que podían reforzar su creciente autonomía mientras señalaban su adhesión al orden dominante. Estos espacios acentuaban también la creciente percepción de los escritores de que necesitaban fijar y pulir su imagen pública en una cultura donde cada vez eran más reconocibles como grupo social desgajado de letrados y humanistas.

3.2. Escritores y cortesanos: burocracia, clientelismo y mecenazgo

En otras partes de este trabajo he hablado de los lugares de encuentro entre el campo literario y el campo de poder. Ahora me centraré en algunas prácticas en las que los escritores se ponían, simbólica o realmente, al servicio o amparo del campo de poder: el mecenazgo y el desempeño de cargos administrativos. Simón Díaz ("Mecenazgo" 113) ha puesto número al censo de los escritores-criados al servicio de los Austria: a partir de los treinta que aparecen relacionados con Carlos I pasamos, en un crescendo significativo en los reinados de Felipe II, con 66, y Felipe III, con apenas 10 más, a la destacada proliferación que encontramos en el reinado de Felipe IV, con nada menos que 223 escritores censados. Ese impulso todavía se mantiene con el

Capítulo tres

último de los Austrias, Carlos II, en cuya corte se acomodaron unos 190 escritores.[17] Todos estos escritores ocuparon unos ochenta cargos diferentes que van desde bibliotecario o cirujano a ayudante de palafrenero y muchos eran puestos en principio vedados a los no hidalgos (113–14). El punto de partida de esta situación no puede ser más claro: los aristócratas necesitaban aprovecharse de la dual condición de letrados y escritores de los agentes del campo literario. Los escritores, por su parte, tenían que vadear las aguas de un momento histórico en el que emergía el mercado del libro pero en el que los mecanismos de reproducción y consumo cultural no estaban del todo establecidos. Entre los albores del mercado editorial y el apogeo de la cultura cortesana existió un especie de vacío "epistémico" en el que muchos escritores quedaron atrapados. De anónima mano, se lee en los preliminares del conocido Manuscrito Chacón, el más autorizado y completo de entre los que recogen obras gongorinas:

> Llamado a esta corte de grandes Príncipes, los gozó familiares y estimadores mucho; benéficos poco: si bien a la gracia del duque de Lerma y del marqués de Siete Iglesias debió una capellanía de honor, que llaman de su majestad, y al conde duque de Sanlúcar el favor de dos hábitos de Santiago para dos sobrinos suyos. Y si no lo estorbara la muerte, se prometía algún mayor deshielo de su fortuna al abrigo de este príncipe. (Góngora, *Obras-Chacón* 1: 6)

Pues bien, esta fue la trayectoria del poeta más famoso y reconocido de la época: de familia hidalga, como prueba su pertenencia al cabildo cordobés,[18] se trasladó a la corte en busca de mercedes y brillo cortesano; tuvo familiaridad con los grandes y aristócratas de dos valimientos, recibió honores muy importantes (por mucho que fueran indirectos)... y murió acuciado por la miseria y sin haber publicado su poesía. Semejante paradoja puede servirnos de *caveat* ante las idiosincrasias que presenta la confluencia de los campos literario y de poder en el XVII. Para entender mejor esa paradoja hay que determinar qué esperaban aristócratas y escritores de esta relación de imperfecta y desequilibrada simbiosis.

Los servicios que los aristócratas esperaban de los escritores eran muy variopintos, alcanzando en algunos casos una suerte de valimiento-del-valido (Hurtado de Mendoza o Rioja para Olivares; Quevedo para el duque de Osuna), aunque lo que más caracteriza a este tipo de relaciones es el aprovechamiento del capital simbólico (literario, cultural) ostentado por los agentes del campo literario.

En su dedicatoria al duque de Lerma de sus *Emblemas morales* (Madrid, 1610), Sebastián de Covarrubias le recuerda a aquél cómo

> Estando V. EXC. por Virrey en el Reino de Vale[n]cia me ma[n]dó le sirviese con algún poema, que fuese de entretenimiento y gusto:

halléme co[n] solo un cuaderno de las niñerías de mi mocedad, y así procuré ocupar algunas horas ociosas en cosa de más consideración: y parecióme serían a propósito unas emblemas morales, ... (Cito por Sieber 97, modernizando la grafía).

La cita es otro indicio de hasta qué punto Lerma influyó en la creación de todo tipo de manifestaciones artísticas con su mecenazgo directo y, en este caso concreto, de cuáles eran los mecanismos de comisión de ciertas obras de entretenimiento.

Olivares aprendió la lección de Lerma y adoptó con entusiasmo, sobre todo al comienzo de su valimiento, una política de apoyo a hombres de letras. En los *Fragmentos históricos de la vida de don Gaspar de Guzmán, conde de Olivares*, verdadero florilegio hagiográfico de éste, el conde de la Roca contesta explícitamente a una de las acusaciones que se le hacían al Valido: "También dijeron que sin otros méritos había premiado a muchas personas que le habían dirigido libros, hecho discursos políticos y ayudado a trabajar papeles de diferentes materias que le convenían. Cierto que admito cuan cierta sea la pasión cuando acusa por culpa lo que es mérito" (Fernández-Daza 429). Pero, por mucho que insistiera el conde de la Roca, el resultado para los poetas no siempre era halagüeño y estos eran bien conscientes de qué tipo de relación establecían con los nobles. En una carta de 1620 Lope se explaya a gusto sobre la dependencia que tenía de los nobles mientras testimonia el papel social de la poesía en la época: "No puedo más: que como la naturaleza hizo un cojo, un tuerto y un corcovado, hizo un pobre, un desdichado y un poeta, que en España son como las rameras, que todos querrían echarse con ellas, pero por poco precio, y en saliendo de su casa llamarlas putas" (*Cartas* 45). La cita ventila, a buen seguro, parte de las frustraciones cortesanas de Lope a quien sus orígenes humildes y sus escándalos amorosos impidieron que el reconocimiento social cortesano acompañara al triunfo literario. También nos habla de la inevitable venalidad que la literatura "profesional" adquiría en contacto directo con el campo de poder en escritores, como el mismo Lope, que no podían aspirar a las prerrogativas de quienes tenían sangre noble. Mientras la escritura y los servicios "letrados" tendían a ser premiados con mercedes simbólicas (hábitos, títulos) en los escritores de origen noble (Quevedo, Juan Antonio de Vera, Antonio Hurtado de Mendoza, Luis de Ulloa, Góngora, Calderón[19]), los escritores plebeyos como Lope sólo solían lograr recompensas materiales y directas, en función de su éxito popular, por medio de obras que les encargaba el entorno cortesano. Lope era tan consciente de ello que intentó sin éxito fabricarse un pasado nobiliario que lo emparentaba con Bernardo del Carpio. Desgraciadamente para el Fénix, todas esas torres de su espurio escudo se derrumbaron bajo ataques tan mordaces como este que se atribuye a Góngora: "Por tu vida, Lopillo, que me borres / las diecinueve torres de tu escudo / porque, aunque todas son de viento, dudo / que tengas viento para tantas torres" (*Sonetos completos* 261).

A la vista de la documentación disponible creo que se puede diferenciar entre los miembros del campo literario que estaban en la órbita del epicentro de gobierno, es decir del Palacio Real, y por tanto sirviendo directamente al Rey o al Valido, y quienes estaban al servicio de un grande. En ambos casos las funciones a realizar y las mercedes a recibir diferían bastante. La principal diferencia estribaba en la ostentación del poder dentro de un sistema de valimiento. El Valido era muy poderoso pero, a la vez, congregaba contra sí los anhelos de poder de los otros aristócratas. Esto hacía necesario encontrar gente de valía y confianza para aprestarse a la defensa. Quien se hubiera significado en esa defensa o en el servicio del propio Valido podía esperar nombramientos administrativos. Así, Antonio Hurtado de Mendoza, fue nombrado sucesivamente, entre 1621 y 1624, guardarropa, ayuda de cámara y secretario real (Elliott, *Count* 188n22); Francisco de Rioja, que era el bibliotecario de Olivares, después lo fue del Rey; Juan Antonio de Vera, quien de 1621 a 1630 estaba en los círculos de Olivares pasó, en rápida sucesión, de segundón arribista y advenedizo a gentilhombre, vizconde de Sierrabrava y conde de la Roca, ocurriendo esto último en 1628, tras acabar los citados *Fragmentos históricos*, especie de inédita biografía "oficial" olivariana (Fernández-Daza 147); Luis Vélez de Guevara, por su parte, fue nombrado ujier real en 1625; Luis de Ulloa, que servía al duque de Medina de las Torres, yerno del Conde-Duque, fue corregidor y regidor de Madrid. Todos ellos, directa o indirectamente, jugaban un papel en el mantenimiento en el poder del Conde-Duque, por lo que su relación simbiótica con éste está bastante clara.

Servir a aristócratas o Grandes podía entrañar labores muy diversas. Ejemplos de algunas de esas tareas van desde la mediación amorosa (Lope para el duque de Sessa) o amistosa (el mismo Lope medió en 1608 en un agravio que tuvo el conde de Saldaña con su secretario, Vélez de Guevara) a las compras de tecnología naval (Bartolomé Leonardo de Argensola negoció con Galileo, por orden del conde de Lemos, la compra de instrumentos de navegación). En esas relaciones hallamos, asimismo, intrigas y corrupciones palaciegas (Quevedo "untando los carros"—es decir, sobornando—para el duque de Osuna); labores propagandísticas (Rioja en el *Aristarco*) e incluso gestiones económico-administrativas (Góngora para el marqués de Ayamonte). A pesar de estos llamativos ejemplos, los cometidos propios de estar sirviendo a un aristócrata eran una imagen especular del mecanismo del valimiento: aristócratas, validos y virreyes tenían que tener un letrado de confianza que llevara el día a día de algunas labores administrativas. Uno de los casos más conocidos es el de los Argensola, quienes encabezaron la corte que se llevó el sexto conde de Lemos, Pedro Fernández de Castro, cuando

La interacción con el poder

marchó de virrey a Nápoles, donde estuvo de 1610 a 1616. Hasta 1613 Lupercio Leonardo hizo las funciones de Secretario de Estado para el virreinato, cargo en el que fue sustituido a su muerte por su hijo, Gabriel Leonardo de Albión. Bartolomé Leonardo, por su parte, se ocupaba de los asuntos y nombramientos civiles y administrativos, así como de los asuntos relativos a derecho civil y canónico (Green 299–300).

Un aspecto colateral de las labores que a veces se esperaban de un escritor que sirviera a un noble o en el mismo palacio real era el de servir de catalizador de la diversión de éste y de su familia, por lo que el ingenio humorístico era un componente frecuente en la interacción entre aristócratas y escritores. En el *Tribunal de la justa venganza* (Valencia: Herederos de Felipe Mey, 1635), una desaforada invectiva contra Quevedo, se dice del escritor que es "caballero tan bien admitido de los grandes señores, a quien hacen amigable acogida y le oyen con singular gusto sus chistes, agudezas y donaires" (Quevedo, *Obras en verso* 1260). En otras ocasiones la labor del escritor consistía en la escritura y representación de una comedia, como fue el caso de *Querer y no poder*, de Hurtado de Mendoza, representada en 1622 para la Corte en Aranjuez. En otros casos, lo que el noble apreciaba era una repentización verbal ingeniosa. Así, Antonio de Laredo, que acompañó al conde de Lemos en su corte virreinal a Nápoles, era "tan gracioso en los disparates que decían que era la fiesta de la comedia," apunta Duque de Estrada en sus *Comentarios* (Green 295). El propio Estrada refiere la citada representación repentizada del hundimiento de Eurídice ante el virrey y la virreina y su participación en la misma junto con Antonio de Laredo, Bartolomé Leonardo de Argensola y varios capitanes allí presentes, en la que "se decía alguna palabra sucia o no muy honesta, si lo había menester el consonante del verso" (306). La prontitud de ingenio era, como se puede ver por este y otros ejemplos, un capital cultural muy estimable en la época para todo cortesano que aspirase al brillo social. Y quienes necesitaban brillar eran, principalmente, quienes esperaban ascender en la escala social por medio del mérito cultural. No es casual que algunos de los escritores que reseñamos fueran nobles de los escalones más bajos o hidalgos como Quevedo, Hurtado de Mendoza, Juan Antonio de Vera o Góngora que se apoyaron en su ingenio o en su capital literario para entrar al servicio de un aristócrata o situarse cerca del entramado monárquico-institucional cortesano. El objetivo último era obtener mercedes y prestigio otorgados por aquellos a quienes se servía. Lo que se podía obtener de estos variaba: hábitos de órdenes militares (Quevedo, Juan Antonio de Vera y Calderón fueron investidos con el de Santiago; Góngora logró asimismo el de Santiago para un familiar; Hurtado de Mendoza se hizo con el de Calatrava de manos del propio Olivares); cargos honoríficos (ujier, paje, caballero de la reina, etc.) y administrativos (secretarios, contadores); compensaciones en metálico

Capítulo tres

(Góngora recibe 300 reales del marqués de Ayamonte en 1607) o en especie (cadenas, guantes) y hasta facilitación o pago de trámites y costes editoriales. Un caso especial es el del duque de Sessa que, además de los pagos en metálico o especie (le regaló unos diamantes por el bautismo de su hija Antonia Clara), "iço el gasto i el luto" en el entierro de Lope (Blecua, *Sobre poesía* 242). Sobre la necesidad que tenían los escritores de agilizar los enojosos trámites del proceso preeditorial en la época (aprobaciones, censuras, licencias, privilegios, etc.), da buena prueba un escrito de 1598 enviado por Pedro de Montoya al famoso secretario Mateo Vázquez:

> Es increíble la dificultad con que negocian los autores de libros, porque para que se encomienden a quien los vea pasan mil trabajos y muchos más después de haberse encomendado para que se despachen y se vean, y en las licencias y privilegios que yo he sacado para ciertos libros que he de imprimir he tenido tal experiencia de esto que estoy determinado a enviar los otros fuera de estos reinos. (Suárez de Figueroa, *El pasajero* 242n79; los editores recogen una cita de José Simón Díaz)

Los escritores se convertían a menudo, en virtud de su condición de secretarios, en mediadores y filtros políticos (Quevedo), sentimentales (Lope), literarios (los Argensola), administrativos (Góngora) o burocráticos (Antonio Hurtado de Mendoza) entre los señores a quienes servían y la Corte; también, en ocasiones, entre los grandes y aquellos que deseaban alcanzar su favor o ponerse a su servicio. Ejemplo de ello es la carta que el arbitrista Jorge de Oliste dirige a Quevedo, en abril de 1617, presentando un arbitrio de política exterior y solicitando la intercesión de éste ante el duque de Osuna:

> Envíolo a V. S. para que pase los ojos por él, y como persona capaz y de buen entendimiento, juzgue en todos los casos la importancia deste negocio, y suplico a V. S. cuando hubiese lugar comunicarlo a Su Excelencia, porque en estas materias, los monarcas tan grandes como el Rey nuestro señor, en cuyas manos está para efectuar esto, no se resuelven si no les es representado de ministro tan grave y tan gran soldado como es Su Excelencia. (Quevedo, *Epistolario* 49–50)

Abundan ejemplos de intercesión literaria o político-administrativa en el epistolario de Lope. A modo de muestra, la carta 389 de ¿1618? alude a una mediación en favor del poeta Baltasar Elisio de Medinilla con un "Respóndale vuestra excelencia, o mire si quiere que yo lo haga, y no me diga lisonjas, que los amos basta que muestren el amor en obras" (*Cartas completas* 2: 44). En la carta 426, de hacia 1620, se lee "Esa memoria me ha dado un amigo... para que vuestra excelencia la lea" (79). Esta última carta y otras que le preceden y siguen muestran el papel de intermediario en las intrigas cortesanas que asumía Lope.

La función mediadora de los escritores acababa duplicando especularmente el mecanismo de intercesión que ya funcionaba entre estos y los aristócratas. En una sociedad cortesana como aquella, fuertemente jerarquizada y llena de conductos de allegamiento social, escritores como Quevedo, Lope o Hurtado de Mendoza llegaron a jugar un importante y comprometido papel de intermediarios. Pero en la época había una archiintercesión que destaca sobre todas, mayúscula y casi absoluta: la del sistema de valimiento.

El Rey se convirtió, sobre todo bajo los auspicios de privados como Lerma u Olivares, en un otorgador de mercedes simbólicas y poco onerosas para la corona. A su vez, el Valido de turno era quien ejercía de filtro para acceder al monarca. El Valido tenía igualmente sus propios filtros en cortesanos como Rodrigo Calderón, caso del duque de Lerma, o el protonotario Jerónimo de Villanueva y el secretario Antonio Hurtado de Mendoza en el de Olivares. Los aristócratas titulados—los títulos—también contaban con filtros por los que habían de pasar todos quienes aspiraran a su favor. El caso más significativo de esto último es el de los Argensola, que ilustra las expectativas que generaba el mecenazgo nobiliario entre los escritores.

En 1601 murió Fernando Ruiz de Castro, sexto conde de Lemos y virrey de Nápoles, quedando vacante el más importante cargo oficial de la monarquía española en Europa. Tras un interludio, en el que el puesto lo ocupó el conde de Benavente, el séptimo conde de Lemos, Pedro Fernández de Castro, fue nombrado para el cargo en el otoño de 1609. Como es bien sabido, el esperado nombramiento hizo albergar muchísimas esperanzas en el campo literario de la época. Todos sabían de las veleidades literarias del Conde, quien gustaba de la compañía de escritores, muchos de los cuales habían pertenecido a su círculo: Cristóbal de Mesa; Lope, que había sido secretario suyo; Vicente Espinel, que lo había servido en la corte vallisoletana; o Bartolomé Leonardo de Argensola, a quien le había encargado una crónica de la conquista de las islas Molucas, a su mayor gloria en tanto que presidente del Consejo de Indias (Green 291n10). Muchas eran las expectativas de los atribulados escritores, sabedores de que el de Lemos apreciaba las dotes literarias entre los letrados, como prueba la amarga queja de un secretario del antiguo virrey: "No se hallará el Conde sin tales varones [los poetas]; cada animal apetece sus semejantes; *similis cum similibus*, etc., y así no me maravillo desta elección (...) va de poetas y de señores amigos dellos, y he dicho que no me maravillo" (292). No se equivocaba en su pronóstico. Lemos puso a cargo de la elección de su séquito literario a Lupercio Leonardo de Argensola, quien se encargó de aplacar los ánimos de los pretendientes y de escoger a los afortunados. Los elegidos fueron, además de su propio hijo, Gabriel Leonardo de Albión, y de su hermano Bartolomé Leonardo, Mira de Amescua, Gabriel de Barrionuevo, Antonio de Laredo y Francisco de Ortigosa (295). Los lamentos de los despechados (Cervantes, Lope y Góngora entre ellos) son de sobra conocidos. Góngora, tras no conseguir ir en los séquitos del marqués de Ayamonte (a Méjico), del conde de Lemos (a Nápoles) o del duque de Feria (a Francia), escribió con soberbia resignada: "príncipes, buen viaje, que este día / pesadumbre daré a unos caracoles" (Lázaro 137). Es un reacción de orgullo despechado que se repite en el soneto que comienza "El Conde mi señor…" de 1622, el que refiere la ida de Villamediana a Nápoles acompañando al duque de Alba: "y en vuestra ausencia, en el puchero mío / será un torrezno la alba entre las coles" (137). Sin embargo es una cita de *El pasajero* de Crístobal Suárez de Figueroa, que bien pudiera considerarse autobiográfica, la que más luces aporta al proceso selectivo. Describe Figueroa por boca de uno de los personajes cómo había intentado acercarse al conde de Lemos con intenciones de formar parte de su séquito, para lo cual viajó desde Madrid a Barcelona portando un libro a él dirigido, como ofrenda y carta de presentación:

> DOCTOR— Intentélo; mas *impidióme la entrada un eclesiástico* [¿Bartolomé Leonardo de Argensola?], *a quien entregué la obra dirigida*. Dificultóme tanto la audiencia, por las muchas ocupaciones, que resolvió mi cólera no esperarla. (…) *Hallé tan sitiado al conde de ingeniosos*, que le juzgué inaccesible; como si no tuviese por costumbre el sol dar luz a muchos. (…) di vuelta desde Barcelona a Madrid, sin hablar ni ver el rostro del que había sido principal motivo de aquel viaje.
>
> DON LUIS— ¿Desde Barcelona os volvistes sin hablar al Virrey? Apenas puede ser creído. *Cosas que tanto importan al propio aumento no se deben fiar de instrumento poco seguro. Conviene tener duración, y no perderse de ánimo, hablando en persona al de quien se espera recibir beneficio.* (548–49; el énfasis es mío)

Las expectativas de los escritores que rondaban nobles quedan todavía más claras en otra queja contenida en el mismo pasaje, donde el doctor continúa quejándose amargamente del entorno del Conde, que no le permitió el acceso a éste, "por haber considerado estrecha provincia la que es tan dilatada, para entrar a parte de las mercedes del señor que la había de gobernar" (549). Y es que la toma de posesión de un nuevo virrey era una de las oportunidades más esperadas por los escritores pretendientes. Cada virrey, se dirigiera a las Indias o a Italia, se rodeaba de una nueva administración. Esta faceta de servidor en la administración de un virreinato o de una casa nobiliaria era una de las que generalmente se esperaba de un escritor al servicio de un noble. La otra era la de procurarle diversión a él y a sus allegados. Esto está espe-

La interacción con el poder

cialmente claro en el caso del conde de Lemos que se rodeó, más que de poetas, de repentizadores y hombres de ingenio capaces de "disparates graciosos," a los que tan aficionado parecía el Conde (Green 295). Este tipo de prácticas de entretenimiento se refleja en las relaciones que los escritores hacen para sus señores de acontecimientos cortesanos, en los que el humor es ingrediente habitual. Estas relaciones parodian en cierto sentido el subgénero en el que se inspiran, el de las relaciones "serias" de acontecimientos políticos o cortesanos que se publicaban en pliegos sueltos o en hojas volanderas y que tenían su propio horizonte de expectativas. El epistolario de Lope es, de nuevo, archivo abundante de este tipo de "pararrelaciones" y su solo recuento resultaría enojoso. Una de esas pararrelaciones, trufada de burlas, ironías y comentarios lopescos es una carta a Sessa desde Lerma el 19 de octubre de 1613 donde refiere al Duque las novedades de la Corte, la vida de las academias, etc. Allí hallamos, como reflejo directo de la actualidad, sarcásticos comentarios de Lope sobre la prohibición de que las mujeres asistieran a las comedias: "Pluguiese a Dios que acabasen ya de una vez con este entretenimiento… para que los hombres busquen otros peores y se luzca la circunspección de estos Catones, que cuanto piensan que moderan de costumbres, tanto alargan de invenciones" (*Cartas* 119). También aparecen chistes: "Ayer trajeron aquí un venado que Su Majestad había muerto en Ventosilla, presentado a Su Excelencia; es el más hermoso animal que vi en mi vida y me admiré de que por esta tierra los hubiera tan grandes, porque fuera de Madrid me parecía imposible" (119). Finalmente, Lope alude al papel festivo que adquirían los escritores en estas comitivas cortesanas:

> … en cuatro días que tenga de aposento cerrado, acabaré estos papeles, que de ninguna suerte me ha sido posible en Lerma porque, como otros muchos están tan mal divertidos como yo, el rato que me sobra de esta ocupación *me hurtan para entretenerse conmigo*; que en grandes soledades hasta las cosas más viles entretienen inútiles. (*Cartas* 118; el énfasis es mío)

La carta, en fin, no tiene desperdicio en cuanto a elucidar las condiciones y obligaciones en que se establecían las relaciones entre algunos nobles y los escritores y la labor de entretenimiento que presentan muchas de ellas. El caso de Lope es, desde luego, especial pero no deja de ser significativo que en una misma carta se aluda al trabajo secretarial para el Duque (esos "papeles") y a la condición de objeto lúdico del famoso dramaturgo ("para entretenerse conmigo"). Otro ejemplo significativo lo tenemos en Quevedo, entre cuyo epistolario encontramos una carta, de ¿diciembre de 1633? dirigida a la condesa de Olivares, Inés de Zúñiga, en la que Quevedo escribe: "Yo,

Capítulo tres

señora, no soy otra cosa sino lo que el Conde mi señor ha deshecho en mí, puesto que lo que yo me era me tenía sin crédito y acabado; y si hoy soy algo, es por lo que yo he dejado de ser, gracias a Dios nuestro señor y a su Excelencia" (*Epistolario* 264). La carta tiene por objetivo ser un repertorio humorístico de las características que el escritor desea en una esposa:

> Lo que debo desear en una mujer... es, que haya crecido sirviendo a vuecelencia en su casa; que si ha sabido obedecer a vuecelencia, no hay dote temporal ni espiritual que no traiga para mí en sólo el nombre de criada de vuecelencia. Y por si el mandato de vuecelencia se extiende a más, quiero lograr mi obediencia diciendo las partes que deseo en la mujer que Dios, por merced de vuecelencia y del Conde Duque mi señor, me encaminare. *Esto hago más por entretener que por informar a vuecelencia.* (263–64; el énfasis es mío)

Más ejemplos de esta labor cortesana de entretenimiento los encontramos en la carta CXXIII, que Quevedo envía al duque de Medinaceli desde Madrid el 25 de septiembre de 1630, en la que se lee: "He dejado de escribir a vuecelencia porque pretendí remitirle una relación con que se riese mi señora la Duquesa, y no ha sido posible acabarla de trasladar don Alonso aún, para remitirla hoy" (237); y en la carta CXXXI, de 21 de diciembre del mismo año y con el mismo destinatario: "A mi señora la duquesa beso la mano, y que ya tengo un librillo y otras cosillas que enviar para que vuestra excelencia se ría" (248). Otros ejemplos quevedianos del mismo tipo son la décima que comienza "Floris, la fiesta pasada" (*Obra poética* #673), y los romances "Al que de la guarda ha sido" (#681) y "Érase una cena" (#799). El primero de ellos es una relación de una fiesta de toros con rejones celebrada en conmemoración de la visita del príncipe de Gales el 4 de mayo de 1623. En ella recuerda Quevedo la comisión recordando que

> Para poder alaballo,
> todo, *a mí se me ordenó*
> que alabe a los unos yo,
> mas al otro su caballo.
>
> (151–54; el énfasis es mío)

Por el poema desfilan varios nobles participantes en el festejo, destacando la presencia del marqués de Velada, en cuya camarilla parece haber estado Quevedo en estas fechas. La desgana métrica y la mediocridad del poema refuerzan aún más su carácter circunstancial y fungible. El romance "Al que de la guarda ha sido," dirigido al conde Sástago que acompañaba al Rey en un viaje a Cataluña, tiene todo el aspecto de ser una variante jocosa de la carta-relación llena de compadreos, sobreentendidos y referencias teatrales y sexuales. El tercer romance va dedicado, según el epígrafe de su amigo y editor González de Salas, "A una cena que dieron cinco caballeros con una tortilla y dos gazapos, un jueves." La composición se articula como una relación glosada de una cena a la que asiste el poeta junto con cuatro personajes cortesanos, entre los que se encuentran "los dos de sombrero / y los tres de gorra" (7 y 8). El objetivo de divertimento grupal cortesano, lleno de referencias "internas," parece muy claro en ambos casos, así como la función de Quevedo en dicho grupo: relator y secretario jocoso de semejante "academia" gastronómica o cronista taurino.

Los escritores eran, en su doble condición de letrados y literatos, perfectos instrumentos cortesanos de los grandes señores ya fuera como gestores cortesano-administrativos o como proveedores de diversión (teatro cortesano, cartas, academias, acompañamiento en acontecimientos públicos). En un entorno como este, poblado de hidalgos letrados que buscan medrar, sorprenden menos las pretensiones nobiliarias y heráldicas de Lope, burladas y atacadas por Góngora como ya se ha dicho. En ese sentido, parece haber una predisposición por parte de los aristócratas a confiar más en los ingenios cuando estos provienen de la propia nobleza. ¿Conciencia de casta? Posiblemente. Decía Tomás Tamayo de Vargas en las *Notas a Garcilaso de la Vega* (Madrid, 1622), que Quevedo era "exemplo de las ingeniosidades de los nobles de nuestra nación" pero Quevedo también fue un ejemplo de cómo por medio de esas "ingeniosidades" hizo que el campo de poder requiriera de él su capital cultural simbólico para ponerlo al servicio de la defensa de un régimen o, dependiendo de las circunstancias, para atacarlo.

Otra interesante intersección entre los escritores y el núcleo duro cortesano lo encontramos en dos cargos palaciegos: cronista y bibliotecario real. Estos cargos eran ambicionados por muchos escritores que los percibían a la vez como reconocimiento de su capital cultural simbólico y como profesionalización burocrática de éste. Dichos cargos eran la constatación de que el capital simbólico podía tornarse simplemente en capital ya que venían acompañados de pensiones o asignaciones económicas.

El bibliotecario real más influyente de la época fue el escritor andaluz Francisco de Rioja (1583–1659) y llegó a la corte de la mano de Olivares. Se habían conocido en Sevilla, de 1607 a 1615, quizás en el círculo académico de Pacheco, cuando Rioja era canónigo y el futuro valido se labraba fama de mecenas (Elliott, *El conde-duque* 53) y su relación de varias décadas acabó por hacer de Rioja un confidente del Conde-Duque y un propagandista político y personal de éste. Cuando Olivares fue desterrado a Loeches, en junio de 1643, Rioja se retiró a Sevilla y no volvió a Madrid hasta 1654 (Santiago 293–94). Su cargo palatino específico consistía en estar a cargo de la biblioteca personal[20] que Felipe IV tenía en la Torre Alta del Alcázar que, hacia 1637, contaba con unos dos mil doscientos libros (Bouza, *Del escribano*

127). Rioja fue mucho más que un simple bibliotecario y, cuando las circunstancias lo requerían, su área de actuación se acercó mucho durante el mandato de Olivares a lo que podríamos llamar "oficina de información y propaganda." Él fue, por ejemplo, el encargado de dar respuesta intelectual a la *Proclamación Católica* (Barcelona, 1640) durante la revuelta catalana, con su *Aristarco o censura de la Proclamación Católica* (1641) (Arredondo 120). En sus últimos años, ausencias y enfermedades propiciaron que otros escritores se postularan activamente para el cargo. Así, el poeta culterano Gabriel Bocángel (1603–58), hijo del médico de cámara de Felipe III, solicitó el puesto a Felipe IV para "servir la biblioteca en asusencias y enfermedades" de Rioja, a lo que el Rey contestó con un "No hay para qué proveer este interim," pensando que Rioja se recuperaría de sus dolencias (Santiago 293). Finalmente no fue así y, andando el tiempo, Bocángel se convirtió en bibliotecario y cronista real. En ambos casos nos encontramos con que los escritores que alcanzan puestos oficiales en la corte lo logran no tanto por sus méritos literarios como por una combinación de sangre, educación, sólidas raíces cortesanas y, en definitiva, de su *habitus*.

El *cursus honorum* cortesano e individual que desembocaba en el cargo de cronista real ha sido mejor estudiado en el caso francés (Ranum, Viala) que en el español. Ranum estudió la carrera de cinco historiadores, Charles Bernard, Charles Sorel, François Eudes de Mézerai, Paul Pellisson-Fontanier y Jean Racine, que fueron nombrados *historiographe de France* o *historiographe du roi*. Como señala el mismo Ranum (22), estos nombramientos implicaban un honor otorgado por el monarca y, como cualquier otro título, se convertían inmediatamente en parte de la imagen pública de un escritor.

Históricamente, la figura del cronista real se oficializa en España a partir de los Reyes Católicos quienes escogieron personalmente a sus cronistas (Hernando del Pulgar, Galíndez de Carvajal, Antonio de Nebrija, Lucio Marineo Sículo) y cubrieron de prestigio tal figura cortesana dotándola de un sueldo de 40.000 maravedíes al año, cantidad luego doblada por Carlos V (Kagan, "Clio" 75). Desde entonces, el cronista real comienza a ser no ya sólo un historiador oficial sino también un cargo cortesano que debe responder a expectativas y encargos de quienes lo nombraron. Uno de esos cometidos sería, en opinión de Kagan (74), componer una historia unitaria y unificadora de una monarquía, como la española, compuesta por diversas entidades históricas.[21] De ahí que muchos de ellos se dedicaran a privilegiar la elocución efectista sobre la erudición y el rigor histórico, como ocurría con los cronistas franceses (Ranum 24). Andando el tiempo, a la alabanza del monarca y sus ancestros o a la glorificación de la monarquía se les fueron uniendo las ansias de gloria y de triunfo editorial (339). Un temprano ejemplo lo tenemos en Juan de Garibay (1533–99) quien solicitó a Felipe II en 1592 el puesto de cronista real sin reclamar sueldos o recompensas. Como argumento adicional de tan generoso ofrecimiento Garibay presentaba una crónica ya publicada, el *Compendio historial de las crónicas y universal historia de todos los reinos de España* (Amberes, 1571), que alcanzaba hasta don Pelayo.[22] Considerando esta crónica un primer paso para llevar a cabo la crónica completa de todo el reino, Felipe II optó, en contra del parecer de sus consejeros (que proponían nombrar una comisión de historiadores), por elegirle cronista real en solitario. Garibay apenas avanzó en la crónica en sus cinco años como cronista, quizás confirmando el temor de los consejeros de que pretendía el cargo "para sacar con más autoridad a luz sus obras" (Kagan, "Clio" 78). La última obra de Garibay, publicada en 1596, fue *Ilustraciones genealógicas de los Cathólicos Reyes de las Españas* (Madrid, Luis Sánchez).

El caso de Garibay ilustra cómo el campo cultural (escritores, historiadores, humanistas) comienza a percibir los cargos palaciegos no sólo como prestigioso reconocimiento cortesano sino también como parte fundamental de la imagen pública. Dicha imagen tenía claras implicaciones editoriales y simbólicas ya que la autoridad que confería un cargo de designación real como el de cronista favorecía el éxito en el creciente mercado del libro y, de paso, otorgaba cierta jerarquía dentro del campo literario-cultural. El parecer que Góngora pide sobre su poesía a Pedro de Valencia constituye un ejemplo de ese prestigio simbólico que confería el cargo de cronista; prestigio con el que el poeta cordobés esperaba investir a su poesía, auténtico ariete de sus pretensiones cortesanas.

El cargo de cronista real[23] fue ocupado en España en los siglos XVI y XVII mayoritariamente por eruditos o religiosos como Ginés de Sepúlveda, Ambrosio de Morales, el citado Garibay, Jerónimo Zurita, Antonio de Herrera y Tordesillas, José Pellicer de Tovar, los Argensola, Pedro de Valencia, el padre Mariana, Tomás Tamayo de Vargas o Juan Andrés de Uztarroz. Es cierto, sin embargo, que a medida que va transcurriendo el siglo XVII el perfil de los cronistas se va "literaturizando" (Tamayo de Vargas, los Argensola, Rioja, Bocángel). Por otro lado, en la época florece una auténtica industria de supercherías e invenciones históricas (los cronicones, las falsas genealogías, los infames plomos granadinos) que difumina los límites entre historia y ficción. Todas estas falsificaciones fueron el resultado directo o indirecto de cuatro factores interrelacionados: el mecanismo (re)productor de mercedes y sinecuras cortesanas, los estatutos de limpieza de sangre, la importancia del honor y de la reputación en la sociedad cortesana y la reacción señorial a la pérdida de poder en favor de monarca y valido. La vaga percepción de que la cultura literario-ficcional cortesana podía aducirse como mérito para el cargo, unida a su triunfo popular y cortesano hicieron que Lope pretendiera durante años ser cronista real. En la versión impresa de *El premio de la hermosura* (1620) Lope glosa su fallida pretensión, frustrada definitivamente en julio de ese mismo año: "Canté desde que nací / de Júpiter español / las grandezas, y hasta el sol / mi humilde plectro subí, / y no he merecido ser / su coronista siquiera" (cito por Wright, *Pilgrimage* 122). ¿Por qué, se pregunta Lope, no se le ofreció el puesto de cronista real a alguien como él que hubiera utilizado su popularidad en favor de los objetivos propagandísticos del cargo?[24] Wright (*Pilgrimage* 139) llega a la conclusión de que Lope elevó su perfil público mediante una agresiva estrategia de publicación y de apariciones públicas pero que la corte acabó recompensando a una generación más joven con los premios que el dramaturgo ambicionaba. Sin embargo, si uno repasa los perfiles de todos los cronistas reales desde mediados del XVI a mediados del XVII[25] se observa que para nada se parecen al de Lope. Ninguno de ellos se significó como escritor de entretenimiento (mucho menos como autor de comedias), todos presentan un enfoque más o menos homogéneo en su producción intelectual y su vida pública fue ciertamente menos escandalosa que la del Fénix.[26] En definitiva, que a Lope le faltaban *decorum*, homogeneidad y hasta reputación intelectual (un capital simbólico muy diferente al de la popularidad) para estar al frente de la imagen histórica del Rey y de la propia monarquía. ¿Cómo iba a competir Lope por el cargo con el padre Juan de Mariana, la auténtica figura de la historiografía de la época? No nos queda más remedio que describir la pretensión de Lope como quimérica. Lo mismo debió de pensar el monarca quien, en agosto de 1622, le concedió a Mariana una subvención de 1000 ducados para que escribiera una nueva edición de su *Historia de España* y más tarde lo nombró cronista real.[27] La prueba definitiva de lo desencaminado de la ambición lopesca es la ironía (¿justicia poética?) de que Lope dé rienda suelta a sus quejas nada menos que en comedias que fueron representadas ante la corte. Al convertir los versos de *El premio de la hermosura* en una especie de mini memorial o de *Cahier de doléances* en defensa de la legitimidad de sus pretensiones Lope está, además de ventilando su frustración, poniendo de manifiesto una ruptura de la etiqueta y del *cursus honorum* cortesanos, así como del *decorum* genérico al confundir una comedia con un memorial elevado al Rey (¿a quién si no?). Confunde también el triunfo popular y cortesano con la reputación intelectual. Como afirma Wright (*Pilgrimage* 111) en excelente análisis, Lope inició hacia 1610 una estrategia a medio plazo para convertirse en cronista real y dicha estrategia se refleja en obras como *La hermosa Ester* (ca. 1610), *El premio de la hermosura* (ca. 1614) y *Los ramilletes de Madrid* (1614–15). Lope aprovecha las tramas de las tres comedias y la oportunidad que se le presentaba en estas obras encargadas por y para la Corte para ir convenciendo sutilmente al Rey de lo apropiado de su pretensión. En última instancia, la propia venalidad simbólica y real que acarreaba Lope (los nobles le *encargaban* las comedias)[28] y su propio perfil (popularidad cómico-lírica, heterodoxia vital y literaria) se conjuraron para impedir el logro de su pretensión de ser cronista real. Podría decirse que su problema fue, en buena medida, confundir la poesía con la historia.

Mientras las ansias legitimadoras de los pretendientes nobiliarios se enraizaban en un pasado real (sangre, antepasados) o ficticio (crónicas familiares o personales espurias), las de los escritores pasaban primero por el fortalecimiento de un haz de relaciones interautoriales dentro del campo literario. Como resultado, los escritores asumían una cierta competitividad fundada en la práctica del ingenio, uno de los capitales culturales simbólicos más apreciados. Si dicho capital era reconocido por los miembros del campo de poder podía significar, en último término, un patrocinio nobiliario indefinido. Hay un soneto gongorino al que ya he aludido, de hacia 1613, bastante ilustrativo del estamento y el tipo de público al que apuntaba su poesía:[29]

> Con poca luz y menos disciplina
> (al voto de un muy crítico y muy lego)
> salió en Madrid la *Soledad*, y luego
> a Palacio con lento pie camina.
> (*Sonetos* 279)

La poesía gongorina, tildada de oscura por críticos como Quevedo, blanco individualizado del soneto, se dirige, al igual que una procesión homónima celebrada en Madrid el viernes santo, metafórica y realmente hasta el propio Palacio Real en un intento por lograr que dicha figuración de poder le dispensara la distinción social y literaria que el cordobés buscaba. El epicentro cortesano y literario que era Madrid se convertía así en palestra ineludible para la distinción y el triunfo literarios, como también ocurrió con la difusión del *Polifemo*:

> Pisó las calles de Madrid el fiero
> monóculo galán de Galatea,
> y cual suele tejer bárbara aldea
> soga de gozques contra forastero,
>
> rígido un bachiller, otro severo
> (crítica turba al fin, si no pigmea)
> su diente afila y su veneno emplea
> en el disforme cíclope cabrero. (197)

El soneto fue probablemente escrito por Góngora hacia 1615, cuando todavía estaba en Córdoba y retoma el símil de equiparar los ataques de sus detractores a los de una jauría de perros ("soga de gozques").[30] Pero los perros aquí son madrileños, y sus ladridos ataques y pullas a la oscuridad de

Capítulo tres

los poemas mayores gongorinos. El poema fue denunciado por el inefable padre Pineda por contener alusiones personales y por lo escatológico, como recuerda Biruté Ciplijauskaité, editora de los sonetos (197).

Conocido es el aliento del Conde-Duque a la frustrada edición de la poesía de Góngora. El poeta cordobés era muy consciente, desde luego, de las prácticas a emplear para que sus obras llegaran a los círculos cortesanos. Esa fue la labor encomendada a Almansa y Mendoza: oficiar de abogado y difusor de la poesía gongorina en los mentideros culturales de la Corte; esto es, "por estrados, en el patio de Palacio, puerta de Guadalajara, corrales de comedias y lonjas de bachillería" (Martínez Arancón 42). Que Góngora apelaba a los menos es un hecho. Quizá por ello Beverley ha visto cierto paralelismo distintivo entre el aristocratismo poético gongorino y el gusto de algunos señores por su poesía, a partir del cual hizo una lectura de las *Soledades* como desengaño simbólico ante la decadencia española (Introducción 23–27; "Language" *passim*). De todos modos el poema gongorino parece presentar lecturas más plausibles que la sociopolítica; ya sea desde la ladera sociocultural (distinción, capital cultural), o bien desde lecturas intrínsecas.

En la búsqueda de patrocinio aristocrático existía una cierta maniobrabilidad, dentro del espacio de posibles, en la que cada escritor jugaba las bazas a su disposición e intentaba singularizarse ante el campo de poder por medio de determinadas tomas de posición (dedicatorias, temas, géneros, competencias en justas y academias, etc.). Lope, por ejemplo, se vio inmerso en la tensión casi oximorónica de su espacio de posibilidades: cobrar dinero por sus comedias en los corrales citadinos y aspirar a cargos de honor en la corte (Wright, *Pilgrimage* 20). Los escritores tenían una panoplia de posibilidades ante ellos: decidir si firmaban o no las obras; escoger género, tema y estilo; imprimir o fiar la transmisión a las copias manuscritas; finalmente, escoger a quién dedicar la obra, si era el caso. Quizá no sea casualidad que el *Quijote* (1605), las *Flores de poetas ilustres* y las *Soledades* vayan dedicados al duque de Béjar, de quien Cervantes apunta en su dedicatoria que acoge y honra "toda suerte de libros" y que es "príncipe tan inclinado a favorecer las buenas obras, mayormente las que por su nobleza no se abaten al servicio y granjerías del vulgo." Lope, mientras tanto, optó por acercarse a los Fernández de Córdoba, dedicando *El peregrino en su patria* (1604) al marqués de Priego. Apenas un año más tarde, en 1605, Lope inició una compleja e íntima relación con Luis Fernández de Córdoba, el sexto duque de Sessa, que duraría décadas. No creo, pues, que quepa hablar de dependencia residual de un sistema de mecenazgo feudal en este tipo de relaciones, como hace Read (93) al hablar de la relación entre Gracián y Vincencio Juan de Lastanosa. Creo que es precisamente esa *agency* de los agentes del campo literario la que despoja de carácter propiamente feudal esa relación. Puestos a buscarles semejanzas, esa necesidad de financiación editorial de la producción literaria se acerca más a prácticas actuales de nuestro tiempo que a otra cosa. Otra cosa muy diferente es que el mecenazgo vaya acompañado por la pertenencia al campo de poder, caso que no era exactamente el del erudito Vincencio Juan de Lastanosa, que más parece exquisito editor *motu proprio* que otra cosa. Además, puestos a precisar, existen dos tipos de relaciones culturales entre nobles y escritores: clientelismo y mecenazgo. Ambas tienen lógicas diferentes: el clientelismo, que sí es en parte residuo medieval, fue común en el XVII y presentaba una lógica de servicio que en ocasiones implicaba el desempeño de un puesto de trabajo, beneficios o pensiones eclesiásticas (Viala 52–53). El mecenazgo, sin embargo, no comporta más que la ayuda de un patrón a un artista para apoyar el desarrollo o la manifestación de su habilidad artística. En el clientelismo el servicio precede al arte; en el mecenazgo el arte es lo primero. Con todo, recuerda Viala (54) que es raro el amor al arte por el arte y que la lógica implícita del mecenazgo del siglo XVII se suele apoyar en el reconocimiento explícito por parte de los autores a sus patronos o benefactores. Ahora bien, ¿qué relaciones nos encontramos en el XVII español, clientelistas o de mecenazgo? Ciertamente ambas. Por una parte tenemos obras totalmente literarias y hasta metaliterarias que son "autónomas" pero que aún necesitan ir dedicadas a alguna persona principal (las *Soledades*, los *Quijotes*). Por otro lado tenemos obras que muestran aspectos claramente clientelistas y que han sido o bien comisionadas directamente por una persona del campo de poder (el *Chitón de las tarabillas* quevediano) o bien han surgido de la propia pretensión clientelista del autor (piénsese en el *Panegírico al duque de Lerma* gongorino). En este segundo caso esas obras son tomas de posición muy específicas y se dirigen no ya a cualquier lector sino a un lector explícito del que se espera una protección cuasi feudal. En el *Panegírico*, Góngora hizo uso, al decir del abad de Rute, de una adulación "descubierta y falsa... condenando los tiempos y ministros del rey pasado, por subir de punto el gobierno del duque de Lerma" (Alonso, "Góngora en las cartas..." 52). Por mucho que a don Dámaso le extrañara esta crítica del Abad a la conducta de Góngora, lo cierto es que el envite gongorino no dejaba lugar a duda de su propósito desde el propio título del poema. Así pues, clientelismo y mecenazgo presentan matices: el mecenazgo literario coexiste con el mercado y es en parte consecuencia de la existencia de un campo literario mientras que el clientelismo suele ser un subproducto de la cultura o la política cortesanas. Otra diferencia a ponderar entre ambos es su impacto en la *inventio* y en la poética de los escritores. Como apunta Viala (79), en los escritores franceses de mediados de siglo el mecenazgo privilegió, a diferencia del clientelismo que no tenía mayor influencia sobre la poética, la literatura epidíctica y la poesía encomiástica pero también las ficciones y divertimentos que podían implicar prestigio. Quizá por ese motivo, obras tan significativas e

Capítulo tres

innovadoras como el *Quijote* de 1605 y las *Soledades* le fueron dedicadas al duque de Béjar, en la confianza de que resultaría un mecenas "inclinado a favorecer las buenas artes, mayormente las que por su nobleza no se abaten al servicio y granjerías del vulgo" (Cervantes, *Quijote* 77). Más suerte tuvo Lope con otros mecenas pues en mayo de 1620 escribe: "Yo he estado un año sin ser poeta *de pane lucrando*, milagro del señor duque de Osuna, que me envió quinientos escudos desde Nápoles, que ayudados de mi beneficio, pusieron la olla a estos muchachos" (*Cartas* 242–43). La cita está extraída de una carta de Lope al octavo conde de Lemos, Francisco Ruiz de Castro, y contiene algunas claves sobre las relaciones entre aristócratas y escritores. La carta de Lope a Lemos, a quien curiosamente va dedicado el segundo *Quijote*, es un sutil anzuelo que le lanza el escritor al aristócrata, animándole no ya a la comisión más o menos clientelista y piadosa que quiere Lemos en esta ocasión al encargarle una comedia sino al mecenazgo sustancioso que lo saque de la actividad artística comisionada, es decir, del "*pro pane lucrando*" (*Cartas* 242) y que lo habilite para escribir libremente. El cebo que utiliza Lope es la mención a la generosidad "desinteresada" de otro grande, el duque de Osuna, que le fue probablemente transmitida por Quevedo en su viaje de vuelta desde Italia, donde había servido a Osuna en el virreinato de Nápoles.[31] Esa mención no es nada inocente porque Lemos regentaba entonces el otro virreinato italiano, el de Sicilia y el que, según parece, Lemos no se hubiera "acordado" de Lope en al menos un año se contrapone necesariamente en el texto con la subvención de Osuna. Finalmente, cierto tono de excusa desganada respecto a la comisión[32] (que Lope finalmente llevó a cabo como *La devoción del Rosario*) y esos exagerados abajamientos de recordarle el haber dormido a sus pies "como perro" y de humillarse, aun figuradamente, "la boca por la tierra" parecen mostrar un cierto recordatorio irónico y desencantado de Lope hacia Lemos.

Otro aspecto a tener en cuenta es la distribución genérica de clientelismo y mecenazgo. Mientras el clientelismo tiende a la poesía elogiosa o heroica, a cierto tipo de teatro, a la crónica histórica y, excepcionalmente, al libelo, el mecenazgo suele aparecer en conexión con obras de erudición, de ficción prosística o de poesía lírico-amorosa. Caso aparte es el del teatro por su doble función espectacular y textual. La primera propiciaba que reyes y aristócratas se convirtieran en mecenas esporádicos de obras concretas que se encargaban *ex profeso* o se representaban en fiestas palatinas (Viala 79). Pero también es cierto que en las obras de teatro que, por las razones que fueran, acababan siendo publicadas (Cervantes, Lope), terminaban en un terreno ambiguo, a medio camino entre la oferta y demanda editoriales y las apelaciones o reconocimientos propios a las relaciones con mecenas reales o potenciales del campo de poder.

Lo que parece destacarse de todo lo visto hasta ahora es la desproporción existente entre ciertas prácticas del campo literario (específicas, evolucionadas y otorgadoras de prestigio cortesano) y la falta de demanda editorial—de comercialización, en suma—, en que incurrían muchas de ellas. Esto hacía imposible la profesionalización auténtica de los escritores, aun de los más señalados. En ese sentido podría decirse que el campo literario de la primera mitad del XVII español "se adelantó" a su tiempo, en el sentido de que la sofisticación de sus estructuras y jerarquías no se correspondía exactamente con una distribución oposicional entre producción masiva y producción restringida. La ley de la oferta y la demanda cultural se veía mediatizada por la intervención directa o indirecta del campo de poder, que obligaba a una casi siempre incierta y diferida capitalización (mercedes, premios) del capital cultural simbólico atesorado por los agentes del campo literario. Ejemplo de ello son las academias, de las que me ocuparé acto seguido.

3.3. La legitimación institucional de los escritores: academias, certámenes y justas

Según Mongrédien (15), los escritores franceses hacen su "entrée dans le monde" entre 1620 y 1630, de la mano de las academias. Desde su *otium*, la aristocracia se erige en esas academias en árbitro de un gusto que se convierte así en elemento esencial del orden social (Fumaroli 8). Un fenómeno similar ocurre en España aproximadamente una década antes, aunque con algunas diferencias. Algunos de los escritores españoles de la época (Góngora, Quevedo, Villamediana, Salinas…) ya estaban en el mundo cortesano o paracortesano como miembros de los grupos sociales privilegiados y quienes no lo estaban, como Lope, entraron de la mano del triunfo popular y del clientelismo e instrumentalización de que fueron objeto por parte de los aristócratas. Las academias fueron, en el caso español, el lugar en el que se socializó la literatura y en el que se hizo de ésta un espectáculo cortesano. Luego, dado que la Corte era el epicentro de modelos y prácticas culturales, se fueron extendiendo por todo el reino. Ese será el caso de algunas academias provinciales en las que el patronazgo nobiliario reflejaba los usos de la corte:

> To some extent, this patronage can be viewed as the result of the provincial nobility reflecting the tastes and fashions of the court, although noble patronage does obviously predate the official sponsorship of academy activities by Philip IV and the Count-Duke in the 1620's and 30's. (J. Robbins 29 [11])

Esto no significa que todas las academias extracortesanas fueran émulas de las de la corte ni tampoco que necesariamente siguieran a estas pues ahí están, para desmentirlo, la sevillana de Mal Lara o la valenciana de los

Capítulo tres

Nocturnos. Lo que sí se puede afirmar es que las academias cortesanas tuvieron un carácter más espectacular, socializador y mundano que propiamente humanista y que ese salto cualitativo se debe, en buena medida, a la "socialización" cortesana de la literatura y a la presencia constante de miembros del campo de poder. El papel de las academias como centro de las relaciones entre los campos literario y de poder alcanzó su apogeo en el primer tercio del XVII y, especialmente, entre 1612 y 1625, aproximadamente. No hay más que seguir atentamente el epistolario de Lope para percibirlo, y si bien es cierto que a lo largo del XVII siguió habiendo academias no lo es menos que el rango de su interacción social fue luego mucho menor, una vez que otros entretenimientos cortesanos vinieron a competir con la literatura. Ejemplo de esta densa interacción social entre ambos campos es la academia que Castillo Solórzano describe en *Las harpías de Madrid* (1631):

> En breve tiempo se llenó la sala de poetas, de músicos y de los mayores señores de la corte, no faltando algunas damas que de embozo quisieron gozar de aquel buen rato por acreditarse de buenos gustos. Todos ocuparon sus asientos porque ya sabían los que les tocaban de otras juntas. Comenzó la música a prevenir el silencio, y así, a cuatro coros, cantaron... tonos en bien escritas letras por los mismos académicos. (138–39)

La corte era el referente inexcusable de quienes buscaban la gloria literaria. Era el lugar para ver y ser visto; para leer y ser leído; también el reflejo por excelencia de ese espacio socioliterario que venimos llamando "campo." La corte madrileña del XVII fue también el lugar simbólico donde se erigía el Parnaso, "monte en dos cumbre dividido" y el campo de batalla en el que se dirimían las disputas y las reputaciones literarias. Era también, y permítaseme tan atrevida licencia, la bolsa, el mercado central de valores literarios. Las academias constituyeron en algún momento la encarnación jerárquica de esos capitales literarios, como también se refleja en *Las harpías* al aludir a la presidencia de la academia que correspondía a un Lope descrito como "Belardo, Visorrey del Parnaso, viceprotector de las Nueve hermanas y Fénix de la poesía" que encabezaba el acto "en el asiento principal de las tres sillas" (139). Quizá tomado en consideración citas como esta, Aurora Egido ("Una introducción" 12) ha afirmado que en las academias se copió y codificó la estructura jerárquica del poder mismo. Se podría pensar, sin embargo, que la jerarquía literaria reflejada en las reuniones académicas difería de la perteneciente al complejo de intereses monárquico-señorial. Mientras ésta se va retroalimentando hereditariamente, la jerarquía emanada de la disciplina literaria es estrictamente personal y no social y surge de comportamientos protoburgueses: está basada en el éxito, es resultado de prácticas competitivas y meritocráticas y, hasta cierto punto, no atiende al origen social de sus miembros. De ahí el lugar preferente de Lope en ellas.

Al hablar de las academias hay que comenzar constatando un hecho sorprendente: en general se ha mostrado poco interés por el papel que desempeñaron en la España del XVII (King, "Academies" 367). Quizá las razones de tal incuria sean la abundancia y dispersión de estas instituciones; de ahí que Aurora Egido haya reclamado que "la tarea de historiar las academias y los certámenes poéticos debe hacerse por islotes geográficos" (*Fronteras* 119).

Las academias se originaron en Italia hacia mediados del XV (la más famosa fue la de Marsilio Ficino que dio nombre a la costumbre bautizando su casa como "Academia," en remembranza platónica) y comenzaron siendo reuniones filológicas dedicadas a la traducción, interpretación y comentario de textos clásicos y luego fueron "literaturizándose" y reglamentándose (King, *Prosa* 12–13). En el XVI ya habían pasado a España donde experimentaron un gran desarrollo en el XVII. Para una descripción, composición y recuento de las academias me remito a los clásicos trabajos de José Sánchez (*Academias literarias del Siglo de Oro español*) y Willard F. King (*Prosa novelística y academias literarias en el siglo XVII* y su artículo previo "The Academies and Seventeenth-Century Spanish Literature"), así como a los más recientes de Jonathan Brown, Kenneth Brown, Aurora Egido, Jeremy Robbins, Clara Giménez y Anne Cruz. La principal conclusión que se extrae de la consulta de esos trabajos es la capital importancia que estas instituciones tuvieron en la cultura española del XVII. Pero, ¿cuáles fueron los motivos de este florecer académico? El principal fue, en mi opinión, el privilegiado estatus que había logrado la literatura. Dicho de otro modo: sin abundancia de escritores no hubieran existido academias como aquellas; sin el prestigio simbólico y social que había alcanzado la literatura, tampoco. Como hemos visto en el primer capítulo, la demanda de consumo cultural por parte de la sociedad cortesana provocó, a su vez, la consolidación de un campo literario fundado en una dialéctica distincional donde se reconocían determinados capitales culturales simbólicos como, por ejemplo, el ingenio. La práctica académico-ingeniosa tenía por objeto competir en las dos vertientes activas que presentaban las academias. Por un lado, eran *sociotopos*, centros de interacción del propio campo literario, lo que se concretaba en intercambios poéticos materiales o simbólicos. Los intercambios materiales son obvios: se trataba de lecturas públicas de carácter más o menos competitivo. Interesan más los simbólicos, cuya riqueza y variedad es notoria: influencias entre escritores (aquí, "intertextualidades"); similitud y "obligatoriedad" en cuanto a temas propuestos;[33] legitimaciones literarias; finalmente, luchas y querellas literarias. No es arriesgado suponer que de las academias salieran muchos de los nexos que luego cristalizaban en versos laudatorios, citas elogiosas, cartas nuncupatorias, etc. También podemos aventurar que vejámenes o pugnas por una misma posición dentro del campo podía terminar en envidias o celos profesionales. En un ejemplo sacado de las *Rimas* de Cristóbal de Mesa (Madrid, 1611) y citado por King se lee:

> Si algunos dellos [los Príncipes] hace una academia
> Hay se[c]tas, competencias y porfías,
> Más que en Inglaterra y en Bohemia,
> Algunas hemos visto en nuestros días
> Que mandado les han poner silencio,
> Como si escuelas fueran de herejías.
>
> (*Prosa* 45)

O el que aparece en *El pasajero* (1617) de Suárez de Figueroa, todavía más preciso en cuanto a las diatribas académicas. Uno de los contertulios, el maestro, refiere cómo presenció cierta riña "derivada de porfiar si era mejor el invierno que el verano" que fue acalorándose, "parando en sacar las espadas, de que resultara herirse o matarse, si a tiempo no llegara el montante de la paz, y socorro de buenos" (671–73). Pero además de lugar de chuscas o encarnizadas luchas interinas dentro del campo literario las academias eran también, al igual que los salones franceses del XIX, centros de interacción con el campo de poder. Como señala Bourdieu, glosando las conexiones entre ambos campos:

> The salons are also, through the exchanges that take place there, genuine articulations between the fields: those who hold political power aim to impose their vision on artists and to appropriate for themselves the power of consecration and of legitimation which they hold...; for their part, the writers and artists, acting as solicitors and intercessors, or even sometimes as true pressure groups, endeavour to assure for themselves a mediating control of the different material or symbolic rewards distributed by the state. (*Rules* 51 [12])

Y esas dos consecuencias de tal articulación interactiva entre campos (utilización de ciertos agentes literarios por parte del poder, aprovechándose de su capacidad de legitimación y lucha entre escritores por mediar en esa legitimación) se presentan igualmente en las academias del XVII español.

La presencia de representantes de la aristocracia en las academias se convirtió a principios del XVII en una práctica cortesana generalizada. Muchos de ellos eran además poetas, como el archiconocido conde de Villamediana, el príncipe de Esquilache o el conde de Salinas. De entre los aristócratas que asistieron regularmente a academias los más notorios fueron el duque de Medinaceli, el conde-duque de Olivares, y el conde de Lemos, que asistían a la academia del conde de Saldaña; los duques de Lerma e Híjar, el marqués de Velada, asiduos, junto con Salinas, de la Academia de Madrid; el citado Esquilache, que frecuentaba la de Sebastián Francisco de Medrano y finalmente el conde de la Roca, que asistía a la patrocinada por Juan de Arguijo.

A primera vista podría pensarse, siguiendo la lógica de una cultura cortesana, que la mayoría de las academias nacían por impulso nobiliario. Creo que no es del todo cierto. En mi opinión era la propia dinámica del campo literario la que estaba detrás de muchas reuniones académicas, con su jerarquía (a veces rotatoria) y su violencia simbólica, representada en los vejámenes y en el tono claramente oposicional y competitivo que adoptaban. Una vez percibido ese impulso académico-asociacionista que busca el reconocimiento y la legitimación social de la figura del escritor (Viala 42–43), es cuando, desde un punto de vista logístico, se hacían necesarios los aristócratas patrocinadores. En las academias madrileñas más celebradas de la primera mitad del XVII primero aparecían los poetas y, si acaso, algún caballero patrocinador que prestaba su casa para la ocasión. Una vez constatado el prestigio social (el capital simbólico cortesano, en este caso) que podían extraer nobles y damas de las reuniones académicas, asistían a ellas. Por eso dice Lope a comienzos de febrero de 1612: "Hoy ha comenzado una famosa academia, que se llama El Parnaso, en la sala de don Francisco de Silva: no hubo señores, que aún no deben de saberlo; durará hasta que lo sepan" (Romera Navarro 498). Así pues, a las academias acudían, además de escritores o "consocios," aristócratas y damas que acababan por convertirlas en un auténtico espectáculo literario público.[34] No es difícil de comprender que los escritores albergaran resquemor ante esta presencia de los nobles que, en la mayoría de los casos, oficiaban de jueces simbólicos de una práctica progresivamente competitiva que había adquirido cierta boga social y en la que no destacaban. Del malestar con esta situación de Lope-Burguillos se ocupó Rozas (*Estudios* 207–11) pero era un sentir extendido. La verdadera naturaleza de las academias encuentra una de sus mejores elucidaciones en las quejas, implícitas o declaradas, irónicas o sarcásticas, que los escritores hacen del papel de los nobles en ellas. Una de estas quejas, recogida por King (*Prosa* 98), es el lamento por las apropiaciones de poesías ajenas, venales o no, que hacían algunos de esos aristócratas, aunque no se llega a citar ninguno. Uno de los textos más expresivos al respecto, si no de la apropiación poética sí de los sentimientos provocados por la presencia de los grandes señores, es *La peregrinación sabia* (1635), de Salas Barbadillo. En este curioso texto que aprovecha los mecanismos de la fábula se desarrolla una academia entre animales, "cuatro volátiles [tordo, águila, ruiseñor y tórtola] y cuatro terrestres [caballo, perro, mono y gato]" (44). De entre ellos, el caballo claramente representa a un noble pues es "muy presumido de su grandeza y generosidad," cree que el saber consiste "no en haber

Capítulo tres

estudiado más ni en tener más ingenio que los otros, sino en haber nacido mejor que ellos" y al hablar lo hace "con grande presunción" y comprando el "aplauso con dádivas y caricias" (Salas 44). La amargura satírica de Salas no puede ser más clara: los nobles, que no gozan del ingenio necesario para competir en el campo literario y que no han hecho nada para merecerlo, salvo nacer, compran su sitial y el prestigio poético ofreciendo favores y mercedes porque "ellos decían ser animales generosísimos, pues trataban las armas y ejercitaban la guerra, autora de nuevas monarquías y disipadora de antiguos imperios" (45). El texto parece traslucir una dolorida constatación del funcionamiento y reglas del juego en la literatura de la primera mitad del XVII y, aunque aparecido póstumamente en su *Coronas del Parnaso*, nos da también una medida de esa capacidad de acción con que contaba un agente del campo literario. Las constricciones impuestas por los intereses y afán distintivo del complejo monárquico-institucional son bien patentes, pero también lo son los resquicios por los que se cuela una cierta heteroglosia subjetivizadora.

Las academias traficaban simbióticamente con capitales simbólicos de naturaleza social (prestigio) y cultural (ingenio). Tal simbiosis descansaba en el espacio cultural de la propia sociedad cortesana, en una cascada de causas y efectos difíciles de categorizar pero en los que el proceso de centralización burocrática jugó un indudable papel. A su vez, esa burocratización hubo de apoyarse en un nutrido cuerpo de hombres de letras que llevara el día a día del inmenso aparato estatal que dejó tras de sí Felipe II. Otros dos factores que también interesan son la afluencia de metales americanos y la atracción que la Corte ejercía sobre todos los estratos sociales; desde la nobleza de provincias hasta los buscavidas apicarados. Una vez conjuntados todos estos factores nos encontramos con una sociedad dinámica en la que se desarrollan unas prácticas distincionales, uno de cuyos reflejos fueron las academias.

Como consecuencia de la interacción en las academias entre miembros del campo literario y entre estos y el campo de poder, estas instituciones se convirtieron en espacios de entretenimiento cortesano, ya que solían implicar asistencia de público, espectacularidad casi teatral y cierta meritocracia artística nacida de la competitividad inherente a su naturaleza. Según Jeremy Robbins (136), este afán de espectacularidad competitiva tenía mucho que ver con la oralidad pues esta reclamaba, casi obligatoriamente, ingenio y una agudeza de prontitud comprensiva y rápido impacto. Estas cualidades se opondrían, precisamente, a la poesía culterana que era, en razón de su dificultad, menos susceptible de ser comprendida cuando se declamaba. Esto nos llevaría a un interesante cotejo de los canales de distribución y jerarquización de la poesía culterana y de la no culterana, que no voy a acometer aquí. A vuelapluma podría pensarse, estimando el ejemplo de

Góngora, que éste supo ver las dificultades que la oralidad podría suponer para su poesía más oscura y que por ello la fió a una difusión selectiva y manuscrita. Así pues la poesía, aliada no pocas veces al ingenio, se convirtió en espectáculo de consumo cortesano; en una práctica cultural que llevaba todas las trazas de utilizar los recursos de acción psicológica (extremosidad, novedad, artificio, dificultad, etc.) que Maravall le asigna a la cultura barroca en *La cultura del Barroco* (cap. 4, *passim*). Hasta qué punto llegó el carácter espectacular de la poesía académica, llevado en ocasiones hasta la teatralidad, está documentado en numerosos textos y la propia popularidad de la comedia le sirve a Jeremy Robbins para explicar la teatralidad y el melodramatismo presentes en ciertas reuniones académicas de poesía puramente amorosa (37). Con todo, los intereses de los espectadores y participantes eran variados. Ya he señalado algo del interés que movía a los poetas y a los grandes aristócratas, pero el espectro social académico era más amplio. Robbins ha argüido que lo que se buscaba en las academias era un halo de reafirmación social por parte de un grupo, el de los *caballeros*, que estaría apropiándose simbólicamente de una práctica elitista en las formas y considerada propia de la nobleza urbana (42). Y esto tiene sentido, toda vez que los únicos capitales con los que muchos de esos caballeros contaban eran ciertamente simbólicos: su ingenio y su genealogía, fuera ésta real o fingida. Los caballeros ocupaban los cargos medios en la mayoría de las instituciones municipales, administrativas, políticas, judiciales y eclesiásticas (Thompson 190). El trampolín social de muchos de ellos y una de las actividades de interacción más comunes eran las academias. El caso que más se ajusta a estas características es el de Antonio Hurtado de Mendoza, en quien prestigio cultural y genealogía se unían a un carácter discreto, rasgos cuya combinación le aupó al favor y confianza de Olivares. Mendoza ya se había significado en 1608 cuando, todavía en el entorno del conde de Saldaña, escribió una alabanza del *Elogio del juramento del Seteníssimo Príncipe Don Philipe Domingo, Quarto deste nombre*, de Vélez de Guevara, obra que fue también alabada por Quevedo, Salas Barbadillo, Salcedo Coronel y Soto de Rojas. Este último era un poeta andaluz a través del cual pudieron conocerse Mendoza y Olivares (Davies 18–20). La cohesión que se observa alrededor de la academia poética del conde de Saldaña nos habla del tipo de relaciones tributarias que los escritores tenían con los nobles. A este respecto, Davies aporta como dato la cercanía que este grupo (Lope, Cervantes, Soto de Rojas, Espinel, Mendoza) tenía con la familia Sandoval, reflejada en las composiciones dedicadas por estos al traslado de una imagen de Nuestra Señora del Sagrario a una capilla del cardenal Sandoval y Rojas en 1616. Mendoza glosó en su composición la gloria de los Sandoval, familia que ostentaba entonces la privanza con el duque de Lerma (23). Sus alabanzas no debieron de caer en saco roto ya que la estimación y consideración hacia

Capítulo tres

él fueron en aumento. Ello no impidió que, a la caída en desgracia de los Sandoval, Hurtado de Mendoza figurara entre los primeros beneficiados del nuevo régimen de Olivares, con sucesivos nombramientos que acabaron haciendo de él el privado del privado. Dónde trabaron contacto el poeta y Olivares es incierto, aunque Davies (28) conjetura que bien pudo deberse a la afición poética de Olivares, a su frecuentación académica y a la casi estricta coetaneidad entre ambos. A partir de entonces la producción literaria del escritor se ciñó en buena medida a la Corte, ya fuera como poeta y dramaturgo cortesano o como pluma defensora del régimen y de la persona del Conde-Duque. Muchos de sus entremeses y comedias tenían referentes cortesanos, como *El ingenioso entremés de Miser Palomo* (1617), en el que se satirizaban tipos y costumbres de la Corte y que fue el primer entremés editado exento. Fue con toda probabilidad representado con motivo del ya aludido traslado de imaginería religiosa a la capilla de los Sandoval (Davies 207). La carrera cortesana de Mendoza fue pues consecuencia directa de su presencia en círculos culturales patrocinados por nobles y de la visibilidad que esta práctica otorgaba a letrados con pretensiones de medrar en la corte.

Junto a los caballeros se alineaban en las academias las damas de la Corte, en una proporción e importancia que no se ha tenido en cuenta lo suficiente. Los testimonios de la "conexión académica femenina" son variados. En la salutación de Sebastián Francisco de Medrano "En la academia para un certamen de Carnestolendas," incluída en su *Favores de las musas* (Milán, 1631), se lee:

> .... Príncipes magnánimos;
> Señoras, cuanto hermosas, discretísimas;
> Cultos poetas, claros, doctos, críticos;
> Auditorio florido y celebérrimo.
>
> (King, *Prosa* 54)

La referencia nos da pistas acerca de la condición social ("Señoras,") y participación ("discretísimas") de las mujeres en las academias. Esta cita, lejos de constituir una excepción, es un indicio de la presencia femenina en estas prácticas. Segura es la de María de Zayas en la academia patrocinada por Antonio de Mendoza, secretario del conde de Monterrey (el cuñado de Olivares), fundada en 1623, mientras que su presencia es sólo probable en la academia posterior, alentada por Medrano. En el prólogo anónimo de sus *Novelas amorosas* (1637) se dice de la autora que es "gloria de Manzanares y honra de nuestra España (a quien las doctas academias de Madrid tanto han aplaudido y celebrado)..." (King, *Prosa* 59n81). En el noveno tranco de *El diablo cojuelo* de Vélez de Guevara (1641), se describe una academia sevillana, no se ha probado si real o ficticia, del conde de la Torre:

La interacción con el poder

> Y al entrar por la calle de las Armas, que se sigue luego a siniestra mano, en un gran cuarto bajo cuyas rejas rasgadas descubrían algunas luces, vieron mucha gente de buena capa sentados con gran orden y uno en una silla con un bufete delante, una campanilla, recado de escribir y papeles, y dos acólitos a los lados, *y algunas mujeres con mantos de medio ojo sentadas en el suelo*, que era un espacio que hacían los asientos. (209–10; el énfasis es mío)

Más tarde, se nombra entre los asistentes a la dramaturga Ana Caro, quien dedica una silva a Lope de Vega (212). Los casos de Caro y Zayas no son sino los exponentes más visibles de la presencia femenina en la cultura cortesana. Y ahí están para confirmarlo su tímida pero insistente presencia en los textos así como, en un reflejo en negativo, la burla y castigo que se hace de la mujer ilustrada y con pretensiones literarias en otros. Los ejemplos son innumerables, y pocas "bachilleras" salen bien paradas en las obras. Los paradigmas de ambas actitudes hacia la mujer ilustrada podrían ser la Tisbea del *Burlador,* seducida y abandonada por su ensoberbecimiento cultista, y la esquiva y libre Marcela del *Quijote*, pero junto a ellas aparecen numerosos casos más. Un caso sin duda poco común es el de la lista de autores de poemas laudatorios al *Viaje entretenido* (1603), de Agustín de Rojas Villandrando. Allí aparecen nada menos que 5 mujeres: María de los Angeles, María de Guzmán, Antonia de la Paz, Inarda de Arteaga y Juana de Figueroa. La presencia de todas ellas y de algunas más en todos los campos de la vida literaria madrileña nos dice, sobre todo, que lo que podría llamarse "manía literaria" alcanzaba a todos en la época y que la poesía de ambiente cortesano era el género epiceno por excelencia donde confluían los hombres y mujeres de la Corte. Y no sólo en Madrid. En *El diablo cojuelo*, y en su décimo tranco, refiere don Cleofás las "Premáticas y ordenanzas que se han de guardar en la ingeniosa academia sevillana de hoy en adelante," en una de las cuales se lee:

> Iten, porque a nuestra noticia ha venido que hay un linaje de *poetas y poetisas* hacia palaciegos, que hacen más estrecha vida que monjes del Paular, porque con ocho o diez vocablos… quieren expresar todos sus conceptos y dejar a Dios solamente que los entienda, mandamos que se les dé otros cincuenta vocablos de ayuda de costa, del tesoro de la academia… (230–31; el énfasis es mío)

También en los acontecimientos culturales de ciertas cortes virreinales ocupaban las mujeres un lugar destacado, aunque resguardadas de la mirada directa masculina bajo tocas y mantos. Diego Duque de Estrada refiere en sus *Comentarios de un desengañado* una representación del hundimiento de Eurídice ante los condes de Lemos, virreyes entonces de Nápoles, a la que asistieron "muchas damas encubiertas" (124–27). La mujer era pues destacada espectadora e incluso partícipe de esa cultura cortesana, más allá del puro reflejo de las tradiciones del amor cortés.

Otro elemento de conexión entre la cultura cortesana y el campo literario eran los certámenes y justas. Aunque King iguala el certamen con la justa poética (*Prosa* 85), partiendo del hecho de que en muchas ocasiones se solapan y confunden, lo cierto es que son acontecimientos poéticos bien diferenciados en origen. Las justas poéticas eran competiciones poéticas públicas cuya convocatoria obedecía a motivos religiosos o sociales (por ejemplo, acontecimientos relacionados con la familia real). Así, se convocaron justas en los nacimientos de Felipe IV, en 1605 (quizá la más concurrida e importante de todas, convocada por los regidores municipales toledanos y con participación de más de 130 poetas), de Baltasar Carlos, en 1629, y de Felipe Próspero, en 1657; en la muerte de Felipe II (1598), etc. En otras ocasiones era una orden religiosa o incluso particulares quienes convocaban estos concursos poéticos (King, *Prosa* 85–87). Ejemplos característicos son las justas celebradas en Sevilla por la beatificación de San Ignacio; las celebradas en Madrid y Barcelona en 1614 por la de Santa Teresa, en las que compitieron Cervantes, Lope, Valdivielso y muchos otros (Blecua, *Sobre poesía* 234); las de Córdoba, por el mismo motivo, en las que Góngora fue juez y parte, ganando con un romance presentado bajo seudónimo; las que se celebraron en Toledo en 1616, conmemorando la inauguración de la citada capilla de Nuestra Señora del Sagrario en la catedral, patrocinada por el cardenal Sandoval y Rojas, o las que celebraron la beatificación de San Isidro en 1620. En cierto sentido se puede ver estas justas como un mecanismo de sugestión y defensa de valores políticos y religiosos, ya que significaban un reconocimiento tácito de distribución del poder, tanto dentro como fuera del campo literario. Por un lado se contaba con la intrínseca intención legitimadora de tales actos, por cuanto buscaban glorificar o ensalzar a una determinada figura salida del santoral o del complejo monárquico-institucional. Pero las justas también eran contempladas como legitimadores internos del campo literario. Uno de los ejemplos más claros de esto último fue, una vez más, gongorino. En 1610 Góngora se presentó a una justa en honor de San Ignacio en la que salió premiado Jáuregui y se obvió un soneto del cordobés que, rápidamente, contraatacó con un soneto dirigido al jesuita Juan de Pineda, juez de la competición. La enemistad entre ambos lo fue de por vida, como lo prueba el hecho de que en 1627, muerto ya Góngora, Pineda atacara la publicación de las *Obras en verso del Homero español que recogió Juan López de Vicuña* en la que se recogían poemas gongorinos (Wilson, "Inquisición" 248–52). La anécdota nos recuerda, sobre todo, esa búsqueda de legitimación externa latente en todo campo literario, inmerso siempre en una dinámica de competitividad distintiva.

Los certámenes eran en general, y a diferencia de las justas, competiciones internas del campo literario, como prueba la misma King cuando sugiere que fue la aparente ausencia de certámenes académicos, es decir, de competiciones, lo que permitió a la Academia de los Nocturnos sobrevivir más que la mayoría de sus congéneres (*Prosa* 35). De cualquier modo, es cierto que la terminología no es precisa y denotativa en todas las ocasiones (King, *Prosa* 93), pero sí creo que puede hacerse esta diferencia institucional: las justas suelen ser legitimadores externos y extraacadémicos, mientras que los certámenes tienden a ser competiciones de carácter más académico y, por tanto, más cercanas a la dinámica interna del campo literario. Otra diferencia a señalar sería que los certámenes implicaban una variedad previamente estipulada de elementos poéticos, en una mezcla jocoseria que alternaba lo lírico con lo burlesco. Adicionalmente, las composiciones intraacadémicas incorporaban elementos metapoéticos (referencias a la poesía en sí y a su situación o fines) o metaacadémicos (mención o burla de miembros). Las justas, dado su carácter oficial y su reparto de premios, oscilaban más hacia la seriedad temática y formal y la promoción y defensa de valores religiosos, políticos e ideológicos. En ambos casos, la sociedad cortesana se aprovechaba de la precariedad económica y del hambre de prestigio legitimador que solía rodear el ejercicio poético "profesional" de quienes, como los escritores, fiaban a la pluma su capacidad de interacción con las estructuras sociales dominantes en el siglo XVII.

3.4. Literatura y propaganda histórico-política

El marco relacional entre literatura y poder ha de ser estudiado de manera específica para los reinados de Felipe III (1598–1621) y Felipe IV (1621–65). Aunque ambos comparten rasgos inherentes a toda cultura cortesana, presentan factores, agentes y situaciones muy distintas. Entre los rasgos compartidos hay dos que, de manera especial, atañen a las conexiones entre literatura y política. Los escritores, hidalgos muchos de ellos, se convertían bajo el patronazgo efectivo o ansiado, en "servidores" y propagadores socioculturales de los aristócratas por medio de elogios y dedicatorias[35] y, al mismo tiempo, servían a estos como proveedores de cultura y entretenimiento e incluso de acompañamiento público. Los aristócratas, a su vez, eran una pieza fundamental en el equilibrio del entramado de poder monárquico-señorial y necesitaban de los escritores para crear o reforzar estados de opinión en la Corte mediante la propagación oral y escrita de ciertas ideas, intereses o ideologías. La finalidad de estos estados de opinión era diversa: logro de mercedes reales que reforzaran distintivamente a un individuo o casa nobiliaria (valimientos, virreinatos, títulos, nombramientos en consejos, ascensos en la etiqueta cortesana, rentas); expandir el descontento

Capítulo tres

político y social (por ejemplo la creación de una facción antiolivarista y antijudía en la década de los treinta de la que la *Execración contra los judíos* de Quevedo es exponente); defender el poder establecido y a los individuos que lo ejercían (la defensa de la política económica del mismo Olivares, por parte de Quevedo, sin ir más lejos). A menudo es muy difícil deslindar entre interesados sahumerios cortesanos que surgen del espacio de posibles percibido por un escritor y textos que surgen por iniciativa o comisión del campo de poder. Lo que sí podemos es trazar ciertas taxonomías e irlas acompañando de ejemplos.

Generalizando, podemos decir que había cuatro tipos de propaganda en el ámbito cortesano: personal-familiar, religiosa, corográfica y política. La primera remite a la dinámica de la sociedad cortesana y a la propia estructura del sistema monárquico. Éste, establecido en razón de un "mecanismo real" que debilita, manipula y controla a las grandes familias de la aristocracia, combinaba a principios del XVII los automatismos de retroalimentación aristocrática con cierto aperturismo meritocrático que se venía produciendo desde los Reyes Católicos y que obligaba a los nobles a recordar y proyectar sus lazos con la historia y con la corona.

Los juegos de poder cortesanos implicaban que a menudo hubiera vencedores y vencidos y, siempre, pretendientes. Esta dialéctica se hace más patente ante las sucesiones dinásticas, cuando se renovaban cargos y honores cortesanos que se disputaban las grandes familias (Sandoval, Guzmán, Álvarez de Toledo, Fernández de Córdoba). Todo este dinamismo requiere una visibilidad y una presencia que la literatura y el arte vienen a brindar. La propaganda familiar e individual incluye sobre todo a pretendientes o a miembros del campo de poder que necesitan reforzar su imagen, casi siempre con la vista puesta en el logro de alguna ambición cortesana.

La propaganda religiosa consiste en obras históricas, hagiográficas o teatrales que promueven la imagen pública de una figura religiosa en un contexto de fuerte competición entre órdenes religiosas que pugnaban por el favor y la influencia cortesanas o bien por avanzar procesos de santificación o beatificación. Los ejemplos son innumerables: el *Isidro* lopesco, la quevediana *Vida de Santo Tomás de Villanueva*, etc.

La propaganda corográfica consiste en obras que alaban ciudades o regiones y puede ser comisionada o no. En el último caso es claro que lo que pretendían los escritores era establecer una imagen pública como paladines de determinado lugar. Así, el preceptista Francisco Cascales fue nombrado cronista de la ciudad de Murcia como consecuencia de sus *Discursos históricos de la ciudad de Murcia y su reino* (1621). Kagan ("Clío" 84 y ss.) ofrece ejemplos adicionales y a él me remito para un tratamiento más extenso del tema.

La interacción con el poder

La propaganda política remite a las necesidades persuasivas de la acción de gobierno, ya sea en la política doméstica (especialmente en la económica), o en la exterior (Francia, Italia, Flandes, Inglaterra…). A veces se confunden varios de estos tipos de propaganda (casos de Lerma y de Olivares, en los que a menudo se borra la frontera entre lo personal-familiar y lo político), en una confluencia que emana de la idiosincrasia y complejidades de la privanza cortesana. Asimismo, la trayectoria de muchos escritores presenta varios tipos de propaganda que sirven para ilustrar el *habitus* de cada uno de ellos y la compleja naturaleza social de la escritura en la época.

El molde textual de la propaganda puede ser literario (teatro, poesía, novela), histórico-memorialístico (crónicas, apologías españolas o ataques a un enemigo exterior) o resueltamente panfletario (*Chitón* quevediano). La panoplia propagandística es pues muy variada y puede ir desde la ubicua dedicatoria hasta el ditirambo más desatado. En los casos más extremos nos encontramos ante obras completas que fueron escritas *ex profeso* para la labor propagandística (el *Aristarco* de Rioja).

Por razones de pertinencia, me centraré a partir de ahora en la confluencia entre la propaganda personal y la política que es donde, en mi opinión, presenta más interés la simbiosis entre literatura y poder. Comenzaré por un caso de propaganda personal concentrado en los paratextos: la dedicatoria de *La pícara Justina* que, al decir de la crítica, formó parte de una campaña ennoblecedora de la figura de Rodrigo Calderón, futuro marqués de Siete Iglesias. Según recoge Antonio Rey Hazas (17), López de Úbeda formaba parte, muy probablemente, del séquito de Calderón, a quien iba dedicada la obra. En la primera edición (Medina del Campo, 1605) aparece el espurio escudo nobiliario de don Rodrigo, no así en la de Barcelona, de ese mismo año, en la que también habían desaparecido el "Prólogo al lector" y el excesivo servilismo de la primera edición (18). Todo esto implica, según Rey Hazas, que la de Medina fue una edición apresurada cuyo objetivo era apuntalar la reclamación de limpieza de sangre e hidalguía que Calderón tramitaba en octubre de 1604 (18). Eso explicaría la prisa por sacar a la luz la primera edición y hacerla circular por la corte. Las pruebas de hidalguía le fueron requeridas a Calderón, el "valido del valido," para convertirse en cofrade del hospital vallisoletano de Santa María de Esgueva, lo que se consideraba un primer paso para optar al hábito de caballero de Santiago.

Otro caso de propaganda personal recientemente puesto de manifiesto es el de *La Dragontea* lopesca. Según ha recordado recientemente Elizabeth Wright (*Pilgrimage* 26–44), *La Dragontea* fue una obra de encargo en la que Lope alteró hechos históricos relativos a la defensa de Panamá frente al ataque de Francis Drake. Al parecer, dos participantes destacados en dicha defensa, el capitán general Alonso de Sotomayor y el alcalde mayor Diego

Capítulo tres

Suárez de Amaya, competían por el prestigio de haber derrotado a Drake y, después, por ocupar el puesto vaco de presidente de la Audiencia de Panamá (26). Lope tuvo a su disposición materiales sacados del Consejo de Indias y la obra parece decantarse a favor del alcalde Suárez de Amaya y en contra del papel jugado por Alonso de Sotomayor, que fue a quien favorecía la versión oficial y el que acabó logrando el cargo. Wright (27–32) afirma que Lope pudo recibir la comisión de escribir a favor de Suárez de Amaya a través de un intermediario y que, al escribir, se alejó en su obra de los modelos épicos y acabó enfrentando a Clío con Calíope. Por otro lado, ciertos aspectos de *La Dragontea* (mezcla de narración y resalte de cualidades de gobierno como la prudencia y la obediencia) parecen sugerir que Lope aprovechó el encargo para mostrarse como potencial servidor del futuro rey (42–44). A diferencia de *La pícara Justina*, donde la propaganda no afectaba al contenido de la obra, *La Dragontea* supone uno de los casos más patentes de instrumentalización de la literatura con fines propagandísticos ya que el fin modifica tanto los medios (género épico, octavas reales) como el contenido (se prima una versión de los hechos). Podría decirse que el poema lopesco supuso la piedra de toque de la instrumentalización político-propagandística de la literatura ya que no se trata de una *captatio benevolentiae* de un escritor para con el campo de poder, como se vieron cientos, sino, al parecer, de un encargo directo. Estos encargos, individuales o familiares, fueron muy numerosos a lo largo de la primera mitad del XVII y Lope fue, quizás, su destinatario más frecuente.

En la época, sobre todo entre segundones o miembros de la baja nobleza, se hicieron comunes las invenciones y falsificaciones genealógicas. El motivo de tales supercherías fue el anhelo de ascensión social fundado en la petición de mercedes reales. El mecanismo cortesano establecía una correlación entre los servicios prestados a la corona, cuyo cobro se solía trasmitir generacionalmente, y las mercedes que, se creía, devengaban tales servicios. Así, el propio Olivares, en un memorial de 26 de julio de 1626, glosa profusamente su genealogía y se dirige al Rey para que remedie su, valga el juego de palabras, desvalimiento pecuniario (Elliott y De la Peña 1: 143–57). En muchas ocasiones, y aunque no es el caso del Conde-Duque, se hacía acopio de falsos cronicones o de genealogías disparatadas para reforzar un memorial petitorio, ya fuera privado o público. La época llegó a desarrollar lo que Julio Caro Baroja ha llamado "psicopatología genealógica" (*Falsificaciones* 170). Uno de los ejemplos más celebrados y satirizados fue el de las ambiciones heráldicas del propio Lope, reflejadas en sendas portadas a *La Arcadia* (1598) y a *El peregrino en su patria* (1604). Con todo, los casos más flagrantes de tal práctica fueron los del futuro conde de la Roca, Juan Antonio de Vera, quien publicó bajo el seudónimo "Velázquez de

Mena" el *Tratado del origen generoso e ilustre del linage de Vera* (1617) y, años más tarde, *Parentescos que tiene don Juan Antonio de Vera... con los Reyes Católicos* (¿Arrás?, 1627), bajo el nombre "Pedro Fernández Gayoso" (Fernández-Daza 498–501). Cualquier apoyatura, fuera histórica o espuria, venía a sustentar pretensiones nobiliarias o pecuniarias.

Uno de los vehículos más obvios y eficaces para la promoción de causas y ambiciones era el teatro, lo cual generó un mecanismo de comisión de obras por parte de los nobles. El tipo de comedia encargada solía ser de tema genealógico o religioso y, en menor medida, mitológico. Las comedias genealógicas de encargo fueron estudiadas por Teresa Ferrer (39–93) al ocuparse del proceso de elaboración de *La historial Alfonsina*, obra que fue encargada a Lope entre 1617 y 1622 por la casa ducal de Villahermosa, que incluía al condado de Ribagorza, para exhibir las hazañas de su antecesor don Alonso de Aragón, bastardo de Juan II y hermano del Rey Católico. Se trataba de mostrar "lo que son de servicio a la Corona real los hijos naturales de los reyes" (53). La lista de obras teatrales que le fueron encargadas a Lope es muy extensa[36] y demuestra tres cosas: que era práctica propagandística común, que se percibía como efectiva y que Lope era el instrumento predilecto. A esa instrumentalización de la dramaturgia lopesca no se sustraía ni siquiera la familia real, como ha puesto de manifiesto Wright (cap. 4 de *Pilgrimage*) al estudiar *La hermosa Ester, El premio de la hermosura* y *Los ramilletes de Madrid* a la luz de la agenda político-cortesana de la rama femenina de los Habsburgo.[37] *El premio de la hermosura* le fue, de hecho, encargada a Lope por la propia reina Margarita. De todos modos, la propaganda político-personal asociada al sistema de privanzas fue la más importante y significativa, tanto por presencia como por medios materiales (de "fuente magnífica" para escritores y artistas tilda Sieber el valimiento de Lerma). A él van dedicadas las siguientes páginas.

La muerte de un rey o la defenestración de un valido provocaban una cascada de cambios, estrategias y equilibrios de poder en la Corte y, por extensión, en la cultura cortesana en su conjunto. Como hace notar Maravall, todos los poderes de la época reconocían la utilidad propagandística de los poetas y desde fines del XVI es manifiesta la existencia de una poesía apologético-polémica al servicio del poder (*Cultura* 159). Esto último se encarna en los valimientos de Lerma y Olivares. El primero fue muy consciente desde su etapa de pretendiente a la privanza de la importancia del patronazgo y de la propaganda como propiciadores y reforzadores de su propia posición. A diferencia del reinado de Felipe II, en el que era frecuente el uso de alegorías y símbolos del Rey como miembro más poderoso de la comunidad, el reinado de su hijo comienza a proyectar la imagen de su Valido, el duque de Lerma, como la persona que controlaba a su capricho la corte. Este cambio

Capítulo tres

de paradigma alumbra, a su vez, un efecto cultural: el Valido se transforma en mecenas cultural y artístico de primer orden por encima de todos, Rey incluido (Feros, *Kingship* 100).

No se puede estudiar la cultura de los reinados de Felipe III y Felipe IV sin tener en cuenta la competencia entre dos de las casas aristocráticas más importantes: los Sandoval (Lerma) y los Zúñiga-Guzmán (Olivares). Los Sandoval arrastraron una mediocre reputación nobiliaria a lo largo del XVI, de ahí que el duque de Lerma se embarcara en una ambiciosa campaña de propaganda en la que poesía, historia, símbolos e imágenes sirvieron a la leyenda y ésta a la política (Feros, *Kingship* 101).[38] A esa luz hemos de ver las obras de historiadores como la *Chrónica del ínclito emperador de España, Don Alonso VII* (Madrid, 1600) y la *Historia y hechos del emperador Carlos V* (Madrid 1604–06), de fray Prudencio de Sandoval,[39] o la *Prosapia de Christo* (Baeza, 1614), de Diego Matute de Peñafiel, en las que, a la vez que se convertía a los Sandoval en pilares de la Reconquista o en defensores de los derechos monárquicos frente a los comuneros (*Historia...*), se glorificaba al duque haciéndole descender de sangre real (*Chrónica*), o se le entroncaba con Adán, Noé, Matusalén, Hércules o Eneas (*Prosapia*). Este afán propagandístico no se detenía en obras históricas o pseudohistóricas. También se le dedicaron libros encendidamente encomiásticos como los *Aforismos al Tácito español* de Baltasar Álamos de Barrientos. Por iniciativa personal, Lerma comisionó numerosas pinturas y tapices a Vicente y Bartolomé Carducho para que se exhibieran en palacios y ceremonias y, en famoso cuadro pintado por Rubens, se convirtió en la primera persona fuera de Italia pintada a caballo sin pertenecer a la realeza. Los retratos de Lerma (1602) y Felipe III (1607) pintados por Pantoja de la Cruz ofrecen desconcertantes similitudes y parecen representar al favorito como imagen gemela del Rey. Ya en el escenario cortesano (y nunca mejor dicho), Lope glorifica de manera simbólica y apenas velada al Duque destacando su virtud y sabiduría al presentarlo en su doble papel de Juan el Bautista y "aposentador mayor" en el auto sacramental "a lo cortesano" *Bodas entre el alma y el amor divino*, que el dramaturgo escribió para conmemorar la boda del Rey ("Amor Divino") con la reina Margarita de Austria ("Alma"), celebrada en Valencia en 1599. Asimismo, Lerma se hizo pasar con el tiempo por víctima de las asechanzas de anteriores validos de Felipe II, bajo cuyos asaltos había mostrado valor, voluntad y virtudes que le hacían merecedor del favor real, como interesadamente refleja Góngora en los versos 105–28 del *Panegírico al duque de Lerma*. Todas estas glorificaciones buscaban propagar la idea de que la posición de Lerma se debía a sus virtudes y no a la fortuna (101–07). Nos hallamos, pues, ante un concertado esfuerzo pictórico-literario por reforzar la imagen cortesana de un valido muy consciente de las ventajas de la propaganda.

La interacción con el poder

Cuando Gaspar de Guzmán (1587–1645), tercer conde de Olivares y principal heredero de la casa de Guzmán, ascendió a la privanza del rey Felipe IV se produjo un barquinazo en el poder cortesano que pasó de los Sandoval a lo que Elliott llama la "conexión familiar Guzmán-Zúñiga-Haro" (Elliott, *Count-Duke* 41). Culminaba así una lenta y trabajosa aproximación al poder cortesano que había traído a don Gaspar desde Sevilla a Madrid, ciudades ambas cuyas academias frecuentó. Felipe IV ascendió al trono a la muerte de su padre, acaecida el 31 de marzo de 1621, y defenestró a los Sandoval residuales: el duque de Uceda, Sumiller de Corps, y el conde de Saldaña, Caballerizo Mayor, que fueron sustituidos en sus puestos por Olivares y el duque del Infantado, respectivamente (44). A partir de ahí la ascensión de Olivares estaba cimentada y culminó con un sencillo gesto de reconocimiento público, propio de la etiqueta cortesana. Después de haber escuchado un sermón del jesuita Jerónimo de Florencia el 10 de abril de 1621, alabando el nuevo rumbo de las cosas en la Corte, Felipe IV se dirige a Olivares en el banquete posterior diciéndole: "Conde de Olivares, cubríos." Mediante este gesto simbólico de poder permanecer cubierto en presencia del Rey, éste le otorgaba a Olivares el máximo título de nobleza: la grandeza de España. Fue, como recuerda Elliott, el triunfo del propio Olivares, de su causa y de su familia (45).

El conde-duque de Olivares era muy consciente de la importancia de la imagen pública y ansiaba dejar un legado para la historia para lo que congregó en torno a sí a plumas que lo pudieran hacer posible. Como resultado, ahí están las obras de Tamayo de Vargas (*Restauración de la ciudad del Salvador Bahía de todos santos*, 1626), el conde de la Roca (*Fragmentos históricos de la vida de don Gaspar de Guzmán, conde de Olivares*, 1627; *El Fernando*, 1632), Antonio Hurtado de Mendoza y Francisco de Quevedo (*Cómo ha de ser el privado* ¿1627–28?) o, incluso, la rehabilitación del ya anciano Juan de Mariana—caído en desgracia en el valimiento anterior y a quien el Conde-Duque asignó una pensión de mil ducados para que reeditara su *Historia de España* (Elliott, *Count-Duke* 175). Todos ellos son muestra palpable de la indesmayable política propagandística del Valido de Felipe IV, especialmente notoria entre 1629 y 1632, cuando le acuciaban problemas económicos (inflación, crisis agraria, escasez) y políticos (abolición de los *millones* y monopolización estatal de la sal, desobediencia regional) (Elliott, *El conde-duque* [1998] 465–506). En semejante contexto se le comunicó a Quevedo el 29 de diciembre de 1628 que finalizaba su destierro cortesano, con el objetivo último de embarcar al escritor en una labor panfletaria en defensa del régimen durante 1629 y 1630. Los frutos conocidos de este requerimiento se concretaron en la redacción del *Chitón de las tarabillas*, aunque es seguro que hubo otros encargos, como veremos en el capítulo quinto.

Capítulo tres

En todos los cometidos que Olivares fiaba a las plumas de los escritores que reclutaba tenía mucho que ver la importancia que el Valido otorgaba a la reputación, al legado histórico y a la opinión acerca del Rey, de la monarquía o de su propia persona que se pudiera albergar dentro y fuera de España. Sobre su legado y la importancia que el Conde-Duque le daba a la historia ya se ha aludido al comienzo del presente capítulo al recordar la rehabilitación del anciano historiador Juan de Mariana, caído en desgracia en el valimiento anterior del duque de Lerma. Del valimiento olivarista se volverá a tratar también en el quinto capítulo. En cuanto al prestigio del monarca y de la propia monarquía nos encontramos con un singular paradigma: la onerosa construcción del Buen Retiro bajo la égida de Olivares, consciente como era éste de la fuerza propagandística que podía tener, para la que todavía era la monarquía más poderosa de Europa, semejante derroche de poder y ostentación. En el corazón del palacio, en el *santa sanctorum* que representaba el Salón de Reinos, trabajaron multitud de artistas (Velázquez y Zurbarán, entre ellos) comisionados por el régimen para glosar sus glorias militares (Brown y Elliott 142–61). También en la defensa político-propagandística de la monarquía utilizó el Conde-Duque agentes del campo cultural. Así, cuando sobrevino la confrontación con Francia en 1633 se echó mano de Saavedra Fajardo, Adam de la Parra, José Pellicer y Juan de Jáuregui, entre otros, que se aprestaron a un fuego cruzado de cargos, declaraciones y manifiestos con la Francia de Luis XIII y el cardenal Richelieu, con el propósito de defender los intereses políticos españoles e influir en la opinión pública europea (Elliott, *Count-Duke* 488–90). En muchos de estos casos había un ofrecimiento previo de los escritores que veían un modo bastante factible de hacerse útiles al campo de poder, poniendo a su disposición el capital simbólico de brillantez en el manejo lingüístico que atesoraban. Hubo momentos en los que tales habilidades resultaban imprescindibles. Uno de ellos sobrevino en 1643, cuando la estrella de un Conde-Duque ya apartado en Loeches declinaba y el Valido trató de defenderse de las asechanzas cortesanas ante la opinión pública con un panfleto titulado *El Nicandro*. Este panfleto era una respuesta detallada que urdieron Olivares y algunos de sus subordinados para contrarrestar las acusaciones hechas al Conde-Duque. En su elaboración intervinieron, muy probablemente, el bibliotecario Francisco de Rioja y el jesuita Ripalda, y se imprimió clandestinamente en mayo de 1643. Con el *Nicandro* Olivares trataba de responder a las acusaciones que se le habían lanzado en los "Cargos contra el Conde Duque," obra del oidor Andrés de Mena aparecida, según parece, el 18 de febrero de ese año (Elliott y De la Peña 2: 225 y ss.). Ambos textos pretendían influir en la opinión pública concentrada en la Corte y compuesta por aristócratas y letrados a quienes tradicionalmente se había dirigido la maquinaria propagandística del privado, pero a quien se buscaba influir era al propio Rey (229). Ambos textos nos recuerdan también la importancia que se les daba a los textos en las luchas políticas, muchas de las cuales se libraban en el terreno de la opinión. Esto es algo que no debiera sorprender, sobre todo si pensamos en la importancia conferida al honor y a la honra en aquella sociedad. Un texto bien administrado y voceado en mentideros y corrillos, a los que tan aficionada era la Corte, podía ser muy efectivo en una lucha por una determinada legitimación.

Otro es el caso de la pintura cortesana. La inmediatez y fuerza de las imágenes pictóricas convertían a estas en estupendo vehículo directo de la propaganda olivarista. Una propaganda, hay que decir, dirigida especialmente a los habitantes y visitantes de palacio. Allí, en el impresionante Salón de Reinos colgaban los logros militares del régimen; es decir, los del Valedor, Felipe IV, y los del Valido. Velázquez, Zurbarán, Cajés, Carducho y Maíno, entre otros, fueron los encargados de dar lustre pictórico a las victorias militares del año 1625 (cinco de las doce telas) y del año 1633 (Brown y Elliott 164–65). En paralelo, obras de teatro de Lope (*El Brasil restituido*) o Calderón (*El sitio de Breda*), por citar sólo los ejemplos más sobresalientes, acompañaban a otras representaciones teatrales más restringidas y palatinas (*Cómo ha de ser el privado*, de Quevedo), en un intento propagandístico de carácter más masivo y popular. Cubriendo el frente propagandístico restante estaban, por último, los recuentos históricos (Tamayo de Vargas) o panfletos anónimos, más agresivos y específicos, como *El Chitón de las Tarabillas* quevediano que aparecía en socorro de la política económica del Valido. Unos ejemplos, todos ellos, que junto con la poesía conmemorativa y celebratoria de ocasión dan una clara idea de cuánto debía la producción cultural de la época al medio en que se engendraba; es decir, cuánto de esa cultura es, de hecho, una cultura cortesana. Esta conexión parece abonar directamente al modelo construido por Maravall, en lo que toca a pensar la cultura barroca como dirigida y conservadora. Esta es una idea que explica buena parte de la producción cultural barroca. Sobre todo si se ve ese "dirigida" como "dirigida a" y no "dirigida por." En ese sentido, y haciendo salvedad de las obras de encargo, lo que suele pretender el resto de las obras es concordar con lo que se percibe como un horizonte de expectativas culturales del campo de poder. Es decir, que algunas obras adquieren un sesgo determinado más por principio activo de los agentes culturales, bien conocedores del espacio de posibilidades, que por imposiciones (que las había) por parte del "complejo de intereses monárquico-señorial." Pero no es fácil hacer reduccionismo de la producción literaria del periodo. Resumiendo, podría decirse que hay dos grandes direcciones: la que apoya implícita o explícitamente el *statu quo* y la que lo cuestiona. Nos encontramos pues, una vez más, ante uno de los *topoi* más característicos de la literatura: la relación de los intelectuales y el poder. La utilización del término "intelectual" quizá pueda rechinar aplicada a comienzos del siglo XVII, habida cuenta de que es un término que aparece en los aledaños del *Fin du siècle* francés con la toma de posición de Zola en el "*Affaire Dreyfus*" (Inman Fox 15). Sin embargo, creo que se dan muchas analogías entre el papel que desempeñaban algunos agentes del campo literario español del XVII y los de épocas posteriores. Una de ellas es el papel que la lucha contra el poder jugó, como uno de los posibles discursos sociales, en la acción de alguno de esos escritores. Este punto lo voy a desarrollar más por extenso en el capítulo quinto, donde me centraré en las conexiones político-literarias de Quevedo.

Maravall (*Teatro y literatura* 15–16) hace una distribución genérica de la relación de la literatura aurisecular con el poder en la que el teatro y la emblemática estarían en el centro de la defensa de valores monárquico-señoriales; la novela picaresca representaría la discrepancia de tales valores, mientras que personalidades como Gracián y Saavedra Fajardo representarían una moral táctica y acomodaticia. Como generalización me parece aceptable pero al aplicarla a cada caso parece más problemática. Por otra parte, este modelo maravaliano deja fuera de marco tanto la poesía como el teatro que no triunfó (Cervantes). Ambas ausencias acaban por delatar un factor que Maravall no tuvo en cuenta: la doble presión a que se veían sometidos los agentes del campo literario. Por un lado, la satisfacción de una demanda cultural determinada, de carácter más o menos popular (con Lope y su teatro como ejemplos más claros). En segundo lugar, la propia presión distintiva e interna del propio campo, acrecentada por su maridaje con el campo de poder, que llevó a resultados dispares y cuyos exponentes extremos serían los "forzados" versos que los poetas dedicaban a las efemérides y acontecimientos cortesanos y el esteticismo anhelador de oscuridad a que llegarán Góngora y sus seguidores. Lo que quiero destacar de todo esto es que la capacidad activa de los agentes del campo literario no estaba, en principio, tan constreñida por las estructuras como pudiera pensarse y que su capacidad de respuesta dependía muy mucho de las circunstancias y de los receptores potenciales del texto. De ahí que figuras claves del periodo como Cervantes y Quevedo hayan dado para lecturas e interpretaciones muy dispares de sus textos, una prueba más de la variedad de discursos que conformaban la subjetividad de los agentes del campo literario (Mariscal 3) y, consecuentemente, de su potencialidad de acción en el espacio de posibilidades que conformaban los campos literario y de poder.

La perpetuación del modelo cortesano se garantizaba por la propia naturaleza de la Corte: etiqueta, lujo y distinción se convertían en elementos reforzadores de dicha figuración y en prácticas afirmadoras de esa interdependencia característica entre los diferentes agentes de la sociedad cortesana. Pero hay algo que no siempre se valora a la hora de contemplar la sociedad cortesana de la época: la elevada consideración simbólica que el prestigio (en nuestro caso la honra y el honor) tenía como estimulador social (64–65). Y esto es fundamental para comprender la cultura del siglo XVII en su conjunto y para poner en su justo contexto hechos tan aparentemente disparatados a nuestros ojos como la onerosa construcción del Palacio del Buen Retiro, acometida por Olivares, y las cohortes de poetas con las que desfilaban o se dejaban ver algunos nobles. El ejemplo de este último es de nuevo quevediano y pertenece a una carta que el poeta le dirige al duque de Osuna el 21 de noviembre de 1615, haciendo relación de los festejos celebrados en Burgos con motivo de la boda real franco-española:

> vino [el duque de Sessa] con gran caballeriza y recámara y hizo entrada de Zabuco en el pueblo, trujo consigo a Lope de Vega, cosa que el conde de Olivares imitó de suerte que, viniendo en el propio acompañamiento, trujo un par de poetas sobre apuesta, amenazando con su relación. Yo estuve por escribir un romance de esta guisa, mas tropecé en la embajada:
>
> > a la orilla de un marqués
> > sentado estaba un poeta
> > que andan con Reyes y condes
> > los que andaban con ovejas.
> >   (Astrana, ed. de Quevedo, *Epistolario completo* 23)

Poco más adelante, aparece otra referencia más significativa, si cabe: "El duque de Maqueda vino con mucha gente y muy lucido acompañando a su excelencia, mas no trujo poeta, cosa que se notó" (24). O lo que es lo mismo, se trataba de una suerte de poetas áulicos con los que se rodeaban algunos nobles. En un ejemplo similar al de Quevedo con Osuna, Lope escribe al duque de Sessa, probablemente refiriéndose al mismo festejo:

> Yo quedé tan obligado a vuestra excelencia ayer que, cuando no le debiera otra cosa, era bastante a traer las armas de la casa de Sessa en la cara todo el tiempo de mi vida. Vuestra excelencia, señor, con su juicio divino, echó de ver que aquella gente sólo repara en la estimación que dellos se hace, particularmente en acciones públicas, y supo honrarles tan bien, que lo que no se atrevieran a decirle y suplicarle mis deseos, lo halló su discreción, lo dispuso su voluntad y lo ejecutó su grandeza. (*Cartas completas* 1: 240–41)

La conjunción de ambas cartas nos habla de dos rasgos presentes en el primer cuarto del XVII y a los que vengo aludiendo con frecuencia: una sociedad cortesana en la que la jerarquía, la ostentación y la etiqueta juegan un papel fundamental ("particularmente en acciones públicas," como resalta

Lope) y el capital social simbólico que desprendía la poesía, manifestado aquí en la decisión de Sessa de hacer a Lope parte visible de su lujoso séquito. Esta ceremonia cortesana podría pasar como un remedo de ciertas prácticas juglarescas heredadas de épocas anteriores pero también puede verse como una instantánea, *nel mezzo del cammin*, del escritor del XVII que ya no está sujeto "físicamente" a la Corte pero que tampoco ha alcanzado del todo una independencia que sólo se dará en el XIX con el desarrollo del mercado cultural burgués. Lope, por cierto, aprovechó la ocasión de las bodas para escribir *Dos estrellas trocadas o los ramilletes de Madrid*, definida por él mismo en otra carta como "comedia de amores en que hago relación sucinta de la jornada" (1: 286). Con su inmediatez, oportunidad y oficio característicos, Lope reciclaba así hacia el consumo teatral, mucho más popular, una ceremonia cortesana del más alto rango y capitalizaba la inminente entrada en Madrid de la princesa Isabel de Borbón, recién desposada con el futuro Felipe IV. Como muy bien sabía Lope, una relación explícita[40] e impresa de las bodas no ofrecía, a diferencia de una comedia, las ventajas de la comercialización instantánea. La comedia fue estrenada en la segunda semana de diciembre de 1615, unos días antes de la entrada principesca en la corte.

La poesía, como parece extraerse de lo anterior, había devenido en el siglo XVII un lujo simbólico que ningún aristócrata con pretensiones de brillo cortesano podía desdeñar. Así pues, los escritores en general y especialmente los poetas, aparte de su instrumentación como hombres de letras por parte del campo de poder, también se habían convertido en "bienes muebles" de los que se alardeaba y a los que se mostraba como trofeos, en una sociedad en la que la exhibición de lujo y poder estaba muy presente. Como señala Elias (37–38), citando al Max Weber de *Economy and Society*, el lujo, es decir el rechazo de un uso racional de las disponibilidades económicas, no era para ciertos aristócratas un acto superfluo sino, más bien, una consciente estrategia de autoafirmación social. Pero Elias también alerta a la vez del error de apreciación que supone examinar tal derroche por sí solo y no en el contexto en que surgió (37–38). En ese sentido se trata de un lujo simbólico de ambiciones distintivas en una época en la que la poesía cotizaba como un importante capital cultural simbólico. Irónicamente, ese lujo encierra en su interior una contradicción interna imbricada en la naturaleza de la propia sociedad cortesana: mientras sus gastos son dictados por el rango que ostentan sus miembros, los ingresos no lo son (64). En esta sociedad el prestigio (honra, honor, honores, títulos, tráfico de hábitos militares, etiqueta cortesana), la capacidad de provocar *admiratio* (artística, política, diplomática) y el alarde (económico, social, aristocrático, real) ocupaban lugares de privilegio. Todas estas características que acabo de mencionar se conjuntan y ejemplifican admirablemente en un edificio de la época.

La interacción con el poder

La orden de elevar el Palacio del Buen Retiro en la década de los treinta del siglo XVII partió del conde-duque de Olivares. Fue concebido como símbolo político de riqueza y poder; de dominio sobre hombres y tierras. Era, pues, un despliegue de magnificencia que tenía efectos propagandísticos y reforzadores de la figura a quien se destinaba. Su propósito era doble: servirle de solaz al Rey y convertirse en escenario para el patronazgo cultural de éste (Brown y Elliott viii). El palacio, es decir la Real Casa, se convertía también en anhelado destino para la incipiente clase intelectual, si tal término no rechina demasiado en los dominios del siglo XVII. Olivares tuvo un importante papel en este acrecentado mirar hacia la Corte del mundo intelectual de la época al defender una cierta meritocracia en la que mostraba preferencia por gente de la baja nobleza (la nobleza de mérito) para el desempeño de puestos cortesanos (Davies 36). A este factor se une la interesada interactividad entre el campo literario y el de poder. Uno de los conceptos que probablemente mejor define la situación es el de simbiosis:

> The relationship between nobility and poets was presumably symbiotic. In an age in which poetry was still considered a necessary pursuit for a gentleman, a nobleman's status was enhanced by the quality not only of his own verse but also, and principally, by the entourage of writers supported by him in his role as patron. (J. Robbins 29 [13])

Uno de los ejemplos más claros de este último es el de Antonio Hurtado de Mendoza, a quien Olivares conoció, probablemente, en una academia en tiempos de Felipe III y que llegó a secretario real en 1623, a poco de iniciado el valimiento del Conde-Duque. Con el paso del tiempo la influencia de Mendoza fue creciendo y éste acabó por convertirse en el principal enlace entre el campo literario y la cadena de poder. No es casual el que menudearan las dedicatorias y alabanzas a él dirigidas (emblemático es el caso de Lope), en conscientes intentos por parte de otros escritores, de encontrar su lugar en el reparto de las prebendas cortesanas. Los otros escritores eran muy conscientes de su triunfo cortesano, como se trasluce por el prólogo del poeta converso Antonio Enríquez Gómez a su *Sansón Nazareno* (Ruán, 1656) en el que recuerda aquellos tiempos académicos en los que "D. Antonio de Mendoza, Secretario de Apolo, se llevó el Palacio" (Davies 43). "Se llevó el palacio," expresión que bien pudiera entenderse como que el secretario había conseguido el puesto más ansiado e influyente en el campo literario, justo en el epicentro de la figuración de poder más obvia: el Palacio Real. Desde allí ejerció una poderosa influencia sobre el resto de los agentes del campo literario que creció en consonancia con su involucración en la defensa del olivarismo, al que sirvió de instrumental y devota pluma defensora. Al glosar el nombramiento como "ayuda de cámara" de Hurtado de

Capítulo tres

Mendoza apunta Elliott: "The combination of literary facility and personal subservience made him indispensable for a minister who appreciated both characteristics and knew exactly how to put them in use" (*The Count-Duke* 175). Pero el caso de Mendoza, aunque especial, no fue único, y se ha llegado a hablar de la "conexión sevillana," es decir, de los artistas y escritores andaluces que siguieron a la Corte a Olivares: Francisco de Rioja, convertido en librero y confidente; Francisco de Calatayud (poeta y secretario en palacio); Juan de Jáuregui, quien le dedica el *Orfeo* en 1619, fue nombrado gentilhombre de la reina en 1626. También se podría añadir a Velázquez en esta lista, ya que fue nombrado pintor del Rey en 1623 (Brown y Elliott 42–43). A pesar de todo lo anterior, hay que señalar que la cultura cortesana iba más allá del espacio físico de la Corte, tanto por el propio mecanismo distintivo inserto en ella, como por su condición de modelo en el que otras prácticas culturales a menor escala se miraban. Un ejemplo de esa cultura cortesana fuera de la Corte sería el caso del funcionario local sevillano ("veinticuatro") Diego Jiménez de Enciso, amigo de Lope y Cervantes, que pasaba numerosas temporadas en Madrid, y quien parece haber sido un activo animador del campo literario sevillano. Prueba de ello es una excursión de carácter poético-pastoril que organizó en San Juan de Aznalfarache en 1606, a la que asistieron Ruiz de Alarcón y Cervantes, glosada en una carta por éste (J. Sánchez 210–11). Otro ejemplo de esa expansividad de la cultura cortesana lo constituyen las obras comisionadas a los escritores por el campo de poder. En algunos casos se trataba de acontecimientos cortesanos a los que un noble quería dar un toque de distinción organizativa. Un perfecto y sonoro ejemplo de ello aconteció en agosto de 1623, cuando el rey Felipe IV mandó celebrar el concierto entre el príncipe de Gales y la infanta María. Con tal motivo, el duque de Cea organizó juegos de toros y cañas y encargó un poema laudatorio en octavas a Ruiz de Alarcón, que no se atrevió con él tras lo que, por consejo de Mira de Amescua, pidió la colaboración de otros poetas (Belmonte, Pantaleón, el propio Mira de Amescua…). Al ser descubierto el ardid, tras haber cobrado el dramaturgo mejicano el premio, hubo un aluvión de críticas, la más sonada de las cuales fue el quevediano "Comento contra las setenta y tres estancias que don Juan de Alarcón ha escrito a las Fiestas de los Conciertos entre el Príncipe de Gales y la Señora Infanta María." La burla no paró ahí, ya que para escuchar el "Comento" fue convocada la academia de Francisco de Mendoza, a la que Alarcón no compareció (Ruiz de Alarcón, Introducción xiii). El episodio da cuenta tanto de la interacción entre ambos campos como del funcionamiento y dinámica interna del literario.

El campo de poder también acudía al literario con el ánimo de articular la defensa de un poder establecido sometido a críticas, desprestigio y ataques y es ahí donde cabe ver otro argumento en favor del advenimiento de un campo literario y del uso que el poder se aprestó a hacer del mismo. Señala Maravall (*Cultura* 159), parafraseando a Pierre Guerre (79 y ss.), que si en el Renacimiento hubo una poesía "subvencionada," en el XVII nos encontramos con una poesía "encargada." Los poetas actúan sobre la opinión pública, la hacen y deshacen. Por eso, sigue Maravall (159), desde fines del XVI coexistieron una poesía apologética y una poesía polémica, al servicio ambas del poder. Dentro de esa producción apologética cabe situar obras cuya virtualidad era dar lustre y visibilidad a una casa nobiliaria por medio de dedicatorias, apariciones públicas (los acompañamientos de nobles por poetas), historiografías vindicadoras o reivindicadoras (por ejemplo las *Resultas de la vida de Don Fernando Alvarez de Toledo, Tercer Duque de Alba,* del conde de la Roca [Milán, 1643]), o en obras de teatro convertidas en hagiografías genealógicas que ensalzaban hechos de armas o a personajes históricos entroncados con la nobleza. No es de extrañar que José de Pellicer hablara en su introducción a las *Obras* de Pantaleón de Ribera del "valimiento estrecho" que había de haber entre nobles y poetas (*Obras* 1: 21). Una relación, por lo demás, cuya frecuencia y escasez de frutos llegaron a convertirse en tópico literario. Escribe Vélez de Guevara en *El diablo cojuelo* (1641), al estilo de las "premáticas" quevedianas: "Iten, que el poeta que sirviere a señor ninguno muera de hambre por ello" (10: 233). Según parece, no todos los poetas que frecuentaron los círculos nobiliarios sacaban tajada de su pretensión.

La distinción es en el modelo de Bourdieu una de las principales fuerzas motrices de la sociedad. Nada más apropiado para hablar de la cultura cortesana en su conjunto ya que en ella se encaja todo ese diletantismo poético nobiliario en un momento en el que la poesía se había convertido en cuasi obligada práctica para todo caballero que aspirara a brillar en sociedad. El objetivo último de ciertas formas literarias de la época no era tanto aspirar a su difusión masiva y comercial sino, más bien, convertirse en instrumentos de interacción en los exclusivos dominios del poder y el patronazgo (Beverley, "Concept" 218). Nada tenía que ver con pretensiones económicas o de gloria literaria el que una pléyade de nobles prestaran algunas de sus composiciones a las *Flores de poetas ilustres de España* de Espinosa (1605). Más bien se trataba de destacar en una disciplina, la poesía, que ostentaba muchos parentescos cortesanos. Así, en dicha antología aparecen poesías de, entre otros, Adán Centurión, marqués de Laula; Fernando Enríquez de Ribera, marqués de Tarifa; Iñigo Bernuy Barba y Mendoza, mariscal de Alcalá; Diego Silva y Mendoza, conde de Salinas; Juan Téllez Girón, II duque de Osuna; Pedro Téllez Girón, III duque de Osuna; y Juan de Vera y Vargas, futuro I conde de la Roca. Los nobles, en fin, rondaban poetas así como los poetas nobles, en busca siempre de una simbiosis complementaria.

Capítulo tres

Igualmente, los escritores se veían impelidos a formar parte de un maremágnum cortesano convertido en espacio legitimador de sus pretensiones. Los grandes escritores del primer tercio del XVII tuvieron relaciones muy dispares con la Corte: Cervantes trató en algún momento de huir de ella, rumbo a América, y nunca acabó de encontrar acomodo; Góngora la sufrió al sentir su llamada y plegarse a sus demandas y apariencias; Lope la ansió y triunfó hasta donde su origen y vida privada se lo permitieron mientras que Quevedo pareció no ambicionar otro destino en la vida que querer *influir* en ella.

Capítulo cuatro

El filo de la pluma

Quevedo y su interacción
con el campo literario

> ... habiendo visto la innumerable multitud de poetas que Dios ha enviado a España por castigo de nuestros pecados, mandamos que se gasten los que hay, dando término de dos años para que se consuman, y que ninguno lo pueda usar sin ser examinado por las personas que más eminentes sean en este arte...
>
> Quevedo
> *Pregmática de aranceles generales*

> Yo, pues, no pretendo ganar nombre de autor, ni menos enriquecerme con mis borrones...
>
> Quevedo
> *Vida de la corte*

Quevedo fue un hombre de acción. Así lo caracterizaba Américo Castro (*Realidad* 386–402) al aludir a la defensa que el escritor hizo del patronato de Santiago como portavoz de lo que podía considerarse, *sensu lato*, bando nobiliario. Domingo Ynduráin (66) dio un paso más en esa caracterización: Quevedo solía actuar o escribir a la contra, oponiéndose a alguien. Es por ello que, además de trazar y determinar sus fuentes, su estilo y, en general, sus deudas con la tradición literaria o poético-retórica, me parece ineludible prestar más atención al Quevedo agente, a su acción social, que es la que en última instancia puede hacernos leer más contextualmente sus obras. Es pues necesario establecer el horizonte concreto de expectativas que albergaba cada obra quevediana así como la inserción doblemente referencial de cada una de estas: en el momento histórico y en la trayectoria del escritor. Por estas razones el foco de este trabajo se va a centrar a partir de ahora en Quevedo no tanto como subjetividad textual sino como interacción sociotextual, como el escritor-agente social que era; como alguien que escribió *en* el Mundo y para el Mundo y no sólo para mirarse en el espejo de la tradición literaria o la antigüedad clásica. Para ello me voy a centrar primordialmente en dicha condición de agente social del escritor, dejando en un segundo plano la

Capítulo cuatro

manifestación literaria de su subjetividad. Interesa ahora explorar el carácter público y social de la obra quevediana pues la naturaleza del presente trabajo, centrado en la condición interactiva de la producción literaria del siglo XVII y en la relación que Quevedo sostuvo con los campos literario y de poder, reclama mucho más el recuento e interpretación de su interacción social que el de la subjetividad.[1] En esa línea, y en lo que se refiere a las obras quevedianas entre las que sin duda hay que incluir su epistolario, se trata de contemplarlas no tanto formal e intrínsecamente, como objetos en sí, sino desde un punto de vista relacional: qué lugar ocupa esa obra concreta en el triángulo que ésta forma con el escritor y con el referente o, lo que es lo mismo, con el "Mundo." Como sostenía Raimundo Lida, refiriéndose al epistolario de nuestro autor:

> Y todo Quevedo—salvo el extraordinario Quevedo de la poesía amorosa—aparece en estas páginas ocasionales con presencia violentísima. Ahí lo tenemos, despreciativo y cínico, y envuelto sin embargo en la llamada y llamarada del mundo. Ahí su entrega frenética a la acción, y sus crisis de soledad y desamparo; ahí su sencillez cordial, su soberbia y adulonería, su sonrisa bronca y su carcajada, su gravedad de asceta y sus lamentaciones de herido, su ciencia y su sofistería polémica. (*Letras* 122–23)

No se me ocurre otra manera más satisfactoria y hermosa para conceptualizar lo que quería decir líneas arriba que esta de Lida, cuando convoca la imagen de un Quevedo envuelto a la vez por la llamada y por las llamaradas del mundo. Ese es el sello indeleble que no encontramos en ningún otro escritor de su época: Quevedo aceptó la llamada del Mundo y destinó toda su vida adulta a tratar de influir en él.

En un contexto tan interactivo, complejo y mundano como el que se acaba de dibujar del *habitus* y de la personalidad quevedianos resulta problemático considerar su práctica literaria como actividad privada o reducida a círculos muy pequeños, como hace Ettinghausen a la hora de intentar dar cuenta de la "doble personalidad" del escritor madrileño:

> Antes de cumplir Quevedo los cincuenta años, tendríamos que ver en él el autor de obras escritas ante todo para divertirse a sí mismo y a un grupo reducido de amigos y de consocios de las academias literarias de la época. Al mismo tiempo se ensayaría a escribir poesías morales y amorosas, además de alguna traducción o ensayo bíblico-humanístico. Su vida de escritor casi formara parte de su vida privada. ("Personalidad" 42)

Por el contrario, Quevedo hizo desde muy temprano de la escritura un instrumento de su ansiedad de influencia y su perfil público es indisociable de su actividad como escritor en las tres primeras décadas del 1600. Algunas de sus primeras obras manifiestan ya un anhelo público y una cierta ansiedad "arbitrista," como demuestran sus tempranos escarceos con la literatura política (*Discurso de la privanza*), su apego a la actualidad social y política (*Sueños*), su buscada imagen como paladín de lo español (*España defendida*). Pero tampoco podemos dejar de lado su vertiente más propiamente literaria, donde también se manifiesta una clara vocación pública, como prueban su presencia en las *Flores* de Espinosa, el uso del ingenio satírico-burlesco como capital simbólico, y la creación o frecuentación de géneros literarios de moda en la época (*Pragmáticas, Vida de corte, Buscón*, jácaras). Todos estos ejemplos corresponden, *grosso modo*, a la producción quevediana entre los veinte y los treinta años de edad. Con la potencial salvedad de la poesía, las siguientes décadas no hacen sino acentuar esta temprana trayectoria manifiestamente pública: reacciones instantáneas ante hechos de actualidad (*Carta al serenísimo Luis XIII, Execración*, panfletos políticos, etc.), su condición de polemista *ad hominem* y *ad rationem*, su escritura mercenaria (*Chitón de las Tarabillas, Cómo ha de ser el privado*), sus obras "de encargo" (*Epítome de la vida de Santo Tomás de Villanueva, Memorial por el patronato de Santiago*). Tampoco la escasez de ediciones autorizadas de sus obras en estas primeras décadas nos faculta para obviar la vertiente pública, casi diría que hasta estruendosa, de muchos de sus escritos; antes bien, tanto la circulación continua de copias manuscritas como la proliferación de ediciones piratas a partir de 1626 reflejan el interés y, como consecuencia, la demanda comercial que suscitaban las obras quevedianas.

Quizá no sea ocioso, llegados a este punto, preguntarnos qué era para Quevedo la literatura; como institución, como práctica y como técnica. Como ha señalado recientemente Clamurro ("Leyendo" 460–61), Quevedo escribía ante todo *leyendo* y al escribir apelaba a esas lecturas cuyo sentido original solía pasar a un segundo plano tras ser apropiado e instrumentalizado por su pluma. Los ejemplos son varios y conciernen tanto a las obras "serias" como a las burlescas. En el caso de las primeras (y la *Política* sería quizá uno de los casos más claros) nos hallamos ante un desvío, casi diría que una perversión, del comento humanista y es por ese desvío del comento puro, además de otras razones diversas, por lo que no podemos llamar a Quevedo, con propiedad, "humanista." A diferencia de los humanistas del XVI, Quevedo no busca iluminar, comentar o aclarar obras ajenas para el lector sino, más bien, servirse puntualmente de ellas, como hace en la *Política*, en las *Lágrimas de Jeremías*, en el *Job*, en la *Caída para levantarse* o en el *Marco Bruto*, convirtiéndolas en meros instrumentos de su escritura o de sus querellas ideológicas o personales.[2] Gran parte de la prosa quevediana político-ideológica, tiene un marcado carácter performativo en el sentido que busca más persuadir al lector a la acción que convencerlo.

Capítulo cuatro

Esta performatividad alcanza incluso a sus traducciones en las que, como apuntó Claudio Guillén, "potenció y reveló claramente... una concepción dinámica, activa, persuasiva de la comunicación literaria" (251). Un indicio muy significativo, este de instrumentalizar las traducciones, para mejor comprender a nuestro escritor. En el caso de las obras burlescas o festivas la instrumentalización es diferente y concierne sobre todo a los géneros literarios hacia los que Quevedo se comporta con un "total desenfado" (Guillén 242) al suspender la subordinación del estilo al género. De lo que se sigue, según Guillén, que Quevedo antepone la literatura a la escritura y el estilo al género y que la diversidad genérica que presenta su obra es, sobre todo, utilitaria y no fruto de designios ni de una "finalidad representativa" (243). De manera diferente piensa Santiago Fernández Mosquera para quien el género influye la *res* en Quevedo aunque ésta puede tener una interpretación concreta y circunstancial[3] ("Ideología" 167). Guillén (247) y Roig (237-50) han señalado también otro aspecto fundamental del escribir quevediano: la íntima ligazón que encontramos en nuestro escritor entre escritura y reescritura, es decir, un "Quevedo source de lui-même" (Roig 237). El mismo Fernández Mosquera ("Ideología" 154-55) ha profundizado en este mismo rasgo y apuntado el acusado carácter intertextual de la obra quevediana y, como consecuencia, la necesidad de poner en relación todas las obras de Quevedo para su cabal comprensión.

Quevedo no fue un escritor al uso de su tiempo. A diferencia de algunos compañeros de campo como Lope y, en menor medida, Cervantes, Vélez de Guevara o Mira de Amescua, Quevedo no (mal)vivía de sus escritos ni concebía la escritura como una actividad semiprofesional.[4] A diferencia de lo que ocurría con Góngora, que empeñó sus pocos caudales en la aventura de mantener las apariencias cortesanas, Quevedo tuvo varias propiedades en la corte y gozaba de unos ingresos apreciables, como se puede seguir por multitud de documentos notariales (Jauralde, *FdeQ* 191-92). Pero al contrario que muchos nobles contemporáneos suyos, para quienes la escritura era un empeño diletante, a medio camino entre la moda social y los entretenimientos culturales de la Corte, Quevedo desarrolló una pasión incontenible por una escritura polígrafa que trascendió realmente lo literario para adentrarse en la filología y en la política. Quevedo fue también una de las personalidades literarias más idiosincrásicas y distintivas del siglo XVII y tuvo diversas relaciones autoriales con sus obras. Con algunas trabó una relación puramente instrumental ya que fueron creadas para un propósito determinado y en un momento muy concreto de su trayectoria. En otros casos, volvió sobre sus pasos bien para limar o corregir, bien para reescribir algunas de sus obras, incluso aquellas que nunca reconoció como propias, como *El Buscón* u otras que, como la mayor parte de la poesía, no llegó a publicar en vida.

La cronología ocupa un lugar muy secundario en los estudios literarios actuales, fruto quizá del desprestigio y el desinterés con el que se contemplan los aspectos biográficos de un escritor. Sin embargo, en el tipo de enfoque en que se apoya este trabajo la cronología relacional me parece uno de los argumentos más importantes a la hora de determinar esa trayectoria de un agente que, como decía en el primer capítulo, se diferencia de la pura biografía y queda constituida por las sucesivas posiciones y tomas de posición que, dentro de un espacio de posibles, ejercita dicho agente del campo literario (Bourdieu, *Field* 189). Aunque la cronología de muchos textos quevedianos dista mucho de estar fijada con certeza sí se pueden extraer algunas conclusiones de aquellos cuya fecha de redacción se conoce con cierta precisión. Entre estos figuran sus cartas, algunos de sus poemas (en opinión de Alfonso Rey [*Quevedo* 21] sólo está fechado, y aun aproximadamente, un tercio de la producción poética de Quevedo) y bastantes de sus obras en prosa. Otro elemento interesante a la hora de hacer disquisiciones en torno al contexto en que surgieron tales textos sería introducir como un posible elemento valorativo el desfase que presentan algunas obras entre redacción y publicación o, dado el caso, de no publicación o incluso rechazo de autoría, como ocurre con *El Buscón*, cuya paternidad siempre negó Quevedo.

    En las siguientes páginas voy a glosar lo que he llamado "acción literaria" de Quevedo, tanto con respecto al campo literario como al campo de poder. Por acción literaria entiendo aquella parte de la producción literaria quevediana que constituye una toma de posición concreta en el campo literario. Con tales obras, el escritor pretendía situarse en el campo literario y llamar la atención del campo de poder en el que, andando el tiempo, llevó a cabo lo que he denominado "acción política." Es cierto que no se puede hacer siempre una separación clara y tajante entre textos "literarios" y textos "políticos" quevedianos ya que por su naturaleza, tema, circunstancias u horizonte de expectativas a menudo confluyen ambos rasgos en la cultura cortesana. Soy por ello consciente del arbitrio que supone hacer una taxonomía, siquiera nominal, al utilizar ambos términos pero también creo que en algunos casos existen elementos definitivos a la hora de diferenciar qué obras colocar bajo cada rubro como, por ejemplo, su carácter satírico-burlesco. En ese sentido creo que la presencia o ausencia de tal carácter burlesco, como ha delimitado Lía Schwartz (1985) distinguiendo entre usos satíricos y géneros pragmáticos, suele dar la medida de qué espacio buscaba ocupar cada obra, entendida como toma de posición, en los campos respectivos. De las obras decididamente políticas quizá es *La hora de todos* la única que incorpora orgánicamente la sátira de intenciones políticas, mientras que en el resto de las obras, quizá por la condición pragmática (en potencia o en acto) de memoriales elevados al Rey de muchas de ellas, Quevedo optó por planteamientos ajenos a la sátira.

    Otra cosa que tampoco se puede hacer con la trayectoria quevediana es encerrarla en periodos rígidos, atribuyendo a cada uno características únicas

Capítulo cuatro

e intransferibles, ya sea en lo ideológico o en lo estilístico. Lo que sí se puede es reseñar las concomitancias y consecuencias que concurren o se derivan de determinadas obras, como por ejemplo las de la primera década del XVII, sobre las que van a girar los dos puntos siguientes.

4.1. Las tomas de posición en la corte vallisoletana de 1603: Justo Lipsio, las *Flores* de Espinosa y la polémica con Góngora

Cuando Góngora apareció por la efímera corte vallisoletana en mayo de 1603, tras haber recabado en Cuenca una información sobre limpieza de sangre, llevaba casi un cuarto de siglo como poeta "público," ya que un poema suyo se había incluido en la traducción que de *Os Lusiadas* hizo Luis Gómez de Tapia (Salamanca, 1580). En el ínterin, el cordobés se había convertido en la cabeza visible de la poesía de la época y era, tras la muerte de Herrera, el poeta puro por excelencia, el que había alcanzado el "último grado de la fama," como escribe Lope al duque de Sessa (*Obras* 2: 1054). En la corte vallisoletana pasó Góngora el verano y el otoño coreando, con una letrilla contra la Esgueva ("¿Qué lleva el señor Esgueva?"), el descontento cortesano por el traslado de la Corte y las chanzas provocadas por la deficiente salubridad de aquel Valladolid. Lo que vino después es bien conocido y constituye, de alguna manera, la auténtica *entrée dans le monde* de Quevedo y el comienzo de lo que podríamos llamar su "vida pública." Quevedo atacó duramente a Góngora bajo el seudónimo "Miguel de Musa"[5] con unas décimas que principiaban "Ya que coplas componéis." A partir de entonces Góngora, que era, como cordobés, una suerte de símbolo poético *in partibus* del campo literario español, se vio obligado a responder al inopinado ataque. Las explicaciones y consecuencias de este episodio que, de rebote, prefijó parte de la historización literaria que posteriormente se hizo de la poesía del XVII (el constructo formado por la inveterada oposición culterano-conceptista), han sido numerosas. Una de las más acertadas, a mi parecer, fue la que Fernando Lázaro hizo desde la ladera psicocrítica:

> Quevedo sólo intentaba apropiarse de la admiración que don Luis había congregado mediante nuevos alardes escatológicos (…) Ambos eran víctimas de un carácter demasiado semejante ["nervioso," según Lázaro], que les llevaba a afirmar la primacía, y no hallaron mejor medio de alcanzarla que ponerla en juego. (*Estilo* 141)

Con todo, creo que Lázaro desestimó dos aspectos presentes en esta diatriba: la naturaleza competitiva del ingenio cortesano de la época y la propia mecánica distintiva inserta en todo campo literario. Por otro lado están los rasgos de época, por los que habría que tener en cuenta la abundancia de sátiras y ataques personales producidos en aquel tiempo. No todos los escritores (Cervantes, Alarcón, Lope, Suárez de Figueroa, etc.) podían ser "nerviosos." Como tampoco todos ellos llegaron a ambicionar lo que Quevedo: influencia política e ideológica en la Corte. Resumiendo, podría decirse que con Góngora y Quevedo chocaron dos inmensas ambiciones de distinción: la poético-cortesana del cordobés, y la político-intelectual del madrileño. Las ambiciones de Góngora no iban, *grosso modo*, más allá del campo literario; las de Quevedo sí. Las aspiraciones de Góngora eran básicamente distintivas, tanto en lo social (terquedad en la onerosa mantención de apariencias: coche, casa, etc.) como en lo poético (por la oscuridad hacia la distinción), y parecían orientarse a formar parte de algún séquito cultural (en lo que fracasó, como recordaba en el capítulo anterior), en lograr ciertas pretensiones cortesanas (hábitos para sus sobrinos) y en erigirse en sumo pontífice de la producción poética pura, como sin duda consiguió y las diversas polémicas en torno a él así lo prueban. Quevedo, por el contrario, parece haber contemplado en algunos momentos la producción cultural más como medio para interactuar con el campo de poder y para lograr un cierto estatus público que como fin en sí mismo. Con esto no estoy sugiriendo una teleología unívoca, consciente y sostenida a lo largo de su trayectoria sino, más bien, extrayendo la consecuencia del examen de su *habitus*, es decir, de lo más cercano que Quevedo pudo estar de un "estilo de vida unitario" y, consecuentemente, de una elección más o menos unitaria, fuera consciente o inconsciente, de "personas, de bienes y de prácticas" (Bourdieu, *Razones prácticas* 19). De entre esas prácticas voy a distinguir varias, basándome en una delimitación cronológica. Esa delimitación no va a descubrir un uso masivo y diferenciado de determinadas prácticas en un período concreto pero sí su utilización significativa y puntual. Ese sería el caso de las que considero sus primeras tomas de posición en el mundo cortesano: la correspondencia con el humanista belga Justo Lipsio (1547–1606), su antologización en las *Flores* de Espinosa y, sobre todo, la polémica iniciada y sostenida con Góngora. Desde su pericia con el lenguaje, Quevedo se arrogó en esta última la utilización de una de las formas más significativas de violencia simbólica concebible dentro del campo literario: atacar en su terreno al poeta más famoso de la Corte. Las tres tomas de posición sirvieron, en conjunto y en diferente medida, de convalidadores del capital cultural simbólico quevediano.

Cuando, convaleciente de una enfermedad, Quevedo decidió escribir en 1604 a Lipsio sabía muy bien que se dirigía a uno de los más respetados hombres de letras de Europa. Con esa toma de posición, amparada en un ingenioso manejo del latín,[6] el joven escritor se colocaba al mismo nivel simbólico que prestigiosos intelectuales españoles con quienes ya se carteaba Lipsio: Arias Montano (desde 1593), Baltasar de Zúñiga (tío del futuro Conde-Duque), los Argensola o Juan Ramírez de Arellano (secretario

171

del conde de Lemos) le habían precedido en el cruce de misivas con el humanista.[7] Esta fue, quizás, la primera aparición de una de las pulsiones más repetidas a lo largo de su trayectoria: aparecer como "intelectual" serio y profundo que toma partido y bandera por causas patrióticas (*España defendida, Carta al serenísimo... Luis XIII,* etc.), religiosas (*Virtud militante, Providencia de Dios, La caída para levantarse...*), filosóficas (*De los remedios de cualquier fortuna, Nombre... y descendencia de la doctrina estoica...*) o políticas (*Política de Dios, Execración contra los judíos...*).

Las *Flores de poetas ilustres de España* de Pedro Espinosa, publicadas en 1605 pero aprobadas en 1603, constituyeron la verdadera piedra de toque editorial del joven Quevedo. Las *Flores* contenían 18 composiciones suyas y eran, aparte de un soneto aparecido en 1599 en el libro *Conceptos de divina poesía,* del *scriptor* de Alcalá Lucas Rodríguez (Astrana, *Vida* 64), sus primeros poemas impresos. El involuntario cotejo que en esta antología se hace entre Góngora y Quevedo es sumamente significativo, como señala Jauralde en la introducción al estudio que Pablo Villar Amador (1994) dedica a las *Flores.* Góngora era, como correspondía a su rango, el poeta más representado; Quevedo, por su parte, era el antologado más joven, además de ser el primero que repetía composición (Jauralde, Prólogo 12–13), en lo que también podría constituir una cierta distribución regional: poetas y nobles andaluces (ampliamente antologados habida cuenta de la condición de antequerano del propio Espinosa), frente a poetas y nobles castellanos.

Visto desde la distancia, es inevitable afirmar que una de las principales tomas quevedianas de posición en sus comienzos fue su enfrentamiento con Góngora. La confrontación entre ambos vino a representar una colisión de antagonismos generacionales y simbólicos: maduro frente a joven; poeta consagrado frente a novel; hidalgo castellano frente a eclesiástico andaluz; *insider* cortesano frente a pretendiente de provincias y, por tanto, forastero en corte. Góngora, nacido en 1561, era coetáneo de Lope, Valdivielso, los Argensola o Alonso de Ledesma, entre otros; pertenecía, pues, a una generación inmediatamente anterior a la de Quevedo. Con su sorpresivo ataque, Quevedo obligó a Góngora a responder ("Musa que sopla y no inspira / y sabe que lo traidor / poner los dedos mejor / en mi bolsa que en su lira" [Góngora, *Obras completas,* Décimas #XXII]) y, en cierta manera, a compartir el capital simbólico que ostentaba como archipoeta. Otro aspecto que sugiere esta respuesta gongorina es que Quevedo contrahacía muchos de los exitosos versos del cordobés ("mi bolsa"), aburlescándolos paródicamente como señala Jauralde (*FdeQ* 906). De hecho, según Jauralde (909), la aparición de las *Flores* de Espinosa se retrasó censorialmente dos años por la contrafactura satírica que Quevedo había hecho de la letrilla gongorina "Las cuerdas de mi instrumento." Esta parodia burlesca quevediana buscaba dos efectos perversos: destruir la poesía gongorina ridiculizándola y, al tiempo, atraerse la atención de la corte. Otro de los probables efectos que este acre enfrentamiento poético y personal entre ambos pudo tener fue, precisamente, el de intensificar el viraje hacia la producción pura del poeta cordobés, en pos de la máxima distinción poética. Las intenciones de Quevedo (conscientes o no) se lograron ampliamente, y prueba de ello es la inveterada oposición binaria que nos ha legado la historia de la literatura: Quevedo frente a Góngora, *ergo* conceptistas frente a culteranos, en un debate que aún no ha sido desterrado del todo de los manuales: ¿qué mejor prueba de lo acertado de la estrategia de Quevedo? Todavía es frecuente encontrarse con ultimísimos editores, quevedistas o gongoristas, tanto da, para quienes "su" autor es, sin duda, la verdadera cima parnasiana o la víctima de la contienda poética, dando alas a tan artificiosa polémica personal y estableciendo un vencedor *velis nolis*.

El contexto en el que tuvieron cabida la mayoría de las polémicas literarias del XVII se revela, como toda producción cultural, a través de la correspondencia entre dos estructuras homólogas: la de las obras (géneros, *formas*, estilos, temas) y la del propio campo literario en una dinámica de luchas por conservar o transformar una relación de fuerzas propia de los campos de producción cultural (Bourdieu, *Razones prácticas* 63). La relación de fuerzas en el verano de 1603 era claramente favorable a Góngora, que era quien ostentaba el reconocimiento generalizado, por edad y prestigio, de un capital simbólico conferido por ambos campos, el literario y el de poder y fundamentado en su indiscutida primacía poética. El propio Quevedo reconocía en *Vida de corte*, quizá antes de escribir su primera burla del cordobés, el puesto simbólico que éste ocupaba a comienzos del XVII: "Su conversación [la de las "figuras artificiales"], hablar de damas, caballos, caza, y alguna vez de poesía, a que se inclinan los enamorados; y no les satisface menos talento que el de Lope de Vega o don Luis de Góngora, por lo que han oído alabarlos" (*Prosa festiva* 233). Si Quevedo quería alterar ese *statu quo* y entrar en juego, necesitaba presentarse como contrafigura del cordobés, para lo que contaba con el hueco oposicional que la figura de Góngora representaba: punto de referencia en el campo literario de la producción pura, andaluz, cuarentón, beneficiado eclesiástico y medio advenedizo en la Corte.[8] Frente a estos rasgos, la figura de Quevedo era exactamente la contraria: semidesconocido aspirante en el campo literario, castellano, veinteañero, estudiante aún y salido del mismísimo entorno cortesano. En ese sentido cabe decir que Quevedo supo leer admirablemente el espacio de posibilidades que tanto las prácticas cortesanas como la estructura del campo literario le ofrecían en aquellos primeros años del XVII. Con esto no quiero decir que nos encontremos necesariamente ante una consciente estrategia de acción quevediana pero sí que existía una situación que el escritor madrileño aprovechó a la perfección. Estas condiciones epocales se unieron a la

Capítulo cuatro

mecánica de luchas entre detentadores y pretendientes que suelen edificar la historia de un campo dado (Bourdieu, *Razones prácticas* 69). Tampoco se puede decir que el éxito de la empresa quevediana viniera dado por una acción puntual pues en la época funcionaban determinados mecanismos de producción y transmisión cultural y de interacción entre campos, así como ciertas prácticas que, como el ingenio, habían evolucionado desde tiempos anteriores. El terreno estaba abonado para las tomas de posición de Quevedo.

4.2. Hacia la acción por el ingenio burlesco

El *habitus* quevediano de la primera década del siglo XVI presenta gran homogeneidad en lo que respecta a escritura y relaciones sociales. Quevedo se relacionó en estos años con jóvenes aristócratas como el marqués de Villanueva de Barcarrota (Jauralde, *FdeQ* 189) y el duque de Osuna (López Ruiz, *Quevedo y los franceses* 20–22) que tendían a la buena vida y a burlas ingeniosas, calaveradas y escándalos varios. Las travesuras juveniles del marqués de Barcarrota fueron legendarias. De sus aventuras en la corte vallisoletana tenemos noticia por la *Fastiginia* de Pinheiro y es curioso comprobar que anécdotas y facecias a él atribuidas son muy similares a algunas de las que se aparecen en recopilaciones ingenioso-humorísticas del XVI como la *Floresta española* o la *Miscelánea*, lo que prueba el hilo conductor residual que queda en el XVII de la literatura ingeniosa del XVI.

Examinando la producción de los primeros años de "vida pública" de Quevedo se llega necesariamente a una conclusión: en su mayor parte tiene un decidido enfoque burlesco, como testimonian las *Premáticas*, *El Buscón*, *Vida de la corte y capitulaciones matrimoniales*, el *Memorial que dio don Francisco de Quevedo en una academia pidiendo plaza en ella*, la *Carta a una monja*, las *Cartas del Caballero de la Tenaza*, *El siglo del cuerno*, la *Tasa de la herramienta del gusto*, etc. Aunque ninguna de ellas está datada con absoluta precisión,[9] sí se suele coincidir en que son escritos que corresponden a la primera década del XVII y ello me parece muy significativo para comprender cómo se encajó Quevedo en la cultura cortesana. Este hecho para nada contradice el que siguiera escribiendo obras de carácter burlesco en su producción posterior (más diversificada y menos torrencial en la burla), ni que en estos primeros años, si bien al final de la década, escribiera o tradujera obras de otra naturaleza como la *España defendida* o el *Discurso de la vida y tiempo de Phocílides*. Sin embargo, la imagen más perceptible y duradera de Quevedo era (aún lo es) la jocosa emanada de las prácticas satírico-burlescas. Y ahí está un testimonio tan significativo como el del *Criticón* (1651–57) de Gracián para corroborarlo. Al visitar Andrenio y Critilo "El museo del discreto" en la crisi cuarta del segundo libro, visitan la estancia de la "Moral Filosofía." Allí, simbolizados vegetalmente por hojas, aparecen Séneca, Luciano, Esopo, Alciato, Plutarco, Petrarca, Justo Lipsio... y Quevedo:

> Acertó a sacar unas [hojas] de tal calidad, que al mismo punto los circunstantes las apetecieron, y unos las mascaban, otros las molían y estaban todo el día sin parar aplicando el polvo a las narices.
> —Basta— dijo —que estas hojas de Quevedo son como las del tabaco, de más vicio que provecho, más para reír que aprovechar. (Gracián, *Criticón* 2.4.386)

Como recuerda Chevalier (*Quevedo* 164), de las cinco veces que en el *Criticón* se menciona al escritor madrileño, tres son para criticar el carácter predominantemente jocoso de sus escritos. El crítico francés lo achaca a la envidia y a la oposición entre "buen gusto" y "mal gusto" con la que Gracián parece jerarquizar la práctica ingeniosa (166–70).

Otro testimonio de la percepción pública de Quevedo lo tenemos en las críticas que Francisco Morovelli le hace en sus *Anotaciones a la "Política"* (1626) donde acusa al escritor de "poeta lego," de que "a algunos les pareció que eran mejores los *Sueños* de don Francisco que sus vigilias" y de tomar materiales "ya oídos a predicadores" (cito por Fernández Mosquera, "El sermón" 69). Morovelli también escribió *Francisco Morovelli de Puebla defiende el patronato de Santa Teresa de Jesús... y responde a don Francisco de Quevedo Villegas...* (Málaga, 1628), donde también lo acusa de plagiar a Santo Tomás de Villanueva (Jauralde, *FdeQ* 558). Por mucho que Morovelli fuera enemigo jurado de Quevedo, no se puede dejar de apreciar que percibe y deja al descubierto la estrategia quevediana de pasar por humanista serio y respetable mediante obras de sustrato patrístico. Quevedo pretende, según Morovelli, hacerse pasar por portavoz *textual* de la intelectualidad cristiana española cuando no es más que un reciclador de la retórica *oral* de los púlpitos.

Es cierto que dos testimonios no resultan concluyentes pero sí parecen indicativos de cuál fue la parte de la producción quevediana que caló más hondo entre sus contemporáneos. Es interesante constatar que una obra tan amplia y variada como la quevediana, muchas de cuyas obras "serias" (*La caída para levantarse*,[10] el *Marco Bruto*, *La hora de todos*, *Virtud militante*, la segunda parte de la *Política*) fueron casi contemporáneas del *Criticón* en lo que a publicación se refiere, no consiguieron mitigar eficazmente la reputación satírico-burlesca de su autor. Hay muchísimos testimonios que nos presentan a Quevedo como éste quiso ser percibido a partir de cierto momento (es decir, como un intelectual patriótico apoyado en el providencialismo cristiano), pero casi todos ellos provienen de elogios emanados del trato familiar o amistoso y muy pocos de testimonios imparciales. Quevedo no pudo, por mucho que pudiera desearlo en algún momento, desprenderse de esa fama de ser "más para reír que aprovechar" y él era consciente de ello. Hay un romance titulado "Enigma del ojo de atrás," número 796 en la edición de Blecua, donde el escritor juega con las dilogías y los equívocos surgidos de comparar el ano con su trayectoria y percepción públicas. Así, el poema comienza reconociendo que "sobre cierto alboroto / y travesuras, me traí / todo el mundo sobre ojo" (2–4), que alude a sus destierros y polémicas. Continúa luego recordando cómo sus problemas resultaron de "niñerías / y travesuras de mozos, / que un tiempo fueron secretas, / pero ya las saben todos" (5–8) donde es imposible no ver, junto a las dilogías escatológicas ("secretas") la alusión a obras que, como *El Buscón*, nunca reconoció pero todo el mundo le atribuía. Aparecen también el eco de sus sátiras y burlas ("No han sonado bien mis cosas, / aunque han sido risa a otros" [13–14]) y del obligado carácter anónimo de aquellas ("algunas hice a traición: hacerlas me fue forzoso" [15–16]). El romance es en conjunto un doble sentido pleno de ironía con el que Quevedo apela a la complicidad del lector y reconoce explícitamente su reputación, a medio camino entre escritor y personaje público ya proverbial.

Al comienzo del capítulo me refería al carácter satírico-burlesco que albergan muchas de las obras quevedianas más tempranas. En esta ambigua etiqueta se fundan muchas de las batallas hermenéuticas en torno a algunos textos quevedianos: ¿son textos satíricos (esto es, burla que tiende a la corrección moral o a la defensa de valores) o simplemente burlescos, de exaltación de los antivalores? (Jammes, *Études* 42–43). Dice Jammes (42–44) que la diferencia entre burla y sátira radica en que la sátira tiende a la defensa de un sistema de valores mientras que la burla exalta ciertos "antivalores" con una ambigüedad que no sería sino prolongación de la sátira. Arellano (28–29) sostiene, por su parte, que no hay que contar sólo con la perspectiva e intención del autor y de la voz enunciadora, distinguiendo entre juego con el referente (burla) y compromiso y preocupación para con él (sátira), sino que también hay que contar con la variedad y ambigüedad de emisores y destinatarios. Lo cierto es que es muy difícil discernir entre sátira y pura burla por la condición dual que presenta la propia burla, necesitada de un contrapunto real y "serio" como señala Contag:

> The burlesque, in its very act of mocking imitation, is entertaining but also a means to refer to another serious way of looking at realities. Because it is fundamentally a "mode," the burlesque does not have independent being: it has as its foundation that which is "other" than itself (e.g. the "serious" the "high" or "learned"). (75 [14])

En muchos casos no conocemos por qué Quevedo escribió lo que escribió y como lo escribió. Lo que sí parece indisputable es que aquel contexto cultural cortesano apreciaba, sobre todo, lo que pudiera aportar entretenimiento y buena parte de ese entretenimiento venía dado por un humor burlesco. En casi todos los casos, Quevedo antepone la faceta humorística y burlesca a la sátira, y no al contrario. También parece claro que, desde el punto de vista de la interacción entre campos y agentes, el ingenio burlesco ocupaba un lugar preponderante con respecto a la sátira de modos y costumbres, a la que también se dedicó Quevedo, casi siempre con un cariz político (*La hora de todos*). En ese ámbito interactivo el inevitable contrapunto serio que contiene como "huella" el ejercicio burlesco pasaba a un segundo plano y sólo emergía cuando la burla hacia el referente era demasiado atrevida o tocaba aspectos claves del entramado ideológico en que se sustentaba el complejo monárquico-institucional. Aquí se hace necesario aludir a la doble historización a que apela Bourdieu pues, cuando contemplamos textos y sociedades precedentes, como es el caso de los del siglo XVII, solemos hacerlo desde parámetros actuales. Un ejemplo: las sátiras sociales quevedianas contenidas en los *Sueños* han dado pábulo a que se vea en el paso del manuscrito a la expurgada edición de *Juguetes de la niñez* (Valencia, 1631) el efecto censorial, proceso en el que se victimiza la primigenia y "valiente" acción literaria quevediana representada por los manuscritos. Esa, de hecho, fue la motivación de James O. Crosby al editar los *Sueños*: basarse en la evolución de los manuscritos para descubrir los textos tal y como los concibió Quevedo. De ese modo se soslayarían los efectos posteriores de la censura sobre el libro (concretamente en los *Juguetes de la niñez*, en donde las referencias religiosas habían prácticamente desaparecido). Crosby sostiene que la censura ya había afectado a la obra previamente, suavizando la edición lo que estaba en el manuscrito (p. ej., "adúlteros" pasa a ser "aduladores" en la *princeps*, sin embargo no se cambian los pasajes siguientes ("otros les sustentan la cabalgadura y ellos la gozan") que remiten directamente a lo censurado (Ettinghausen, "Quevedo" 91–92). Esto podría deberse simplemente al asistematismo de tal censura, pero veamos otra paradoja. Si la versión manuscrita es la que, aparentemente, resulta más susceptible de incluir pasajes problemáticos ¿por qué no aparecen en el manuscrito de *El sueño del juicio final* en que se basa Crosby—al parecer de 1605 y el único del que se conoce origen y filiación—pasajes censurados posteriormente? Me refiero, en concreto, a un pasaje censurado tanto en la censura denegatoria del primer censor (el dominico fray Antolín Montojo, quien había encontrado el estilo "chabacano e imprudente" en junio de 1610 [Quevedo, *Poesía original* xxxv]), como en la aprobatoria del segundo (el franciscano fray Antonio de Santo Domingo, en 1612)? El pasaje en cuestión, que alude a la

Capítulo cuatro

lucha de varios cargos y dignidades eclesiásticas por "arrebatarse una buena conciencia que acaso andaba por allí distraída," fue suprimido por "irreligioso y de mal ejemplo y doctrina" (OC 2: 125). Quevedo había insistido ante el Consejo de Castilla para que se procediera a una revisión de la primera censura y consiguiente denegación, cosa a la que dicho Consejo accedió. ¿Fue casual que esta vez fuera censor un franciscano, cuya orden no se distinguía por el rigor dogmático? Probablemente no, a pesar de lo aparentemente aleatorio del proceso. Las consecuencias de ese cambio fueron espectaculares. Escribe Fray Antonio: "La sátira es picante; pero la que conviene para ridiculizar el vicio y corregirle; su título es justo y bien pensado; y así es que, después de haberle leído una vez por obediencia, *le he repasado muchas veces por gusto*" (Astrana, *Vida* 182; el énfasis es mío). A la vista de otros pasajes de los *Sueños* en los que en el paso del manuscrito a la *princeps* sólo se produce una censura eufemística (como ocurre en el manuscrito del *Sueño de la muerte* donde se leía "putos" en lugar de "deshonestos" [*Sueños* 352]), cabe preguntarse en qué se recortaba censorialmente esa aparente subversión satíricosocial de esos textos y por qué no se molestaba el complejo monárquico-institucional con ellos. La razón, en mi opinión, es sencilla: se apreciaba más lo que de ingenio burlesco tenían que lo que de sátira pudieran tener. La sátira social era, en el fondo, inofensiva, ya que apuntaba a gremios y colectivos; no así la política, que era necesariamente más individualizada y atacaba el sistema y de la que Quevedo se guardaba muy mucho entonces, limitándose a sahumar al nuevo Rey aunque fuera a costa del anterior. Hay que evitar, pues, que al aplicar parámetros anacrónicos a textos del siglo XVII se vaya más allá de lo que las pruebas permiten. La tentación de mostrar a un Quevedo crítico o defensor del sistema ha gozado de mucho predicamento en los estudios quevedianos, pero eso no nos faculta para aplicar puntos de vista modernos y "deshistorizados" a textos y circunstancias de otras épocas.

¿Por qué jugó la burla un papel tan destacado en la producción literaria de la época? ¿Es acaso esa "desestabilización" sígnica y textual que Clamurro ("Destabilized" 301) adjudica al *Buscón* causa o consecuencia del tipo de literatura que imperaba en la época? En su artículo Clamurro hace una suerte de síntesis dialéctica de las dos posturas que han venido configurando la recepción crítica de la novela picaresca quevediana en los últimos años: obra de ingenio burlesco o sátira social. No interesa aquí discernir cuáles fueron las intenciones concretas de Quevedo al escribir *El Buscón* (aunque sí podamos situarla significativa y hermenéuticamente en su contexto y en el conjunto de su trayectoria). Lo que sí interesa determinar es qué recepción tuvo la obra y cuándo fue compuesta. En este último, aunque sin precisión absoluta, parece existir una cierta anuencia de que se escribió en torno a 1604. Lázaro sostiene en su edición de la obra que sería "de un período de tiempo inmediatamente anterior a 1604" (*Vida del buscón* liv). En parecidos términos se pronuncia Jauralde en su edición de la obra, adjudicando también al *Buscón* una redacción temprana, hacia septiembre de 1604 (*Buscón* 18n24). Con respecto a la exitosa recepción que tuvo la obra una vez publicada hay que reseñar varios datos. En primer lugar, que a pesar de tal redacción temprana tardara más de 20 años en imprimirse. Segundo, que cuando por fin se imprimió en Zaragoza en 1626 lo fuera, aparentemente, sin el permiso de Quevedo, aunque coincidiendo con un viaje de éste a Aragón. Tercero, que se escribiera en un contexto temporal, como era el de los alrededores de 1604, de eclosión de la novela picaresca[11] (segunda parte del *Guzmán*, *El peregrino* de Lope, *El guitón Onofre*, o *La pícara Justina*, por ejemplo). Cuarto y último, que Quevedo nunca reconociera la obra como suya. Todo ello muy bien pudo deberse a esa oculta contradicción interna que Paul Julian Smith (*Writing* 115) ve en la obra picaresca quevediana: la práctica literaria que emplea no coincide con la práctica social que pretende representar. Quevedo, consciente de ello, se guardó muy mucho de ahijarse públicamente "la voz de mis mocedades... que ha sido molesta a V. m. y escandalosa a todos," como escribe a su tía, Margarita de Espinosa, el 3 de junio de 1613, dedicándole el *Heráclito cristiano y segunda arpa a imitación de David* (*Poesía original* 19). Sin embargo, y Quevedo era bien consciente de ello, fue precisamente esa voz de sus mocedades, aquella que le dictaron "el apetito, la pasión o la naturaleza" (19), la que más contribuyó a singularizarlo y a objetivarlo dentro del campo literario tras sus numerosas tomas de posición avecindadas en lo burlesco. Estas burlas primeras también contribuyeron a posibilitar su interacción con el campo de poder en un contexto en el que el ingenio burlesco era muy apreciado. Buena prueba de ese aprecio se puede encontrar, junto con esa herencia de la agudeza oral del XVI estudiada por Chevalier y citada en el segundo capítulo, en prácticas cercanas a la cultura cortesana: los vejámenes académicos, la presencia de lo burlesco en textos literarios (*Don Quijote*, *El burlador*, *Los sueños*, *El diablo cojuelo*...), la figura del gracioso en la comedia, cortes culturales como la del conde de Lemos en su virreinato napolitano, las facecias burlescas asociadas con personajes cortesanos como el marqués de Barcarrota, etc. Puede, pues, sostenerse que, implícita o explícitamente, Quevedo estaba haciendo una especie de *captatio benevolentiae* dentro de la sociedad cortesana, proponiéndose como el agente que venía a ocupar una posición específica dentro del campo literario: la de escritor burlesco por antonomasia. A eso parecen apuntar al menos tomas de posición como las *Premáticas*, *El Buscón*, la *Vida de la corte y capitulaciones matrimoniales* o el *Memorial a una academia*, entre otras obras.

Uno de los hechos más significativos de toda la trayectoria quevediana fue su relación con Pedro Téllez Girón, duque de Osuna, en la que se condensó y extremó la interacción entre los campos literario y de poder en la España del XVII. Esa fue la toma de posición por excelencia de Quevedo en las dos primeras décadas del siglo XVII y la que acabó por conformar el *habitus* de todo ese periodo. Su relación con el Duque representó una cierta elección, más o menos unitaria, de personas, bienes y prácticas. Los albores de su relación no están del todo claros aunque, según López Ruiz (*Quevedo y los franceses* 20–22), a mediados del 1599, su último año alcalaíno, Quevedo debió de conocer a don Pedro Téllez Girón, y puede que con él fuera a Osuna y Sevilla. Esta temprana amistad, adelantada a los últimos meses de 1599 como López Ruiz sugiere, explicaría que Quevedo no se presentara a recoger su título de bachiller, así como la pérdida del curso académico 1600–01, año este último en que apareció por Valladolid para estudiar en su universidad. De ser cierta, esa temprana visita a Sevilla ayudaría a recomponer algunas de las zonas oscuras en una época formativa de su vida, así como a aclarar las referencias sevillanas del último capítulo del *Buscón*. Otro punto que podría observarse a nueva luz sería un pasaje de *El tapaboca, que azotan*, publicado en mayo de 1630 (¿Gerona?), que fue la contrarréplica que Mateo de Lisón y Biedma, regidor municipal ("veinticuatro") de Granada y enemigo de la política económica de Olivares, hizo al *Chitón de las tarabillas* quevediano. Entre numerosos ataques personales y directos a Quevedo aparece este:

> Pero no me lo diga, que ya me acuerdo haberle visto (desde lejos) pasearse en el Corral de los Naranjos de Sevilla y estar en rueda con los rufianes y gente desalmada, entre quienes se determinaban y ponían precios a las traiciones y asasinos [sic] que se habían de cometer, para cuyo efecto se alquilaban. Ya le vi ser comelitón del premio que recebían y celebrar las exequias del inocente que padeció con un: "Déjela vuicé venir; que, por el sol que calienta los panes, que ha de hacer la razón todo mozo ahigadado hasta que se hunda el mundo. (...) Que entonces no era vuesa merced tan honrado como ahora fingidamente se nos muestra. Y también le vi en el Portalejo de San Román (no dentro de la iglesia), donde se hacían las juntas de los que... quitaban las honras a hombres y mujeres que por su nobleza y virtudes la tenían ejecutoriada. (Astrana, *Vida turbulenta* 589)

Sean ciertos o no los episodios sevillanos quevedianos, lo que sí parece probable es que Quevedo acompañaba en estos primeros años del siglo a varios nobles en sus calaveradas. Este hecho contribuyó seguramente a otorgarle esa fama de que gozaba en la corte vallisoletana, como ya atestigua Pinheiro en la *Fastiginia*, afirmando que sólo se le podía comparar en ingenio Alonso de Ledesma (Chevalier, *Quevedo* 113). Fama, nombre y capitalización simbólica de su ingenio burlesco, en definitiva, es lo que parece haber logrado

Quevedo en sus primeros años de vida cortesana. En su dedicatoria al duque de Osuna de *El mundo por de dentro*, fechada el 26 de abril de 1610, poco después de que éste volviera de Flandes cargado de gloria y con sus andanzas juveniles purgadas, escribe Quevedo:

> Estas son mis obras. Claro está que juzgará V. Excelencia que siendo tales no me han de llevar al cielo, mas como *yo no pretenda de ellas más de que en este mundo me den nombre*, y el que más estimo es el de criado de V. Excelencia, se las envío para que como tan gran príncipe las honre. Lograrán de paso la enmienda. (*Sueños y discursos* 273; el énfasis es mío)

Otra relación similar es la que tuvo con el marqués de Villanueva de Barcarrota, Alonso Portocarrero, desde sus días vallisoletanos hasta la muerte de éste en 1622. A él, precisamente, iba dedicado el manuscrito de *El alguacil endemoniado*, segundo de los *Sueños*, que debió de ser escrito hacia 1607. En la edición *princeps* (Barcelona, 1627), sin embargo, aparece dedicado al conde de Lemos y unos años más tarde "A un amigo." ¿Por qué? Probablemente porque el marqués había fallecido en 1621 ó 1622 y eso posibilitaba otra toma de posición, en forma de dedicatoria a un poderoso agente del campo de poder como era el de Lemos, buen degustador de ingenio como veíamos en el tercer capítulo en relación a la composición de su séquito cultural. Y aquí quizá haya que recordar que *El alguacil endemoniado* también fue conocido como *El licenciado calabrés*. Según el *Tribunal de la justa venganza* (Valencia, 1635), Quevedo le puso otro nombre para burlar a la censura: "Le puso a este discurso título de *Alguacil alguacilado* en la segunda edición para encubrir el que le puso primero de *El alguacil endemoniado* y con este engaño volverlo a imprimir, ejecutando el mortal odio que tiene contra los que gobiernan y los ministros de justicia y en él vuelve a decir lo que otras veces ha dicho" (cito por la ed. de Buendía de OC 1: 132 n1). Felicidad Buendía, por su parte, sostiene que el licenciado Calabrés fue una figura histórica, Gennaro Andreini, un capellán del conde de Lemos que tenía fama de exorcista, por lo que el Santo Oficio acabó expulsándolo del reino (OC 1: 132 n1). Según parece, en el *Tribunal de la justa venganza* se dice que Quevedo tuvo por confesor al citado Andreini (OC 1: 135n2). De ser cierta esta circunstancia, cabría situar esta dedicatoria en el marco de ese ingenio burlesco cortesano del que vengo hablando y en el demostrado gusto del conde de Lemos por las actividades culturales. Uno de los exponentes de ese gusto por la cultura fue su asistencia a la academia de los Estudios de la Compañía de Jesús, presidida por el Padre Mazedo y a la que asistía el propio Quevedo.

4.3. Acción literaria y campo literario

En los dos puntos siguientes voy a tratar de ilustrar las tomas de posición literarias de Quevedo, tanto en lo que toca a su inserción en el propio campo literario como en el campo de poder. En el primer caso me voy a centrar tanto en lo que podríamos llamar tomas formales de posición (obras, géneros, temas) como en lo que he denominado tomas interautoriales de posición (relación con otros agentes).

Antes de seguir, hay que reparar la peculiaridad de Quevedo dentro del campo literario español de la primera mitad del siglo XVII. El de Quevedo es, por muchos motivos, un caso excepcional cuando se le compara con otros escritores de la época. Para empezar, Quevedo era, como prueba su expediente de ingreso en la orden de Santiago[12] y frente a la mayoría de sus coetáneos de campo, un caballero, y pertenecía por tanto a la baja nobleza. No hay más que recordar esa irónica referencia cervantina a Quevedo del *Viaje del Parnaso* (2.316–18) a la que aludía en el capítulo dos. Esta condición suya pudo posibilitar su amplia formación humanística, que iba más allá de los *Adagia* erasmianos, de los Calepinos y de las *Polyantheas* al uso de la mayoría de los escritores. Quizá como consecuencia de esta formación, su obra es también extremadamente variada en lo que respecta a "musas," géneros y temas, pues en ella confluyen lo literario, lo histórico, lo filosófico, lo religioso y lo político. Y todas estas condiciones previas bien pudieron llevarle a una última peculiaridad (puede que la más descollante y llamativa) que fue la de su cercanía activa con el campo de poder. Una cercanía solapada y entreverada a lo largo de su obra y que puebla su trayectoria y su *habitus*.

Al igual que con muchos otros nombres significativos de aquel periodo, las academias jugaron también un importante papel en el *habitus* quevediano de sus comienzos. Como práctica propia de la cultura cortesana y por su interacción con el campo de poder, trataré de ella en el siguiente apartado. Quedan aquí ya avanzadas, sin embargo, las muy probables deudas que tienen contraídas sus primeras obras con esta práctica sociocultural.

A partir de su "puesta de largo" vallisoletana dentro del campo literario, las tomas de posición quevedianas podrían remitirse a tres vértices, que voy a glosar en las siguientes páginas: (a) conexión con la intelectualidad humanista y con la tradición literaria (petrarquismo, formas poéticas tradicionales…); (b) el de las prácticas propias de un entorno cultural cortesano, centradas en la competición, la distinción y la interautorialidad; (c) la práctica satírico-burlesca.

4.3.1. Conexión con la intelectualidad poshumanista y con la tradición literaria

El de "humanista," ya sea en conexión con la historiografía (Roncero), con la filología o con la teología, es uno de los adjetivos que con más insistencia se le adjudican a Quevedo. En ocasiones se le añade otra modificación más: "cristiano" (López Poza). Hoy asumimos como moneda más o menos corriente que Quevedo fue un humanista obviando, inadvertidamente, el hecho de que si Quevedo fue un humanista, acabó siendo ciertamente un humanista tardío y, si se me permite decirlo, anacrónico, más allá de sus pinitos juveniles. También, si lo fue, fue un humanista peculiar porque en Quevedo parece ser mucho más natural la escritura (o la reescritura) que la propia lectura; el uso argumentativo e instrumental de los textos que el escolio erudito; la reacción sobre la reflexión. De alguna manera, Quevedo se sirvió de la antigüedad clásica, de la patrística y de los textos bíblicos de una manera no tanto intelectual como performativa, pragmática; esto es, para persuadir, como oportunamente recordaba Claudio Guillén (251). Por supuesto habría que distinguir entre épocas y obras quevedianas, así como temas y objetivos de cada una de esas obras. También habría que deslindar entre las actividades, obras y autores de los que se ocupaban los humanistas renacentistas y los que ocuparon a Quevedo. Como recuerda Sagrario López Poza (59), en tiempos de Quevedo había dos tipos de "intelectuales": los teólogos y los humanistas y nuestro escritor optó dados sus pinitos neoestoicos por asimilarse a estos últimos, tratando de ganarse el respeto de Lipsio. No tengo tan claro que eso supusiera adherirse a un "cristianismo militante," como señala Poza (81) pues, en esta época y en España, no se podía ser públicamente sino católico y, como tal, militante. Respecto al humanismo propiamente dicho, el etimológico, no parece que Quevedo se sintiera especialmente atraído por el Hombre desde un punto de vista artístico o filosófico; antes bien, su interés está más bien en explayar contextualizadamente abstracciones religiosas (providencia, paciencia) o políticas (el valimiento, la traición). Como señalaba Lida (*Letras* 147–48), "Con *España defendida*, se desencadena en Quevedo un proceso de eliminaciones y restricciones que ya no podrá detenerse" y a partir de esa obra desaparecerá el "Quevedo juvenil, ansioso de participar en la labor humanística de toda la Europa culta" y será sustituido por la visión quevediana "de una España cerrada que sólo quiere entenderse consigo misma y con Dios. España en soledad y contra todos."

Quevedo no fue, en resumen, un humanista cabal; sí un protointelectual culto y sumamente combativo, preocupado por dotarse de una pátina de prestigio y solvencia que sólo ciertos círculos de protointelectuales poshumanistas y la conexión prestigiosa con la antigüedad clásica podían otorgarle.

Capítulo cuatro

Jauralde ha glosado recientemente tanto la opinión que la crítica ha tenido del Quevedo humanista como la propia pulsión quevediana por integrarse en los círculos humanistas españoles coetáneos (*FdeQ* 874–78). Este último se hizo patente entre 1606 y 1613 con obras como el *Anacreonte,* los *Trenos de Jeremías,* el *Phocílides,* la *España defendida* o las silvas. En opinión de Jauralde (878), Quevedo fue para su tiempo "un excelente latinista, que conoció bastante griego y que empezó a intentar dominar el hebreo" cuya actividad filológica fue interrumpida, en igual medida, por la vocación política (hacia 1612) y por el husmear inquisitorial (hacia 1610) en los círculos humanistas españoles. Esa pulsión filohumanista de Quevedo marca un claro intento por lograr un balance más equilibrado entre el capital simbólico de naturaleza humorístico-burlesca—su carta de presentación más efectiva hasta entonces—y el "intelectual" que, en la época, tenía connotaciones filológico-humanísticas. A diferencia del primero, ese capital "intelectual" dependía de la legitimación que le pudieran otorgar miembros reconocidos de esos círculos intelectuales y se basaba, por tanto, en opiniones cualificadas y en un sistema de cooptación implícita.

La conexión con la tradición literaria a la que se lanza Quevedo se ejemplifica, sobre todo, en la poesía amorosa por su conexión con temas, formas y tradiciones petrarquistas y cancioneriles. En ocasiones se han propuesto lecturas que propugnaban una cierta originalidad quevediana en cuanto al tratamiento no convencional de tópicos heredados de la tradición. Es el caso del estudio *La poesía amorosa de Francisco de Quevedo,* de Julián Olivares, que propugna una personalización experimental y estético-filosófica por parte de Quevedo de *topoi* provenientes de la poesía amorosa anterior. La conclusión que parece destacarse de la mayoría de los acercamientos a la poesía amorosa de Quevedo es, sin embargo, su estrecha vinculación con la tradición (Schwartz y Arellano lxi–lxvii; Walters vii–xxxii; Rocha *passim*; Fernández Mosquera, *Poesía* 368–71) y con su contexto productor cortesano (Mariscal 36). Paul Julian Smith, por su parte, tras estudiar los contextos de producción de la poesía amorosa quevediana, y cuestionar su originalidad, así como las propuestas críticas de desfamiliarización y plurisignificación anteriores, concluye que nos encontramos ante una poesía fuertemente anclada en la tradición e incluso arcaizante (*Quevedo* 47–53). También afirma que la auténtica tensión que late en estos poemas no es existencial ni propia de la dialéctica masculino-femenino sino puramente retórica (88). Más tarde, el mismo Smith propugnó en otro libro una lectura deconstruccionista de toda la lírica aurisecular en la que ésta, en vez de moverse entre la clásica diatriba de presencia y ausencia representaría una "suplementariedad" en su desarrollo con la que el poeta buscaría tanto complementar la tradición como desplazarla por la novedad (*Writing* 72). Esta última propuesta de Smith conviene quizás mejor a Góngora que a nuestro autor, mucho menos afecto que el cordobés a la novedad poética esencial. En ese sentido, las tomas de posición quevedianas en la lírica son, a diferencia de la poesía burlesca, más de continuidad que de reacción, teniendo siempre a la vista cuál era su posición dentro del campo. Como escribe Bourdieu,

> [las *tomas de posición* de los agentes] dependen de la *posición* que ocupen en la estructura de campo, es decir en la distribución de capital simbólico específico, institucionalizado o no... y que, por mediación de las disposiciones constitutivas de su *habitus*... les impulsa ya sea a conservar ya sea a transformar la estructura de esta distribución, por lo tanto a perpetuar las reglas del juego en vigor o a subvertirlas. (*Razones prácticas* 63–64)

Más allá de ese "desgarrón afectivo" que Dámaso Alonso veía en la lírica quevediana (*Poesía española* 497–580), habremos de concluir que ésta contribuye sobre todo a un cierto continuismo—brillante, eso sí—propulsado por un entorno de prácticas poéticas cortesanas firmemente insertas en la vena petrarquista. A diferencia de la poesía satírico-burlesca, que tiene claros tintes agresivos y de reacción ante personas y situaciones, la amorosa es buscadamente continuista y mira hacia el pasado, como ya señaló Ignacio Navarrete (205–40).

Para los propósitos de mi trabajo es sin duda la poesía quevediana la que presenta más dificultades analíticas y hermenéuticas a la hora de estudiar la interacción quevediana con el campo literario de su tiempo. Esto es debido fundamentalmente a las dificultades de fechación y a la ausencia de impacto receptor alguno: más allá de su editor y amigo González de Salas no sabemos hasta qué punto se leyó la poesía "seria" de Quevedo. Otra cosa sería si pudiéramos desentrañar apodos e identificaciones y leer "a lo cortesano" algunas de las jácaras quevedianas en las que, según decía González de Salas, "se disimularon galanteos de grandes señores, y se celebró la hermosura de señoras asimismo, y de damas excelentes" (Astrana, *Vida* 180).

En otro lugar (Gutiérrez, "Poesía amorosa") he examinado la poesía amorosa quevediana contemplada como un ejercicio implícito de carrera literaria. También he tratado de valorar el hecho de que dicha poesía no formaba parte del perfil autorial público de Quevedo, a pesar de que éste siguió escribiéndola probablemente hasta el final de su vida y de que pensó en editarla entre sus obras "completas." También hago hincapié en el hecho de que su lírica fue desconocida para la mayor parte de sus contemporáneos y que, por tanto, no tuvo ningún impacto.

Como ha recordado Carreira ("Quevedo" 247–49), la fama poética de Quevedo es tardía, pues mientras vivió sólo se imprimieron unos 90 poemas originales suyos y, a partir de 1635, año en que ven la luz el *Focílides* y los 60 capítulos del *Epícteto,* es fácil que los lectores de su tiempo consideraran a Quevedo como un polemista y un traductor de textos clásicos. Contamos también con testimonios como el de Gracián (*Criticón* 2.4.386), que demuestran que a Quevedo se le consideró en su tiempo más fiilósofo moral que poeta y, en todo caso, más poeta burlesco que serio. Pérez Cuenca ("La transmisión" 122), señala que son escasos los cancioneros individuales de Quevedo con letra del XVII (caso del ms. 3940 de la Biblioteca Nacional de Madrid). Ettinghausen afirma, en fin, que hasta los cincuenta años, Quevedo es "autor de obras escritas ante todo para divertirse a sí mismo y a un grupo reducido de amigos y de consocios de las academias literarias de la época" y que "su vida de escritor casi formaba parte de su vida privada" ("Doble personalidad" 42), y esto es seguramente cierto con respecto a su poesía amorosa.

Mi conclusión al respecto es que Quevedo tomó una decisión autorial estratégica: ofrecer su poesía amorosa, tornada monumento literario y filológico, al lector futuro y no al de su época. En esa decisión influyeron circunstancias personales y temporales (su ansiedad de influencia política, su prisión) y, quizá, de *decorum* social, pero también el hecho de que Quevedo quiso que su poesía amorosa se alejara al máximo del epicentro de la canonización de la lírica gongorina que se había iniciado tras la muerte del poeta cordobés, en 1627. Quevedo no escribía poesía amorosa para competir con el resto del campo literario. En todo caso la escribía generalmente para un círculo de íntimos cortesanos y para la posteridad. Eso es lo que necesariamente se deduce de que no estuviera preocupado por la emisión de su poesía (como demuestra la escasez de copias manuscritas conservadas) y de que pensara en editarla al final de su vida.

Al margen, hay que señalar que era muy raro que la poesía escrita por un noble se editara antes de su muerte. Es significativo que las *Obras en verso* (Madrid, 1648) de Francisco de Borja y Aragón, príncipe de Esquilache, quizá el primer noble español del XVII que publicó un libro de poesía en vida, aparecieran el mismo año que el póstumo *Parnaso español* quevediano.

Por todas las razones expuestas arriba, dejo la poesía amorosa de don Francisco al margen del análisis socioliterario que me ocupa en estas páginas y remito a lo expuesto en mi citado artículo.

El entronque con la tradición literaria de Quevedo va más allá de la lírica, alcanzando a muchas otras tomas de posición tan diversas como *El Buscón*, las ediciones de la poesía de Fray Luis y de Francisco de la Torre y, obviamente, las traducciones de clásicos como Anacreonte y Focílides. Tampoco hay que olvidar temas y procedimientos que jalonan buena parte de su obra, como la misoginia, las burlas conceptuales del adulterio o la caricaturización y satirización de actividades profesionales que entroncan fuertemente con la cultura popular del medioevo.

Una de las tomas de posición más significativas de Quevedo (ésta por defecto) fue no reconocer la paternidad del *Buscón*. Cuando apareció la edición *princeps* (Zaragoza, 1626) lo hizo fuera de Castilla, dada la prohibición imperante de la Junta de Reformación que prohibía la impresión en Castilla de parte de la literatura de ficción (comedias, novelas) y también de todo escrito susceptible de oponerse al régimen: libelos, arbitrios o cualquier otro que se refiriera al gobierno (Elliott, "Quevedo" 231). La licencia de impresión del *Buscón* fue solicitada por el propio librero, Roberto Duport, en lugar de por el autor, en lo que aparentemente es una edición sin la connivencia del escritor. El hecho no es casual, como tampoco lo es que Quevedo anduviera entonces por aquellas tierras acompañando a la comitiva real. Quizá tampoco obedezca al azar que fuera el mismo Duport quien imprimiera en Zaragoza *La hora de todos* (1650) y *Virtud militante* (1651), tras la muerte del escritor. El hecho que me interesa destacar de este rechazo autorial del *Buscón* es la obstinación quevediana por negar algo que todo el mundo sabía, asumía y afirmaba constantemente. Las razones que pueden explicar este hecho son varias. En primer lugar su conexión con una cierta concepción "desinteresada" en lo económico que pudiera tener Quevedo, en tanto que caballero, hacia su producción. Como recuerda Bourdieu (*Razones prácticas* 153), "Las conductas de honor de las sociedades aristocráticas o precapitalistas se basan en una economía de los bienes simbólicos que se fundamenta en la represión colectiva del interés y, más ampliamente, de la realidad de la producción y de la circulación." Quevedo no vivía de su pluma, y sí de su condición señorial y de ciertos cargos y beneficios devengados (pensiones, hábitos) por aquella y por su interacción con el campo de poder. Y ello en una sociedad en la que no estaba claro que escritores, y sobre todo artistas (recuérdense las sucesivas polémicas sobre la condición social del pintor y de la pintura en sí), no fueran, en cierto sentido, artesanos. Aquí sobreviene de nuevo la condición caballeresca de Quevedo, tanto en oposición a otros agentes del campo que sí cobraban frecuentemente por su producción literaria (Lope) como en relación al contenido mismo del *Buscón*. ¿Qué beneficio podía obtener Quevedo hacia 1626 reconociendo la obra como propia? La respuesta es bien clara: ninguno. Descontados los beneficios económicos que hubiera podido producirle, ¿qué otro capital ostentaba *El Buscón*? Claramente el simbólico que representaba ser una de las cimas de su ingenio burlesco pero, como recordaba anteriormente, Quevedo ya había capitalizado en los primeros años de su actividad literaria tal capital cultural. Queda, además, esa oculta contradicción que Smith (*Writing* 115) aprecia en *El Buscón*: la práctica literaria en que se inscribe no coincide con la práctica social que pretende representar. Esta contradicción podría hacerse extensiva al autor, a las prácticas sociales y al *habitus* (cercano al campo de poder) en el que pretendía inscribirse, una vez logrado su propósito de "distinguirse" dentro del campo literario gracias al ingenio burlesco.

4.3.2. Las prácticas culturales cortesanas de Quevedo: competición, distinción e interautorialidad

Las prácticas del entorno cultural cortesano tenían un fuerte componente de competición distintiva. Se trataba, a grandes rasgos, de ocupar una posición (o de crearla) dentro del espacio de posibles del campo literario del siglo XVII. Como he señalado en anteriores capítulos, y por referirme a la generación anterior, a los "consagrados," Lope y Góngora ocuparon, respectivamente, la posición correspondiente a la producción masiva y restringida. Cervantes creó su propio espacio como archinovelista. La novela era género "importado," balbuciente y carente de prestigio pero en el que el resto de los escritores, como reflejan multitud de testimonios, le reconocían al autor del *Quijote* su condición de arquetipo. Así, por ejemplo, se manifiesta en la *Perinola* quevediana, cuando don Francisco conmina a Montalbán a que "deje las novelas para Cervantes" (*Prosa festiva* 507). El propio Quevedo, por su parte, optó en su juventud por convertirse en el arquetipo literario de la ingeniosidad burlesca, proceso en el que las academias debieron de jugar un papel sustancial.

El periodo comprendido entre 1605 y 1609 es uno de los peor conocidos de la biografía quevediana. Se suele despachar, en cuanto a su interacción social, remitiendo a una intensa actividad académica y, en general, de interacción diríamos que "suave," con agentes de los campos literarios y de poder. Los contactos de Quevedo con ambos campos se han de retrotraer a la corte vallisoletana, donde al parecer existía una academia que debió de reunirse cierto tiempo entre 1601 y 1605, ya que la *segunda parte del Romancero General* (Valladolid, 1605) incluye un poema, "Doscientos tercetos en alabanza de la Academia de Madrid," que fue escrito, según King (*Academies* 370), para la sesión inaugural en Valladolid de una academia que operaba previamente en Madrid. Lo que parece probado es que nuestro escritor asistió a las que se instauraron en Madrid a la vuelta de la Corte. Según Astrana (*Vida* 185–87), Quevedo participó en varias academias: en la de Pedro Manso, presidente del Consejo de Castilla y Patriarca de las Indias (fines de 1608–09); en la llamada "de Madrid," patrocinada por Félix Arias Girón y en la que Lope leyó su "Arte nuevo" (1609) y, especialmente, en la del conde de Saldaña, una de las más famosas, que cerró en 1612. Nada más lógico que participar en la actividad académica para un escritor joven de la época. Como recuerda Jeremy Robbins, las academias jugaban un papel central y estratégico en la construcción de la reputación literaria, y contribuían a mostrar el "rostro oficial o público del poeta barroco" (43).

Gareth Davies describe en su exhaustivo estudio sobre Antonio Hurtado de Mendoza la cercanía que el grupo académico de Saldaña tenía con la familia Sandoval, entonces en la cima del poder con el valimiento del duque de Lerma. Esa cercanía se reflejó en las composiciones dedicadas por Lope, Cervantes, Soto de Rojas, Espinel y Mendoza al traslado en 1617 de una imagen de Nuestra Señora del Sagrario a una capilla del cardenal Sandoval y Rojas. Como prueba de esta conexión con los miembros más conspicuos del campo de poder, Davies recuerda también la repetición en las referencias y cohesión de este grupo de escritores a lo largo de varios años. En 1608, por ejemplo, menudearon las alabanzas del *Elogio del juramento del Sereníssimo Príncipe Don Philipe Domingo, Quarto deste nombre*, obra de Vélez de Guevara, que fue significativamente elogiada por Quevedo, Mendoza, Soto de Rojas (a través de quien pudieron conocerse Mendoza y Olivares), Salas Barbadillo y Salcedo Coronel, miembros todos ellos de la academia posterior (Davies 18–23). La actividad poética de esta academia de Saldaña fue muy importante, como ha resaltado Clara Giménez (49) al estudiar el manuscrito 3700 de la Biblioteca Nacional de Madrid, "Poesías varias." Dicho manuscrito contiene composiciones académicas de Quevedo, Lope, Góngora, Luis Vélez de Guevara, Alonso de Salas, el propio conde de Saldaña, el Conde-Duque, el marqués de Alcañices, etc. (49). Fue en este entorno donde surgió, con toda probabilidad, lo que Davies (52) llama sostenida amistad (Mendoza apoyaba a Quevedo, tras la excarcelación de éste, en sus intentos por publicar la *Vida de San Pablo* y el *Marco Bruto*) entre "El discreto de palacio," como llamaron después a Mendoza, y Quevedo, de la que no se conservan muchas pruebas, más allá de sus probables trabajos al alimón para el Conde-Duque, durante las primeras crisis de su valimiento. A esta época académica corresponde también una significativa alusión a Quevedo de Lope, cuando éste le envía una carta a Gregorio de Angulo, corregidor de Toledo, describiéndole el mundillo literario de la Corte hacia 1609:

> Veréis otro Francisco, que renueva
> Con más divino estilo que el Estacio
> Las Silvas, donde ya a vencerle prueba.
> Si aquí tuviera ingenio, si aquí espacio,
> Yo os pintara a Quevedo, mas no puedo.
>
> (Cito por Rocha 39)

La referencia nos remite a un Quevedo que buscaba rentabilizar su formación y conocimientos clásicos en el espacio de posibilidades del campo literario. En este caso su toma de posición consistió en usar una forma métrica, la silva, que ni siquiera figuraba en las preceptivas de la primera mitad del siglo XVII, y a la que sólo en el segundo lustro de ese siglo se comenzó a denominar como tal, entendida como libre combinación de versos heptasílabos y endecasílabos sin sujeción a orden alguno de rimas ni estrofas (52). Del mismo modo, este acercamiento heterogéneo de las silvas quevedianas (prácticamente todos los temas salvo lo burlesco y lo sacro) fue singular en su época, ya que imbricó la variedad temática de la poesía del XVII en el modelo estaciano (Candelas Colodrón 185).

La cita lopiana de Quevedo del párrafo anterior recrea también, de alguna manera, la interautorialidad amistosa o competitiva que las academias propiciaban. Aunque no está probado, no sería extraño que Quevedo hubiera dado a conocer este paseo por las innovaciones métricas en un entorno académico. Lo que sí parece probado es que un texto como el "Memorial a una academia," tenga la datación que tenga y fuera un texto propiamente académico o no, pertenece a estas prácticas culturales cortesanas. Astrana sugiere que surgió a fines de 1608–09, en la academia de Pedro Manso (*Vida* 185). Aureliano Fernández Guerra lo situaba en 1612 y Jauralde, por su parte, lo fecha antes de 1605 (García Valdés 76). De cualquier modo, parece clara su pertenencia, junto con todas estas obras de cariz jocoso y burlesco de la primera producción quevediana, a un ambiente cortesano de prácticas interactivas entre el campo cultural y el de poder. En el caso del memorial, es de notar su condición de humorística etopeya quevediana en la que, junto a algunos de los rasgos físicos ("corto de vista," "amostachado," "negro de ojos") con los que se retrata el Quevedo-personaje del texto, que realmente eran los suyos, se define como "poeta sobre todo, hablando con perdón, descompuesto componedor de coplas" (*Prosa festiva* 321).

Parece ser que Quevedo asistió a la llamada Academia del Parnaso o Selvaje. De efímera vida, estuvo patrocinada por Francisco de Silva y Mendoza, hermano del duque de Pastrana, y fue fundada el 15 de abril de 1612 con un *Discurso poético* de Soto Rojas (Astrana, *Vida* 185–87). Hacia 1615 ya está documentada la existencia de otra academia, puesta después bajo la tutela de Sebastián Francisco de Medrano de 1617 a 1622, año en que éste profesó en religión. A ella asistían Lope, Tirso, Mira de Amescua, Quevedo, Góngora, Vélez de Guevara, Salas Barbadillo, Antonio Hurtado de Mendoza, Pellicer, Bocángel, Castillo Solórzano, etc. (King, *Academies* 368). Esta época de socialización académica fue con seguridad la época en la que el *habitus* quevediano más se acercó al perfil de pretendiente cultural en Corte. Fue asimismo una época que contribuyó a establecer una red de amistades y enemistades literarias que le acompañó a lo largo de su vida.

En octubre de 1613 partió a Italia, en lo que iba a suponer su discontinua presencia en los virreinatos de Sicilia y Nápoles entre 1613 y 1618, sirviendo al duque de Osuna. Esta decisión de seguir al Duque fue provocada, según García Valdés, por la crisis de conciencia y por las calumnias de sus enemigos (*Prosa festiva* 17). En lo de la crisis de conciencia coinciden muchos críticos, entre ellos Ettinghausen y Cros. Sin embargo, no parecen motivos que intervinieran con resolución en la decisión de Quevedo. Me inclino a pensar que nuestro escritor aprovechó simplemente una oportunidad que se le presentó y por la que muchos otros miembros del campo literario suspiraron en voz alta: servir en la corte de algún virrey y, sobre todo, convertirse en auténticos hombres de confianza del aristócrata. Quevedo conocía a Osuna quizá desde los tiempos de Alcalá (López Ruiz, *Andalucía*), en 1599. Un hombre en las circunstancias y posición de Quevedo, unidas a una extremada ambición y, en definitiva, a su *habitus*, no podía dejar pasar una oportunidad como aquella. Seguir a un aristócrata joven, agresivo y en ascenso—sin mencionar el atractivo que suponía en la época viajar a Italia—me parece un motivo mucho más plausible para explicar su ida al país trasalpino que cualquier otra consideración de tipo psicológico.

Además de las maniobras políticas y cortesanas que implicaban sus viajes desde Italia a España, sus visitas a la Corte suponían probablemente un reencuentro con el campo literario español. Esto se hace patente en su visita de finales de 1615 a 1616 como embajador del parlamento siciliano cuando, en la cumbre de su influencia política, maniobra por la Corte en favor de Osuna, sobornando a influyentes personajes de palacio (al duque de Uceda, al confesor real Aliaga, etc.). Como consecuencia directa de esa mediación, y por influencia del duque de Osuna, fue nombrado caballero de Santiago y dotado con una pensión de 400 ducados. Esa fue la época en la que Quevedo le escribía al Duque, refiriéndole el fulminante efecto cortesano que producían los treinta mil ducados de los que era portador:

> Ándase tras de mi media corte, y no hay hombre que no me haga mil ofrecimientos en el servicio de V. E.; que aquí los más hombres se han vuelto p[utas], que no las alcanza quien no da (...) Juro a Dios que parece que hay jubileo en mi casa, según la gente que entra y sale; más séquito tengo yo que un consejo entero, y hame sido de grande autoridad y reputación el negociar. (*Epistolario completo* 29–30; carta de 16 de diciembre de 1615)

Esa "reputación" destacada por Quevedo era una condición que, como sus coetáneos, el escritor debía de apreciar mucho en una época en la que la ostentación y el prestigio eran exponentes fundamentales del poder y de la condición social. Tras esta luna de miel con el campo de poder sobrevinieron el alejamiento con Osuna, la caída en desgracia de éste, las tormentas

Capítulo cuatro

procesales y los destierros y prisiones para Quevedo. De todo ello trataré en relación con la acción literaria de Quevedo orientada al campo de poder.

La oposición distintiva que Quevedo desarrolló frente a Góngora a partir de 1603 caló tan hondo que ha contribuido a distorsionar, en cierto sentido, la percepción de los hechos, colocando a ambos a la cabeza de sendas escuelas poéticas. Pero todo surgió de una disputa en el interior del campo literario provocada por la violenta toma de posición de un agente emergente (Quevedo) frente a otro consagrado (Góngora). La disputa se recrudeció en lo personal con los años, como es bien sabido, aunque en lo poético caben bastantes matizaciones. La primera es que la difusión generalizada de la *Soledad primera* hacia 1614, con sus polémicos ecos y reverberaciones, sorprendió a Quevedo en Italia. Es fácil de imaginar contra quién se hubiera lanzado don Francisco, pero lo cierto es que su nombre no aparece asociado en esta primera y fundamental polémica en torno a la nueva poesía y que su condición de "flajelo de poetas memos" con que lo tilda Cervantes (*Viaje* 78, v310), tenía que ver más con las "Premáticas del desengaño contra los poetas güeros" del *Buscón* que con otra cosa. Como prueban sus diatribas con Góngora, Quevedo tenía un gusto acendrado por la aplicación de la violencia simbólica en el interior del campo literario. El *modus operandi* de esa violencia simbólica solía ser burlesco en las formas y estético-ideológico y *ad hominem* en los contenidos. Viéndose legitimado por su trayectoria y por su *habitus* al final de la tercera década del siglo, Quevedo se postuló como guardián de una cierta ortodoxia poética de carácter "castellanista," sobre todo cuando el ímpetu y la belicosidad lopescas comenzaron a flaquear, y se dedicó a ejercer la violencia simbólica contra las prácticas "heterodoxas" que se estaban produciendo en el interior del campo literario. No es por ello aventurado creer que Quevedo concordaba con esa "noción de un Góngora cismático de la iglesia castellana encabezada por Lope" de que habla Andrée Collard (80), quien cita estos significativos versos del príncipe de Esquilache: "Y assí no sigue profana / mi Talía nueva se[c]ta / porque siempre fue poeta / de la Iglesia Castellana" (80). Collard allega más ejemplos de esta concepción jerarquizada y casi geográfica del campo literario español de la época. Así, Antonio Balvás Barona se queja de una

> España, donde hecha Ginebra, tantos escriben con libertad de ingenio; tan mal en esta equivocación, que lo que en buen romance o mal latín llaman culto, sólo se concede al Colón de este descubrimiento, don Luis de Góngora, como al Apolo español, Lope de Vega Carpio, la alteza y majestad de las coplas castellanas. (Cito por Collard 80–81)

Esa percepción de un Lope "claro" y castellano y de un Góngora oscuro y culto era asumida por muchos poetas menores que, obligadamente, habían de tomar partido, como es el caso de Marcelo Díaz Callecerrada quien, en su *Endymión* (1627), además de encomendarse a Lope hace gala de su determinación de "seguir el estilo claro y cierto de Castilla" contra el que se habían levantado "torres de presunciones vanas, fundadas sólo sobre la oscuridad, que es nada puro" (Collard 80–81). La figura de Góngora era, como he señalado anteriormente, lo suficientemente reconocida como para que los ataques no fueran directos y sí dirigidos más bien contra sus epígonos. En casos como el de la *Perinola*, la defensa quevediana de una cierta ortodoxia genérico-compositiva vino acompañada de querellas personales. En otros casos, Quevedo se erigía en portavoz una cierta alarma social (la burla de las mujeres "cultas y hembrilatinas" en *La culta latiniparla*), amparándose en la tradición misógina y en la filiación burlesca y generalizada de dicha toma de posición. Hubo ocasiones, finalmente, en las que el escritor acudió a la "doctrina de autoridades," encomendándose a una tradición poética de carácter ortodoxo y castellanista (rescate editorial de Fray Luis y Francisco de la Torre). Como ha apuntado Francisco Vivar ("El poder" 291), con esos ataques públicos Quevedo busca defender su posición y alzar su voz para imponer orden en una sociedad y en una literatura que él percibe como amenazadas por la decadencia.

Probablemente entre finales de 1629 y 1631, año en que aparece incluido en *Juguetes de la niñez y travesuras del ingenio* (Madrid: Viuda de Alonso Martín), Quevedo escribió el *Libro de todas las cosas,* que incluye la *Aguja de navegar cultos.* García Valdés sugiere la posibilidad de que se hubiera escrito años antes de la muerte de Góngora en 1627, dadas las alusiones directas a Góngora que hay en algunos manuscritos pero no en la edición de 1631 (111). En la *Aguja,* el punto de mira estaba ya puesto en lo que podríamos llamar la práctica culta; esto es, en la legión de epígonos e imitadores gongorinos. Como señala Bourdieu (*Rules* 137), ciertas tomas de posición de un escritor sólo cobran sentido al considerar la posición interactiva que éste ocupa en el campo literario ya que, en pos de la legitimación cultural o de poder ejercitar la violencia simbólica, dicho escritor entra en una dinámica de estrategias semi-conscientes orientadas a dichos propósitos.

La violencia simbólica estaba al alcance de todos en el siglo XVII. Bastaba con hacer circular un manuscrito o libelo por los mentideros adecuados. Lo que no estaba al alcance de todos era hacerlo públicamente y sin consecuencias aparentes, y eso pudo permitírselo Quevedo en muchas ocasiones. En el trayecto quedaba una última legitimación cultural en juego: a la muerte de Góngora, Quevedo y Lope se convirtieron en las cabezas poéticas del campo literario. Ello impelía a Quevedo a salir en defensa de la posición poética que ocupaba y representaba en el juego literario: heredero consagrado y ortodoxo de la tradición poética. Frente a él se alineaban los

Capítulo cuatro

agentes emergentes de la poesía post y filogongorina, representantes de una concepción poética bien diferente y radicada en la heterodoxia. De ahí el ataque que les propina en la *Aguja de navegar cultos*:

> que ya toda Castilla,
> con sola esta cartilla,
> se abrasa de poetas babilones
> escribiendo sonetos confusiones;
> y en la Mancha, pastores y gañanes,
> atestadas de ajos las barrigas,
> hacen ya cultedades como migas.
>
> (*Prosa festiva* 438)

La burla de los cultos continuó al menos hasta *La hora de todos*, cuya redacción se sitúa entre 1633 y 1635. En el noveno cuadro de esta obra se alude burlonamente a un poeta culto, entre referencias grotescas a la oscuridad poética:

> Cogióle la HORA en la cuarta estancia, y a la obscuridad de la obra—que era tanta que no se vía la mano—acudieron lechuzas y murciélagos, y los oyentes encendiendo linternas y candelillas, oían de ronda la Musa a quien llaman
>
> > la enemiga del día
> > que el negro manto descoge. (174)

Estos dos versos pertenecen a un romance atribuido en nuestro siglo a Lope pero que en el XVII lo era a Góngora, lo cual confiere a la intertextualidad una buscada dilogía: aludir a la oscuridad de la noche y al precursor y máximo exponente de esa poesía oscura.

Otro par de significativas tomas de posición quevedianas se producen en 1631, cuando publica las *Obras propias y traducciones latinas* de Fray Luis de León y las *Obras del bachiller Francisco de la Torre*. Las primeras iban dirigidas al Conde-Duque y las segundas al duque de Medina de las Torres, yerno del anterior. De Francisco de la Torre no se sabe mucho. Se conjetura que pertenecía al círculo literario postridentino de Salamanca (que también congregaba al Brocense y al rector Almeida), fuertemente influido en literatura por las antologías petrarquistas italianas de Domenico Veniero, Girolamo Ruscelli o Dolce (Cerrón Puga 14–17). Queda por explicar cómo le llegaron a Quevedo las obras de un poeta del que apenas hay rastro en los anales literarios. En la dedicatoria del propio Quevedo hay oscuras alusiones:

> Las obras de Francisco de la Torre, que por tantos años ha ocultado con malicia algún ingenio mendigo, de los que siendo hipócritas de estu-

dios, piden a la invidia y al trabajo ajeno lo que naturaleza y la arte negaron al suyo, doy al nombre de V. Ex... (...) Hallé estos poemas... en poder de un librero, que me las vendió con desprecio. Estaban aprobadas por D. Alonso de Ercilla, y rubricadas por el consejo para la imprenta, y en cinco partes borrado el nombre del autor, con tanto cuidado que se añadió humo a la tinta. Mas los propios borrones (entonces piadosos) con las señas parlaron el nombre de Francisco de la Torre... (Dedicatoria 67)

Según María Luisa Cerrón Puga (15–16), el canónigo de la catedral de Sevilla y posterior rector de la Universidad de Salamanca Manuel Sarmiento Mendoza (1563–1650?), que también era amigo del Brocense, pudo haberle proporcionado a Quevedo las poesías de De la Torre en 1624, como había hecho con las de Fray Luis, en la visita que Quevedo hizo a Sevilla siguiendo a la comitiva Real, camino de Cádiz. Según parece, Sarmiento se había convertido en una suerte de albacea documental de Sánchez de las Brozas tras los procesos a que éste fue sometido por la Inquisición en 1584 y entre 1593 y 1600, motivo por el que pudo hacerse con las copias manuscritas de la obra de ambos.[13] Lo que interesa aquí es resaltar el uso que Quevedo hizo de estos rescates editoriales frente a los embates de la nueva poesía y contemplarlos como tomas de posición. Escribe Quevedo en los preliminares de las poesías de De la Torre, aludiendo a su supuesta antigüedad,

que parece poner en duda el propio razonar suyo tan bien pulido con la mejor lima de estos tiempos, que parece está floreciendo hoy entre las espinas de los que martirizan nuestra habla, confundiéndola, y al lado de los que la escriben propia, y la confiesan rica por sí, en competencia de la griega y la latina, que soberbias la daban de mala gana limosna en las plumas de escritores pordioseros, que piden para ella lo que la sobra para otras. (Dedicatoria 67–68)

Más adelante, en la dedicatoria "A los que leerán," lanza un sutil ataque a Fernando de Herrera, cabeza de la producción pura y el poeta andaluz más eminente hasta su muerte, sugiriendo los débitos que éste tenía contraidos con este oscuro poeta castellano: "...tuvo por maestro y ejemplo a Francisco de la Torre, imitando su dicción, y tomando sus frasis tan frecuente que puedo escusar el señalarlas, pues quien los leyere verá que no son semejantes, sino uno" (68–69). Continúa Quevedo desgranando usos y rasgos que se repiten en ambos ("apena," "mientra," artículo femenino ante femeninos en a tónica, etc.) y señalando cómo Herrera los tomó de Francisco de la Torre. Luego censura voces de Herrera ("pensosa," "pocion," "pavor," "espirtu," "ovosa," "crispar de ojos," "do," "vo") "que si bien Francisco de Rioja [bibliotecario de Olivares y andaluz igualmente] dice se hizo con cuidado y examen docto, consta de las obras no ser otra cosa, sino no caber en el verso la palabra *Adonde* y *Voy*" (69). Sigue refiriéndose a otras voces no menos "desapacibles" para él, pues "las unas voces son latinas todas (...) Las otras son de composición áspera, y poco necesarias, pues sustituyen voz decente y elegante" (69–70). Achaca después a Francisco de Pacheco, amigo de Herrera y editor, junto con Francisco de Rioja, de un volumen póstumo de obras de aquél dedicado a Olivares (*Versos de Fernando de Herrera enmendados i divididos por él en tres libros* [Sevilla: Gabriel Ramos Vejarano, 1619]), el haber introducido esas voces desechadas por Herrera: "Creo fue el intento darnos de tan grave y erudito Maestro hasta lo que él desechó escrupuloso," ya que "el divino ingenio de Herrera sacó en su vida las rimas que se leen en pequeño volumen, limpias de las más de estas voces peregrinas"[14] (70). El prólogo no puede acabar de manera más demoledora:

> Y sea corona del nombre de nuestro autor y venerable túmulo de su memoria el haber escrito en la primera hoja de sus obras estas palabras: *Delirabam cum hoc faciebam et horret animus nunc*. ("Con frenesí escribí esto; ahora se me escandaliza el ánimo"). Sabe reconocida la sabiduría, humilde, intitular con ceniza escritos de oro, como la soberbia mal persuadida, ignorante, retular con oro obras de ceniza. (70; corrijo la puntuación)

Cierto que cabe una lectura "proherreriana": Herrera se presenta humildemente, echando la ceniza del frenesí arrepentido sobre el oro de sus escritos. La que más parece convenir al conjunto textual que constituye el prólogo, sin embargo, es una menos generosa con el poeta sevillano, ya que tanto la dedicatoria como el prólogo se construyen alrededor de la oposición entre Herrera y de la Torre. La sabiduría humilde de éste, que borró con la ceniza de su virtual anonimia la calidad de sus escritos, no puede sino enfrentarse a los modos de un Herrera (recuérdese, "plagiario" a ojos de Quevedo) que vistió de oro lo que no eran sino las cenizas de una poesía afectada, protoculterana y de segunda mano, propia de un "ingenio mendigo." Quevedo lanzó estos dicterios desde el cotejo apresurado pero inclemente de la obra herreriana, como prueba el ejemplar anotado por él mismo de los *Versos de Fernando de Herrera* que se conserva en la biblioteca del Seminario Diocesano de Vitoria y que ya fue estudiado por Peter M. Komanecky.

Lo que se desprende de todo lo anterior es, primero, que Quevedo afirmaba públicamente que mucho del acierto poético de Herrera, antiguo príncipe andaluz de los poetas (y, repárese, antecesor de Góngora en esa dual condición), se debía al influjo de un cuasi desconocido poeta castellano. En segundo lugar trazaba un paralelismo, nada inocente, entre la simultánea eclosión de la poesía de imitación gongorina y la poesía póstuma de Herrera, editada en 1619. En medio de todo estaba Olivares: a él se le había dedicado la edición de Pacheco y Rioja; a su yerno iban dedicadas las poesías de Francisco de la Torre; y también al Conde-Duque le ofrendaba Quevedo su edición de las poesías de Fray Luis. En la dedicatoria de estas últimas comienza nuestro escritor situando la obra del agustino en el contexto de las polémicas estilísticas contra los seguidores de Góngora:

> Son [las obras de Fray Luis] en nuestro idioma el singular ornamento y el mejor blasón de la habla castellana (...) y en todas lenguas, aquellos solos merecieron aclamación universal que dieron luz a lo oscuro, y facilitar lo dificultoso; que oscurecer lo claro, es borrar, y no escribir... (Rivers, *Poética* 37–38)

Tras haber aducido a diferentes autoridades, entre las que se incluye a Aristóteles, pretende embarcar sutilmente al Valido en la defensa de sus propios puntos de vista, alabando el estilo llano y fácil de sus escritos:

> Hablar con Vuestra Excelencia en verificar este descamino de la pluma es la autoridad mayor (ya se ve), más docta (ya se sabe), pues siempre ha escrito tan fácil nuestra lengua, y tan sin reprehensión, como se ha leído en la instrucción que V. E. dio al duque de Medina de las Torres (...) Ni ha mostrado vuestra excelencia afición a otro estilo. Admitió *con benignidad* las obras de Fernando de Herrera, *tesoro de la cultura española*, siempre *admirado de los buenos juicios*. Prendas son todas que alentaron este discurso para enriquecerse con su nombre y asegurarse; pues sale cobrando enemigos de balde. (42; el énfasis es mío)

Me atrevo a sugerir que ni en Quevedo ni en las coordenadas espaciales en que se escribió este texto se pueden leer ingenuamente los pasajes resaltados. Admitir "con benignidad" la poesía de quien había pasado por ser, en un momento determinado, el archipoeta a la cabeza del campo literario español, no parece engrandecer precisamente al objeto de tal benignidad. Tampoco la expresión "tesoro de la cultura española," sobre todo en lo que se refiere al sintagma "cultura española," pasa desapercibida. En "cultura" se diluye, nada inocentemente, "poesía," además de su familiaridad maliciosa con "culto."[15] Y "española" acaba en el contexto, quiérase o no, oponiéndose a "lengua castellana." Francisco de Rioja, uno de los editores de Herrera en 1619, achaca a éste su "demasiado ornato" que no hacía otra cosa que "oscurecer y ocultar la hermosura de sus partes," aunque luego concluye que "algo se debe conceder a quien ilustró tanto i engrandeció *las Musas Castellanas*" (Herrera xlvii–xlviii; el énfasis es mío). "Cultura española" parece oponerse también, en muchos sentidos, a ese "Musas Castellanas."[16] Quién sabe si ahí se refería Quevedo más a la labor anotadora de Herrera o a su condición de "varón docto y severo" que escribió acerca de

Capítulo cuatro

Tomás Moro—como recuerda el autor de los *Sueños* en "Noticia, juicio y recomendación de la *Utopía* y de Tomás Moro" (OC 1: 476)—, que a su ejercicio poético. Y qué decir del sintagma "siempre admirado de los buenos juicios," tan ambiguo que no se sabe a quién se dirige ni con qué sentido: ¿Al Conde-Duque, admirado ante la obra de Herrera o ante el juicio de quienes lo editan? ¿A quienes, guiados de sus "buenos juicios" no pueden por menos que admirar al poeta andaluz? ¿A Herrera, sugiriendo maliciosamente su "buen juicio" por haber tomado prestado de Torre? Quizá todo lo anterior suponga un hilar hermenéutico demasiado fino y una lectura arriesgada de la dedicatoria quevediana pero lo cierto es que, aun en caso de ser cierta tal lectura, simplemente estaría lloviendo sobre mojado. A la publicación de las *Anotaciones* de Herrera, en 1580, siguió la de un opúsculo, *Observaciones del Licenciado Prete Jacopín, vecino de Burgos, en defensa del príncipe de los poetas castellanos Garcilaso de la Vega, natural de Toledo, contra las "Anotaciones" de Fernando de Herrera, poeta sevillano*, atribuido al conde de Haro y futuro condestable de Castilla, Juan Fernández de Velasco, donde se hacía bandera y profesión de castellanismo (López Bueno 53–56). Quizá por casualidad, el canónigo Sarmiento y Mendoza también era burgalés, y aunque las potenciales conexiones de tal condición quedan ya fuera del presente trabajo, la persona del canónigo sí parece ser un hilo interesante del que tirar.

    Lo que queda después de todas estas idas y venidas por lo que Quevedo consideraba ortodoxo en el ejercicio poético a finales del XVI y el primer tercio del XVII es la sensación de que, en todo caso, nuestro escritor no habría hecho sino reeditar a su manera una vieja querella de tonos estéticos y regionalistas (castellanos frente a andaluces) dentro del campo literario español.

    Al tratar de la interautorialidad en el siglo XVII hay que remitirse, obligadamente, a las academias. Era en ellas donde resultaba más factible que surgieran simpatías y antipatías propias de su vertiente competitiva y distincional y del equilibrio de fuerzas del campo literario. Como cualquier otro campo, el literario proponía un determinado espacio de posibles que, trascendiendo a agentes individuales, funcionaba como sistema de referencias comunes y como orientador último de la búsqueda de un espacio determinado (Bourdieu, *Field* 176). Esto era cierto, sobre todo, para los pretendientes, quienes llegaban en último lugar a una distribución jerárquica de campo ya establecida por la vía de las prácticas sociales: éxito popular o cortesano, protección nobiliaria, acogida favorable, cargos cortesanos, suavidad en los filtros y procesos editoriales (censuras, licencias), encargos desde el campo de poder, etc. Como señala Bourdieu, las relaciones entre los agentes y las instituciones de difusión o consagración (aquí el campo de poder en su conjunto), estaban ya mediatizadas por la propia estructura del campo (133). Quevedo contó enseguida con la simpatía de Lope, pues aspiraban a espacios diferentes y, en consecuencia, no tenían que contender entre sí. De ahí que se sucedieran entre ellos las referencias amables y elogiosas, las citas, los poemas laudatorios y hasta las aprobaciones. Esto se concreta desde, al menos, *El peregrino en su patria* (1604), para el que Lope solicitó a Quevedo un soneto ("Las fuerzas, peregrino celebrado"), hasta las aprobaciones por parte de Quevedo de obras lopescas en la década de los treinta. El 27 de agosto de 1634 aprueba don Francisco las *Rimas del licenciado Tomé de Burguillos* y el 19 de mayo de 1635 la *Veinte y una parte verdadera de las comedias del Fénix de España fray Lope Félix de Vega Carpio*. Las referencias textuales cruzadas entre ambos son, pues, múltiples pero no serían sino pura intertextualidad si no se las inserta en un contexto de prácticas sociales compartidas por el campo literario o en el de una interacción entre éste y el campo de poder.

Uno de los soportes ideológicos más obvios del campo de poder era la religión. Al amparo económico, social o ideológico de la Iglesia se acogieron, en mayor o menor medida, muchos de los agentes del campo literario, a menudo en compartidas prácticas sociorreligiosas. El paradigma de tales prácticas fue la ya citada (cap. 3) Hermandad y Congregación de Indignos Esclavos del Santísimo Sacramento, adonde Quevedo ingresó siguiendo a otros muchos escritores. Más adelante, ya en la década de los treinta del XVII, la crítica ha señalado un patente proceso de "cristianización del Humanista Quevedo" (López Poza 79) que puede tener lecturas puramente religiosas, existenciales y hasta políticas, dependiendo del enfoque.

Otro aspecto a destacar de la interautorialidad del campo literario de la época y que, además, demuestra su carácter propicio a la acción es lo que yo llamaría su "geometría variable": ni las amistades ni las enemistades eran excluyentes ni correlativas. El caso más significativo es el del triángulo formado por Lope, Cervantes y Quevedo. Lope y Cervantes eran "enemigos," mientras que Quevedo parece que era bienquisto de ambos, tal y como lo era Liñán de Riaza de Góngora y Lope. Quevedo, a su vez, hacía trizas a un Montalbán que idolatraba a Lope, mientras Mártir Rizo, que era defensor a ultranza de Quevedo, atacaba a Lope. También había coincidencias: Ruiz de Alarcón, *Corcovilla*, se convirtió en el estafermo en el que ensayaron sus burlas Lope, Quevedo, Góngora y otros que, como Mira de Amescua, llegaron a sabotear sus estrenos teatrales con pócimas malolientes esparcidas por la *cazuela* (Góngora, *Epistolario completo* 181). Pero dentro de esa "geometría variable" también había relaciones de "trato apacible y cordial": Salas Barbadillo con Cervantes y Lope; Quevedo con Lope y Paravicino; Lope con Castillo Solórzano, Salas Barbadillo, Quevedo, Medinilla y Paravicino; Góngora con Vélez de Guevara y Pellicer; Jáuregui con Paravicino (Romera 499). Un dato muy significativo de este tipo de relaciones se manifestó con la aparición del *Chitón de las tarabillas*. Lope escribe al duque de Sessa en mayo o junio de 1630 refiriéndole la novedad, así como dándole cuenta de cómo ha sido el padre Basilio Niseno (a la sazón enemigo de Quevedo) quien le ha dicho que la obra, a pesar de lo que aparecía en su portada, estaba impresa en Madrid por Bernardino de Guzmán y no en Huesca (*Cartas* 283).

Otro aspecto de la interautorialidad quevediana es el de la distribución de sus obras. Aquí es muy significativa su dedicatoria de 3 de mayo de 1608 de *El sueño del infierno* "A un amigo suyo" ("Al licenciado incógnito" en los manuscritos) que, según Agustín Castellanos y Fernández Guerra, encubre a uno de los Argensola (Quevedo, OC 1: 140n2). En ella se lee: "Vuestra merced en Zaragoza comunique este papel, haciéndole la acogida que a todas mis cosas, mientras yo acá esfuerzo la paciencia a maliciosas calumnias que al parto de mis obras (sea aborto) suelen anticipar mis enemigos" (*Sueños y discursos* 191). Ese "comunique este papel, haciéndole la acogida que a todas mis cosas," nos da una idea bastante precisa de cómo se daban a conocer muchas obras de Quevedo y de sus compañeros de campo, y sugiere que quizá la edición *princeps* del *Buscón* en Zaragoza no fue todo lo ajena que Quevedo quiso hacer parecer. También nos habla de cuán poco podía hacer la censura eclesiástica ante este tipo de prácticas internas del campo literario, cuyas finalidades eran muy diversas; basta recordar el uso que de este procedimiento hizo Góngora para dar a conocer en la Corte las *Soledades*, por medio de Almansa y Mendoza. En esa compartida interacción de que vengo hablando se fraguaban muchas alianzas interesadas, pero también nacían enemistades perpetuas que, obligadamente, conformaron buena parte de la producción satírico-burlesca quevediana.

4.3.3. La práctica satírico-burlesca

La práctica satírico-burlesca modeló desde su aparición la recepción de la obra de Quevedo. A pesar de los intentos, más palpables en su madurez pero no exclusivos de ella, por suavizar y diversificar el marcado perfil burlesco de su obra lo que la gente veía (y temía) de Quevedo era su formidable capacidad burlesca. Muchos tuvieron que sufrirla, especialmente quienes estaban enemistados con él, pero también quienes, por mor de la burla ingeniosa, eran susceptibles de ser aprovechados y victimizados sin mediar "provocación" previa.

La producción satírico-burlesca de Quevedo se inserta en un contexto de prácticas y estructuras sociales compartidas, tanto dentro del campo literario como en la interacción entre éste y el de poder. En ese sentido, el *habitus* quevediano vino a configurar y ocupar un hueco dentro del espacio de posibilidades: el del polemista satírico-burlesco. Cabe preguntarse cómo y por qué esto fue así. El cómo parece claro: el abono que supusieron las agudezas e ingeniosidades orales del XVI fertilizó la acogida que la sociedad cortesana del XVII dispensaba al ingenio burlesco, y la capacidad de Quevedo para tal práctica era casi ilimitada. El porqué de que Quevedo creara y ocupara esa posición dentro del campo no parece tan claro a primera vista. Su condición caballeresca ayudó, sin duda, pues ya desde sus comienzos alternó con cierta agudeza faceciosa que hizo de puente con la del siglo XVI. Otro factor que pudo influir fue lo que la historiografía ha venido considerando "la crisis del 1600," fecha en torno a la cual salió a la luz públicamente un Quevedo que entonces era un joven protohumanista ambicioso y extremadamente mordaz con una clara aspiración: simultanear los campos literario y de poder.

Ya desde los comienzos (*El Buscón*, los *Sueños*) Quevedo creó y desarrolló sus propios tópicos desde la práctica literaria: viejas, taberneros, alguaciles, cornudos, etc. Hoy se puede debatir, como se ha hecho en torno al *Buscón*, si su intención era satirizar prácticas, oficios e individuos e incluso un ciero sector social o, simplemente, hacer burla jocosa de todos ellos. Lo que está fuera de duda, a mi entender, es cómo percibían sus contemporáneos esas tomas de posición y qué esperaban encontrarse cuando les llegaba a las manos o solicitaban una copia de un texto escrito por Quevedo. La respuesta más emblemática a este interrogante me sigue pareciendo la de fray Antonio de Santo Domingo en su censura del *Sueño del juicio* en 1612: "le he repasado muchas veces por gusto" (OC 1: 125 n "e"). La otra posibilidad, claro, era simplemente tachar sus demasías, atrevimientos y desvergüenzas, tomando el todo por la parte de algunos pasajes, distorsionando la recepción de la obra en su conjunto, que es lo que hizo Montojo, su primer censor. Eso no le ocurrió a Fray Antonio, que distinguió muy bien entre un único pasaje "irreligioso y de mal ejemplo y doctrina"—el único que consideró censurable— y la opinión gustosa de la obra en su conjunto (125). Ambas censuras parecen reforzar la idea de que en la obra había más de burla que de sátira. Hay otro argumento, además, que trabaja en contra del matiz satírico-moralizante en Quevedo. Se trata de la paradoja que Smith ve inserta en *El Buscón*: su exhibición verbalista, que testimonia una inherente tendencia libertaria de la escritura, acabaría excediendo, si los hubiera, los propios fines conscientes [moralizadores] del autor (*Writing* 114). Y es que la buscada opacidad conceptual de la expresión, aunada a la jocosidad que se desprende de estos textos, acaban haciendo muy problemático hacer una *prima lectio* satírico-moralizante.

La producción literaria de Quevedo hasta 1631, año de publicación de *Juguetes de la niñez*, se había fundado en lo satírico-burlesco, como pilar primero sobre el que asentar su acción en los campos literario y de poder. Y ello aunque la simultaneara con otro tipo de producción. A partir de entonces, y sobre todo en el periodo comprendido entre 1633 y 1637, desarrolló una intensa actividad literaria y editorial. ¿Por qué motivo? En opinión de Ettinghausen ("Quevedo" 42) es significativo que la mayoría de sus obras más serias, devotas y sesudas se publicaran a partir del *Novus Index* de 1632: el *Rómulo*, ese mismo año; la *Introducción a la vida devota* y *La cuna y la sepultura* en 1634; la *Carta a Luis XIII* y el *Epícteto y Focílides* en 1635 y *De los remedios de cualquier fortuna* en 1638. De esta época son también las redacciones del *Marco Bruto*, hacia 1632, y de la *Virtud militante* (entre 1634 y 1636). Por otra parte, la publicación en 1635 del *Retraído* de Jáuregui y del *Tribunal de la justa venganza*, así como las denuncias de sus escritos, sigue diciendo Ettinghausen (42), también debieron de influir en esa decisión de cambiar su imagen literaria de autor mordaz y hasta tirando a herético por la de moralista devoto y erudito. Aunque es cierto que esta impresión se incrementa y hace patente en el periodo que señala el profesor británico, atisbos de ella se habían venido produciendo desde las tempranas cartas a Lipsio o en la producción asociada al año 1609, cuando se escriben la dedicatoria a Felipe III de *La España defendida*, la del *Discurso de la vida y tiempo de Phocílides* al duque de Osuna, la traducción del *Anacreón castellano* y la redacción de sus comentarios a las *Lágrimas de Jeremías*. De todas formas sigue siendo válido que, en la mayoría de los casos en que pudieran coincidir, Quevedo antepone siempre en sus textos la búsqueda de la faceta humorística y burlesca al potencial satírico, y no al contrario.

La producción burlesca de Quevedo tiene un fuerte componente de violencia simbólica interautorial. Como no podía ser menos en nuestro escritor, la interautorialidad de carácter intertextual esparcida por su obra es más de ataque que de elogio, como corresponde al peso de lo burlesco en ella. Incluso las alabanzas a alguien suelen ir revestidas de ataques contra un tercero. Así, cuando en la *Perinola*[17] (*Prosa festiva* 482-83) asume la defensa de Jerónimo de Villaizán, poeta y autor de comedias de poco éxito de quien se había burlado Montalbán, defiende al padre de aquél, boticario, y denigra al padre de éste, un librero que escasos años antes, en 1626, había impreso para Quevedo la edición corregida de la *Política*. El mismo procedimiento se repite al desmenuzar el *Indice o catálogo de los ingenios de Madrid* que Montalbán había incluido en el *Para todos:*

> A vivos que han escrito públicamente les quita la tercera parte de las obras, como se ve en el licenciado Andrés de Tamayo... A Juan Baptista de Sosa, raro y ejemplar ingenio, que compite con Juan de Piña, aunque lo puso en su catálogo, le rapó a navaja todas las obras siguientes (...) Quitó a Josef Pellicer y Tobar, Salas, Abarca, Moncada, Sandoval y Rojas los cinco apellidos postreros y todos estos volúmenes... (*Prosa festiva* 502–03)

Otro tanto ocurre en la elogiosa alusión a Lope, embutida al final de la *Aguja de navegar cultos* entre burlescas recomendaciones a estos: "Con esto, y con gastar mucho Calepino sin qué ni para qué, serás culto, y lo que escribieres oculto, y lo que hablares lo hablarás a bulto. Y Dios tenga en el cielo el castellano y le perdone. Y Lope de Vega a los clarísimos nos tenga de su verso" (441). Y es que Quevedo solía concebir las obras burlescas como un espacio en el que se entremezclaban las querellas literarias y personales con la propia práctica burlesca. A menudo eran esas querellas las motivadoras exclusivas de una obra burlesca (*Perinola, Aguja de navegar cultos*), pero en otros casos eran elementos como la parodia literaria y la burla patriótica los que compartían espacio con aquellas. Es el caso del "Poema de las necedades y locuras de Orlando," escrito entre 1626 y 1628, en el que Quevedo aprovechó para combinar querellas literarias o personales con una parodia de tintes francofóbicos. En el *Orlando* despunta una de las más acerbas y características de cuantas querellas personales tuvo nuestro escritor: la que lo enfrentó con el tratadista de esgrima Luis Pacheco de Narváez. Según parece, ambos tuvieron un encontronazo—bien en la academia del presidente de Castilla, bien, en casa del conde de Miranda (OC 1: 12)—cuyos ecos pueblan muchos escritos quevedianos (*El Buscón, Los sueños,* el *Orlando*...) en lo que resultó ser directa consecuencia interautorial de una compartida práctica social cortesana. A partir de *El Buscón,* la sátira del esgrimista se convirtió en un lugar común para otros escritores, que tomaban a Quevedo de inevitable referencia. Al referirse Suárez de Figueroa a la esgrima y a su matemático lenguaje emanado de los libros de Pacheco de Narváez dice, apuntando ostensiblemente a Quevedo: "Aténgome a lo que oí decir un día a cierto choclón de malos pies y peores ojos, en tal materia" (593–94). Burlas de un maestro de esgrima hay también en el *Sueño del juicio final* y, sobre todo, en el *Orlando,* donde la burla es hiriente y demoledora:

> un maestro de esgrima que enseñaba
> nueva destreza a güevo y a mendrugo:
> don Hez, por su vileza se llamaba,
> descendiente de carda y de tarugo,
> a quien por lo casado y por lo vario
> llamó el emperador Cuco Canario
> ("*Un Heráclito*" 650 vv. 315–20)

Acto seguido van los ataques a Montalbán:

> Díjole Balugante al maestrillo,
> pasándole la mano por la cara:

Capítulo cuatro

> "Dile al señor de Montalbán, cuquillo,
> que mi grandeza su inquietud repara;
> que pretendo saber, para decillo,
> si en esta mesa soberana y clara
> se sientan por valor o por dinero,
> por dar su honor a todo caballero."
>
> (vv. 329–36)

Según parece, fueron las burlas de Quevedo las que unieron activa y literariamente a Pacheco y a Montalbán. El caso de éste es más curioso, dado que en él se mezclan también elementos interautoriales. Por una parte, Montalbán era hijo de un librero de Alcalá a quien Quevedo seguramente conoció en sus tiempos estudiantiles; por otra parte, era amigo íntimo de Lope. Aunque el origen de la inquina no está nada claro (*Prosa festiva* 120), lo que sí es palpable es que este tipo de enfrentamientos, sacados de los dominios del campo literario, tenían unas derivaciones muy serias en la época cuando se trasladaban al arbitrio ideológico del campo de poder. Así, las venganzas en este juego de acción y reacción no se hicieron esperar y comenzaron a menudear los ataques contra Quevedo. El padre Basilio Niseno le negó la aprobación para el *Discurso de todos los diablos*. Pacheco de Narváez denunció a la Inquisición numerosas obras de Quevedo, desde la *Política* al *Buscón*, en 1631. Ese mismo año, por cierto, el historiador aragonés Andrés de Ustarroz escribió el *Antídoto contra la "Aguja de navegar cultos."* Hacia 1632 ó 1633 Quevedo escribió e hizo circular con profusión la *Perinola*, que hacía sangre del *Para todos* de Montalbán, publicado en 1632. Llega así el ataque editorial más articulado de cuantos recibió Quevedo: en 1635, año en el que también había aparecido *El retraído* de Jáuregui que atacaba *La cuna y la sepultura*, se publicó *El tribunal de la justa venganza*, donde se le tildaba de "Diablo cojuelo," "patacoja" y "derrengado" (Astrana, *Vida* 469). El primero de los cargos que se le hacía era "haber hecho una *Perinola* mordaz, satírica, descompuestamente libre y con desvergüenza atrevida contra el doctor Juan Pérez de Montalbán" (*Obras en verso* 1253), por lo que su autoría parece deberse al Padre Niseno, a Pérez de Montalbán y a Pacheco de Narváez (*Prosa festiva* 120).

Con respecto a las prácticas asociadas a Góngora y a sus seguidores, me remito a lo que ya he señalado con anterioridad. En el caso de Góngora, la querella fue motivada por la irrupción de Quevedo en el campo literario. Luego fue adoptando tintes de enemistad personal y Quevedo acabó por hacer materia burlesca de la poesía del cordobés descalificándola en su totalidad en lo que nadie, ni siquiera Lope, le secundó. Otro fue el caso de los seguidores gongorinos, con los que sí se partió el campo literario en dos, quedando a un lado los consagrados del campo literario, con Lope y Quevedo a la cabeza: protocasticistas, apegados a la tradición y castellanos en su mayoría. Al otro lado quedaron los pretendientes; los defensores de la nueva poesía: jóvenes, seguidores o imitadores de Góngora y andaluces muchos de ellos. En el caso concreto de la polémica estrictamente antigongorina, se trató de una batalla en la que, simbólicamente, también intervino el campo de poder dado el aprecio que algunos nobles cortesanos, encabezados por Olivares, sentían por el poeta cordobés y los especiales lazos que después estableció Quevedo con el Valido. El protector de Lope, el duque de Sessa, también se vio ligeramente involucrado en la polémica, dada su condición de cordobés y sus lazos con Góngora.

Cuando Quevedo atacó a Góngora y los usos culteranos, lo hizo parodiando su poesía, poniendo de relieve "los mismos 'excesos' del arquetipo" (Arellano 238) y haciendo ejercicios de intertextualidad paródica.[18] Es el caso del romance "Poeta de '¡Oh qué lindicos,' / verdugo de los vocablos" (*Poesía original* #828) o del epitafio que comienza "Alguacil del Parnaso, Gongorilla" (#841), en el que Quevedo va intercalando versos de la *Soledad* segunda: "para lo que tu chola merecía, / *poca palestra a la región vacía*" (20–21); y, especialmente:

> Dime, orejón poeta,
> ver que se celebrara
> de Quevedo el ingenio y la mollera,
> *¿de tanta invidia era*
> para que, magras las quijadas rancias,
> en ti le persiguieran a porfía
> *de un gerifalte boreal arpía?*
>
> (vv. 33–39)

El caso más patente de esta técnica se encuentra en la *Aguja de navegar cultos*, cuya "Receta" se compone de multitud de cultismos encadenados por la rima (*Prosa festiva* 437). Como se ve, Quevedo prefería en sus polémicas literarias más la burla que la doctrina de autoridades, reservando ésta para sus tomas de posición dirigidas al campo de poder (ediciones de Fray Luis y de la Torre). El campo de poder, como intentaré reflejar, tuvo bastante que ver en las tomas de posición puramente literarias de Quevedo.

4.4. Acción literaria y campo de poder

En las siguientes páginas delimitaré la relación que las obras literarias de Quevedo tuvieron con el campo de poder. Voy a referirme a su producción literaria cortesana, a sus dedicatorias y a la relación con el aparato estatal de control intelectual. El poder estaba en el siglo XVII relativamente diseminado,

Capítulo cuatro

a pesar de una jerarquización e individualización inevitable del mismo. En estas condiciones, los agentes tenían una cierta capacidad de acción que tomaba cuerpo en forma de microrresistencias a la aplicación homogénea y absoluta del poder. Ejemplos de esas microrresistencias pueden ser, directamente, las tomas de posición antiolivaristas de Quevedo e, indirectamente, las precauciones que tomó el propio Valido a la hora de encarcelar al escritor y al inquisidor Adam de la Parra (Elliott y De la Peña 2: 189). Voy a manejar, pues, un concepto bastante amplio de poder, y en esa amplitud van a caber desde el monarca hasta el último censor, eslabón final del aparato de represión ideológica establecido por el complejo monárquico-institucional. Esta visión del poder se funda parcialmente en las correcciones que Elliott ("Concerto" 28) hace del modelo teórico de Maravall, a quien le achaca una sobreestima de la pasividad social del XVII y del poder de manipulación ideológica de sus gobernantes. Y digo parcialmente porque el modelo maravaliano no es tan rígido como alguno de sus críticos (por ejemplo, Beverley en "On the Concept") le suponen y sigue siendo válido en lo fundamental: la existencia bajo los Austrias de un entramado (como poco implícito) de intereses y valores señoriales y de los mecanismos, tanto explícitos como implícitos, que se articularon para defenderlo. En lo accesorio (su excesiva y parcial ejemplificación literaria, sobre todo) es donde, quizás, le falten algunos mecanismos de transición al modelo de Maravall. Me refiero, por ejemplo, a no explicar satisfactoriamente el salto que se produce desde la defensa de determinados valores e intereses señoriales a su reflejo directo en los textos literarios (el teatro lopesco, digamos), pasando por encima de los propios agentes literarios que producen esos textos y de las relaciones que estos tuvieran establecidas con el campo de poder entendido como "complejo de intereses monárquico-señorial" ("Pensamiento" 75). Por otra parte, y como señalaba Salomon (*Recherches* 915), parece un error partir de los propios textos "poéticos" para hacer un estudio social. Mejor habría que hacerlo, según él, de testimonios históricos ajenos a las obras para observar en qué se parecen o difieren de la realidad estas. Así se descubriría la realidad, a veces contradictoria, a veces ambivalente, y en la que no sólo se encuentra lo material sino también lo psicológico. En el tema presente, y dado el carácter sociocultural que les anima, los textos literarios y los extraliterarios ("testimonios," al fin y al cabo) parecen requerirse mutuamente.

El flanco ideológico y religioso no podía quedar descubierto en la actividad literaria del XVII, toda vez que era la Iglesia el verdadero guardián ideológico del complejo monárquico-institucional. Dada su institucionalización, la Iglesia era en la época, junto con la estratificación socioeconómica, condicionantes de importancia igual o mayor que la limpieza de sangre (Maravall, *Poder* 56–57). Su significado político era evidente, y se manifestaba de múltiples maneras, aunque respaldando siempre el orden social existente, ya se tratara de un sistema patriarcal (Perry 14), o de la política exterior, tan apegada a las guerras dinásticas y de religión.

Casi sorprende encontrar a agentes del campo literario que no estuvieran vinculados orgánica o incidentalmente con la Iglesia. Ese "acogerse a sagrado" era una práctica social muy extendida. Se daba tanto si se estaba en la cúspide del poder (ahí está el duque de Lerma y su salvaguarda en forma de capelo cardenalicio de los vaivenes del posvalimiento), en el campo literario (Lope llegó a ser familiar del Santo Oficio, en calidad de lo cual presenció el auto de fe contra Benito Ferrer en 1624) o en el mundo del hampa (recuérdese el "acogimiento" de Pablos en el *Buscón*, para huir de la justicia). Era, pues, práctica común en una sociedad como la del siglo XVII, en la que la censura ideológica, más allá incluso del contrarreformismo, estaba encomendada a la Iglesia. Además de sus órdenes menores, nada significativas, Quevedo cubrió este flanco ideológico cuidadosamente, bien desde la cercanía con el campo de poder, bien con la amistad literario-religiosa con sacerdotes, canónigos (Alvaro de Monsalve, Sarmiento y Mendoza) y predicadores. Muchos de ellos eran franciscanos y agustinos, sobre el papel más susceptibles de relajamiento ideológico que rígidos jesuitas como el catedrático sevillano Juan de Pineda (que había criticado la *Política de Dios*, a lo que respondió Quevedo en su "Respuesta al Padre Pineda" y más tarde satirizándolo en el episodio de los Monopantos de la *Hora de todos* [331]) o dominicos como fray Antolín Montojo (que denegó el permiso de publicación del *Sueño del Juicio final* en junio de 1610). Sin embargo, parece que siempre tuvo aprecio, al menos público, por la Compañía de Jesús de la que había recibido educación. Eso se desprende al menos de cartas como la que le dirige el jesuita Hernando de Salazar, confesor de Olivares, en mayo de 1628. Claro que Salazar aparece satirizado en *La hora de todos* (331) bajo el nombre de "Alkemiastos." Una de las amistades religiosas más significativas de Quevedo es la que tuvo con Juan de Salinas. El *Buscón* tiene en su edición *princeps* de 1626 una aprobación de Esteban de Peralta, arzobispo de Zaragoza, por "mandamiento" de Juan de Salinas, autor de la licencia. Salinas era en 1626 vicario general del arzobispado de Zaragoza, y su amistad con Quevedo venía de los tiempos del duque de Osuna, como demuestra el que éste lo mencione en una carta de 12 de julio de 1617 dirigida a Quevedo:

> ... aquí entra la meditación de vernos a Vm. y a mí en Osuna, vestidos de terciarios con dos bordones en la mano, y detrás al padre fray Juan Salinas a las heras, con nuestras talegas de papeles debaxo del braço, repasando cartas, consejos y consultas, y dezir en llegando a los capítulos odiosos a bozes lo el ay, ay, ay cuando via el escarramán: este me ha muerto.[19] (Quevedo, *Epistolario completo* 57)

Capítulo cuatro

Salinas volvió a aparecer en 1628, en el fragor de la polémica por el patronazgo, al enviarle Quevedo el manuscrito del memorial (185–86).

La figura del Padre Pineda puede servir, a través de la intertextualidad entre ambos, para apoyar la existencia de esa interacción de Quevedo con el campo de poder extendido, de la que vengo hablando. Pineda era un jesuita con una amplia conexión con el campo literario. Como inquisidor había corregido las erratas del *Indice* de 1612 donde él mismo incluyó unos 2.000 libros (Wilson, "Inquisición" 251). Pero ya en 1610 había salido a colación su nombre, al ejercer como juez de una justa celebrada con motivo de la beatificación de San Ignacio en la que, al parecer, salió premiado Jáuregui y se relegó a Góngora que, dolido, contraatacó con un soneto dirigido a Pineda.[20] La inquina antigongorina de Pineda trascendió la muerte del cordobés. Años más tarde, en 1627 y muerto ya Góngora, Pineda atacó la publicación póstuma de las *Obras en verso del Homero español que recogió Juan López de Vicuña,* en la que se compilaban poemas gongorinos e iba dedicada al mismísimo inquisidor general Zapata (248–52). Pineda fue también, por otra parte, amigo de Lope. Cuando apareció la *Política de Dios* en Zaragoza, en 1626, repleta de erratas y aparentemente sin permiso de Quevedo, Pineda hizo una censura por su cuenta y se la envió a cierta "señoría." A Quevedo, con buenas conexiones zaragozanas como recordaba al hablar de la dedicatoria del *Sueño del infierno*, no tardó en llegarle la noticia del ataque intertextual de Pineda:

> Por lo menos supe escoger amigos en esa ciudad, pues me encaminan las enmiendas que vuestra paternidad ha hecho dese papel mal borrado, que se imprimió en Zaragoza sin mi orden, y de un traslado con tan larga decedencia de otros, que no tiene deuda con el original. (OC 1: 377)

Así comienza, tras la salutación de "Salud en Cristo," la "Respuesta de don Francisco de Quevedo Villegas al padre Juan de Pineda, de la compañía de Jesús," fechada en Madrid el 8 de agosto de 1626. La "Respuesta" va intercalando y glosando pasajes del texto de Pineda. A lo largo de ella Quevedo va, con ironía consumada, acusando a Pineda de hipocresía ("Más docto entendí era vuestra paternidad en esta materia de la hipocresía, y que tenía más conocimiento della..." [393]); vanidad ("y que vuestra paternidad, por un poco de humo (que eso es una alabanza en el mundo), me saca al campo, que es desafiar" [382]); ira impía ("no sé como he merecido a vuestra paternidad que me lastime con enojo, cuando debía enseñarme con caridad" [380]); saña perseguidora ("Ni perdona vuestra paternidad protesta ni aprobación ni carta de amigo (...) Esto no es condición de vuestra paternidad, sino de picaza, sentarse sólo en las mataduras, gusano que se cría en lo podrido" [380]); ignorancia teológica ("Yo creo que vuestra paternidad asomó su presunción a la teología" [396]); y abuso de su condición religiosa ("Yo he de responder de padre y bonete a quien me provocó de capa y espada" [377]). El final del escrito no puede albergar más ironía: "Todo esto es burla y responder: que a vuestra paternidad tengo el respeto que se debe a sus grandes letras y muchos años y conocida virtud" (399). Si me he extendido en las ejemplificaciones ha sido para marcar todavía más el contraste que supone este texto con otro posterior, *La constancia y paciencia del santo Job*, donde se elogia a Pineda, autor él mismo de un tratado previo sobre Job, al que Quevedo se había referido burlonamente en la "Respuesta": "yo escribiera diez quintales de volúmenes como su paternidad que escribió por arrobas como vinagres y sobre Job a quien los que le citan llaman el Padre Juan *falaga in Job id est contra*. Y Pineda Jimenites, porque tiene más de persecución que de comento..." (379). En el *Job*, por contra, las referencias son extremadamente amables: "El reverendo padre Pineda, con feliz curiosidad..." (OC 1: 1382); "conjetura probable y decorosamente el padre Pineda" (1385); "el doctísimo..." (1386). ¿Qué había ocurrido entre ambos textos capaz de provocar tal vuelco? La respuesta viene dada por las condiciones en que se gestaron ambos. Mientras la "Respuesta" se data en 1626, en uno de los momentos más interesantes de la trayectoria quevedesca (triunfo cortesano, eclosión editorial), *La constancia y paciencia del santo Job* fue escrita en la prisión de San Marcos, hacia 1641. El jesuita sevillano había muerto además en 1637, a los ochenta años de edad. El tono y tema de la obra, religiosos y apegados a sus penosas circunstancias (el subtítulo del *Job,* en el que es imposible no ver el trasunto existencial del escritor, era "De sus pérdidas, enfermedades y persecuciones") tampoco reclamaban burla. Pero también, y sobre todo, las cambiantes circunstancias nos hablan de su confrontación con la cúspide del campo de poder (Rey y Valido), de su prisión, de su despojo, de la denuncia de sus obras a la Inquisición y, en general, de la falta de apoyos significativos en circunstancias tan adversas.

En la dedicatoria de la *Política de Dios*—donde Quevedo recuerda el inicio de su acercamiento cinco años antes, en la primavera de 1621, a quienes presumía iban a ocupar el lugar en el favor del nuevo soberano (Olivares y su tío Baltasar de Zúñiga, sobre todo) de los favoritos del fallecido (Lerma, Uceda, Rodrigo Calderón)—se lee:

> ... es el libro que yo escribí diez años ha (...) Dos veces le he dado a Vuecelencia: cinco años ha, preso y en poder de la justicia [en 1621]; hoy justiciado de la calumnia y en poder de la envidia. Vuecelencia me libró por su grandeza de aquel rigor y me descansará por su verdad de esta molestia. Ni recelo que en poder de Vuecelencia se vea con las respuestas que contra él le han dado... (OC 1: 529–30)

Capítulo cuatro

Quevedo sabía bien qué bazas políticas jugaba con sus escritos; como muestra baste apuntar su astuta inclusión en el victimario de damnificados por el régimen anterior ("aquel rigor"), junto con el encomio de la piedad, justicia y generosidad de Olivares ("Vuecelencia me libró por su grandeza"). En su victimización incluye el haberle forzado a imprimir su obra, para rescatarla de copistas y editores, como recuerda en su dedicatoria "A los doctores sin luz, que dan humo con el pabilo muerto de sus censuras, muerden y no leen":

> Yo escribí sin ambición; diez años callé con modestia; y hoy no imprimo, sino restitúyome a mí propio, y véngome de los agravios de los que copian y de los que imprimen. Y así forzado doy a la estampa lo que callara reconocido de mi poco caudal, continuando el silencio de tantos días. (OC 1: 531)

Se podría decir, en cualquier caso, que Quevedo hizo de la necesidad virtud, al igual que en 1621, cuando le había enviado el manuscrito al mismo conde de Olivares, ofreciéndole "advertimientos que le son alabanza y no amenaza" y pasando por intelectual valiente y honesto que, a su vez, sabe de la honestidad política y personal del destinatario, haciéndole "lisonja nunca vista, sólo con no recatarle severo verdades desapacibles a otro espíritu menos generoso" (OC 1: 530). Esta *captatio benevolentiae* no pasó desapercibida entre críticos contemporáneos como Luis Pacheco de Narváez. En sus *Peregrinos discursos y tardes bien empleadas* (*ca.* 1640), que a pesar de tener las aprobaciones correspondientes se quedó en manuscrito, probablemente por la muerte de su autor, Pacheco (116) ataca de manera directa la *Política* quevediana, aunque sin nombrar en ningún momento a su autor, pero criticando su oportunismo interesado y artificioso para "que pareciese reciente su libro y que igualase su novedad con el principio deste reinado." También afirma Pacheco por boca de uno de los personajes de los *Discursos* que "todos los capítulos desta *Política* son fieras saetas dirigidas al privado" y que presentan una crítica indirecta al Rey

> Pues si en la impresión segunda [Madrid, 1626] confesó [Quevedo] ser suyo este libro... y escribió carta particular al rey nuestro señor, dirigiéndole todos los que juzgó por necesarios avisos para la reformación y universal remedio de los gravísimos daños que ponderaba, y sobre los pretéritos no se reconoce potencia, ¿no será error el decir que quiere dar a entender que no sólo se continúan, pero que tienen propagación y aumento? (115)

No parece que fuera esa la lectura que Olivares o su entorno hicieron de la obra pues su relación "amistosa" con el escritor va más allá de la publicación de la primera parte de la *Política* como reflejan el *Chitón* y otras obras que no conocemos.[21]

Quevedo parecía bien informado de los bríos reformadores y de austeridad que traía el primer Olivares, y enseguida quiso capitalizar ese conocimiento. Su conexión primera con Olivares, según apunta Elliott, bien pudo fundarse en su "compartida predilección por la filosofía neoestoica en general y por Justo Lipsio en particular, que en el caso de Olivares le pudo venir por su amigo el conde la Roca" ("Quevedo" 238–39). Lo cierto es que Quevedo, siempre que el propósito de su comunicación con él no fuera meramente informativo, tendía a halagar la vanidad intelectual de Olivares en sus cartas nuncupatorias haciendo extenso alarde de sesudas citas salidas de la patrística (carta LXXIV de julio de 1624) o de la preceptiva literaria (en la dedicatoria de las obras de Fray Luis, por ejemplo). En términos generales se puede concordar con Sánchez Sánchez, quien sostiene que las cartas quevedianas suelen ser un tránsito del tú confidencial a la condición de personaje público del destinatario (295), siempre y cuando se sustituya "público" por cortesano y el tú por "Vuestra Merced" o "Vuestra Excelencia."

De 1621 es también la dedicatoria de *El sueño de la muerte*, firmada "en la prisión y en la Torre" y dirigida a María Enríquez de Guzmán ("Mirena Riqueza"), dama de compañía de Isabel de Borbón, esposa de Felipe IV. Los objetivos de la carta parecen tan claros como sibilinos sus modos, y probablemente se perseguía una forma indirecta de alcanzar al Rey y su favor, dadas las alabanzas y esperanzas que se entreveran en la obra. El discurso comienza aludiendo a su prisión y quejándose de los ataques que le prodigan, "esperando coger a solas a un desdichado para mostrarse alentados con él" que "arrebatado de la consideración, me vi a los pies de los desengaños, rendido" (OC 1: 174–75; *Sueños* 315–17), y aprovechando una transición en la que cita a Job y a Lucrecio, refiere como todos estos sentimientos le rinden al sueño, y comienza con el auténtico *Sueño de la muerte*. Es entonces cuando Quevedo aprovecha para intentar congraciarse con la nueva cúspide del campo de poder. Sobre las alabanzas al nuevo Rey hay que destacar las diferencias que muestra el cotejo de la edición de Crosby de los *Sueños*, basada en los manuscritos, con la de las *Obras completas* de Felicidad Buendía, basada en la edición *princeps*. Lo que se le responde, por ejemplo, al marqués de Villena cuando sale de la redoma y pregunta por la fecha es, en la *princeps*, "De seiscientos y veintidós" (183); mientras en el manuscrito utilizado por Crosby, presumiblemente anterior, se lee "1621" (347), lo que quizá se explique por lo que viene a continuación de "Este año esperaba yo," por los sahumerios al Rey que siguen y por los retoques textuales a que iría sometiendo la obra. Al hacer una comparación entre las finanzas de España y Francia se lee en la *princeps* "porque sólo el dinero que va a Francia no admite genoveses en su comercio" (OC 1: 183), mientras que en el manuscrito se hace mucho más patente, por oposición al de

Francia, el papel del Rey de España en ello: "porque sólo el dinero que va a Francia sana de estos lamparones, porque el Rey de Francia no admite genoveses en su comercio" (*Sueños* 350). Más: al hablar de la muerte de Felipe III escribe Quevedo: "¿Así que ya ha dado el tercero cuarto para la hora que yo esperaba? (...) Más justicia se ha de hacer ahora por un cuarto que en otros tiempos por doce millones" (*Sueños* 361), jugando con las dilogías de "cuarto." Más adelante, y mientras se burla de las frases hechas: "Sólo ahora que a el de la redoma [Villena] y a ti os oí decir que reinaba Felipe cuarto, digo que 'Agora lo veredes,' y pues yo soy Agrajes, 'Ahora lo veredes,' dijo Agrajes" (362), alusión que queda todavía más clara a tenor del sahumerio posterior, cuando Pero Grullo emite sus profecías:

> Y en estos tiempos que ensarto
> veréis (maravilla extraña)
> que se desempeña España
> solamente con un Cuarto.
> Mis profecías mayores
> verá cumplida la ley
> cuando fuere cuarto el Rey
> y cuartos los malhechores.
>
> (*Sueños* 371)

La alusión a la esperanza por la mejora financiera y de la justicia en el nuevo reinado, concentrada en la dilogía entre "cuarto" (moneda de escaso valor) y "Cuarto" (ordinal dinástico), le sirve a Quevedo para hacer una clara toma de posición cortesana. La cadena de transmisión imaginada por Quevedo de la obra que enviaba a doña María es presumible: de ésta a la reina y de esta última al joven soberano. Se estaba empezando a cimentar el periodo de triunfo cortesano del escritor.

Se puede decir que hasta la década de los veinte el impulso que parece primar en Quevedo es su reconocimiento intelectual, tanto desde el campo literario como desde el de poder. Y ello desde la práctica burlesca, como afirmaba antes, aunque no exclusivamente (en las excepciones a lo burlesco habría que incluir la poesía académica, parte de la poesía cortesana, algunas traducciones y *España defendida*). Hasta esa tercera década del siglo XVII sus tomas de posición en forma de dedicatorias oscilan entre la amistad (hacia 1607 dedica el manuscrito de *El alguacil endemoniado* al marqués de Barcarrota), los pretendientes del campo de poder (dedicatorias del *Discurso de la vida y tiempo de Phocílides* y de *El mundo por de dentro* al duque de Osuna en 1609 y 1612, respectivamente) y los detentadores de poder (dedica a Felipe III *La España defendida* en 1609; en 1613 envía al cardenal Sandoval y Rojas las *Lágrimas de Hieremías castellanas*). Parecida partición puede hacerse en estas dos primeras décadas del XVII de los que Blecua agrupó bajo el marbete de "Elogios, epitafios y túmulos." En ellos se da lustre al Rey Felipe III, al Valido de turno ("Elogio al duque de Lerma, don Francisco," #237, fechado entre 1607 y 1609), a nobles y grandes por diferentes motivos (fiestas cortesanas, natalicios, matrimonios, defunciones, victorias guerreras); se recuerda a otros escritores (a Lope #284 y 288; a Cristóbal de Mesa #285; a Bernardo de Balbuena #286; a Diego Rosel #287; a Lucas Rodríguez #283; a Jerónimo de Mata #291). Hay también muchos de entre estos poemas agrupados por Blecua que tienen un motivo mitológico o histórico (sonetos a Alejandro, Aquiles, Belisario, Colón, etc.). En este periodo se trata, sobre todo, de asentarse en un entorno cortesano de interacción entre ambos campos, y la mayoría de estos poemas muestran bien esta filiación, ya sea por tratarse de poemas de encargo, de circunstancias, de tomas interautoriales de posición o de entorno académico. Difícil es en esta época ver alusiones críticas en este tipo de obras, que sí aparecen a comienzos de la cuarta década, como veremos en el capítulo 5, al tratar de un túmulo a Fadrique de Toledo. El peso de lo cortesano y de las tomas de posición, tanto literarias como políticas dirigidas al campo de poder, comenzó a aumentar a partir de los años veinte. Esto se hizo patente tanto en lo que se refiere a temas como a horizonte receptor de su producción, especialmente en lo que a poesía (y esto tiene un algo de conjetura, dados los problemas de datación de los poemas) y teatro se refiere. Un ejemplo en el género dramático sería el entremés *El zurdo alanceador*, también conocido como *Los enfadosos* que, según conjeturaba cautamente Eugenio Asensio (*Itinerario* 239), pudo haber sido estrenado por *Amarilis* en Sevilla en 1624, con motivo del viaje Real a Andalucía, y alguno de sus pasajes [el de las ínfulas nobiliarias de don González] quizá se escribiera pensando en los "grandes cortesanos." Los quince entremeses quevedianos que conservamos han sido tentativamente fechados en los dos periodos en los que Quevedo tuvo una participación más viva y directa en la cultura cortesana: entre 1606 y 1613, donde se situarían muchos de sus entremeses en prosa, y entre 1623 y *circa* 1628, al que correspondería la mayoría de los escritos en verso (Jauralde, *FdeQ* 490). El hecho de que Quevedo no los publicara ni hablara en ningún momento de ellos puede suponer el reconocimiento de su carácter "menor" (por lo teatral y por lo burlesco), ya que no le otorgaban prestigio literario alguno, sobre todo a partir de hacia 1629 ó 1630, cuando trató de pulir su imagen literaria, tratando de hacer olvidar sus "juguetes" ingenioso-burlescos. Me inclino por pensar que, en general, el teatro quevediano fue, más que fruto de una pulsión propia, una práctica circunstancial y cortesana con la que el escritor joven cedía a la moda del tiempo o bien con la que el cortesano maduro respondía a las presiones de amigos de la Corte,

Capítulo cuatro

como probaría la representación del ya citado entremés *El zurdo alanceador* o *Entremés de los enfadosos* para la comitiva real.

En la década de los veinte comienza también la relación de Quevedo con ciertas instituciones religiosas, uno de cuyos exponentes fueron las misivas cruzadas entre el cabildo catedralicio de Santiago y nuestro escritor, conchabados tácitamente en la polémica por el patronazgo de España. De otro lado, la orden de San Agustín le encargó en 1620, por medio del predicador Juan de Herrera, el *Epítome de la vida de Santo Tomás de Villanueva*. El encargo suponía, sobre todo, una muestra de confianza personal por parte del agustino, además de una espléndida oportunidad para Quevedo de presentarse como algo más que un escritor satírico-burlesco y un reconocimiento de su posición y de su *habitus*.

En la tercera década del XVII Quevedo parece entrar pues en la vorágine de la vida cultural de la Villa y Corte: escribe entremeses y comedias, hace vida literaria, se le dedican obras como *Juliani Caesaris in regem Solem ad Sallustium Panegyricus*, del prefecto de la Biblioteca del Escorial Vicente Mariner; se le pide parecer sobre otras (Lorenzo van der Hammen, para su *Don Filipe el Prudente*); es amigo de Antonio Hurtado de Mendoza, comediógrafo y secretario del Rey... (Astrana, *Vida* 357–58). A esta época de mediados de los 20 hasta comienzos de los 30 corresponden muchas de sus licencias, censuras y aprobaciones, que se reanudarán a su salida de prisión en 1643. Además de las aprobaciones a Lope ya citadas (las *Rimas* y la *Veinte y una* parte de las comedias, en 1634 y 1635, respectivamente), el 3 de febrero de 1628 censura favorablemente el *Fénix* y la *Historia natural* de José de Pellicer; el 22 de septiembre de 1631 *El culto sevillano*, de Juan de Robles; el 11 de febrero de ese año aprueba los *Avisos para los oficios de provincia desta corte* del secretario del duque de Béjar Miguel Moreno; el 27 de agosto la de *El mesón del mundo*, de Rodrigo Fernández de Rivera. Todo ello testimonia, además de su posición en el campo literario, una cercanía con el entramado cultural cortesano centralizado en palacio, de lo que también es muestra la escritura de comedias para consumo interno de la Corte. Según recuerda Barrera (*Catálogo* 313), citando *Avisos* manuscritos, Hurtado de Mendoza, Quevedo y Mateo Montero compusieron, a solicitud del marqués de Eliche y de Toral, yerno del Conde-Duque una comedia, cuyo título nos es desconocido, con la que festejar el cumpleaños de la reina doña Isabel de Borbón y que fue representada en el Palacio Real el 9 de julio de 1625. La representación corrió a cargo de los ayudas de cámara y en ella no faltaron bailes ni entremeses, a similitud de lo que ocurría en los corrales. También refiere el mismo Barrera cómo la comedia *Quien miente más medra más* fue escrita al alimón por Mendoza y Quevedo[22] en un solo día, a instancias del Conde-Duque, y "para la magnífica fiesta que éste dio a los Reyes a la noche de San Juan de 1631, en los jardines del conde de Monterrey y del duque de Maqueda próximos al Prado" (313). Igualmente hay constancia del encargo hecho a Quevedo, en septiembre de 1634, de escribir una comedia para conmemorar el nacimiento del príncipe Baltasar Carlos, bajo la supervisión del protonotario Jerónimo de Villanueva, que fue representada más tarde en el Retiro (Elliott, "Quevedo" 241).

La Corte, que ya representaba de por sí la figuración central de toda una estructura de gobierno (Elias 118), tenía también la condición de morada real y de lugar para buena parte del esparcimiento del monarca. Este último fue uno de los motivos para la construcción del Retiro y en una época en la que el teatro era el espectáculo de base textual por excelencia, había que llenar de sentido, también en lo teatral, ese fin lúdico que se le quiso dar al Palacio. La comisión para escribir y montar estas obras era claramente una prebenda otorgada, directa o indirectamente, desde el valimiento y significaba, por tanto, la cercanía con él. Para el siguiente capítulo queda la vertiente política de estas producciones teatrales cortesanas de Quevedo.

Un ejemplo más de esa cultura cortesana, proveniente éste de la poesía turiferaria, es el soneto que dedica Quevedo al Rey "Aquella frente augusta que corona," con motivo de unos actos enmarcados en la inauguración del propio Retiro, en diciembre de 1633. Allí se da cuenta de un juego de cañas al que asistió el Rey y de la consiguiente glosa que hizo Lope en unas liras: "Correr galán y fulminar valiente / pudo; la caña en él, ser flecha y rayo; / pudo Lope cantarle solamente" (PO #229). El mínimo referente que da pie al soneto (la lluvia cesa al salir el Rey a jugar cañas) le sirve a Quevedo tanto para estar en poeta cortesano como para hacer la alusión interautorial a Lope, en un paradigma conceptual de interacción entre el campo de poder y el literario. Todos estos ejemplos citados constituyen un síntoma, creo, de la máxima involucración a que llegó Quevedo con una cultura estrictamente de Corte. Este apogeo de la participación cultural de Quevedo en la Corte, en la figuración por excelencia del poder, coincidió en el tiempo con su propio triunfo en ella e, irónicamente, con el comienzo de su furibunda desafección de las filas de Olivares.[23] Cabe ver el proceso como gradual e inverso: su involucración cultural cortesana aumentaba mientras su adhesión política iba disminuyendo.

Relacionados con la vida cultural cortesana aparecen los viajes que el Rey hace a Andalucía (1624) y Aragón (1626). En ambos participa nuestro escritor, haciendo de cronista oficioso para el marqués de Velada[24] en el primero y aprovechando la permisividad editorial de la Corona de Aragón para intentar publicar algunas de sus obras en el segundo. Ambos viajes testimonian tanto su buscada y asumida condición de activo cortesano como su capacidad de acción. De rebote, también prueban una capacidad económica para hacerlos que les estuvo vedada a Góngora y a otros agentes del campo literario.

Su propia ambición, unida a su sangre, a su ingenio y a sus tomas de posición literarias le llevaron a Quevedo, si se me permite la torpe alusión, a la cumbre de su fortuna cortesana y a una aparente colaboración con el equipo de poder del conde-duque de Olivares. De cómo se produjo esta entente y de cómo estalló más tarde en pedazos daré cuenta en el último capítulo.

Capítulo cinco

La pluma en el filo
Quevedo o la ansiedad política

> Si leyere Vuestra Majestad este papel o le oyere dos veces, en la segunda conocerá la utilidad de la primera y podrá prometerse algún buen advertimiento estrechado en pocas razones, que son más las cosas que digo para el que considera y malicia que para el que solamente lee.
>
> Quevedo
> *Lince de Italia u zahorí español*

> Bell'ingegno che ha stampato libri, faceva qui poesie et parlava con qualque libertà del governo. Ultimamente si è scoperta una pasquinata fatta da lui, per la quale si è mandato prigione.
>
> Bernardo Monnani, secretario de la embajada toscana
> en Madrid, describiendo a Quevedo
> en carta a sus superirores florentinos
> el 10 de diciembre de 1639

> Arriba te dejaron
> como una teoría de ti mismo,
> a ti, incansable autor de teorías
> que nunca te sirvieron
> más que para marchar como un cangrejo
> en contra de tu propio pensamiento.
>
> José Ángel Valente
> "A don Francisco de Quevedo, en piedra"

5.1. Biografía, trayectoria y literatura: para una unificación "política" del *habitus* quevediano

Como se extrae de su epistolario (403), Quevedo fue, para los usos de su época, un fumador empedernido y un goloso confeso, con acusada afición por el chocolate. De dos aficiones tan simples y extendidas hoy no se puede

Capítulo cinco

extraer casi ningún significado social pues nos dicen poco de quien las goza (o las sufre); ni su género, ni su clase social ni su situación económica. Otra cosa muy diferente es que Quevedo afirme orgulloso en 1637 (403) que come chocolate y que fuma. Ambos productos coloniales eran muy caros y, por lo tanto, sólo accesibles a ciertos sectores de la sociedad (Crosby, "De qué murió Quevedo" 170). Esa mención doméstica situaba a un español del siglo XVII en un marco social privilegiado y, como recuerda Crosby (170), se corresponde muy bien con el orgullo nobiliario que siempre manifestó el escritor y con el conjunto de sus prácticas sociales: privado de un virrey, caballero de Santiago, señor de la Torre de Juan Abad, compañero y amigo de aristócratas y grandes de España, fundador, en fin, de un mayorazgo.

Quevedo es una personalidad del XVII español que, frente al resto de los escritores coetáneos, nos desborda por una ansiedad política que se manifiesta en sus obras, en su trayectoria, en sus amistades, en sus misiones diplomáticas y administrativas y, en definitiva, en su *habitus*. En Quevedo la política contamina a la literatura desde muy temprano y, a diferencia de la mayoría de los literatos de su tiempo, nuestro escritor no busca tanto obtener mercedes a través de las dedicatorias de sus obras sino influir en sus destinatarios. No quiere sufrir la política sino ser un factor influyente en ella. Quevedo fue una excepción en el contexto de las letras y de la sociedad del XVII y todo análisis que no tenga en cuenta este factor distintivo corre serios riesgos interpretativos.

La tradición académica, aliada a la historia de la literatura, nos suele presentar a un Quevedo que fue "menos un hombre que una... literatura," como dejó cincelado el tan famoso como inevitable *dictum* de Borges (56). Aun a riesgo de una generalización excesiva, me atrevo a sugerir que la literatura ocupó en ocasiones para Quevedo un lugar secundario ante su impulso político. Dicho de otra manera: el *Buscón* o su poesía amorosa son, en cierto sentido, menos importantes en el conjunto de su trayectoria que sus audiencias privadas con el rey (tres) y con el Papa (una) o que su condición de hombre de confianza del duque de Osuna, el tercer hombre más poderoso de la Monarquía Española cuando don Francisco estuvo a su servicio. De hecho, si algo caracteriza el conjunto de su producción es que Quevedo lleva a cabo una decidida instrumentalización genérica, temática, religiosa o circunstancial de la literatura, a menudo con propósitos extraliterarios (políticos, ideológicos, sociales). Se impone, pues, la necesidad de hacer un poco de "arqueología" quevediana.

Quevedo era, en caracterización de Jauralde y Crosby (*Quevedo y su familia* 47), el "único varón de un clan cortesano de origen montañés." En el entorno de esa figuración de poder que es la Corte, el joven Quevedo estaba rodeado más de altos funcionarios provenientes de la pequeña nobleza rural que de nobles y aristócratas. En ese ambiente que Jauralde (67) cree vecino, pero al mismo tiempo ajeno y hostil al mercantilismo urbano atraído por el palacio real e igualmente ajeno a los aristócratas y grandes de las altas esferas de la Corte, transcurrieron sus primeros años. Esa proximidad lejana con el campo de poder, válgame la paradoja, bien pudo alimentar en Quevedo el irreprimible anhelo por la acción política que respira buena parte de su *habitus*, entendido como suma de interacción social y tomas textuales de posición. Esto se patentiza en su interacción social por la proximidad con actores muy significados del campo de poder (los duques de Osuna y Medinaceli y el conde-duque de Olivares), así como por la extratextualidad "política" que despiden muchas de sus obras. Y es en las obras incluidas en lo que he dado en llamar la acción política de Quevedo donde mejor se refleja la naturaleza de esa ambición extratextual. Estas obras trasmiten una ambición que desborda los límites del texto y se condensa en una acusada ansiedad de influencia política. Estas obras son también un espacio privilegiado a la hora de determinar un posible hilo conductor, un estilo de vida unitario que dé sentido a todas esas aparentes contradicciones que se han visto en Quevedo. Al considerar la acción política quevediana lo primero que llama la atención es, precisamente, esa elección más o menos unitaria y consciente de personas, bienes y prácticas que acaban por constituir un *habitus* (Bourdieu, *Razones prácticas* 19). El *habitus* de nuestro escritor describe una trayectoria social en la que nos encontramos con determinados acontecimientos biográficos que se insertan en la interacción entre los campos literario y de poder y en sus correspondientes estados de la estructura. A estos acontecimientos se les puede asignar un *significado* y un valor sociales y en el modelo de Bourdieu se les considera como *colocaciones/inversiones* y *desplazamientos/desinversiones* (*Rules* 258). Ejemplos de ello serían, en mi opinión, las sucesivas relaciones que Quevedo tuvo con destacados miembros del campo de poder, ya fueran detentadores, como el duque de Osuna y el conde-duque de Olivares, o pretendientes, como el duque de Medinaceli. Con todos ellos Quevedo tejió una intensa interacción que tocaba tanto a prácticas sociales (culturales, políticas y cortesanas) como a tomas de posición de naturaleza literaria (dedicatorias, alabanzas, ataques, cruces epistolares). Estas relaciones, que bien pueden entenderse *à la* Bourdieu como una dinámica de *colocaciones/inversiones* y *desplazamientos/desinversiones*, han sido, seguramente, la causa de lo infructuoso de muchos intentos por buscar una coherencia sistemática en el pensamiento político del escritor.[1] Me inclino por creer que no se puede plantear semejante coherencia si no se consideran los vaivenes de su interacción con el campo de poder y, especialmente, si no se plantea el estudio de la mayor parte de su producción política y parapolítica en tanto que interacción entre ambos campos. Secundariamente, creo que no hay que considerar la acción de Quevedo en términos exclusivamente ideológicos sino también como reacción frente a determinadas

Capítulo cinco

personas y acontecimientos. Por último, a la hora de encarar cualquier texto quevediano no podemos perder de vista su condición de noble que, dependiendo de los casos, influye, condiciona o enmarca no ya solo sus obras sino el conjunto de su trayectoria.[2] Al hablar del duque de Saint Simon señalaba Elias (17–18) que ni el desarrollo de su individualidad ni su actitud como escritor podían explicarse adecuadamente si no era en un contexto cortesano y en el desarrollo de su posición social dentro de esa estructura. Algo muy parecido podría decirse de Quevedo.

Probablemente como consecuencia de su condición nobiliaria y de su *habitus,* Quevedo logró un trato de favor por parte de la Inquisición que le permitió veleidades que, como señalaba Eugenio Asensio ("Censura" 29–36), eran raras entre escritores de entretenimiento en lengua vernácula. Las primeras denuncias de Quevedo al Santo Oficio parten de la Universidad de Alcalá de Henares en 1626, año en que se publicó la *Política* en Zaragoza sin consentimiento de su autor (Alcalá 119), lo que obligó a Quevedo a un progresivo cuidado de su imagen que consistió, básicamente, en denunciar las ediciones no autorizadas por él de algunas de sus obras, así como en negar la paternidad de otras. Sin embargo, el inquisidor José Méndez de San Juan recordaba en 1677, aludiendo a las obras quevedianas expurgadas o prohibidas, que "lo cual no obstante, han corrido siempre dichas obras, no sé si ha sido por permisión tácita" (Archivo Histórico Nacional, Inquisición, legajo 4421; cito por Alcalá 122). No podemos olvidar que Quevedo llegó a tener cierta amistad con los inquisidores Andrés de Pacheco (Inquisidor General entre 1622 y 1626) y Pedro Pacheco, uno de los autores del *Index* de 1632 y personaje que ocupará puestos relevantes (consejero real y de la Inquisición), así como con influyentes personajes cortesanos de la talla de Jerónimo de Villanueva, Álvaro de Villegas y Juan Chumacero (Jauralde, *FdeQ* 497 y 568). Estas relaciones ayudan a explicar cierto desparpajo público quevediano y a diferenciar su *habitus*, mucho más nobiliario que el de la mayoría de los escritores del periodo.

Un aspecto adicional que hay que destacar en Quevedo es la preocupación general por su imagen pública y por proyectar una imagen determinada, sobre todo después de haber sido denunciado a la Inquisición por Pacheco de Narváez en 1631. Ya se ha señalado como entre 1626 y 1630 Quevedo inicia la primera depuración de su imagen negando o editando y autorizando obras que corrían manuscritas o en ediciones piratas.[3] Por eso el *Novum librorum et expurgandorum index* del cardenal Zapata (Sevilla: Francisco Lira, 1632) señala en el folio 398, entre los libros anónimos: "Don Francisco de Quevedo. Varias obras que se intitulan y dicen ser suyas, impresas antes del año de 1631, hasta que por su verdadero autor, reconocidas y corregidas se vuelvan a imprimir" (cito por Jauralde, *FdeQ* 621). Ocho años más tarde, con Quevedo ya en prisión, aparece el *Novissimum librorum et expurgandorum Index* (Madrid: Diego Díaz, 1640) bajo el inquisidor Antonio de Sotomayor. En este *Índice* seguía prohibido el anónimo *Chitón* y sólo se permiten de Quevedo la edición madrileña de la *Política* (1626), *Vida de santo Tomás de Villanueva*, *Defensa del patronato de Santiago*, *Juguetes de la niñez* (1629), *La cuna y la sepultura* y las traducciones de Focílides y Epícteto, de *La vida devota* de Francisco de Sales, del *Rómulo* de Malvezzi y *De los remedios de cualquier fortuna*. Luego se añade que "Todos los demás libros y tratados impresos y manuscritos que corren en nombre de dicho Autor, se prohíben, lo cual ha pedido por su particular petición, no reconociéndolos por propios y delatándolos al Consejo" (cito por Alcalá 118). Cierto que 1640 nos presenta a un Quevedo caído en desgracia, encarcelado por acusaciones gravísimas y a quien no le quedaba más remedio que distanciarse de muchos de sus escritos. No menos cierto es que a partir de 1629–30 el escritor no tenía ya nada que ganar asociando su nombre a ciertas obras que se desviaban de la imagen de intelectual cristiano y fiel súbdito que entonces quería potenciar.

5.1.1. A la sombra del poder: la relación con los duques de Osuna y Medinaceli y con el conde-duque de Olivares

Entre los fondos de la biblioteca del conde de Gondomar se halla una carta de abril de 1617 en la que un corresponsal relata al conde de Gondomar la llegada de Quevedo a Roma:

> El martes llegó aquí [Roma] don Francisco de Quevedo, caballero de muchas partes, muy entendido, y muy privado del virrey de Nápoles, de donde ha venido a tratar algunos negocios con Su Santidad y después se volverá a Nápoles, de donde pasará a España; en el pasar de Marino el señor Condestable Colonna le agasajó muchísimo y allí fue a recibirle la familia del señor Cardenal Borja en cuya casa está hospedado. ("Menciones" 8;[4] modernizo la grafía)

El momento de la biografía quevediana que ilustra el autor de la carta no puede ser más elocuente: Quevedo se dispone a tener una entrevista personal con el Papa como hombre de confianza del duque de Osuna y es hospedado y agasajado en la Ciudad Eterna por su patriciado civil y eclesiástico. Para el cabal entendimiento de este momento en la trayectoria quevediana, que vive aquí sin duda uno de sus momentos cumbre, nos queda su imagen pública a la altura de 1617: "caballero de muchas partes, muy entendido, y muy privado del virrey de Nápoles," que no era otro que el duque de Osuna. Con Osuna estableció Quevedo una relación larga y compleja en la que tuvo oportunidad de ejercer la praxis política y experimentar con ella el poder y

Capítulo cinco

la influencia que implicaba ser el privado del tercer hombre más poderoso de la Monarquía Española.

Hay algunas sombras en la relación entre Quevedo y el duque de Osuna, y afectan en primer lugar al comienzo de aquella. Antonio López Ruiz sugiere en *Quevedo y los franceses* (20–22) una temprana amistad del escritor con el duque de Osuna, que se adelantaría a los últimos meses de 1599 en Alcalá, desde donde ambos habrían huido a Sevilla. Esta huida explicaría la pérdida del curso académico 1600–01. Más tarde, ambos aparecen antologados en las *Flores de poetas ilustres de España* de Pedro Espinosa. Al poco, Osuna marcha a Flandes y a su vuelta continúa la relación entre ambos. En opinión de López, este acercamiento entre el noble y el escritor se debería a una toma de partido quevediana hacia el belicismo de Osuna, contrario al pacifismo del Rey Felipe III en lo que respecta a la política con Francia. Quevedo vio en Osuna al prototipo de hombre de acción que podía revitalizar la antigua grandeza española (Marichal 1967). En lo que respecta al origen de la relación creo que pudieron existir otros factores, además de una cierta relación paje-aristócrata: cercanía generacional (el Duque nació en 1574 y Quevedo en 1580), gusto compartido por las pendencias; complementariedad (Grande y cortesano; pretendiente del campo de poder y pretendiente del literario; hombre de acción junto a escritor con veleidades de influencia política). Sea ello como fuere, en los escritos de Quevedo siempre estuvo presente el recuerdo idealizado de Osuna; desde los cinco sonetos que le dedica a su muerte (números 215, 234, 242, 243, 244 en la edición de Blecua), a las alabanzas de su virreinato napolitano en el cuadro XXIV de *La hora de todos* (237), pasando por los *Dichos y hechos del Excelentísimo señor duque de Osuna en Flandes, Sicilia y Nápoles* de cuya desaparición, seguida de la confiscación de sus papeles en 1639, se queja Quevedo en los preliminares del *Marco Bruto* (OC 1: 824). De su periodo con Osuna el escritor extrajo, sin duda, muchas experiencias acerca del funcionamiento interno de la maquinaria del valimiento, así como de la corrupción que la rodeaba. Frente a ese panorama de intrigas y corrupciones palatinas se alzaba la figura de Osuna, el hombre de acción decidido a llevar a cabo una política fundada en el imperialismo mediterráneo que restaurara la grandeza y prestigio perdidos. Abad (*Literatura* 174) señala que, dado que Quevedo fue amigo y confidente del Duque, podría inferirse que se identificaba con las actitudes político-ideológicas de éste ya que ambos presentan actitudes de disconformidad con el estado de las cosas. Tanto el escritor como el aristócrata propugnaban actitudes belicistas que rescataran a España de una decadencia pacifista y claudicante propiciada por un monarca abúlico y por un privado que sólo buscaba el incremento de su poder. Se hacía necesario pues devolver a la Monarquía su autoridad y reputación (175).

El reflejo literario tanto de ese belicismo quevediano como de su afinidad con Osuna puede percibirse en obras como *Mundo caduco y desvaríos de la edad en los años de 1613 hasta 1620*. Según Javier Biurrun (26), que ha estudiado manuscritos hasta ahora desconocidos y editado recientemente la obra, *Mundo caduco* estaría compuesto por 4 partes: "Valtelina," "Adriático" y "Bohemia," probablemente acabadas ya en la primavera de 1621, y "Don Gonzalo de Córdoba," quizá añadida en el otoño de 1622. En esta última, Quevedo destaca a don Gonzalo como representante de la "línea ideológica y belicista de la tercera generación de imperialistas españoles" (Toledo, Bedmar, Osuna, Spínola y Oñate) para que sirviera de colofón al *Mundo caduco* y de contraste con personajes corruptos, dañinos para la preponderancia española en Europa y ya caídos en desgracia, como Uceda, Salazar y Velázquez (30). También afirma Biurrun, en desacuerdo con otros críticos, que *Mundo...* no formaba parte de un inacabado proyecto junto con los *Grandes anales de quince días*. Sin embargo es difícil no percibir, si no una unidad ideológica y compositiva, sí una cierta familiaridad de propósito entre ambas obras. Como recuerda el propio Biurrun (21), la obra fue escrita en el fondo para un lector: Baltasar de Zúñiga, pues a él le anticipaba Quevedo en la dedicatoria de la "Carta del Rey don Fernando el Católico" lo que leería "brevemente en un libro que escribo: *Mundo caduco y desvaríos de la edad*" (cito por Biurrun 21). Es posible que el propósito inicial de Quevedo fuera arremeter contra Venecia y Saboya, sus acusadores directos (17) pero, en el torbellino de cambios cortesanos que trajo consigo la muerte de Felipe III, el escritor acabó haciendo tanto una defensa de su pasado como una prueba de su experiencia política personal y de su valía como consejero del monarca.

Una vez inoculado el veneno del poder y de la influencia, pero con Osuna en prisión y ante un terremoto palaciego de poder tras la sucesión dinástica, Quevedo se vio obligado en 1621 a buscar el arrimo de otro noble. Así comenzó su relación con el conde de Olivares, de cuyo desarrollo daré cuenta en adelante, tanto en lo que toca a la colaboración como al enfrentamiento entre ambos. Una de las consecuencias directas de este enfrentamiento con Olivares fue su creciente amistad a partir de 1630 con el duque de Medinaceli, cuyas ramificaciones e implicaciones distan mucho de conocerse con precisión pero que, con mucha probabilidad, implicaron la oposición política al Conde-Duque. Tal amistad con el duque de Medinaceli, bajo la que supuestamente trabó relación con personalidades francesas, pudo llevarle en última instancia a la prisión en San Marcos. López Ruiz (*Quevedo y los franceses* 125) apunta al barón de Pujols como amigo de Quevedo y "criado del cardenal Richelieu." Pujols, quien desde 1637 se había convertido en el único mediador entre Richelieu y Olivares, habría sugerido a éste acciones preventivas contra Francia, lo que explicaría esa doble traición a la que alude Quevedo en las cartas senequistas desde prisión. Quevedo habría conspirado con Pujols y contra Olivares en apoyo de la nobleza andaluza. Ese mal que Quevedo compartía con "el señor Nuncio" al que se refieren los *Avisos* de Pellicer del 13 de enero de 1639 (cito por Elliott y De la Peña 1: 187) lo explica López Ruiz (*Quevedo: Andalucía* 140–46; 288) señalando que el nuncio Fachinetti era un informador para el cardenal Barberini, sobrino a su vez del francófilo papa Urbano VIII. De hecho, el secretario del nuncio, Lorenzo Coqui, fue detenido el 7 de febrero de 1640, al igual que el antiguo contable del futuro duque del Infantado, entonces conde de Saldaña. Jauralde (*FdeQ* 766–72) supone que fue Juan de Isasi el delator de Quevedo, secundado oficialmente por el duque del Infantado y a instancias del Conde-Duque, que sabía que el escritor formaba parte de una vasta oposición antiolivarista que proponía una política más apaciguadora para con los franceses. En resumen, y a grandes rasgos, se puede decir que Medinaceli facilitó la transición desde el "colaboracionismo" quevediano con el régimen del Conde-Duque hasta su ruptura y enemistad con el mismo. Una desafección tan brusca necesitaba del apoyo logístico de otro aristócrata. En ese sentido, Quevedo hizo una clara desinversión de su apoyo intelectual al olivarismo y, al tiempo, una arriesgada inversión en el sector pretendiente del campo de poder: el de los Grandes. Motivos no le faltaban a la aristocracia para estar molestos con un Olivares que, además de ser un advenedizo ante sus ojos, había osado trocarles, desde 1627 y con el beneplácito del Rey, las mercedes monetarias de otros tiempos por títulos honoríficos (Elliott y De la Peña 1: 5). De este malestar para con Olivares entre la aristocracia me ocuparé, al tratar de la desafección quevediana de las filas olivaristas. Lo que me interesa ahora es destacar la trayectoria de inversiones y desinversiones en el campo de poder que jalonan la trayectoria de Quevedo. Es difícil precisar si estas tomas de posición vinieron impulsadas por motivaciones ideológicas en esa transición de Olivares a Medinaceli. Me inclino a pensar que fue una concatenación de causas diversas (toma de posición con los Grandes de España, oposición a la política económica y exterior, desavenencias con motivo de la polémica por el patronazgo de España, erosión progresiva, etc.), acentuadas gradualmente y quién sabe si aunadas a algún roce personal entre Quevedo y Olivares.

5.1.2. El "pensamiento político" de Quevedo

Apuntaba antes la dificultad que supone el buscarle una coherencia sistemática al llamado "pensamiento político" de Quevedo. Una traba añadida es que la mayor parte de su producción política se caracteriza por una decidida oposición a la persona de Olivares y a su privanza. Desde esa naturaleza eminentemente reactiva que caracteriza a Quevedo se me antoja muy difícil que se presente una coherencia absoluta o un "sistema" en el llamado "pensamiento quevediano." A ello habría que añadir otros factores adicionales, como la condición de pretendiente (de un hábito, de una pensión, de brillo cortesano, de influencia política) de Quevedo. Carmen Peraita (*Quevedo* 211) afirma, y concuerdo con ella, que Quevedo no se preocupa por mantener un "discurso político sistemático," dedicándose más que nada a reaccionar ante hechos y circunstancias concretos que conciernen a la monarquía. Es al confrontar la teoría política de matriz cristiana con la praxis de gobierno cuando pueden surgir las "esquizofrenias" y las disparidades ideológicas. Pero esas "incoherencias" son inherentes al propio ejercicio del poder y, por eso mismo, afectaron a un Quevedo que alternó su propio paso por la acción política (especialmente en su etapa con el duque de Osuna) con las exhortaciones político-morales que dirige a Rey y Valido. Como señala Clamurro (*Language* 9 y 182–83), en la escritura quevediana aparece, al igual que en la ideología de la época, una doble alienación resultado de confrontar los valores *reales* e *ideales* de una sociedad. Por ello no deberíamos contemplar la ideología quevediana, ya sea esta explícita o implícita, desde un punto de vista compacto y homogéneo y sí desde una moral política a veces acomodaticia. Tras estas puntualizaciones, paso a comentar algunos de los estudios críticos que han tratado de determinar el llamado "pensamiento de Quevedo."

Maravall ("Pensamiento" 75–77) presenta a Quevedo como un miembro de la pequeña nobleza, conservador, proteico, antisemita epocal, díscolo y tentador esporádico de límites pero comprometido, en general, con la propaganda del "complejo de intereses monárquico-señorial," en apoyo del cual habría empezado a escribir. Baum (14), por su parte, propugna una imagen de tradicionalismo militante del escritor. Según Manuel Jaramillo Cervilla (15), Quevedo fue un regeneracionista cuyo "pensamiento político" sólo puede entenderse a largo plazo y, en general, en los márgenes interiores de la acción. Sus actitudes políticas se habrían fundamentado en su condición de caballero casticista y nacionalista con aspiraciones cortesanas, lo que implicaba adhesión incondicional al Rey y al estamento nobiliario, pero con posturas ambiguas y coyunturales frente al valimiento. El escritor habría percibido tanto los problemas económicos como la crisis de la política exterior y fue, por último, un antirracista convencido (105–17). Ynduráin (61–88) describe a Quevedo como pensador de acción; como un hidalgo humanista con aspiraciones superiores y poseedor de una concepción de la monarquía en la que el absolutismo se acompañaba del derecho divino, por lo que impulsos secesionistas como el catalán y el portugués eran vistos por él desde una perspectiva religiosa. Además de recordar que nunca se ha explicado su pensamiento político evolutivamente, Ynduráin apunta otro rasgo más: Quevedo escribe siempre a la contra, oponiéndose a alguien

(63–66). Los editores de *La hora de todos* sostienen que la obra nació "con la voluntad consciente y expresa de traducir en imágenes un sistema completo de pensamiento" (27). En el marco de una inspiración compleja, en *La hora* se aunarían lo satírico, lo político y lo filosófico (31). Para los editores de la *Execración contra los judíos* tendríamos a un Quevedo que, desde un fundamentalismo conservador y reaccionario, reclama una vuelta al providencialismo anterior, mientras se une a gran parte de la nobleza castellana, al clero[5] y a las clases populares en un antisemitismo sociopolítico y antiolivarista, manifestado en el rechazo del maquiavelismo y del mercantilismo (xxxiii). El propio Fernández Mosquera advierte de la imprescindible contextualización a la que ha de someterse toda hermenéutica quevediana:

> La obra de Quevedo permite entrever una personalidad beligerante y obsesiva con algunos asuntos: con respecto al gobierno, el rey y el privado, el mal privado y el mal rey que no gobierna—como él desea, claro—; racista para con los moriscos, judíos y casi con los luteranos; xenófobo con los franceses, holandeses, portugueses y catalanes; despreciativo de la condición femenina; y, en la mayoría de los casos, intolerante y temerario. ("Ideología" 167)

Hay, pues, un amplio muestrario de opiniones acerca de cuál pudo ser el "pensamiento" de Quevedo. Todas ellas se fundan en obras o en características personales del escritor. Algunas lo piensan antirracista fundándose en ciertos textos; otras, no menos exegéticamente "textuales," describen su antisemitismo político. Haciendo una apresurada *collatio* nos encontramos con un Quevedo conceptualizado en términos de su pensamiento político como providencialista, antimaquiavelista, regeneracionista, antiolivarista, casticista, nacionalista, propagandista del poder y conservador. A cualquiera de estos marbetes se le podrían adjuntar, impecablemente, numerosos textos validadores. Todos ellos son, pues, "ciertos," y describen su "pensamiento" pero cada uno de esos adjetivos acaba por definir una sola toma de posición o varias, en el mejor de los casos, pero no acaban de dibujar un *habitus* ni de explicar toda esa profusión descriptiva y conceptual que ha acabado por destilar su acción política.

El macrofactor que engloba toda la producción quevediana y, por ende, la incluida en la acción política es, en mi opinión, la conjunción en su *habitus* de los campos literario y de poder. Sólo a partir de esa conjunción se puede aspirar a estudiar el siglo XVII desde esa "teoría general de la cultura" (entendida como una teoría de las relaciones entre los elementos componentes de un determinado modo de vida) cuyo advenimiento auguraba Raymond Williams en *Culture and Society* (Foreword iv). Es sólo en esa interacción donde tiene sentido la condición de Quevedo como agente y actor de toda una serie de posiciones y tomas de posición que conforman su trayectoria.

Todas esas contradicciones de dicha trayectoria lo son menos cuando se contemplan desde la condición-posición quevediana de pretendiente *inter* campos de sus primeras obras políticas (*España defendida*, primera parte de la *Política*, los *Grandes anales*). O cuando se contemplan desde la portavocía oficiosa del partido "aristocrático" que pareció asumir en los años treinta, condición que se sumó a una oposición individual y personal al olivarismo que, *motu proprio*, parecía haber asumido ya Quevedo. No cabe otra cosa sino enmarcar esas aparentes contradicciones ideológicas de su trayectoria en una dinámica de interacción con el campo de poder y en su contexto temporal. En la aquilatación de esa trayectoria se hace también imprescindible tener en cuenta los géneros literarios en los que esos textos tan aparentemente contradictorios aparecen. Al estudiar diferentes textos en los que Pierre Corneille emite algunas opiniones ambiguas o dispares sobre Richelieu,[6] A. Donald Sellstrom (217) afirma que hay que tener muy en cuenta los géneros literarios a los que pertenecen los textos de esas alusiones para valorarlos correctamente. Según Sellstrom (217), Corneille ya tenía hacia el cardenal una "actitud flotante" y eso le pudo llevar, quizás, a modificar su retrato del favorito en función del género y la ocasión concretas. ¿Cabría pensar lo mismo de los textos "olivarianos" de Quevedo?

5.2. Quevedo o el intelectual y el poder en la primera mitad del siglo XVII

La trayectoria de Quevedo recrea un tópico muy antiguo: la relación del intelectual con el poder. El tema es viejo y se remonta, al menos, hasta las amargas experiencias que con la praxis política tuvo Platón en Siracusa. Ya me he referido en el capítulo tercero al desajuste que parece sugerir la adopción del término "intelectual" para el siglo XVII. Sin embargo, se dan muchas analogías entre el papel que desempeñaban algunos agentes del campo literario español del XVII, especialmente en el caso de Quevedo, con los de épocas posteriores aunque esto no puede llevar a obviar las diferencias que existen entre los intelectuales de finales del XIX o del XX con los protointelectuales del XVII. Como apunta Jürgen Habermas, el intelectual asume su papel específico en una democracia de carácter parlamentario al encontrar un destinatario en la opinión pública instruida por la prensa y la contienda partidista (I). Cuando Bourdieu recuerda el conocido "*affaire* Dreyfus," del que fue protagonista Emile Zola con su emblemático "J'accuse," describe al intelectual como a alguien que, haciendo uso de la independencia y valores propios del campo cultural, interviene en el campo político frente a otros poderes (*Rules* 129). Este no es el caso de Quevedo que ni vivía en un régimen parlamentario ni defendía valores de campo sino, en todo caso, de clase o estamento. Pero lo cierto es que, atenuando la gradación, sí se pueden trasladar algunas características de los intelectuales del XIX y del XX a la sociedad española del XVII. Esta última era una sociedad en la que no había partidos pero sí facciones; en la que no había, propiamente, "opinión pública" (aunque el "público" si la tuviera) pero sí, como recuerda Maravall (*Cultura del Barroco* 175), un intento por parte del poder de atraer el mayor número posible de voluntades;[7] en la que no existía prensa pero sí corrían las noticias y rumores interesados por medio de protoperiodistas (159–60). Todo ello para señalar que, si bien no hay un calco contextual en las relaciones entre intelectuales y poder transhistóricamente, sí existen ciertos inmanentismos propios de tal interacción. En el caso que nos ocupa, el hilo conductor de ese inmanentismo va a ser la trayectoria quevediana frente al campo de poder. Del afán de intervención de Quevedo, de su acción política, es de lo que me voy a ocupar de aquí en adelante. Para ello he dividido su *habitus* (tomas de posición, obras, relaciones personales) teniendo en cuenta varios factores: destinatarios de las obras, época de producción, emisión y edición, si es el caso; motivación y objetivo aparente de las tomas de posición; trayectoria de las posiciones de Quevedo y espacio de posibilidades. El resultado de esa división se resume en cuatro apartados que describen la trayectoria de Quevedo en lo que concierne a su acción política: (1) las primeras manifestaciones de su pretensión activa; (2) su participación en la maquinaria propagandística del poder; (3) sus tomas de posición para con el Rey; (4) su desafección y oposición activa al poder.

5.2.1. La ansiedad política

Uno de los rasgos más acusados de la personalidad de Quevedo fue su manifiesta ansiedad de influencia política.[8] Mientras la mayoría de sus coetáneos en el campo literario se limitaba a buscar un mecenas con el que hacer frente al día a día de las necesidades materiales o con el que apuntalar pretensiones distintivas, las relaciones que Quevedo estableció con el campo de poder tuvieron siempre un fuerte componente político que se materializó de diferentes maneras. En primer lugar está sin duda la praxis política, esto es, la acción de gobierno al servicio del duque de Osuna en los virreinatos de Sicilia y Nápoles. Esa parte de su biografía, de íntima cercanía con el ejercicio del poder, ya lo singularizaría, por sí sola, del resto de los escritores de la época pero su trayectoria política no acabó allí. Más tarde vendrían la participación en la maquinaria propagandista de Olivares y, tras su desafección, una activa oposición a éste y a su política. También hay que considerar la amistad de Quevedo con el duque de Medinaceli y sus innumerables arbitrios, tratados, memoriales o panfletos de carácter político. Lo que queda de todo este torbellino es la estela de una profunda y arrebatadora ansiedad de influencia política en cuyo ejercicio Quevedo llevó a cabo diversas tomas de posición textuales y sociales. Voy a comenzar por las primeras.

Jauralde señala que el *Discurso de las privanzas* es probablemente anterior a *España defendida* por las menciones a la muerte del conde de Miranda (Jauralde, *FdeQ* 951). Astrana (Quevedo, *Obras en verso* 1385), por su parte, propugnaba los alrededores de 1606 como fecha probable de redacción. Díaz Martínez (57) señala, en su reciente edición de la obra, que ésta fue escrita entre 1606 y 1608. Nos encontramos ante la primera obra política de Quevedo y se centra en un tema que acompañó su trayectoria: el papel del Valido en el organigrama político de los Austrias menores. Los tiempos y el Valido eran otros a comienzos del XVII para un Quevedo joven y con toda la pretensión del mundo, ajeno a otras intenciones que no fueran la visibilidad propia y el panegírico interesado del duque de Lerma. Por eso tiene sentido que Quevedo finalice el *Discurso* con un "Dé vuestra Magestad gracias a Dios que le ha dado un criado tal como el Duque..." (249). El *Discurso* es un preludio del interés que se desató a lo largo de las décadas siguientes sobre la conveniencia o perjuicio de la existencia del valimiento. En general los tratadistas solían dirimir si tenía que haber Valido o no; en caso afirmativo, qué frenos había de tener su poder; por último, proponían consejos éticomorales o pragmáticos para el mismo Valido (Tomás y Valiente, *Los validos* 127). En cuanto a la opinión que la figura tenía entre los estamentos, la nobleza no atacaba el cargo sino a la persona que lo ocupaba, mientras que el pueblo odiaba el cargo y la persona (117). Quevedo fue pues en su *Discurso* un eslabón más de la cadena textual que el XVII fraguó en torno a los favoritos reales.[9]

En 1609 se produjeron dos tomas de posición muy significativas en la trayectoria quevediana: las dedicatorias del *Discurso de la vida y tiempo de Phocílides* al duque de Osuna y de *España defendida y los tiempos de ahora* al Rey Felipe III. La primera suponía un recordatorio oferente y obsequioso al Duque, recién venido de Flandes a fines del año anterior, de la necesidad de mecenazgo de nuestro escritor. La dedicatoria de *España defendida,* por su parte, va fechada el 20 de septiembre y explica la obra como fruto del cansancio "de ver el sufrimiento de España, con que ha dejado pasar sin castigo tantas calumnias de extranjeros" (OC 1: 488). Desde la distancia, la obra parece más un intento por descargar lastre burlesco y una decidida toma de posición que buscaba ocupar un espacio de interacción entre el campo literario y el de poder: el del defensor intelectual de España que hace apología de sus gentes, de su cultura y de su gobierno e instituciones. Es también, por momentos, un intento por presentarse como la voz que clama contra la decadencia y corrupción en las costumbres:[10]

> Han empezado a contentarse los hombres de España con heredar de sus padres virtud, sin procurar tenerla para que la hereden sus hijos. Alcanzan a todas partes las fuerzas del dinero, o, por lo menos se atreven (...) Grandezas hay que son dádivas del naipe y dado. Y así, en

Capítulo cinco

> España heredan hoy a los más sus desórdenes y sus vicios antes que sus hijos, mujeres ni hermanos. (OC 1: 524)

La que parece crítica severa y temprana—del tipo de las que se aducen cuando se defiende el perfil de un Quevedo afincado "esencialmente" en la moral política—queda muy suavizada al no venir acompañada de individuación concreta en la denuncia. Mucho más cuando se observa que viene acompañada de lisonjas al monarca, destinatario nominal del escrito: "Llegaron estas cosas a desesperar de remedio a España, si la modestia y virtud y cristiandad de don Felipe III, nuestro señor, no diera freno a estas cosas con su ejemplo" (524). Lo que se acaba proyectando en la toma de posición es la propia posición de Quevedo: cortesano y, sobre todo, vasallo preocupado por el menoscabo en la imagen exterior de España y por la relajación de costumbres. Respecto a alusiones como las de la omnipotencia del dinero ("Alcanzan a todas partes las fuerzas del dinero"), de las que también se suele hacer eslabón de continuidad a lo largo de su obra ("Poderoso caballero..."), tienen a estas alturas más de tópico epocal que de auténtica condena moral. Si la condena del soborno era auténtica en el Quevedo de *España defendida* y formaba parte de su "pensamiento," merece la pena recordar que, seis años más tarde, el propio Quevedo, armado con 30.000 ducados, va comprando voluntades y cohechos por la Corte en favor del duque de Osuna y del suyo propio. Hay por ello que poner en conjunción las tomas textuales de posición de Quevedo con su praxis social. Creo también, al igual que en el caso del duque de Saint Simon rememorado por Elias (17–18), que ni el desarrollo de su individualidad ni su actitud como escritor pueden explicarse satisfactoriamente en Quevedo si no es en un contexto cortesano y en el desarrollo de su posición social dentro de esa estructura.

Un caso similar al de *España defendida* es el de la "Epístola satírica y censoria," a la que durante cierto tiempo se tuvo como denuncia valiente de vicios y costumbres pero que, como señala Domínguez Ortiz ("Quevedo" 54), "no arriesgaba nada, supuesto que los fines de su crítica no eran políticos, sino sociales, y si alguna crítica había implícita era contra los que ya estaban destituidos del poder." Bien cierto. La epístola constituye una clara toma de posición en apoyo del nuevo Valido, a quien va dirigida. Es lógico ver en ella la proposición de "un programa de restauración nacional" de inspiración clásica (Rey, *Poesía moral* 101), quedar seducido por sus contenidos reformistas y ver en ella un prontuario de arbitrios y soluciones. Sin embargo, lo que más llama la atención es su condición de toma de posición a favor de la corriente. Sobre su sinceridad ideológica se pueden hacer multitud de cábalas, todas ellas inciertas, pero lo indudable es que lo que Quevedo plantea va en consonancia con algunas medidas ya tomadas, propugnadas o previstas por Olivares en el "Gran memorial" de 1624 y en pragmáticas previas. Quevedo no es propulsor sino remero a favor de corriente de una propuesta de renovación social y política. Él también tenía que ejercitar su propia acción estando como estaba, a la altura de los años 1624 ó 1625 en que se escribieron las primeras versiones del poema, sin apoyos firmes en el campo de poder y acabando la transición que le llevó desde el duque de Osuna, muerto en desgracia en 1624, al conde de Olivares, instalado en el poder desde 1621.

Cinco días después de la muerte de Felipe III, Quevedo envió a Olivares el manuscrito de la *Política de Dios*; tres semanas más tarde, a Baltasar de Zúñiga la *Carta del Rey Don Fernando el Católico* y, poco a poco, se suavizó un exilio levantado en marzo de 1623 y que fue consecuencia de su relación con Osuna. Con esa febril actividad nuncupatoria (completada con la dedicatoria de *El sueño de la muerte* a María Enríquez de Guzmán), Quevedo supo adaptar y modificar su perfil cortesano admirablemente. De ser una figura públicamente asociada a turbios manejos de poder en el reinado y valimiento anteriores, razón por la que había estado sujeto a prisión y destierro, pasó sutilmente a presentarse como víctima de aquel periodo y a postularse como agente con un fuerte capital simbólico en un contexto de gran interacción entre los campos literario y de poder. Tal interacción es tan clara para Elliott ("Quevedo" 227) que llega a afirmar que ambas carreras, la de escritor y valido, no podrían entenderse la una sin la otra, así como que ambos personajes contribuyeron a hacerse y deshacerse mutuamente. A grandes rasgos se puede afirmar que la primera parte de la *Política* tiene a Olivares como "mecenas" y destinatario mientras que la segunda lo convierte en blanco principal de sus ataques. Es por ello arriesgado, a mi entender, contemplar el conjunto de la obra como un sistema de política moral, más o menos coherente, sin tener en cuenta las particularidades y diferencias tanto temporales como de contenido de cada una de las dos partes entendidas como tomas de posición.

1621 es un año muy significativo para entender la instrumentación activa que de la literatura hizo Quevedo para interactuar con el campo de poder. Este es el año que le sirvió al escritor de bisagra entre su vinculación con Osuna y su acercamiento al nuevo Valido. Sin exagerar mucho, se puede decir que 1621 fue todo él una macrotoma de posición para Quevedo en la que destaca la composición de los *Grandes anales de quince días*. La hermenéutica habitual de los *Anales* nos habla de su dual condición de obra histórica y obra política. Se hace un cotejo y comento de sus contenidos y de lo que pueda reflejar del "pensamiento" del autor y normalmente se pasa, como sobre ascuas, por su condición de *captatio benevolentiae* para con los nuevos ocupantes del poder. Esa es, sin embargo, la principal condición de los *Anales*. Tomadas así, sorprenden menos las evoluciones ideológicas de Quevedo que surgen casi siempre de un discurso ora vehemente, ora cautamente reactivo ya sea contra el pasado, como en los *Anales,* o contra el presente (segunda parte de la *Política, La hora,* la *Execración*). Quiero decir que en su trayectoria son mucho más constantes los procedimientos y las formas que los contenidos verdaderamente ideológicos. Veamos un ejemplo. En las obras correspondientes a su antiolivarismo, fechadas en los treinta, Quevedo suele hacer bandera constante de antimaquiavelismo y de oposición a la razón de estado, modos políticos que asocia con Olivares. Roncero (Ed. y estudio 138), que apunta esa dicotomía planteándola en el plano ideológico, señala cómo en sus obras teóricas (*Política*) es contrario a ella mientras que en sus obras históricas (los *Anales*) la admite. Esto, qué duda cabe, puede verse como tránsito ideológico pero también como reacción circunstancial. Me explico: en los *Anales* se trata de marcar distancias y oposiciones con el régimen anterior en el que Aliaga, confesor del Rey, había tenido una enorme influencia. Esto explica que haya un pasaje en los *Anales* que al tratar de la razón de estado alude a lo inapropiado de que los religiosos intervengan en asuntos de gobierno: "Decir que tiene dependencia la confesión y el consejo de Estado no es cosa platicable, pues lo uno se gobierna por sumas, y lo otro por aforismos y leyes y conveniencias; lo uno quiere doctores, lo otro pide experimentados; esta de prevenidos y astutos" (277). Esta opinión quevediana fue precedida por el defenestramiento de fray Luis de Aliaga por parte del nuevo equipo de gobierno. ¿Glosaba Quevedo su "pensamiento" político o estaba haciendo de la necesidad virtud con una simple microtoma de posición a favor de corriente? ¿Y qué decir de la "Carta del Rey don Fernando el Católico al virrey de Nápoles" presentada al tío de Olivares, Baltasar de Zúñiga, el mismo año 1621 en que la razón de estado campea por doquier? Quevedo glosa en su comentario a la "Carta" el enfrentamiento jurisdiccional entre el Rey Católico y el Papa: "La conservación de la jurisdicción y reputación no ha de consentir dudas ni temer respetos, ni detenerse en elegir medios" (OC 1: 704). La carta es, también y sobre todo, una puesta a disposición explícita del nuevo régimen de la persona y experiencia política de Quevedo (707). Su naturaleza y motivación no pueden ser más claras.

Los *Anales* han sido vistos como un reflejo de una confianza sincera en los nuevos gobernantes, pero en igual medida cabe ver la obra como una toma de posición activa en pleno terremoto político por parte de alguien que estaba entonces "preso y en poder de la justicia" (OC 1: 529). También cabe ver la obra como una potencial y muy específica *captatio benevolentiae* para con el campo de poder: Quevedo pudo tener en mente aspirar al cargo de cronista real,[11] como señala Peraita (*Quevedo* 211). En definitiva, que es muy difícil adscribir los *Anales* a un sólo factor y, a la vez, dejar alguno sin considerar. Si bien es cierto que la obra nace en un momento muy concreto de la trayectoria cortesana y aun de la historia española no lo es menos que

La pluma en el filo

Quevedo la retoca a lo largo de los años, adaptándola activamente al fluir político y a sus cambiantes relaciones con el poder. Hasta tres redacciones diferentes señala Roncero en su edición: la de 1621, la de 1624 y otra de fecha incierta, entre 1634 y 1639, en la que se suprimen los elogios a Olivares (Quevedo, *Grandes anales* 56 y 184). Lo que no se modificó fue la salutación de la obra, que describía al nuevo Rey como instrumento divino, en directa contraposición a su padre:

> Mi intento es poner delante de los ojos a todos cuánto Rey y cuán grande cabe en diecisiete años, y *cuánta providencia en doce horas*, y cuántas maravillas en quince días, y cuánto seso se adelanta a la primera flor de la edad, *no sin vergüenza del postrer cabello*. (251; el énfasis es mío)

Como señalaba en el primer capítulo, el descrédito del Rey anterior o de su camarilla formaba a veces parte de la transición monárquica. Cabrera de Córdoba (55–56), historiador de Felipe II, alude a un pasquín contra el recién fallecido Felipe II fechado en enero de 1600 y titulado "El confuso e ignorante gobierno del Rey pasado" que circuló "con aprobación del [gobierno] que agora hay, y en él se habla muy mal y con grande libertad del Rey difunto y de sus ministros." Continúa luego señalando Cabrera que al cabo de unos días "prendió un alcalde de Corte a Íñigo Ibáñez, secretario del Rey y del duque de Lerma, porque se averiguó que lo había hecho él" y que se creía que "Su Majestad y el duque de Lerma lo sabían y disimulaban, lo que a todos parecía mal… y que según ha andado público [el pasquín], no era posible haber dejado de llegar a sus oídos" (56). A tenor de estos ejemplos se puede afirmar que el propio proceso de transición monárquica favorece que Quevedo explote en los *Anales* su condición de víctima del régimen anterior, al que sutilmente tilda de corrupto, mientras hace ostentación de hidalguía:

> Facilitó esta resolución [su prisión y destierro] y levantó esta cantera el presidente Acevedo, a quien yo era desapacible porque, siendo montañés, nunca le fui a regalar la ambición que tenía de mostrarse por su calidad superior a los que en aquellos solares no reconocemos a nadie. Fue mi culpa que le conocí en Alcalá, criado del maestro Pedro Arias en el colegio del Rey; y no aseguró de mi memoria porque consigo ha pretendido olvidarse de haber sido de la medra, y quisiera hacer creer a España que nació de su fortuna <y no de su madre>. (286–87)

A diferencia de otras obras, los *Anales* buscaban más que la ambición de influencia una rehabilitación dictada por los acontecimientos y fueron, sobre todo, una toma de posición calculada y polisémica con la que Quevedo articuló su transición entre dos regímenes políticos. Los nuevos gobernantes percibieron y tomaron nota, a buen seguro, de la amplia recepción que tuvo la obra y de las posibilidades propagandísticas que encerraba.

La poesía quevediana no es ajena al ejercicio de su *agency* política. Así, Arellano y Roncero (37–38) han apuntado recientemente la acusada cercanía entre el yo poético o locutor y el poeta real en muchos poemas de la musa Clío, de tema histórico, con cuyos asuntos y tratamientos Quevedo trasciende lo estético para meterse en el terreno de lo político. Algo similar ocurre con la poesía moral, cuya dimensión sociopolítica ha sido destacada por Alfonso Rey (*Quevedo* 91). Señala también Rey (106) su probable coetaneidad con las obras en prosa de similar aliento del autor, aunque diferenciando entre los géneros en cuanto a su capacidad de influencia: con la prosa Quevedo "quiso incidir en los movimientos ideológicos de su tiempo," razón por la cual quiso imprimirlas, mientras que con la poesía no, dada su restringida difusión. Aunque los motivos para esa aparente menor difusión de la poesía son diversos (fragmentariedad, falta de costumbre editorial del género en la época, etc.) cabe ver pues una mayor pretensión de influencia en su prosa de asunto político y moral, sobre todo por lo que de discursividad amplificadora tiene con respecto a aquella. Sin embargo, no podemos desechar completamente el poder de influencia política que podía tener la poesía en un momento dado. Su difusión manuscrita podía, después de todo, evitar los inconvenientes de la censura y, con ello, ser más directa, instantánea y virulenta. Creo también que esos escritos tenían incidencia en los movimientos ideológicos pero de igual manera creo que su principal objetivo apuntaba más a la influencia política (verdadero epicentro de la pretensión de Quevedo) que a la propiamente ideológica. Y ello se manifestó desde el preolivarismo, el olivarismo o el antiolivarismo de sus escritos que buscaban el *movere* y tenían una naturaleza más perlocutiva que ilocutiva; es decir, buscaban provocar una respuesta; una reacción del Rey, de la oposición política o del poder. Eran, en ese sentido, tomas de posición enraizadas en la acción quevediana. Más adelante, al hablar de su desafección del olivarismo, me ocuparé de algunos poemas quevedianos que han pasado inadvertidos pero que pueden representar tomas de posición contra el Valido.

Otro aspecto que conecta con la ambición de influencia quevediana en la política de su tiempo es ese "decidido afán de intervención" al que aluden los editores de la *Execración* (xxxv) y que se manifiesta en los escritos que van expresamente dirigidos al Rey y que Quevedo contempla, en parte, como obligaciones del buen súbdito. De su pulsión por la influencia política dan cuenta también consejos políticos como el de la carta que dirige el 9 de julio de 1624 al Conde-Duque. En ella, tras calibrar las consecuencias publicitarias del castigo al judío catalán Benito Ferrer, que se había disfrazado de sacerdote y desmenuzado una hostia consagrada a comienzos de año, propone un castigo menos público ante un nuevo caso de sacrilegio, por parte de Reinaldos de Peralta:

> Digo, señor, que siempre tuve por inconveniente político (confesando por más acertado lo que el Santo Oficio ordenó) quemar vivo con solemnidad a Benito Ferrer...; y que a su imitación, otros ambiciosos de nombre y posteridad y rumor de los pueblos y naciones se pasarían riendo por las llamas. (*Epistolario completo* 128)

Aquí se impone de nuevo, según nuestro escritor, una cierta razón de Estado que desaconseja el castigo ordinario y público de tales ofensas, ya que podía ser contraproducente y tener efectos proselitistas. Como respuesta a estas ofensas, Quevedo ofrece su arbitrio: aconseja poner verjas en los altares (132) y dar "castigo y fuego secreto" a los sacrílegos para evitar su martirización (131). "Puede ser que yo proponga a vuecelencia—concluye—lo que en parte convenga, de tal manera, que me pese de que los sucesos me acrediten" (132). Este me parece un magnífico ejemplo del tipo de influencia a la que aspira Quevedo en el campo de poder y de los medios que suele utilizar: invocación directa al agente del campo de poder, "arbitrio," apoyatura religiosa (citas bíblicas o de la patrística) y recordatorio tópico, entreverado de supeditación previa a su designio, de las obligaciones o deberes de dicho miembro del campo de poder. La carta ha de situarse también en el marco de la estrategia de acercamiento al poder, iniciada en 1621. Quevedo la escribe poco más de un año después de habérsele levantado el destierro de la corte (marzo de 1623) y cuatro meses después de haber participado en la expedición real a Andalucía (febrero de 1624), síntomas ambos de la normalización de sus relaciones con la cúspide del campo de poder.

De paradigma de esa ansiedad de influencia política de Quevedo cabe calificar su participación en la polémica sobre el patronazgo de España. Y digo influencia política porque no cabe describir de otra forma esa polémica dada la institucionalización, tanto ideológica como estructural, de la religión en el estado. En el atizamiento de la polémica así como en su aspecto político (Maravall, "Pensamiento" 104) debieron de influir también los perfiles de ambos patrones, Santiago y Santa Teresa, así como el de sus defensores respectivos. De un lado Santiago, apodado "Matamoros," estandarte religioso de la catolización "militar" de España. En su defensa, además de Quevedo—cristiano viejo, caballero de Santiago—y otros integrantes del campo cultural (Sarmiento de Mendoza, Rodrigo Caro, Juan de Robles, Simón Ramos, Antonio Moreno Vilches, Anaya y Maldonado, Juan de Salinas, Mártir Rizo, Esteban de Villaverde...), acude buena parte de los sectores más tradicionalistas de la Iglesia, encabezados por los cabildos compostelano y sevillano. Del otro lado estaba Santa Teresa, mujer de probable

Capítulo cinco

ascendencia conversa, de carácter reformista e integrador y apoyada, entre otros, por Olivares, quien tenía una especial devoción por la Santa.

El *Memorial por el patronato de Santiago*, redactado a finales de 1627, se lo dedicó Quevedo al Consejo de Castilla, lo que causó gran revuelo. Iba dirigido al Rey cuya involucración en la defensa santiaguina reclamaba Quevedo, "pues sois [como administrador perpetuo de la orden] a quien en primer lugar pertenece" (OC, 1: 767). Meses más tarde, en mayo de 1628, Quevedo intentó hacer llegar a Olivares el memorial *Su espada por Santiago* por mediación del gobernador del arzobispado de Toledo, Alvaro de Monsalve. Monsalve se negó a ello, devolviéndole los pliegos al escritor y aduciendo que "ni el Conde está bien en el caso ni tienen razón los que le contradicen" (*Epistolario completo*, 194–95). El papel asumido por Quevedo en la polémica fue claramente desproporcionado, convirtiéndose en el eje sobre el que basculó la victoria de las tesis pro Santiago, certificadas por Urbano VIII en 1630. De su activo papel en la defensa da cuenta una carta de Jacques Chifflet al arzobispo de Patrás el 2 de febrero de 1629, por cuyo interés en muchos aspectos de la acción quevediana cito por extenso:

> Él [Quevedo] es quien ha emprendido la defensa del patronato de Santiago, y al que han contestado muchos folletos, y como el Conde-Duque viera que no había forma de poner fin a ellos y que llegaban a las injurias, le ordenó salir de la corte. Luego de permanecer algunos meses fuera, volvió a Madrid y fue a presentarse al Rey, pidiéndole justicia y ser castigado si había hecho mal, alegando habérsele desterrado de la corte sin forma de proceso y sin oírsele. El Conde-duque le mandó nuevamente salir y dióle un pueblecito por prisión, que es el lugar en que ha escrito estos versos y esas cartas que remite a Madrid, de donde me son enviadas aquí. (Astrana, *Vida* 393)

La carta refleja una temprana desavenencia de Quevedo con Olivares y su inquietud activa, tanto en lo que concierne a la reclamación al Rey de justicia como a la transmisión de sus escritos. Quevedo fue desterrado de la Corte por seis meses, hasta que se le levantó el castigo el 29 de diciembre de ese año 1628.

La ansiedad quevediana de influencia política se manifiesta en muchas otras obras en las que, como sostiene Ghia (132) al tratar del tema de la estabilidad en el poder en el *Marco Bruto*, Quevedo expresa el punto de vista de un intelectual que se cree destinado a jugar un papel importante en la historia española. Qué duda cabe que esta percepción del rol político de nuestro escritor estuvo unida a la estancia en el poder de Olivares pues esa ansiedad activa y ese anhelo de influencia política suyo se repartieron en adelante en la defensa primero y en el acoso luego del régimen del Conde-Duque.

5.2.2. Al servicio del poder: la colaboración con Olivares

Cuando se contempla la relación entre Quevedo y Olivares se tiene la vaga pero persistente sensación de que faltan piezas en el rompecabezas de sus relaciones. Hay muchas zonas en sombra que no dejan discernir cuál fue el grado de relación que ambos sostuvieron y cuándo y por qué motivo o motivos comenzó su distanciamiento. Del paso de Quevedo por el olivarismo se han citado siempre los mismos indicios: el romance "Fiesta de toros literal y alegórica," la comedia *Cómo ha de ser el privado* y la redacción, mancomunada o en solitario, del *Chitón de las tarabillas*. Elliott ("Quevedo" 238–39) sostiene que Quevedo no sólo actuó por interés en su acercamiento a Olivares, sino también por convicción basada, sobre todo, en su compartida predilección por la filosofía neoestoica en general y por Justo Lipsio en particular. Respecto a la comunión ideológica para con Olivares y a esa convicción de la que habla Elliott, me inclino a pensar que Quevedo debió de hacer de la necesidad virtud, teniendo en cuenta lo reducido de su espacio de posibilidades a la llegada al poder del Conde-Duque: se hallaba en prisión primero y en el exilio después. Teniendo en cuenta la mordacidad y el pasado político de Quevedo, su perfil debía de producir cierto recelo a Olivares, más amigo de caracteres como el de Antonio Hurtado de Mendoza, verdadero "discreto de palacio" y hábil nadador y guardador de ropa. Puede que Olivares admirara al escritor y al mordaz ejecutor intelectual que era Quevedo (231), como parece desprenderse de una carta de 1630[12] que Olivares le dirige—"Y con verdad no puedo decir que vuesa merced no escribe bien, ni que hay otro que escriba ni tan bien" (*Epistolario completo* 244)—, pero sería sorprendente que se fiara de él más de lo imprescindible, dados sus continuos encontronazos con el campo de poder: prisiones, destierros, desatados memoriales al monarca, protagonismo polémico por el patronazgo, inclusión en el Índice…

Elliott se refiere al periodo 1631–33 como al momento álgido de la relación entre Olivares y Quevedo. Por estas fechas escribe *Quien más miente, medra más,* en colaboración con Hurtado de Mendoza (1631); se le ofrece la embajada en Génova; se le nombra secretario del Rey en 1632;[13] en septiembre de 1634, según el secretario de la embajada toscana Bernardo Monanni, se le encomienda escribir una comedia para conmemorar el nacimiento del príncipe Baltasar Carlos [dato un tanto llamativo, por cuanto éste había nacido el 17 de octubre de 1629], bajo la supervisión del protonotario Jerónimo de Villanueva, verdadero "privado del privado" ("Quevedo" 241). Lo que sugiere toda esta aparente cercanía entre Valido y escritor es provecho mutuo: ambos se necesitaron en un determinado momento en el que confluyeron, por un lado, la necesidad de defensa de un régimen ante los ataques de los pretendientes del propio campo de poder; por el otro, un agente del campo literario de reconocido capital simbólico (el ingenio burlesco) y político (su experiencia con Osuna) que albergaba ilimitadas ansias de influencia política pero que presentaba una carencia de patronazgo cortesano claro y definido.

En cuanto a la naturaleza de los tres textos que constituyen los fundamentos del prooolivarismo quevediano cabe decir que, frente a los que conforman su antiolivarismo presentan una clara diferencia: eran, en mayor o menor grado, "obligatorios"; opciones por defecto o encargos puros y duros. Si algo resalta en ellos es su naturaleza cortesana; su nadar a favor de la corriente y el escaso margen de acción quevediana que traslucen. *El chitón* fue, con toda probabilidad, un encargo directo de Olivares o de su entorno. Elliott ("Quevedo" 240) interpreta como una cierta unidad de acción—puede que supervisada por Salazar, confesor del privado—la similitud presentada por el *Chitón* y el *Papel en que Don Antonio* [Hurtado] *de Mendoza... discurre sobre un libro que salió impreso sin autor*, cuya datación, con la que no concuerda Elliott, fijaba Davies (52) a mediados de los treinta.

En una carta de Quevedo a Olivares de diciembre de 1630,[14] escribe aquél: "Yo empecé a escribir aquel libro por mandado de su excelencia; tengo sospechas que no di buena cuenta de lo que se me encargó, pues ha más de un año que vuecelencia lo atajó" (Astrana, en Quevedo, *Epistolario completo* 244). No se sabe a ciencia cierta a qué libro se está refiriendo Quevedo, aunque la referencia sirve para corroborar el grado de instrumentación mutua de Valido y escritor y, desde luego, para dudar que el impulso de ayudar al Conde-Duque fuera desinteresado en Quevedo, como afirma Astrana (*Vida* 406). Precisamente en torno a esta carta se articula un interesante debate que concierne tanto al *Chitón* como al alcance y cronología de la colaboración quevediana con Olivares. Astrana aventuró que tanto esta carta como la respuesta de Olivares eran de finales de 1630, deduciendo por la propia datación de ésta última ("Del aposento: viernes 20 de diciembre" [*Epistolario completo* 246]) que se trataba de dicho año. Jaural de (*FdQ* 604–05) y Manuel Urí (Quevedo, *El chitón* 14–16), por su parte, proponen el año siguiente, dato del que discrepo y al que he dedicado un artículo (Gutiérrez, "Quevedo y Olivares"). Sea ello como fuere, sobre lo fundamental no hay duda: Olivares requirió directamente la participación propagandística de Quevedo y ésta fue más numerosa de lo que las pruebas textuales conservadas atestiguan. El *Chitón* fue denunciado a la Inquisición el 9 de mayo de 1630, sin ninguna consecuencia visible. Que ello fuera así justifica quizá el que una copla que corría a comienzos de la década de los treinta, y que más tarde citaré por extenso, pintara a un Quevedo que se desbocaba con la confianza y libertad de saberse con el apoyo del privado (Astrana, *Vida* 429).

En lo que concierne a "Fiesta de toros literal y alegórica" y a la comedia "Cómo ha de ser el Valido," es bien patente su adscripción, *sensu stricto*, a la cultura cortesana, entorno en el que verdaderamente se encontraban, directa o indirectamente, los enemigos de Olivares. Su factura parece ser inmediatamente posterior al regreso de Quevedo a la Corte, en enero de 1629, que es cuando más próximo parece estar al núcleo duro del Valido, compuesto por su confesor, Hernando de Salazar; el gobernador del arzobispado de Toledo, Alvaro de Villegas; y el protonotario de Aragón, Jerónimo de Villanueva. Lo que es indudable es que Olivares necesitaba ayuda en 1629: sus proyectos estaban detenidos por las Cortes por la burocracia y por las oligarquías municipales; había inflación, se produjo el desastre de la guerra de sucesión en Mantua, etc. Por añadidura, crecía el descontento hacia su política económica, reflejado en pasquines como los *Discursos* de Mateo Lisón y Biedma. En esos momentos cruciales de la primavera de 1629 es cuando Elliott sitúa la articulación de la propaganda proolivarista a cargo del conde de la Roca, de Antonio Hurtado de Mendoza y del propio Quevedo, que contribuiría entonces con las citadas "Fiesta de toros literal y alegórica" y *Cómo ha de ser el privado*[15] (Elliott, "Quevedo" 232–34, para todo el párrafo anterior).

Es muy significativo el clima de inquietud popular que traslucen algunos pasajes de *Cómo ha de ser el privado*, caso del siguiente en que el marqués de Valisero, *alter ego* ficcional del Valido y anagrama de "Olivares," se dirige al Rey:

> a ti y a mí nos mormura
> el vulgo, que no discierne
> con razón, [sic] tales sucesos,
> y toda la culpa ofrece
> al Gobierno, sin mirar
> que en Reinos que no son breves,
> sino imperios dilatados,
> es imposible, no puede
> ajustar las prevenciones,
> prevenir los accidentes.
>   (Quevedo, *Obras en verso* 709)

Quevedo, muy hábilmente, no dejó pasar la oportunidad de recordar a los mandatarios y en especial a Olivares, en un juego de espejos, cuán necesaria podía resultar una labor de propaganda política como la que él mismo podía ejercer o de hecho estaba ejerciendo.

Otro síntoma de cercanía con el poder es la participación de Quevedo en el teatro cortesano, a la que ya me he referido en el capítulo anterior y en la que desarrolló una interesante interautorialidad con Mateo Montero y, especialmente, con Hurtado de Mendoza quien, por su cercanía a Olivares, gozaba de gran predicamento dentro del campo literario. Según parece, Antonio de Mendoza y él escribieron en una noche la comedia *Quien más miente medra más*, representada en los jardines del conde de Monterrey y del duque de Maqueda (Astrana, *Vida* 407). Esa involucración de Quevedo en el teatro cortesano de la época olivarista habría que retrotraerla al menos hasta 1625, según las fuentes aducidas por La Barrera (313).

La tesis de Elliott (proximidad política e ideológica entre Quevedo y Olivares en los primeros años del valimiento de éste) me parece muy sensata. Sus argumentos son numerosos y bien traídos, aunque alguna de sus interpretaciones tenga cierta reversibilidad o potencialidad polisémica. Por ejemplo, cuando Elliott ("Quevedo" 237–38) considera a Quevedo uno de los más cercanos y convencidos defensores de Olivares para lo que aduce, entre otras cosas, la similitud de lenguaje entre el personaje que representa al Conde-Duque en la comedia *Cómo ha de ser el privado*, "Valisero," y el lenguaje del Privado mismo. Nada tendría de extraño, sin embargo, ese conocimiento de los modos de expresión del Valido en ese contexto cortesano al que me vengo refiriendo en el que, además, lo que se pretendía era precisamente equiparar las virtudes del personaje de la comedia a las del Conde-Duque. Es cierto que no se puede negar la mayor: Quevedo escribió en pro del régimen olivarista y de la persona que lo encarnaba algunos textos. Lo que ciertamente es más cuestionable es el carácter convencido, desprendido y sincero con el que a veces se caracteriza la primera época de sus relaciones. Es decir, tenemos delante unos textos en los que apoyarnos pero al lado hay también una hermenéutica extratextual y social con la que contar: los textos de oposición y ataque eran, frente a los de apoyo, espontáneos, totalmente voluntarios y no forzados. Este factor me parece decisivo si se tienen en cuenta las condiciones de una época en la que muchos miembros del campo literario se abrían camino (o se hacían perdonar sátiras, polémicas, desafueros y destierros, como es el caso de Quevedo) a base de alabanzas, de obligados panegíricos y de forzadas defensas de miembros del campo de poder. Desde el punto de vista de la subjetividad, el apoyo público a un poder establecido suele ser menos significativo que la oposición a dicho poder. De comienzos de los treinta parece ser un ataque en coplas (¿de Ruiz de Alarcón?) contra Quevedo: "Y ¿quién siempre se desboca / en la fucia [confianza] del privado, / a quien *falsamente ha dado / a entender que es de la hoja*" (Astrana, *Vida* 429; el énfasis es mío) que resalta la sensación de protección oficial que reflejaba un Quevedo cercano al timón del poder. La copla comenzaba aludiendo a su participación en *El chitón* por lo que quizá reaccione de manera simbólica contra el archivo de las pesquisas inquisitoriales abiertas tras la publicación anónima de la obra, que muy bien pudo verse como un rápido echar tierra sobre un asunto que nada interesaba aclarar.

Resta la interpretación de lo que parecen mercedes y recompensas del Valido hacia el escritor, como esa supuesta embajada en Génova o la propuesta de nombramiento como secretario real. Lo segundo, propuesta que sí aceptó Quevedo, representaba poco más que un mero puesto mitad honorífico, mitad burocrático. Con respecto a lo primero, no sería demasiado retorcido interpretar esa propuesta diplomática como una manera encubierta de alejar de la Corte a alguien con un capital simbólico tan volátil y reversible como peligroso. A Olivares no le eran ni ajenos ni desconocidos tan sutiles procedimientos. Él mismo había rechazado en 1611 la embajada en Roma que le proponía el Valido de entonces, el duque de Lerma, alarmado por los atisbos que Olivares ya mostraba de sus pretensiones de poder. A Quevedo, avezado animal político, tampoco se le escaparía el significado profundo que tuvo el nombramiento en 1630 de Juan Antonio de Vera, conde de la Roca, como embajador en Venecia (Fernández-Daza 157). Olivares no las tenía todas consigo con un personaje tan arribista y adulador como el Conde y mucho menos tras los celos que había provocado en un Hurtado de Mendoza que advertía al Valido acerca del Conde: "que yo no he esperado para ser amigo de Uno que llegue a Ser otro, y lo fui del conde de Olivares y no del Valido (Davies 86n20). El Conde, que ya había cumplido en 1628 su labor propagandista como "hagiógrafo" de Olivares en los inéditos *Fragmentos históricos de la vida de don Gaspar de Guzmán, conde de Olivares,* no volvió de Italia, a pesar de sus arrastradas súplicas, hasta 1644, una vez defenestrado el Valido. Este astuto proceder de Olivares de alejar de la Corte a personajes molestos o a potenciales enemigos fue un recurso constante durante su valimiento, como prueban los casos del duque de Medinaceli y del que acabaría siendo presidente de Castilla, Juan de Chumacero. En enero de 1639 el duque de Medinaceli renuncia a ir como virrey a Aragón, en nombramiento que, para Jauralde (*FdeQ* 753) tenía todos los visos de ser maniobra de Olivares para alejar a Medinaceli de la corte. En las memorias de Matías de Novoa se lee, acerca de la vuelta en enero de 1643 a España de Juan de Chumacero que

> había sido enviado a Roma [como embajador] y detenido allí [doce años]; las causas no otras que, quizá, por buen ministro y por buen consejero de su Príncipe; donde le hacían pasar necesidad, descuido y menoscabo en sus servicios y en sus letras…; y del estar fuera de su casa, hacíanse diligencias con el Poderoso [Olivares] para su vuelta y hallábanse no pocas resistencias, cargándole la culpa de esta detención. (CODOIN 86, 91)

Como conclusión cabría decir que sí, que Quevedo fue un destacado miembro de la propaganda olivarista, pero que ese "altamente desarrollado instinto político" suyo del que habla Elliott ("Quevedo" 228), o ese "decidido afán de intervención" al que aluden los editores de la *Execración*

Capítulo cinco

(xxxv), tan característicos ambos del escritor, brillaron mucho más a la contra, en la oposición sin tregua ni cuartel al régimen político auspiciado por el Conde-Duque.

5.2.3. La hora de la desafección política: el pulso a Olivares

El 1 de agosto de 1645, caliente aún el recuerdo de su prisión y poco antes de su muerte, Quevedo le escribe a su amigo, el secretario real Francisco de Oviedo:

> Bien memorable día debe de ser el de la Magdalena, en que acabaron con la vida del conde de Olivares tantas amenazas y venganzas y odios que se prometían eternidad. Señor don Francisco, ¡secretos de Dios grandes son! Yo, que estuve muerto día de San Marcos, viví para ver el fin de un hombre que decía había de ver el mío en cadenas. (*Epistolario completo* 498–99)

A la vista de esta carta, no parece que en ella haya resabios de estoicismo,[16] de senequismo o de compasión cristiana. Más bien supone un alivio gozoso ante el fin dictado por la naturaleza a la batalla que libraron escritor y Valido y un síntoma del encarnizamiento de esta. La causa de la inquina entre ambos, si es que hubo una sola, nos es desconocida y cuando se alude a este giro en sus relaciones se busca una conjunción de causas. Para Elliott ("Quevedo" 243–46), que situaba el comienzo de la desafección en 1634 ó 1635, ésta se cifró más en el estilo de gobernar del Privado que en medidas concretas, aunque confiesa no poder explicar tan repentino cambio si no es por un "desengaño" quevediano ante el creciente autoritarismo, por el advenimiento de una plutocracia que se enriquecía con los sufrimientos de otros o por el acendramiento de los males de Castilla. En otro lugar, el propio Elliott añade más causas potenciales del descontento generalizado contra Olivares: alteraciones de la ley y el orden seguidas al estacionamiento en Madrid de muchos soldados; la coerción ejercida por su gobierno; los gastos excesivos en el placer real (construcción del palacio del Retiro); el asentamiento en la Corte de los banqueros judíos portugueses; el círculo de poder en torno a Olivares (*The Count Duke* 559–60). Para los editores de la *Execración contra los judíos* (xx) resulta difícil saber qué llevó a Quevedo a escribir semejante ataque contra Olivares y a cambiar tanto de opinión con respecto a él, aunque ya hubieran tenido diferencias previas como la que rodeó el patronato de Santiago. Al tiempo, dichos editores advierten de la conveniencia de no considerar al Quevedo anterior a 1633, fecha de la *Execración*, como incondicional del Conde-Duque (xx). De hecho y como he señalado en otro lugar (Gutiérrez, "Quevedo y Olivares") me inclino por pensar que el Quevedo de finales de 1630 y principios de 1631 era, *de facto* o *in fieri* un antiolivarista. Indicios desde luego no faltan y quizá vayan apareciendo más con el tiempo. Entre los indicios de ese temprano alejamiento (al menos intelectual) del escritor del olivarismo contamos con el epistolario cruzado entre Quevedo y el duque de Medinaceli, en el que el Conde-Duque es claramente ya "el Otro."[17] También contamos con la afirmación quevediana de las fechas en que se redactó el *Marco Bruto*: "este libro tenía escrito ocho años antes de mi prisión" (OC 1: 824), lo que nos llevaría exactamente a 1631. Si la afirmación del escritor es cierta, en la obra se efectúan alusiones a Olivares y al valimiento muy significativas. Adjunto unas muestras: "La libertad se perpetúa en la igualdad de todos, y se amotina en la desigualdad de uno" (839); o, por boca de Bruto, "Perder la libertad es de bestias; dejar que nos la quiten, de cobardes" (845); "no escribo estas razones para dotrinar conjuras, sino príncipes, porque reinen advertidos del lugar y de las personas en que solamente sus peligros se logran" (856); "El robo que saquea las repúblicas es aquel que, hipócrita de la codicia, llama desinterés el no recibir de otro, y limpieza el tomarlo todo. No tomar del que puede dar y, por tomarle el poder, para tomarse lo que quisieren, y no pedir es, con buen nombre, escalamiento del poder" (863). Son citas, todas ellas que, como digo, parecen apuntar claramente en la dirección del valimiento y, consecuentemente, a Olivares mismo. De ser efectivamente tan tempranas como dice el escritor, reforzarían la idea de una decisión quevediana de militar activamente, ya en 1631, en el antiolivarismo. Esta combinación de testimonios, citas y conjeturas implica que nos encontramos ante varias alternativas: (a) el antiolivarismo ideológico de Quevedo es anterior a lo que habitualmente se supone y convivió con obligadas tomas de posición activa, estratégica y "accionalmente" proolivaristas; (b) hubo una evolución político-ideológica a comienzos de la década de los treinta; (c) hubo algún enfrentamiento puntual y personal entre el intelectual y el Valido, que hoy desconocemos, que inclinó la balanza desde la defensa del Valido (fuera interesada o sincera) hasta la oposición constante y notoria a él. La última opción ha de ser hoy necesariamente desechada ya que nos falta la causa eficiente, si es que existió. Es cierto que, junto con causas más generalizadas y compartidas, esa violenta desafección quevediana sugiere a veces la existencia de algún elemento que hoy desconocemos, y que no sería posible reducir del todo a causas contextuales o ideológicas. No creo, sin embargo, que ese elemento fuera el no haber logrado "una recompensa conforme a sus méritos y ambiciones," con la cual "no hubiera encontrado tan censurables los actos del Valido," como sugiere Domínguez Ortiz ("Quevedo" 60). En tal caso cabría preguntarse qué recompensa esperaba hallar al girar bruscamente e ir de bruces contra quien detentaba el poder. En cuanto a la segunda de las opciones, la evolución ideológica a comienzos de los treinta, parece poco difícil de asumir, ya que las diferencias ideológicas entre ambos

Capítulo cinco

tendrían que haber coexistido mucho antes de 1633, primer testimonio fechado que tenemos de ellas. Olivares estaba contra las leyes de limpieza de sangre desde 1624, al menos, y el flujo de judíos portugueses a Madrid a requerimiento del Valido había comenzado en 1627. La meritocracia en la ocupación de cargos públicos, que iba en detrimento de la aristocracia, fue asimismo un rasgo temprano en su valimiento. En esas condiciones me inclino por la primera de las alternativas; la de la existencia connivente e interesada de una unidad de acción entre Olivares y Quevedo a lo largo de, a lo sumo, dos años; es decir, 1629 y 1630, en los que lo ideológico estuvo supeditado a dicha acción, así como a la posición y al espacio de posibilidades de ambos. Hay una cita, que transcribo a continuación, muy significativa al respecto. En carta de Juan Ruiz Calderón a Quevedo le escribe a éste que:

> El intento de echar a vuestra merced dél [Madrid] no fue más de parecer que resolvieron el Conde y Villegas, pareciéndoles no había otro remedio para que vuestra merced no escribiese, habiendo tantas ocasiones sobre qué. Y para esto tomaron por causa decir que vuestra merced, en su libro [el *Memorial por el patronato de Santiago*] había hecho a los del Consejo Real tutores de la ley, y que en el otro libro de Gobierno de Cristo [la *Política*] sólo había querido decir mal del gobierno pressente, y que siempre había de hacer lo mismo, y ansí se resolvieron a quitarle de aquí. (Quevedo, *Epistolario completo* 203)

La carta habla bien a las claras de cuál fue la recepción por parte de la cúpula de poder de obras como la *Política* y los memoriales a cuenta de la defensa del patronato de Santiago. La consiguiente orden de destierro, que se siguió tras lo que Olivares y su más inmediato círculo vieron como labor quevediana de zapa a la política del Valido precede—y esto no se puede obviar— al levantamiento posterior de dicho destierro y a la llamada a Madrid del escritor, a finales de 1628. A la vista de lo que ocurrió después entre ambos es difícil disentir del viperino parecer de Matías de Novoa quien, en sus memorias, achacaba esta llamada de Olivares a Quevedo al intento del Valido por acallar las voces críticas encargándole al escritor labores propagandísticas. No por casualidad, 1629 y 1630 son apretados testigos de la citada tríada de obras habitualmente señaladas como proolivaristas: el poema "Fiesta de toros literal y alegórica," la comedia *Cómo ha de ser el privado* (dejando aparte su fecha de composición primera) y el panfleto *Chitón de las tarabillas*. Me inclino a pensar que hacia 1630 la relación entre Quevedo y Olivares comenzó a enrarecerse.

En general contemplo a Quevedo como un agente social que, desde su pretensión de influencia interactiva entre los campos literario y de poder, ejerció su acción en un espacio de posibilidades limitado: apoyo u oposición al poder. Las *captatio benevolentiae* (dedicatorias en torno a 1621, obras descaradamente propagandísticas y dedicatorias en el bienio 1629–30) que Quevedo le lanza a Olivares suelen tener el mismo marco inmediatamente previo: el escritor está desterrado y ha caído en desgracia (1621, 1628) con el poder, lo que en semejante época no le dejaba más posibilidades que la colaboración o el ostracismo. Que con el tiempo el escritor, en una toma de posición necesaria e inevitable, se sumara a un sentir antiolivarista y señorial no deja de ser, a mi entender, más efecto que causa. Teniendo en cuenta estas premisas anteriores sí se advierte coherencia tanto en su trayectoria como en sus tomas de poder y, en definitiva, en su *habitus*.

En el presente apartado voy a tratar de seguir la trayectoria que llevó a Quevedo desde la defensa del régimen de Olivares a la desafección más visceral. Para ello me voy a apoyar en textos bien estudiados del periodo, como *La hora de todos y la Fortuna con seso* (Bourg, Dupont y Geneste), *La política* (Crosby), y la *Execración contra los judíos* (Cabo Aseguinolaza y Fernández Mosquera), el *Chitón* (Urí), así como en poemas quevedianos no asociados, en principio, con el antiolivarismo. Además de las obras en sí voy a traer a colación otros factores textuales (dedicatorias, cartas) y extratextuales (amistades y relaciones con pretendientes del campo de poder). Con todo ello, creo, se puede armar un diseño coherente de lo que podríamos llamar *microhabitus* antiolivarista quevediano.

Una de las primeras tomas de posición que preludian el antiolivarismo de Quevedo es su dedicatoria a Juan Luis de la Cerda, duque de Medinaceli, de la traducción que hizo del *Romulo* del marqués Virgilio Malvezzi, noble italiano que se convirtió, andando el tiempo, en historiador oficial y confidente de Olivares, así como embajador extraordinario en Inglaterra (Elliott y De la Peña 194 y ss.). La dedicatoria a Medinaceli va fechada en Madrid el 2 de septiembre de 1631, aunque la edición más temprana que se conoce (Pamplona: Viuda de Labayen) es de 1632. En ella se lee: "Ofrecer libros a quien no los sabe leer, antes es despreciarlos que favorecerlos [*sic*], queda el Autor con mal dueño, y el que le dedica sospechoso, si no de peor intento de no buen sesso" (110). Sería muy arriesgado aventurar alusiones a Olivares o al mismo Rey en ese "a quien no los sabe leer," que perfectamente puede ser tópico nuncupatorio. Lo que sí llama la atención es la despedida de la dedicatoria en la cual, tras los buenos deseos habituales al destinatario, se descuelga Quevedo con un "como deseo y he menester en esta casilla que abriga mi desprecio" (110). La frase es muy significativa, dado el creciente estrechamiento de lazos entre Medinaceli y el autor del *Buscón* a partir de 1630, como demuestran algunas cartas ["que en lo que me mandare, procuraré se conozca que es Don Francisco de Quevedo quien sirve a vuecelencia" (*Epistolario completo* 238)]. Sin embargo, y como no hay pruebas fehacientes, sólo nos queda conjeturar sobre a quién pudiera ir dirigido o de quién pudiera venir tal desprecio. Y es que la frase cobija su dosis de ambigüedad:

Capítulo cinco

¿es Quevedo el despreciador (el que desdeña) o el despreciado (es decir, el apartado)? Para lo que sí sirve tan llamativo aserto es como reflejo del inicio de otra transición política del escritor en lo que respecta su interacción con el campo de poder y a su permanente ambición activa. Se suele considerar la amistad con el duque de Medinaceli, cuyos primeros testimonios conservados datan de 1629, como un probable acicate antiolivarista en Quevedo (*Execración*, "Prólogo" xxi), y la frase no hace sino reforzar tal impresión. Un dato que refuerza tanto el distanciamiento de Olivares como la progresiva cercanía de Quevedo con Medinaceli es que el escritor moteje al Valido de "Asperilla"[18] en su correspondencia. Así, en carta a Medinaceli de 7 de diciembre de 1630 dice el escritor: "cada día dicen sale mi despacho y ayer me dio Asperilla parabién, sin saber yo de qué" (*Epistolario completo* 243). Y más tarde, en otra misiva a su amigo Sancho de Sandoval de 12 de febrero de 1635: "… que la guerra hace estimar a las personas por su valor, y yendo su majestad, si fuere, habrá menos Asperilla y más Don Felipe, y los ojos de su majestad serán secretarios y hará las consultas sin relaciones" (284). Es significativo pues que, en tan temprana fecha como finales de 1630, ya existían una complicidad y una confianza suficientes entre Medinaceli y Quevedo como para que éste se permitiera satirizar a Olivares.

En su edición del *Chitón de las tarabillas* aventura Urí que el *Chitón*, quizá publicado sin autorización, supuso "el origen del enturbiamiento" (18) de las relaciones entre Quevedo y Olivares, adelantando tres años (la *Execración* es de 1633) la ruptura de relaciones entre ambos. Como he señalado antes, concuerdo en esencia con lo temprano de esa desafección aunque no con la argumentación que propone Urí, fundada en buena medida en fechar esas cartas que se cruzaron Quevedo y Olivares en 1631, en lugar de en 1630.

Gracias al afortunado hallazgo y posterior edición por parte de Fernando Cabo Aseguinolaza y Santiago Fernández Mosquera de la *Execración contra los judíos* sabemos que el antiolivarismo quevediano ha de adelantarse hasta, como poco, el 20 de julio de 1633 en que se fecha la obra. Según los editores, Quevedo utilizó la *Execración*, motivada por unos pasquines projudaicos aparecidos en Madrid 18 días antes de su redacción,[19] para atacar la política de Olivares de sustituir a los tradicionales banqueros genoveses por judíos portugueses ("Prólogo" ix–xii). La obra nos ofrece un par de valiosas pistas más: se escribió en el palacio que el duque de Medinaceli tenía en Villanueva de los Infantes, donde se hallaba alojado el poeta (albergando, recordemos, su desprecio) y entrevera actitudes afines al Duque (xxi).

La *Execración* es en sí, como *La hora*, un ataque político contra el régimen de Olivares que siempre se había distinguido por aplicar una cierta meritocracia y por intentar suavizar o suprimir las leyes de limpieza de sangre. Constituye también un ataque muy directo porque Olivares venía favoreciendo el asentamiento de banqueros judíos portugueses en detrimento de los genoveses. Las ventajas económicas para la Corona de tal sustitución eran claras: a los judíos se les podía pagar en especie (mejor trato, concesiones, suavizamiento o derogación de leyes antijudías, etc.), con lo que no resultaban tan gravosos como los genoveses (xxviii–xxix). Esta política de Olivares no resultó muy popular entre los pretendientes del campo de poder. Aquí disiento de Maravall (*Poder* 115–16) para quien los datos exhumados por Elliott sobre la prisión de Adam de la Parra (encarcelado por atacar a los financieros judíos portugueses), refuerzan su idea de que el sistema funcionaba controlado conforme a los intereses del complejo monárquico-señorial. Eso implicaría, creo, una interpretación excesivamente estricta, restringida y excluyente de quiénes componían ese complejo monárquico-señorial, ya que sólo podría aplicarse, en puridad, al Rey y al Valido, dados los rechazos que provocaba esta medida amparada en la razón de estado. Contra esa idea maravaliana cabe aducir varios argumentos. Uno sería la animadversión que hacia los financieros judíos existía entre la alta nobleza, sentir al que se sumó Quevedo (*Execración* xvii). No hay que olvidar que la misma *Execración* se hizo con el apoyo "logístico," implícito o explícito, del duque de Medinaceli. Una institución tan significativa como el Consejo de Castilla se alarmaba, en una consulta de 22 de marzo de 1632, al constatar "que con tantos judíos portugueses yendo y viniendo por la Corte con entera libertad, no era de extrañar que Dios castigara a Castilla por sus muchos pecados" (Elliott, *El conde-duque* 444). Caro Baroja (40), por último, habla de la constitución, en el último tranco de la privanza de Olivares, de un grupo opositor que concentraba tanto a los antisemitas como a los propios enemigos de Gaspar de Guzmán. Estos argumentos serán igualmente de utilidad al tratar de ciertas tomas de posición quevedianas contrarias al Valido que se asentaron en el providencialismo y, en general, en la instrumentación política de la religión, tema del que trataré más adelante.

El pragmatismo monetario que suponía la atracción de banqueros judíos, tan apegado a esa razón de estado que tanto escarneció Quevedo luego, conectaba en lo económico con otra práctica que Olivares propuso al Rey: recompensar a súbditos y nobles con mercedes y honores y no en metálico, para alivio de las arcas públicas (Elliott y De la Peña 1: 5). Con el tiempo, esa fue una de las razones por las que gran parte de la aristocracia se situó en la oposición al Conde-Duque. Otra poderosa razón emanaba de una de sus ideas en política interior: advertir al Rey del peligro de que Castilla se convirtiera de monarquía en aristocracia, en contra de lo cual se significó activamente el Valido. Como resultado, y tras la expulsión del cardenal de Trejo de la presidencia del Consejo de Castilla en 1629, todos los adversarios políticos del Conde-Duque cercanos al campo de poder fueron expurgados del aparato del estado, como señalan los editores de *La hora de todos*

Capítulo cinco

(88–89). Esta política provocó la determinación de la nobleza de recuperar el poder y la influencia perdidos durante el ministerio de Olivares (Ellliott y De la Peña 2: 230–31). Fue ahí, pues, en el terreno de interacción de los campos literario y de poder, en su espacio de posibilidades, donde se abrió una posición que Quevedo ocupó consciente o inconscientemente: la portavocía agente del descontento hacia Olivares por parte de los pretendientes del campo de poder; de la aristocracia. Esto se manifestó tanto en la conexión ideológica (providencialismo, política imperialista, defensa implícita de los estatutos de limpieza de sangre, etc.) como en las tomas de posición de Quevedo y en la actitud de los pretendientes del campo de poder hacia él (especialmente Medinaceli).

Ejemplos tempranos de la conexión quevediana con el sentir de parte de la aristocracia son sendos poemas que Quevedo dedica a la muerte de Fadrique de Toledo, destacado miembro de la casa de Alba. Don Fadrique había comandado victoriosas flotas y expediciones y fue desterrado y multado en 1634 tras enfrentarse a Olivares el año anterior, muriendo el 10 de diciembre de ese mismo año. Ante el escándalo de la aristocracia y el consiguiente boicot de los festejos palatinos del Retiro por parte de los Alba, Olivares no permitió que se le tributaran honores funerarios (Brown y Elliott 172–74). En el soneto que Quevedo le dedica, cuyo primer verso es "Al bastón que le vistes en la mano...," hay un trabajado y alusivo terceto final: "Esto fue don Fadrique de Toledo. / Hoy nos da, desatado en sombra fría, / llanto a los ojos y *al discurso miedo*" (*Obra poética* #264). Como señala Crosby (*En torno* 23) tras cotejar versiones primitivas del poema, Quevedo fue corrigiendo y limando significativamente el terceto final, incluyendo versos como "despoxo a imbidia infame," que desapareció en la versión final impresa, o "fueron su enfermedad, invidia i miedo." Esas repetidas enmiendas delatan preocupaciones literarias pero también personales y políticas (32). La intencionalidad referencial de todo ello parece clara: se trata de una toma de posición antiolivarista. Por si no quedara clara la alusión al Valido, Quevedo colocó otra en un epitafio que, según Crosby, también alude a don Fadrique:

> Salvó aventuradas flotas,
> rompió escuadras enemigas
> ....
> Tomó naves, tomó puertos,
> ....
> Oh tú, que vas a buscar
> cosas dignas de notar,
> advierte, yo te lo mando,
> que quien no murió tomando
> donde pudo peligrar,

> por no dejarse tomar
> murió, y sin túmulo yace... (19)

El poema alude tanto a sus glorias militares como al origen de su querella con Olivares: negarse a comandar una flota mal pertrechada y enfrentarse públicamente al Valido. Al mismo asunto volvió Quevedo en la segunda parte de la *Política*, confrontando al mismísimo Rey con los hechos:

> Si un general restaurase a un monarca lo que otros le perdieron... y lo que ha sido en otros tiempos, o en todos, sucediese que los ministros que asisten al príncipe, porque no sigue con ellos, porque no es de su séquito, le quitasen el cargo y el bastón, y le prohibiesen hacer tan milagrosas hazañas en nombre del Rey, ¿cuál Rey dejaría de imitar a Cristo en revocar esta prohibición, y dejará de castigarlos, dándolos a entender que quien en su nombre hace milagros, no es contra ellos, sino con ellos? (OC 1: 606)

El transparente recuerdo de lo sucedido con don Fadrique, así como el ataque al Valido, entretejen este pasaje de la *Política* en el que la referencia religiosa se convierte en excusa para la crítica a Olivares.

Puede que fuera simple casualidad pero, a la luz de lo anterior, quizá tenga algún significado que Quevedo fuera detenido, como recuerda el propio escritor en el *Job*, en unas casas que el duque de Alba tenía alquiladas al de Medinaceli (Jauralde, *FdeQ* 759).

La intención de Olivares de controlar a los Grandes y las reacciones de estos se pueden rastrear por otras tomas de posición del periodo. Quizá la más significativa sea "Cargos contra el Conde Duque," obra del oidor Andrés de Mena aparecida el 18 de febrero de 1643, que parece fruto de una nobleza que se sentía agraviada por Olivares y que buscaba recuperar el poder e influencia perdidos durante el valimiento de éste (Elliott y De la Peña 1: 225–31). A este panfleto le siguió una réplica inmediata, el *Nicandro*, urdida por un Olivares ya en desgracia y por algunos de sus partidarios (¿Francisco de Rioja y el jesuita Ripalda?) e impresa clandestinamente, que empezó a circular en mayo de 1643 (225–31). Sintiéndose aludido, el duque de Medinaceli pidió justicia al Rey tras la publicación del *Nicandro*. Ambos ejemplos constituyen una buena muestra de dos cosas: primero de la importancia de la propaganda en una sociedad relativamente cerrada como la cortesana, donde se trataba de influir en el campo de poder y especialmente en el monarca; segundo, de la consideración de capital simbólico que podían alcanzar las tomas de posición de una pluma hábil y acostumbrada al cuerpo a cuerpo de la polémica.

Como potenciales tomas de posición propagandísticas hemos de considerar muchas de las obras de Quevedo. Y digo potenciales en el más amplio

Capítulo cinco

sentido de la palabra: en algunas, como la *Execración*, por su condición de memoriales dirigidos al monarca de los que desconocemos si llegaron a su destino; en otras, la mayoría, por sus contenidos, temas o tratamiento que se les daba a estos, susceptibles de tal instrumentalización propagandística. En cuanto a estas últimas hay que decir que Quevedo no se sacó *ex nihilo* sus ataques al Conde-Duque. En la propia *Execración,* por ejemplo, no hace sino utilizar retórica y empáticamente la animadversión popular que hacia los financieros judíos portugueses existía entre la alta nobleza y las clases populares, haciendo de todo ello amalgama de antiolivarismo político y económico. Para ello se sirvió del filosemitismo del Valido y del trato que tenía con los "marranos" (*Execración* xvii). Con esa estrategia, que alcanza tanto a la *Execración* como a *La hora*, Quevedo conectaba con una corriente subyacente y tradicionalista a la que se podría tildar de veterocristiana, de los "cristianos viejos." Uno de los exponentes de esa tendencia fue *Pro cautione christiana,* una obra que el inquisidor Adam de la Parra dirigió en 1630 al infante don Fernando de Austria, arzobispo de Toledo y poco amigo del Valido. En la obra se hacía una encendida defensa de los estatutos de limpieza de sangre y una oposición implícita a la penetración y creciente influencia de los judíos portugueses (xviii–xix). Otro exponente fue, a buen seguro, el *Discurso contra judíos* traducido por fray Diego Gavilán Vela en 1631 (xxxv). Esto no significa que semejantes tomas ideológicas de posición estuvieran necesariamente concertadas[20] ni que formaran parte de un grupo organizado pero lo cierto es que suponían un enfrentamiento abierto con un Olivares que se había manifestado contra los estatutos de limpieza de sangre en varias ocasiones (en el "Gran Memorial" de 1624 y ante el Consejo de Estado en 1625). Esta oposición olivariana a los estatutos suponía un apoyo implícito a judíos y conversos. Adam de la Parra siguió los pasos de Quevedo y fue encarcelado en 1642 por el Valido, que tomó con él las mismas precauciones jurídicas que con el escritor (Elliott y De la Peña 2: 189). Todo esto nos indica que, aunque quizá no estuviera del todo organizado, ya había un antiolivarismo antes de que Quevedo lo acaudillara en lo intelectual gracias a la posición que ocupaba en la interacción entre los campos literario y de poder y al capital simbólico que atesoraba su pluma. Cabe la posibilidad, pues, de que Quevedo se hubiera unido a una corriente ideológica ya existente, amalgama de aristócratas y cristianos viejos militantes, a la hora de intensificar sus ataques a Olivares. Las acusaciones quevedianas al Valido se suelen repetir en toda la década de los treinta (impiedad, apoyo a los judíos, enriquecimiento y prevaricación emanada tanto de la razón de estado como del provecho propio) pero lo que varía es la intensidad y la creciente percepción antiolivarista que se tiene del escritor. Veamos un par de ejemplos. El primero en cuanto a su grado de exposición. En 1635 la oposición activa de Quevedo a Olivares y a su régimen debía de ser pública y notoria, sobre todo en el interior del campo literario. En las *Coronas del Parnaso* (Madrid: Imprenta del Reino, 1635), una obra de Salas Barbadillo editada póstumamente y dedicada al Conde-Duque, se cita a los escritores significativos del campo literario, vivos o muertos (Bocángel, Calderón, Lope, Guillén de Castro, Góngora, Jáuregui, Mira de Amescua, Hurtado de Mendoza, Paravicino, Pérez de Montalbán, etc.), pero Quevedo está ausente. Otro: en el *Tribunal de la justa venganza* (Valencia, 1635), ataque antiquevediano desde el campo literario, aparecen unas líneas muy significativas:

> Le puso [Quevedo] a este discurso título de *Alguacil alguacilado* en la segunda edición para encubrir el que le puso primero de *El alguacil endemoniado* y con este engaño volverlo a imprimir, *ejecutando el mortal odio que tiene contra los que gobiernan* y los ministros de justicia y en él vuelve a decir lo que otras veces ha dicho. (Cito por la ed. de Buendía, OC 1: 132n1; el énfasis es mío)

Parece pues claro el grado de identificación antiolivarista que Quevedo desprendía desde, como mínimo, 1635, fecha en la que ya estaban redactadas *La hora* y la *Execración* y en la que se encontraba trabajando en la segunda parte de la *Política*. El antiolivarismo de Quevedo fue *vox populi* en el segundo quinquenio de la década de los treinta como prueban los mensajes cifrados que el secretario de la embajada florentina escribe a sus superiores en Florencia, contándoles detalles de la detención del escritor. En ellos Bernardo Monnani, el susodicho secretario, describe a Quevedo como alguien que "parlava con qualque libertà del governo" (cito por Whitaker 377, doc. 1). Es difícil resistir la tentación de interpretar ese "parlava" no sólo en sentido figurado (es decir, sus obras) sino también literal, imaginándose a un Quevedo que critica a Olivares en tertulias nobiliarias celebradas en el entorno del duque de Medinaceli.

A pesar de ser un secreto a voces su oposición al régimen no podemos dejar de reparar en un hecho significativo: aparentemente no fueron sus escritos propiamente antiolivaristas los que acabaron llevando a Quevedo a la prisión de San Marcos, sino otras tomas de posición pertenecientes a su *habitus*. Ni la *Execración*, que quedó inédita, ni *La hora* ni la segunda parte de la *Política,* publicadas póstumamente en 1650 y 1655, respectivamente, le acarrearon en principio problemas serios. De *La hora,* escrita entre el verano-otoño de 1633 y la primavera de 1635 y cuyo manuscrito va dedicado al canónigo toledano Alvaro de Monsalve el 12 de marzo de 1636, no nos han llegado copias anteriores a 1645 (Bourg, Dupont y Geneste 122). Muertos ya Quevedo y Olivares, se editó con cierta profusión (cuatro ediciones en 1650, todas ellas expurgadas) aunque no se editó en su integridad hasta la edición de Bruselas de 1660. El que no nos hayan llegado copias anteriores a 1645 resulta significativo y reflejo, quizá, de la reducida y

Capítulo cinco

cautelosa circulación de tomas de posición tan virulentas para con el régimen olivarista que sólo se editaron una vez fallecidos escritor y Valido.

En una carta a Felipe IV, fechada el 7 de junio de 1643, José de Chumacero y Sotomayor, presidente de Castilla, cuenta cómo ha revisado los papeles confiscados a Quevedo tras su detención y que, tras ello,

> Hanos parecido se debe retirar una sátira, por ser contra religiosos, y otros cuadernos que intitula *Desengaños de la historia*. No se ha hallado cosa particular concerniente a la causa porque se discurrió en su prisión. Antes supe en Roma, y con más certeza después que llegué a esta corte, no fue don Francisco el autor de un romance, a cuya publicación se siguió el prenderle. (Quevedo, *Epistolario completo* 458n1)

Esa causa a que se refiere el presidente, la acusación que se le había hecho a Quevedo, era la de ser "infiel y enemigo del gobierno y murmurador dél, y últimamente por confidente de Francia y correspondiente de franceses" (Elliott y De la Peña 1: 189), lo que significa que no se pudieron probar fehacientemente dichas acusaciones. Con todo, el Rey se opuso a su excarcelación incluso tras el alejamiento del poder de Olivares, al considerar, de su puño y letra, que la prisión se había decretado por "causa grave" (Elliott, "Quevedo" 249). Nada sabemos con exactitud sobre cuáles fueron las causas de esa prisión.[21] Sí sorprende que sus efectos se extendieran más allá de la defenestración de Olivares. ¿Qué fue lo que provocó esa inquina del Rey si, aparentemente, Quevedo sólo atacaba el olivarismo? En los *Avisos* de Pellicer correspondientes al 13 de diciembre de 1639, pocos días después de su traslado a San Marcos, se recogen los rumores acerca de la prisión de Quevedo:

> El vulgo habla con variedad: unos dicen que porque escribía sátiras contra la Monarquía, otros porque hablaba mal del gobierno; y otros con más certeza, según me han dicho, aseguran que adolecía del propio mal que el señor nuncio, y que entraba cierto francés, criado del señor cardenal de Richelieu, con gran frecuencia en su casa. (Cito por Elliott y De la Peña 1: 187)

Fueran verdaderos los rumores o no, dan fe de dos cosas: primero de la potencial credibilidad de tales motivos y luego de la aparente dicotomía que establece el testimonio de Pellicer entre "sátiras contra la Monarquía" y "hablaba mal del gobierno." Con los datos que conozco no puedo profundizar en el significado de esta distinción que parece establecerse entre criticar la "Monarquía," la persona del Rey, y criticar al gobierno, esto es, al Valido. Los rumores se referían probablemente a la que modernamente se ha solido desechar como obra de Quevedo: el poema-memorial "Católica, sacra y real

Majestad." A este poema parece referirse también la ya citada alusión de Chumacero a un romance "a cuya publicación se siguió el prenderle" (Quevedo, *Epistolario completo* 458n1). Fuera o no de Quevedo el poema, lo cierto es que su nombre encabeza en 1641 la edición del poema en unos pliegos sueltos y los copistas se lo atribuyen de manera insistente en manuscritos del XVII y del XVIII.[22] Sin entrar ahora en el debate atribucional, que no considero resuelto de manera satisfactoria ni definitiva, lo que necesariamente implica esta insistencia es que la época se lo atribuyó a él pues tanto los copistas y el público lector como Olivares y su entorno creyeron a Quevedo autor de la sátira. La atribución es también una muestra de hasta dónde se le creía capaz de llegar el escritor en su oposición política al régimen olivarista.

Elliott ("Quevedo" 248) sugiere acertadamente que se ha de prestar más atención a la amistad de Quevedo con Medinaceli. Después de todo, a Quevedo se le detuvo en el palacio del Duque, en diciembre de 1639, y hay fuentes extranjeras (Elliott aporta el testimonio de un espía francés, Guillermo Francisco, en una carta datada en enero de 1640), que señalaban el palacio ducal como epicentro del descontento anti-Olivares, así como de públicas críticas al Rey por no ponerse al frente de sus ejércitos. En un contexto como aquel, con mutuos intentos de desestabilización política entre España y Francia, a Elliott (248–49) le parece posible que hubiera contactos con agentes franceses contrarios a Richelieu en el palacio ducal y que Olivares tuviera constancia de ellos. Olivares acusaba a Quevedo de tener correspondencia con franceses y lo llamaba "infiel," expresión que reservaba para quienes lo traicionaban (248). No sabemos a ciencia cierta qué asuntos se ventilaban en el palacio del duque de Medinaceli a finales de la década de los treinta, pero sí creo probable que en esas reuniones se hablara de la política olivarista de un modo crítico (especialmente de su relación con los banqueros judeoportugueses) y que Quevedo bien pudo ser el ariete intelectual y simbólico de esa reacción contra el Conde-Duque.[23] Si no fuera un salto demasiado osado cabría hacer un paralelo entre lo político y lo literario haciendo del palacio ducal una suerte de academia política en la que Quevedo se encargaría del vejamen antiolivarista. Un vejamen eso sí que, como *La hora de todos,* iría a buen seguro más allá del resentimiento personal contra el Conde-Duque y se apoyaría siempre en la reflexión teórica, retroalimentada a su vez por ese antiolivarismo, como hizo el escritor en *La hora* (Bourg, Dupont y Geneste 69). En esa reflexión teórica ejercida por Quevedo no se deja nada al azar y se critica sistemáticamente toda la política de Olivares, tanto la exterior como la doméstica: la dirección de la política europea; todo lo relativo al dinero y a los impuestos—muy presente en el día a día por el incremento de la presión fiscal decretado en 1632—y las relaciones entre el Rey y el Valido. Estos contenidos se repiten más o menos sistemáticamente en *La hora* y en la segunda parte de la *Política* (69–71). En ese sistematismo caben todos los supuestos políticos, incluido el tiranicidio. En este apartado, los editores de *La hora* parecen no distinguir entre regicidio y tiranicidio[24] en los ejemplos que aducen para un presunto cambio de posición al respecto de Quevedo. Los ejemplos son una referencia sacada de la propia *Hora* ("Pueblos... sacadles los ojos") y otra del *Marco Bruto* ("Consiente Dios el tirano, siendo quien le puede castigar y deponer, ¿y no le consentirá el vasallo, que debe obedecerle? (...) Vosotros, pueblos, estudiad reverencia y sufrimiento para el buen monarca y para el malo") cuyo cotejo presentan como ejemplo de ese supuesto cambio de actitud (91).

Un sistema político antiolivarista tan detallado como el que propone Quevedo en sus obras no me parece una aislada toma de posición ideológica, política y literaria; tampoco un simple ajuste de cuentas con el Conde-Duque. No, desde luego, en alguien con un *habitus* como el del escritor que nos ocupa, habitado desde antiguo por la intriga política y por la pretensión de influencia. No en alguien que militaba en algo muy parecido a una facción política que conspiraba contra el gobierno vigente. Contempladas en un contexto de prácticas sociales y tomas de posición, a lo que más se parecen ciertas obras de Quevedo es a articulaciones teóricas de un grupo de pretendientes del campo de poder en directa oposición al detentador o detentadores del poder ejecutivo. El soporte ideológico, el referente contextual y los contenidos de esas tomas textuales quevedianas de posición nos son conocidos. Lo que es más difícil de discernir es si tales tomas de posición (*La hora*, la *Execración*, la segunda parte de la *Política*) tienen un carácter circunstancial y panfletario y una pretensión puramente reactiva contra Olivares, como sostienen los editores de la *Execración* (x) o de *La hora* (98–99), o si nos encontramos ante un progresivamente articulado, homogéneo y compartido programa de oposición política al régimen político vigente, monarca incluido. Me inclino por lo segundo. Y es que, como también señalan los editores de la *Execración,* lo que Quevedo propugnaba desde su fundamentalismo conservador y reaccionario, en clara sintonía con la nobleza castellana y con las clases populares, era un cambio radical de un *statu quo* (xxxiii). Ese cambio afectaba tanto a lo ideológico (antimaquiavelismo, providencialismo, antisemitismo, antimercantilismo) como a lo político (defenestración de Olivares y cambio de actitud del Rey). Todo ello es indicio de que bajo un manto superficial de actualidad y antiolivarismo visceral despuntaba un movimiento social de oposición y pretensión de poder. Prueba de lo anterior es, creo, la creciente protección y cercanía de trato que le dispensó a Quevedo el duque de Medinaceli, destacado aspirante del campo de poder. La producción posterior a ese estrechamiento con Medinaceli presenta puntos de vista cercanos a los de otros "grandes" (los duques de Braganza, Infantado y Medina Sidonia y el conde de Lemos), en lo que se refiere a su intención de que el Rey se pusiera al frente de los ejércitos, al fin del valimiento y a la vuelta a un sistema político plenamente cortesano y virreinal (Bourg, Dupont y Geneste 120–21).

En resumen: al contemplar la trayectoria de Quevedo se demuestra que su interacción con el campo de poder siempre tuvo unas connotaciones muy visibles de pretensión o defensa del poder. Lejos de ser un mero escritor de cámara o un letrado entregado al solaz intelectual de un humanismo estoico o al logro de mercedes dinerarias o simbólicas, Quevedo siempre se destacó por poner sus esfuerzos al servicio de una ambición de poder propia o ajena y por tratar de imponer un cierto credo ideológico.[25] La caprichosa geometría de ese anhelo de poder, unida a otros factores (ideológicos, personales o accidentales), acabaron llevándole de la defensa (¿sincera?) de un régimen y de la persona que lo representaba a la más dura y persistente oposición a ambos. No hemos de ver en esta oscilación una de las famosas contradicciones quevedianas sino, más bien, un fruto temprano pero lógico de la problemática relación que siempre se suele establecer entre los intelectuales y el poder, así como también resultado de las circunstancias.[26] Como escribía Corneille (1606–84) por aquellos mismos años, refiriéndose a su compleja relación con el cardenal Richelieu, "Qu'on parle mal ou bien de fameux cardenal, / Ma prose ni mes vers n'en diront jamais rien: / Il m'a fait trop de bien pour en dire du mal, / Il m'a fait trop de mal pour en dire du bien" [Ya sea para hablar mal o bien del famoso cardenal, / ni mi prosa ni mi verso mencionarán nada jamás: / Me ha hecho mucho bien por decir mal, / y mucho mal por decir bien] (cito por Sellstrom 217). La sutil paradoja del dramaturgo francés prueba que el caso quevediano no era único. La cercanía militante con el poder ejecutivo y la participación en sus esfuerzos propagandísticos que ambos tuvieron justifican esos vaivenes que Quevedo y Corneille tuvieron con Olivares y Richelieu, respectivamente. En esto, como en tantas otras cosas, Quevedo no fue tan contradictorio como a veces podríamos pensar.

5.2.4. El vasallo ante el Rey

Como todos aquellos que pretendían la crítica social, política o religiosa con las sátiras, Quevedo quería ejercer de "consejero regio, dispuesto a conformar las mentalidades de los grupos dominantes en la época barroca" (Schwartz, "Representación" 47). Si eso está presente en las sátiras, mucho más presente todavía está en sus tratados de aliento político. Se podría afirmar que la mayoría de los escritos políticos de Quevedo son de carácter perlocutivo; es decir, que pretenden mover a la acción al lector y ese lector fue en muchas ocasiones el mismo Rey. El autor de la *Política de Dios* dirigió o dedicó escritos al Rey en numerosas ocasiones. En algunos de esos textos esta intención es implícita mientras que en otros es explícita. Lo que suele llamar la atención de los escritos dirigidos a Rey y Valido es su estilo vehemente que, según Peraita ("La oreja" 200), se inspiraba en el estilo que los Padres de la Iglesia utilizaban para interpelar al hereje. Así, esa vehemencia se reconduce en la *Política* hacia el monarca, que es el "hereje" al que hay que persuadir, pues conviene recordar que Quevedo tilda en la *Política* de hereje no solo al que "divierte" al monarca sino, incluso, al monarca que accede a "ser divertido" (200).

Aunque no de manera exclusiva, los escritos dirigidos al Rey solían ser en general memoriales, entendido el término en sentido amplio, ya que Quevedo suele ir en ellos más allá de la petición de mercedes y alegación de servicios propios para adentrarse en los dominios de la alta política, tratando de influir en el monarca en la adopción de políticas o medidas concretas. Esta práctica quevediana se inició con *España defendida* en 1609, dirigida a Felipe III, pero son los dirigidos a Felipe IV los más numerosos y los que más interesan. Si consideramos la primera parte de la *Política* como memorial (Rey, "Memoriales" 258), sus memoriales a Felipe IV van de 1626 a 1635. La motivación de estas tomas de posición es variada: consejos políticos, requisitorias, reclamaciones, apremios a tomar determinada acción o decisión o justificación del propio Quevedo. De muchos de ellos no nos consta si el monarca llegó a recibirlos o no, por lo que se tiende a interpretarlos desde la perspectiva del emisor (258). Creo, sin embargo, que su persistencia diacrónica y la más que probable "emisión," por los conductos cortesanos correspondientes de aquellos, les convierten en un importante factor a la hora de contemplar la pretensión de influencia política que albergaba su autor y, en definitiva, su condición de "escritura interesada" (Fernández Mosquera, "El sermón"). Algunos opinan que Quevedo simplemente ejercía el deber de todo noble de aconsejar al Rey, aun cuando lo hiciera de manera repetida y minuciosa, fiado de su "conocimiento y capacidad como hombre de estado" (Alvarez Vázquez 434). Creo que los textos y aun los hechos nos facultan para pensar que las motivaciones iban más allá del aconsejar vasallático. Con toda probabilidad Quevedo buscaba algo más: influencia directa o indirecta en la acción de gobierno. Es cierto que el sistema de valimiento convertía la práctica del poder ejecutivo en algo más compartido, pues en la propia mecánica del valimiento se le confiere al Valido la posibilidad de convencer y "presionar" al Rey. En una época en la que, como recuerdan Feros ("Twin Souls" 34–35) y Peraita ("Plutarch" 86), el control del acceso al Rey se convertía en una de las claves del poder cortesano, se entiende mucho mejor el desarrollo en Quevedo de toda una serie de estrategias persuasivas orientadas a influir ideológicamente en el Rey o en el Valido. Esas estrategias pueden ser macrotextuales (el conjunto de la obra en sí, sus temas, la arquitectura compositiva) o microtextuales (estrategias estilísticas y literarias, uso de citas o autores determinados) y en esas estrategias va a ocupar un lugar fundamental el eclecticismo instrumentalizador que Quevedo hace de subgéneros literarios como el sermón, el tratado, el manifiesto o el memorial. El *modus operandi* será siempre el mismo: la fusión de todos esos géneros en una mezcolanza que transgrede los límites consuetudinarios y tradicionales de los mismos quebrando el *decorum* (Fernández Mosquera, "El sermón" *passim*). Con tales prácticas textuales, "Quevedo predica en los tratados, sermonea en los discursos, discursea en los memoriales y tratadea en las prédicas" (77). O lo que es lo mismo, altera el alcance público y objetivos aparentes de cada uno de esos subgéneros al convertir lo público (el sermón) en privado; lo privado (el memorial), en público y lo demostrativo-especulativo (tratados, memoriales) en deliberativo y persuasivo (tratados, memoriales), pues trata no ya de convencer sino de mover a la acción (83). Finalmente, Quevedo rompe el decoro vasallático, genérico y cortesano al dirigirse a Rey y Valido tratándolos de tú, de vos (81).

Fernández Mosquera atribuye la instrumentalización quevediana de los géneros a su condición de "poeta, de escritor profesional y de intelectual que ponía su ideología al servicio de su pluma, de su estilo, y no al revés" (68). Sin embargo, parece difícil concebir un motivo exclusivamente literario o intelectual en la obra "política" de Quevedo. Creo, por el contrario, que esta literatura de Quevedo, que en el fondo no es "literatura," es lo que precisamente le distingue de otros escritores (Góngora, Lope, Cervantes) que son *solamente* autores literarios. De igual manera, son los géneros los que se pliegan ante la vehemente ideología quevediana y no al contrario. Por eso, como señala acertadamente el propio Mosquera (83-84), Quevedo acaba sermoneando en la *Política*, en los *Sueños,* en *La cuna,* en la "Epístola satírica," en el *Sermón estoico,* en la poesía moral y hasta en buena parte de la burlesca (83-84). De la ansiedad de influencia (política, ideológica, cortesana) que caracteriza al conjunto de la trayectoria madura y "seria" del escritor[27] necesariamente hay que concluir que Quevedo se interesó menos por competir con los poetas fuertes de la tradición (Bloom) que por tratar de influir en la política de su época; es decir, en el Rey, en el Valido y en la opinión pública del entorno cortesano.

La primera de las tomas de posición de Quevedo frente a Felipe IV le fue dirigida indirectamente al monarca en 1621, fecha de la dedicatoria a Olivares de la primera parte de la *Política*. El joven Felipe IV contaba 16 años; era, pues, fácilmente influenciable, y también sabemos quién ejercía tal influencia: Olivares. No es extraño, pues, que Quevedo pensara en Olivares a la hora de dedicarle su manuscrito en 1621. Tal toma de posición presentaba una polisemia activa excepcional: era tanto un intento por zafarse de sus castigos, surgidos de su relación con Osuna, como de congraciarse con el Rey y con el Valido. Al primero podía intentar influenciarlo directa o indirectamente, mientras que al segundo le bastaba con hacerle ver la utilidad que podían representar sus servicios intelectuales. La *Política* refleja también el envoltorio más repetido de la producción memorialística quevediana: la glosa instrumental de textos religiosos con la que encubrir un mensaje político o cortesano. Indicio de ello es el modo en el que finalizan algunos de sus escritos más osados como la segunda parte de la *Política* y la *Execración*. La primera concluye "sujetando todo lo que en ella he escrito (deponiendo mi propio sentir) a la corrección y censura de la santa, sola y universal Iglesia de Roma y de sus ministros" (OC 1: 701). La *Execración*, por su parte, termina afirmando que todo ha sido escrito "debajo de la corrección de la Santa Iglesia Romana, y si algo hay disonante a su santa doctrina, desde luego lo retrato" (45).

Otro de los aspectos que presentan los memoriales quevedianos es la autojustificación. Este es el caso del *Lince de Italia y zahorí español*, de 1628, en el que Quevedo busca tanto proponer consejos políticos como glosar, recordar y justificar su amplia experiencia en asuntos italianos, así como los servicios prestados a la Corona. Tras recordarle el reconocimiento que le dispensaron tanto su padre, Felipe III, como el duque de Osuna, Quevedo se dirige al Rey: "Esto, Señor, no es ostentarme suficiente para la pretensión, sino acreditarme ejercitado para el advertimiento" (OC 1: 788). La obra acaba con algunas alusiones vagas e indirectas ("Podrá ser que yo hable a vuestra majestad al gusto de pocos, y que discurra contra el dictamen de unos y fuera del talento de otros. Señor, parecer inclinado no es parecer, sino parecido") y un convencimiento, "Sé cierto que todos acostumbran ser más agradecidos a quien les da alabanzas, que a quien les da consejos" (OC 1: 805), del que también parece colegirse alguna alusión. Estos textos parecen buenos ejemplos de cómo los memoriales parecen traslucir una creciente osadía de Quevedo con respecto al Rey, pasando de las sugerencias a los consejos directos y de estos a apremiar al Rey para que tome decisiones. Esto se aprecia especialmente en el *Memorial por el patronato de Santiago*, en la *Execración* ("Señor, no se debe fiar el príncipe del ministro que toma el oro y la plata de los judíos, que es artífice de sus pecados" [29]) y en la segunda parte de la *Política*, de 1635, en la que los ejemplos son todavía más llamativos. En un momento de ésta se dirige al Rey con una petición muy concreta y ligada directamente a la política instaurada por Olivares: "Pida tributos para darles defensa, paz, descanso y aumento; no pida a todos para dar a uno, que es hurto" (OC 1: 632). Unas líneas más abajo la requisitoria es aún más acuciante: "El remedio del vasallo toca al Rey, no al ministro; cánsese él por la ocasión de dársele. Matar la sed, y la hambre del vasallo, Señor, toca al Rey; matar la suya del Rey, a sus ministros" (633). Como señala Lisón Tolosana (60), lo que comienza siendo en los escritos dirigidos al Rey una asimetría (rey frente a súbdito) "se trueca, a veces, en ecuación igualitaria entre el escritor y el destinatario nominal del volumen." Este hecho es manifestación de cierta tendencia en la época que busca recordar al Rey sus obligaciones, "que en ningún caso debe eludir o traspasar a su valido y un llamamiento cautelar para que su comportamiento y relaciones con los vasallos revistan un cierto carácter de igualdad, propio del *Zeitgeist* de la época" (68). Esto, que parece tan chocante, adquiere otra dimensión si tenemos en cuenta que a veces se le acercaban al soberano hombres del común en procesiones y festejos públicos para increparle por el estado del reino (71).

A los memoriales considerados como tomas de posición dirigidas al monarca cabría añadir lo que Rey ("Memoriales" 258) llama "literatura quevediana de actualidad": la *Carta a Luis XIII*, la *Visita y anatomía de la cabeza de Richelieu*, el *Breve compendio de los servicios de Francisco Gómez de Sandoval*, *Relación con que se declaran las trazas con que Francia ha pretendido inquietar los ánimos*, *Descífrase el alevoso manifiesto en que previno el levantamiento del duque de Berganza*, *La rebelión de Barcelona* o el *Panegírico a la majestad de don Felipe IV*. Pero asimismo habría que incluir poemas de los que desconocemos su difusión y alcance, aun cuando apuntan directamente a la pretensión de modificación o inspiración de la conducta de Felipe IV. Ese es el caso de los poemas quevedianos con los números 232 y 233 en la edición de Blecua que, desde una apariencia cortesana, parecen reclamar que el Rey se ponga a la cabeza del ejército, petición aristocrática y popular de hacia 1634 a la que se oponía firmemente Olivares. En el 233, un soneto titulado "Al Rey católico, Nuestro Señor don Felipe IV, infestado de Guerras," el terceto final resume la verdadera motivación y *desideratum* del poema: "Vibre tu mano el rayo fulminante: / castigarás soberbias y locuras, / y, si militas, volverás triunfante" (12–14). Tal esperanza presenta en Quevedo una completa unidad de acción con diversos capítulos de ambas partes de la *Política* (I.6; II.22 y 23) en los que Quevedo, al igual que Maquiavelo, sugiere la conveniencia de que el Rey dirija personalmente los ejércitos (Rey, *Quevedo* 105). La esperanza, que estuvo cerca de concretarse por el aumento de la presión sobre el Rey, se frustró finalmente, como sabemos por una carta de Quevedo a su amigo Sancho de Sandoval de 19 de enero de 1635:

> Escríbeme [Juan de Herrera] que ya se ha mitigado la fuga de ir y llamar los caballeros para la conquista, que decían, de Francia (…) que a Perpiñán ya se le pone silencio con el parto de la reina, nuestra señora, que me escriben quedaba con dolores y previniéndose para galas y fiestas. (*Epistolario completo* 280)

El final de la carta presenta un claro contraste: el Rey no sólo no va a ponerse finalmente al mando de sus tropas sino que, a despecho de la grave situación, la maquinaria de fastos cortesanos se va a poner en marcha de nuevo.

Capítulo cinco

Los últimos textos que podríamos considerar en el presente apartado son los memoriales que se le dirigen a Felipe IV hacia 1643 solicitando la libertad de Quevedo. Astrana (Quevedo, *Epistolario completo* 453–55) se los adjudica directamente a Quevedo, algo que requeriría ulterior explicación, teniendo en cuenta que van en tercera persona y en estilo indirecto. No aclaraba el quevedista si fueron inspirados o dictados por el escritor. En cuanto al contenido hay que señalar que el tono quevediano es, como no cabía ser de otra manera por las circunstancias, humilde y suplicante, aunque le recuerda al Rey que no se le ha procesado todavía, ni se le han dado oportunidades de defenderse y que, consumida su hacienda, está en prisión por delitos que no se le han probado. Quevedo era a estas alturas un hombre quebrantado y escarmentado ya de la lucha por la influencia política. Se había rebajado, como "hombre roto" (Elliott, "Quevedo" 249), a pedir clemencia tanto a Olivares como al propio Rey.

Resumiendo toda una trayectoria podría decirse que la acalorada pretensión quevediana de influencia política se encontró con el fuego represor y reactivo que desprendía la defensa de los detentadores del campo de poder. Con seguridad, hubo un momento en esa trayectoria en el que Quevedo traspasó la línea que él mismo se había trazado en 1637 en su "Noticia, juicio y recomendación de la *Utopía* y de Tomás Moro," aparecida en los preliminares de la traducción de la *Utopía* de Tomás Moro, publicada en Córdoba por Jerónimo Antonio Medinilla. De Moro (otro intelectual en problemas con el poder, por cierto) decía Quevedo que "vivió en tiempo y reino que le fue forzoso para reprehender el gobierno que padecía, fingir el conveniente" (OC 1: 476). Quevedo, no resulta arriesgado aventurarlo, debió de cruzar en algún momento esa línea del fingimiento y llegó hasta la inconveniencia, sobre todo a ojos del Rey y de Olivares, por lo que pagó severamente y con rigurosa prisión las consecuencias.

5.3. El *Deus ex machina* de lo religioso

Ya he señalado en varias ocasiones como Quevedo tuvo conexiones con la religión en su *habitus*. A las relaciones que mantuvo con numerosos religiosos hay que añadir sus obras de inspiración más o menos devota y las que, bajo el manto de la religión, cobijaban tomas de posición políticamente orientadas. Estas últimas tuvieron una motivación variada: ejercer la disidencia política, justificar (o denostar) la razón de estado y articular su propia pretensión (Rey, "Memoriales" 265). Los ejemplos de tales propósitos son numerosos. Ynduráin (74) sostiene que Quevedo concebía la monarquía como absoluta y la fundaba en el derecho divino, de manera que la autoridad del príncipe no sufriera menoscabo alguno. Ya he mencionado las críticas que se han hecho a esta concepción absolutista de las monarquías en el XVII y cómo tal absolutismo ha de ser relativizado y matizado, sin ir más lejos, por esos mismos fundamentos religiosos y de derecho divino situados en la base de esa monarquía. Consciente como era de ello, Quevedo se ofrece como mediador entre Cristo y el monarca para aparentar una "neutralidad ideológica" y una "transparencia hermenéutica" libres de partidismo (Peraita, *Quevedo* 75). Esta estrategia de retorización política de textos religiosos tuvo un papel fundamental en los ataques que Quevedo lanzó contra Olivares y contra ciertas actitudes del mismo Rey. La Biblia y la Patrística fueron las dos fuentes fundamentales de ese *Deus ex machina* de sus tomas de posición antiolivaristas que casi siempre comportaban apremios al Rey para que hiciera algo: que depusiera al Valido, que cambiara la política económica, que se pusiera al frente de las tropas, etc. Como sagazmente afirmaba Lida ("Hacia la *Política*" 260–62), la adulación se suele combinar en sus obras políticas con la habitual arrogancia e impulso agresivo que tan a menudo y con tanta intensidad se manifiestan en los prólogos y dedicatorias quevedescos, por lo que resulta ingenuo ver en obras como la *Política* una cristología política alimentada por la esperanza de que bajara a la tierra la justicia de Jesús a resolver errores políticos. No puedo estar más de acuerdo. El acogerse a sagrado de Quevedo suele ser la envoltura de sus pretensiones políticas, así como el vehículo predilecto de su afán de influencia.

Existe una propensión en la crítica a hacer un estudio estrictamente contenidista y de fuentes y precedentes que a veces lleva a explicar la *Política de Dios* como "manual barroco destinado al adoctrinamiento de un príncipe cristiano" (Ariza 91). Creo que, dados la trayectoria y el *habitus* quevedianos no hay que ignorar, sino todo lo contrario, la cuidada instrumentalización religiosa que Quevedo hacía de sus obras de carácter político. Escribía el padre Gabriel de Castilla en su aprobación de la primera parte de la *Política* que "abstrayendo de que pase o no en este tiempo lo que dice, miro sólo la acomodación y encaje de lo que levanta" (Quevedo, OC 1: 528). Si la *Política* era una simple cristología política de aliento docente ¿por qué el religioso se cura en salud? ¿Qué sentido tendrían, entonces, sus reservas? Opinaba Alfonso Reyes que la *Política de Dios* no era más que un alegato contra los malos ministros, a pesar de su ambiciosa apariencia (cito por Borges 51n1). Puede que haya algo más pero lo cierto es que sí, que ese era su verdadero impulso, muy bien acomodado en sus dos entregas a situaciones cambiadas. La primera parte va dirigida a Olivares, acción que tenía un significado profundo y sutil: oponer los malos ministros del valimiento anterior a la figura inmaculada y emergente del nuevo a la altura de 1621. En 1635 la situación es muy otra; es cierto que la segunda entrega de la obra sigue siendo ese alegato "contra los malos ministros" del que habla Reyes, sólo que esta vez el alegato lo es contra *el* mal ministro: Olivares. La obra, ciertamente, seguía conservando unidad ideológica en su conjunto (crítica con trasunto evangélico de los malos ministros), pero su contexto y motivación eran completamente diferentes. Probablemente por esa razón, esta segunda parte presenta una intensificación ideológica y de objetivos con respecto a la primera, así como una mayor dramatización por medio de la repetición (Clamurro, *Language* 142). Así pues, las diferencias con la primera parte estriban en su relectura a veces expansiva (Judas, el ungüento y María Magdalena; uso políticamente cargado de "arbitrista" o "materia" y "razón de estado") de ésta pero también con sus aspectos extratextuales, tanto de actualidad histórica (el tema del liderazgo militar real en los últimos capítulos, 22 y 23) como personales (145–49).

Al glosar la primera parte de la *Política* dice Jauralde que "Quevedo no aprovecha la oportunidad del cambio de reinado... para un gesto inocuo o frívolo... sino para un grito de rabia, cargado de amenazas" (*FdeQ* 407) y alude a los peligros receptores y censoriales que representaba al enfrentarse a la "clase política" que podría darse por aludida (408). Como vengo señalando (y siguiendo la febril actividad nuncupatoria de 1621 es difícil obviarlo), la oportunidad de presentar "en sociedad" la primera parte del tratado en plena transición de reinados no es casual y obedece a unas determinadas circunstancias en la trayectoria quevediana: la purga de su cercanía con Osuna. Precisamente por esa circunstancia es difícil ver en la primera *Política* esa rabia y esas amenazas quevedianas de las que habla Jauralde, así como de ese enfrentamiento a la "clase política," siendo así que dicha expresión no puede ir más allá de Rey y Privado, en puridad, y estos acababan de asumir sus respectivos cargos cuando se les ofreció la obra por lo que no parece que hubieran de sentirse directamente aludidos por las propuestas del escritor. Este primer tranco de la *Política* es más bien, a mi modo de ver, una conjunción de necesidad y virtud: Quevedo estaba postergado y en desgracia y necesitaba una "visibilidad" que le confirieran el perdón y el favor cortesanos y le abrieran de nuevo las puertas cortesanas de la influencia política.

Hay otras obras quevedianas de carácter religioso que suscitan otro tipo de lecturas. De *Providencia de Dios,* tenida habitualmente por un escrito ascético y ortodoxo, dice Ghia que es, por el contrario, "un hábil *camuflaje* que, bajo el envoltorio externo de la cita escritural, de las reiteradas profesiones de fe y de las gesticulantes invectivas contra un ateo imaginario" refleja tesis escépticas y heterodoxas que Quevedo parece haber sacado de la *Apologie de Raymond Sebond* de Montaigne (17 y 52; la traducción es mía). Algo similar ocurre con *La caída para levantarse* donde Quevedo, utilizando una vez más munición religiosa, la trasciende y acaba en el terreno de lo político. Según Valentina Nider (433–34), Quevedo aprovecha la ambigüedad discursiva de la obra, donde se mezclan lo hagiográfico, lo escriturario, lo apologético y lo político, para apoyar ideas, como el perjurio del monarca, que no se había atrevido a defender en la *Política de Dios*. Nos encontramos de nuevo ante dos rasgos muy característicos de nuestro escritor que confluyen en muchas de sus obras: la interesada mezcolanza genérica y la instrumentalización de lo religioso con fines políticos.

No fue Quevedo el único que puso la religión al frente de determinadas propuestas políticas, como ha señalado Michael McGaha al comparar la *Política de Dios* quevediana con la *Política angélica* (Ruán, 1647). Esta última es una denuncia del absolutismo de Ana de Austria y Mazarino escrita por el comediógrafo converso Antonio Enríquez Gómez quien, tras haber escrito obras críticas con el poder como *Engañar para reinar* y *La soberbia de Nembrot*, hubo de huir de España en 1635. La diferencia principal entre las *Políticas* de ambos radica en que Quevedo presumía de que Dios hablaba a su través mientras que Enríquez, sin negar el abismo que separa lo humano de lo divino, intentaba tender puentes entre ambos por medio de la contemplación intelectual. De ahí su metáfora angélica ya que "supónese y es cierto ser el angélico, medio entre el divino y el humano" y si bien ambas condiciones no pueden compararse, "puede copularse el entendimiento humano con el divino, por vía de la mente" (cito por McGaha 185). La conclusión es clara: además de la proclividad de la época a establecer una relación ontológica entre poder real y divinidad, los riesgos de proponer una política "laica" *à la* Maquiavelo eran claros y manifiestos, por lo que se imponía la tenue salvaguarda del acogerse a sagrado. En el caso de Quevedo esa salvaguarda tiene mucho que ver con una concepción providencialista del poder y, a veces, de la política aunque ese providencialismo al que se acogía Quevedo fuera, en mi opinión, más circunstancial, posibilista y reactivo que otra cosa. Esto se hace patente al comprobar que esa excusa religioso-providencialista le sirvió de macroargumento y cobertura ideológica para lanzarse contra Olivares. En ese providencialismo constantemente apoyado en los textos bíblicos se contienen muchas claves oposicionales de la acción política de Quevedo en la década de los treinta: la Providencia divina frente al maquiavelismo político del Valido; una política hecha por judíos (Olivares) para beneficiar y proteger a otros judíos (asentistas portugueses). Finalmente, la analogía madre: España va a ser en la desbocada interpretación quevediana, al igual que Jesucristo que lo fue por excelencia, la Víctima de la raza judía. Los judíos de la corte, sean asentistas o reos de sacrilegio, son los verdugos religiosos, económicos y políticos de España. Ese parece ser el argumento central de, por ejemplo, la *Execración* en donde la máquina retórica que Quevedo construye apela a una oposición-marco: judíos frente a católicos. Y dentro de todo ese edificio retórico que forman la misma *Execración*, *La hora* y la segunda parte de la *Política* hay también una gran metáfora articuladora: Judas, el traidor por excelencia, no puede tener más que un correlato en el discurso paralelístico diseñado por Quevedo: Olivares. Judas es un traidor económico, alguien que se vende por dinero.

Uno tiene la vaga sensación de que algunos poemas aparentemente religiosos o morales encubren ataques políticos. Es ciertamente difícil de probar y, hoy por hoy, no deja de ser una arriesgada hipótesis de trabajo. Uno de ellos podría ser el soneto que González de Salas glosó, titulándolo "A Simón

Capítulo cinco

Cirineo, considerando que en ayudar a llevar la cruz a Cristo se ayudaba a sí" (Quevedo, *Obra poética* #169), cuyo primer verso reza "Atlante que en la cruz sustentas cielo." Las comparaciones textuales o icónicas de Olivares con Atlas o con Hércules son numerosas en la época como recuerdan Elliott (*Conde-duque* 74–75) y Zudaire (414). Ejemplos epocales de esta iconografía mitológica olivariana son la portada de *El Fernando* del conde de la Roca, y las *Tardes del Alcázar, doctrina para el perfecto vasallo* (¿1631?) de Juan de Robles (Elliott 74–75) o poemas quevedianos como el soneto "La esfera en que divide bien compuestas" (*Obra poética* #678), dirigido al duque de Lerma. Como dije en otro lugar (Gutiérrez, "Quevedo desde la interacción"), es posible arriesgar una *lectio difficilior* antiolivariana del soneto #169 pues, bajo un aspecto inocentemente religioso, puede encerrar una velada y sutil crítica al Valido. Desconocemos la fecha de composición precisa de este poema aunque Marie Roig Miranda (486) lo data, siguiendo un método de análisis estilístico, como anterior a 1614 desestimando una datación anterior de Astrana quien lo situaba en 1628. Otro poema que podría tener una lectura política es el que comienza "Deja la procesión, súbete al paso" (Quevedo, *Obra poética* #147) donde se lanzan invectivas a un tal Íñigo diciéndole "Más te valiera nunca haber nacido / que aplaudir los tormentos del cordero, / de quien te vemos lobo, no valido" (61–63). El epígrafe de este poema en tercetos es "Abomina el abuso de la gala en los disciplinantes," aunque varios versos (10–12, 96–99) tienen claras alusiones antijudías que parecen hacerse eco del feroz antisemitismo quevediano de la década de los treinta.

Leer ciertos poemas religiosos en clave política es ciertamente arriesgado y no pasa de ser una hipótesis sin pruebas sólidas. Sólo quiero avanzar la idea de que es posible que Quevedo utilizara ocasionalmente el disfraz religioso de algunos poemas para lanzar algunos dardos políticos o cortesanos. Después de todo no resultaría tan sorprendente, pues es lo que hace constantemente en la prosa doctrinal y política.

Como conclusión de este apartado destacaría el decidido antiolivarismo quevediano que preside la década de los treinta. Un antiolivarismo que escogió la religión como motivación y excusa y que se manifestó en numerosos moldes formales, dando una idea de la acendrada unidad de acción antiolivarista del escritor reflejada en memoriales (*Execración*), en discursos satírico-políticos (*La hora*), en manuales políticos (*Política de Dios*) y, quizá, hasta en poemas religiosos.

Conclusión

El primer cuarto del siglo XVII vivió una auténtica ebullición literaria en España. Uno de sus contemporáneos, el escritor y diplomático Diego de Saavedra Fajardo, escribía en 1612, un tanto sorprendido, que los hombres del siglo estaban estudiando "para escribir y escribiendo para granjear con sus escritos" (69). No es casual, pues, que en esa época se consolidara el primer campo literario de la historia de España. Este primer campo surgió de una escisión de esa "república literaria" percibida por los clásicos (y por el propio Saavedra Fajardo) donde se congregaban no ya sólo los escritores sino todos los hombres interesados en cualquier rama del saber. Esa es la primera conclusión de este libro. Creo haber demostrado que a la altura de 1600 surgió un campo literario con sus jerarquías y estructuras internas y cuyo epicentro era Madrid. Esto ocurrió en un momento histórico en el que la literatura se había convertido en una actividad específica y reconocida por amplias capas sociales; en una actividad, en suma, que devengaba beneficios directos (venta de libros, encargos y comisiones de obras, premios materiales) o indirectos (reconocimiento simbólico por parte del campo de poder). Uno de los argumentos principales para llegar a esta conclusión fue constatar que Lope y Góngora comenzaron a ser percibidos por sus contemporáneos como estandartes de los dos espacios simbólicos en los que, según Bourdieu, se divide un campo literario: el de la producción masiva (Lope) y el de la producción restringida (Góngora). Esta percepción se acentuó en las décadas siguientes. Tomando como base los conceptos y teorías de Bourdieu, mi argumentación ha partido asimismo de un estudio "arqueológico" que busca en el XVI ciertas condiciones precursoras que hicieron posible la emergencia del campo literario: la popularización de la imprenta, la aparición de un incipiente mercado editorial cuyo apogeo se alcanzará entre 1616 y 1625, la creciente demanda de literatura de entretenimiento, el triunfo de los libros de caballerías, y la existencia de público lector interesado por la poesía lírico-amorosa impresa (Boscán, Garcilaso, comentarios a éste del Brocense y Herrera). Por último, el gran factor precipitador de la aparición de dicho campo literario fue el advenimiento y desarrollo de una cultura

Conclusión

urbano-cortesana en los reinados de Felipe III (1598–1621) y Felipe IV (1621–65). En ese desarrollo tuvieron mucho que ver la dinamización que las sucesiones dinásticas de 1598 y 1621 supusieron para el mecenazgo y el clientelismo y el creciente uso propagandístico de escritores y artistas por parte del campo de poder.

El campo literario o, mejor, sus agentes, establecieron relaciones simbióticas con el campo de poder en el marco de la cultura cortesana. La manifestación más paradigmática de esas relaciones fueron las academias que, partiendo de unos inicios multidisciplinares y humanistas devinieron con el tiempo en auténticos *sociotopos* de ese primer campo literario y en espacios de interacción entre nobles y escritores. Esa doble interacción social y literaria articuló las trayectorias de los escritores de comienzos del XVII. En ausencia de esa interacción y de la dinámica interna de todo campo literario identificada por Pierre Bourdieu, obras como el *Viaje del Parnaso*, el *Laurel de Apolo* o la *Perinola* resultarían absurdas y virtualmente incomprensibles. Tampoco comprenderíamos plenamente ni los anhelos distintivos de un Góngora, cuya trayectoria poética fue un largo deslizarse hacia una poesía total, reflexiva, elitista e individualizadora; ni las confesiones metodológicas lopescas en el *Arte nuevo* ni el acendrado afán cervantino por ejercer la violencia simbólica (los escrutinios y alusiones del *Quijote*, los prólogos, el *Viaje*) pues todas ellas no fueron sino tomas de posición en un campo literario autoconsciente, jerarquizado y sumamente competitivo.

La segunda conclusión general que se puede extraer de este libro es que el primer campo literario se desarrolló en medio de una tensión ontológica propia de la heterogeneidad histórica en que surgió. Por una parte, este primer campo literario inició empujado por los vientos del mercado editorial su lento camino hacia la autonomía y la independencia. Por otro lado, el mecenazgo y el clientelismo propios de la cultura cortesana gozaron de una influencia considerable lo que, sin duda, contribuyó a debilitar la influencia de ese incipiente mercado del libro de entretenimiento. En medio de esa dialéctica los escritores comenzaron a ser conscientes de su identidad social como grupo mientras que la sociedad también hizo lo propio, diferenciándolos de matrices sociales anteriores como las que representaban letrados y humanistas.

La existencia autoconsciente del campo literario tuvo otras consecuencias sociales y literarias. De entre las literarias destaca la ubicua presencia de una reflexividad cuyas manifestaciones principales fueron la metaliteratura y en la intertextualidad, rasgos que aparecen en multitud de obras del periodo. Otros aspectos adicionales de esa reflexividad fueron el reforzamiento de la imagen pública de los escritores por medio de retratos o autorretratos, o la inclusión en las obras de aspectos biográficos que, en casos extremos como el de Lope, se convierte constantemente en materia literaria.

Conclusión

De entre las consecuencias sociales de la existencia del campo podríamos destacar dos: la interautorialidad y la competición entre los escritores. Por interautorialidad entiendo la intrahistoria del campo literario; es decir, la interacción social, intrahistórica y textual de un grupo de escritores del Madrid de comienzos del XVII en torno a prácticas e instituciones sociales y literarias. La competición entre los escritores no fue sino consecuencia directa de esa coincidencia espaciotemporal y forzó a su vez la aparición de la distinción (social, textual, estilística) como gran fuerza motriz del campo literario. Los frutos más conspicuos de esa pulsión distincional fueron las *Soledades* y el *Polifemo* gongorinos, obras con las que el escritor cordobés logró situarse por encima de la *mêlée* poética de su tiempo y fijar entre sus contemporáneos una polémica pero irrefutable reputación como archipoeta.

Las relaciones entre los escritores españoles del XVII están llenas de aspectos intrahistóricos. En estas páginas se ha pretendido analizar las implicaciones sociales y literarias derivadas de tal situación para poder establecer un marco categorial y hermenéutico que trate de las relaciones que existían entre los escritores y entre éstos y el campo de poder. Con ese objetivo en mente he fijado un punto, Quevedo, desde el cual he pretendido trazar una serie de circunferencias que incluyeran los radios de acción de su *habitus* y de su trayectoria: familia, campo de poder, campo literario, amistades, enemistades, etc. En un título de reminiscencias calderonianas, *La espada, el rayo y la pluma*, he querido resumir la triple estela que dejó la trayectoria quevediana: su orgullo nobiliario (la espada), su incansable poligrafía hipertextual (la pluma) y su rápida reacción ante los acontecimientos (el rayo) que caracterizan su obra. He pretendido también rescatar a Quevedo del terreno de la extrapolación de anécdotas aisladas (hechos, datos sociobiográficos, estilos, temas u obras aislados), donde en ocasiones el mismo escritor contribuyó a que se le encasillara: sus polémicas con Góngora, Pacheco o Montalbán; sus virtuosismos lingüísticos y sociolectales (neologismos, jácaras, lenguaje de germanías o escatológico); las servidumbres de convertirse en relator ingenioso de acontecimientos y chismorreos cortesanos. De lo que se trataba era de conciliar las especificidades de su acción y de su trayectoria con su pertenencia a todo un entramado de interacción social entre los campos literario y de poder.

No se puede estudiar ningún aspecto relacionado con la producción literaria de esta época sin tener en cuenta su profunda interacción social. Tal interacción puede ceñirse exclusivamente al campo literario, lo que desemboca en lo que he llamado interautorialidad, o bien alcanzar al campo de poder, en cuyo caso se sitúa dentro de un conjunto de prácticas sociales emanadas de la cultura cortesana e insertas en ella. Y hablo de una interactividad social porque creo, con Giddens (214), que un objeto de estudio como el que me ha ocupado, reclamaba más la interpretación de la acción que la de la

Conclusión

subjetividad. Por ello he ido de lo general y propio de la dinámica interna del campo literario (la interautorialidad) a lo particular (la interacción de Quevedo con los campos literario y de poder).

En lo que respecta específicamente a Quevedo y frente a la tradicional dicotomía que se suele establecer entre obra seria y obra jocosa o burlesca creo más operativa desde el punto de vista de la interactividad social la división entre acción literaria, conformada por las tomas de posición orientadas a distinguirse dentro del campo literario y acción política, compuesta por aquellas destinadas a interactuar directa y exclusivamente con el campo de poder (dedicatorias, obras de defensa o ataque del régimen del conde-duque de Olivares). Tanto en la acción literaria como en la política caben burlas y veras por igual. Rasgos burlescos tiene el *Buscón* pero también *La hora de todos*; igual de serio se me antoja un poema de los llamados habitualmente metafísicos que la *Política de Dios*. No se trata, pues, de estilos o géneros asociados a temas o finalidades concretos sino, más bien, de una cuestión de oportunidad. Igualmente, algunas de esas tomas de posición participan tanto de la acción literaria como de la acción política; especialmente si se tienen en cuenta elementos paraliterarios como las dedicatorias. Esta doble interacción social por parte del escritor cabe verla, en cierto sentido, como un tránsito desde la primera (acción literaria) a la segunda (acción política). En sus inicios Quevedo pretendía instalarse en la primera, aunque con miras a corto y medio plazo de llamar la atención del campo de poder con su ingenio burlesco, arma predilecta en esta época y estilo al que, *grosso modo*, se adscriben muchas de las obras anteriores a 1610 (*Buscón, Premáticas, Sueños*). Paradigmas de estas tomas de posición ancladas en el ingenio burlesco son también su voluntaria y provocada confrontación con Góngora (1603) y la propia escritura del *Buscón* (ca. 1604). Más adelante, especialmente a raíz de la sucesión dinástica y del cambio de valimiento acaecidos en 1621, que sorprendieron a Quevedo purgando su conexión con el régimen anterior, su estrategia se modificó. Entre medias se encuentra el que quizá sea el suceso más importante de su trayectoria: su estancia italiana con el duque de Osuna en los virreinatos de Sicilia y Nápoles. Este periodo de su vida en el que Quevedo ejerció de privado y confidente del tercer hombre más poderoso de la Monarquía Española fue, seguramente, el que acrecentó unas ambiciones de influencia política que ya se habían manifestado en el *Discurso de las privanzas* (¿1606–08?). A la vista de su trayectoria podemos afirmar que, contrariamente a la mayoría de los escritores, Quevedo no buscaba tanto un mecenas al que arrimarse como un restaurador de su idea de España con el que colaborar o al que aconsejar; no quiso sufrir los vaivenes cortesanos sino participar e influir en ellos.

En las páginas precedentes he hablado de la ansiedad de influencia que, en mi opinión, caracteriza la trayectoria de Francisco de Quevedo. Tal ansiedad por contribuir en un ámbito que, en principio, podríamos llamar "extraprofesional" (el campo de poder, "la política" en oposición a la literatura), individualiza y distingue a Quevedo de otros escritores contemporáneos. Contrariamente a muchos de estos, más apegados a unas relaciones de mera simbiosis subsistencial (regalos, encargos) o distintiva (cargos, trato social) con los detentadores del poder, Quevedo aspiró desde su biografía, clase, experiencias vitales y formación a influir en tomas de decisión relativas a política interior (economía, atributos y funciones del Rey y del Valido, presencia de judíos portugueses) o exterior (diplomacia europea, imperialismo mediterráneo). Para ello se sirvió de la literatura como vehículo propagador de tal anhelo influyente pero también de otras acciones y praxis sociales más directas (dedicatorias, sobornos, intrigas y puede que hasta conspiraciones) a cuya luz ha de contemplarse buena parte su producción literaria (*Lince de Italia, Política, Execración, Hora de todos,* etc.). Gradualmente, partiendo de varias tomas de posición fechadas en 1621, Quevedo fue alimentando de manera incesante esa preexistente ambición de influencia política que le fue llevando desde la defensa del valimiento y política de Olivares, a finales de la década de los veinte, hasta su oposición más encarnizada y visceral al Valido a lo largo de la década siguiente. Quevedo contaba con un instinto político sumamente desarrollado (Elliott, "Quevedo" 228) que, necesaria e ineludiblemente, desembocó en una clara voluntad de intervenir en la política de la primera mitad del siglo XVII. Esa pulsión por la influencia se fue articulando a lo largo de todo su *habitus* y alcanzó tanto a las tomas sociales de posición (amistad con diversos nobles, pleitos por el señorío de La Torre, consecución del hábito de Santiago) como a las textuales (obras de arbitrismo político a favor o en contra de una determinada acción política, memoriales al Rey). La pretensión de influencia política por parte de Quevedo y su propensión a ella, que ya se habían manifestado tibiamente en obras tempranas como *España defendida* o el *Discurso de las privanzas,* devinieron con los años y por su oposición a Olivares en virulentas e incontenibles. Esa significada ambición de influencia, que en sus aspectos quizá más intensos coincide con su estrecha relación con el duque de Medinaceli *circa* 1630 y 1645, fue en última instancia la que llevó a Quevedo a la prisión de San Marcos de 1639 a 1643. De los grandes escritores del primer tercio del XVII se puede decir que Cervantes trató de huir infructuosamente de la corte trasladándose a América; Góngora la sufrió en forma de estrecheces por salvar las apariencias; Lope la ansió aupado en la estela de su éxito popular y Quevedo quiso siempre influir en ella.

Si hay una constante en la producción quevediana esa es la instrumentalización genérica, temática o circunstancial de la literatura que practica nuestro escritor con propósitos extraliterarios, a menudo políticos. En Quevedo, lo sociopolítico contamina a la literatura desde muy temprano y es

Conclusión

uno de sus rasgos autoriales. Otro rasgo propiamente quevediano es el de la perlocutividad de muchos de sus escritos que siempre buscan más el *movere* de sus lectores implícitos o explícitos que el convencer. Para hacer esa perlocutividad más efectiva, Quevedo convierte muchas de sus obras políticas en una especie de *performance* textual de argumentaciones religiosas en la que se suelen mezclar los consejos vasalláticos y las admoniciones con estallidos jeremíacos y alocuciones al monarca con los que el escritor advierte, cual moderna Casandra, de la descomposición social y política del reino.

Un enfoque "intraquevediano" para con los escritos de interés político de Quevedo no ha de ocultarnos el bosque. En el pasado, algunos enfoques intrínsecos han aislado al escritor de corrientes, agentes sociales, fenómenos o manifestaciones de la época presentándonoslo como alguien que reaccionaba en singularidad casi épica frente a los excesos de un poder omnímodo (léase Olivares) o en labores de valiente denuncia frente a una sociedad en crisis. Ejemplo de esto último es la interpretación política del soneto "Miré los muros de la patria mía." Si bien es cierto que en Quevedo se convocan muchas singularidades, eso no puede llevarnos a pensar que fue un aislado "francotirador" político por cuenta propia. Es más, en todas sus batallas políticas desde, para, por o contra un determinado foco del campo de poder (defensa de medidas monetarias, patronato de Santiago, política exterior, presencia de financieros judíos portugueses, delimitación de labores y deberes propios de Rey y Privado) el autor de las dos entregas de la *Política de Dios* suele ser, consciente o inconscientemente, ariete privilegiado y portavoz de grupos e intereses sociales o políticos. Eso vale tanto para la defensa ideológico-simbólica del patronato santiaguino como para el furibundo ataque final, *ad hominem y ad politicam,* contra Gaspar de Guzmán, conde-duque de Olivares. Esa suerte de portavocía de ciertos intereses que a veces encarna Quevedo para nada niega, creo, la subjetividad y autodeterminación política del escritor, el cual, frente a la mayor parte de sus compañeros de campo, optó por tensar las cuerdas que ataban a los intelectuales con el poder y viceversa. En ese sentido, la propia acción quevediana—en contra o a favor de algo o de alguien; premiada o castigada por el poder—salvaguarda y prueba el albedrío interactivo del que, en mayor o menor medida, goza todo individuo en no importa qué época y aleja las tomas de posición quevedianas del determinismo social a ultranza (crítica marxista, sociocrítica) en el que a veces se ha puesto a Quevedo. Ese libre albedrío quevediano también le llevó a veces, como a todo ser humano que se precie, a ejercer el derecho "a marchar como un cangrejo, en contra de [su] propio pensamiento" (Valente 108).

Quevedo no fue, contrariamente a lo que creía Borges (56), "menos un hombre que una dilatada y compleja literatura." Es muy difícil sustraerse a esa sensación de finitud y circularidad, a ese vértigo de conceptualización

Conclusión

elegante y comprensiva que alberga la cita borgiana. Ese dejarse, ese dejarnos mecer por la cláusula borgiana, auténtica archicita de los estudios quevedianos, ha contribuido a velarnos durante decenios lo que realmente distingue a Quevedo de entre sus coetáneos: ser menos un escritor que una dilatada, sostenida y compleja interacción político-literaria. Y si bien es cierto que la trayectoria quevediana comenzó simbólicamente en su juventud solicitando entre bromas y veras la entrada en el campo literario, como evoca el "Memorial que dio don Francisco de Quevedo en una academia pidiendo una plaza en ella," no menos cierto es que esa trayectoria acaba por mostrarnos al escritor dando aldabonazos en las puertas del mismísimo palacio real con obras como la *Política*, la *Execración* o *La hora de todos*. De la misma manera tenemos que cuestionarnos, a la vista de su trayectoria, la imagen de un Quevedo neoestoico. Quevedo escribió o reescribió obras neoestoicas en varios periodos de su vida y quizá por diferentes razones; también profesó ansiosa y afectadamente otras muchas erudiciones, como recordaba su primer editor González de Salas, pero si algo se destaca del conjunto de su trayectoria es un inconformismo batallador y casi ontológico con el Mundo y un activismo político y social que sorprenden por su intensidad. Quevedo fue menos una literatura que un infatigable escritor de acción.

Apéndice
Traducciones al español

Estas traducciones al español de las citas más extensas en otros idiomas van ligadas al texto por el número entre corchetes que cierra cada cita original en el cuerpo de dicho text. Todas las traducciones son mías.

Introducción

1 ... de hecho, el sujeto está constituído por múltiples y, a menudo, contradictorias posiciones, de ahí que no sea más que una entidad provisionalmente fija situada en varios lugares (posiciones) dentro de las relaciones generales de producción, de los sistemas de significación y de las relaciones de poder.

Capítulo uno
El primer campo literario español

2 La eficacia de factores externos, crisis económicas, avances tecnológicos, revoluciones políticas o, simplemente, de la demanda social por parte de una categoría concreta de clientes de la que la historia social tradicional busca manifestaciones directas en las obras, sólo puede ejercerse mediante transformaciones en la estructura del campo al que esos factores pudieran determinar.

3 Por grande que sea el efecto del campo nunca se ejerce mecánicamente y en la relación entre posiciones y tomas de posición (sobre todo obras de arte) siempre median las disposiciones de los agentes y el espacio de posibles que constituyen como tal a través de la percepción del espacio de tomas de posición que estructuran.

4 Con pocas excepciones como la historia social o la económica, se suelen escoger como marco histórico de referencia obras y hechos de individuos que pertenecen a élites sociales específicas, sin que los problemas sociológicos presentes en la formación de esas élites formen parte del estudio.

5 La renuncia a la creencia angélica de un interés puro en una forma pura es el precio a pagar por comprender la lógica de universos sociales que, a través de la alquimia social de sus leyes históricas de funcionamiento, extrajeron felizmente la sublimada esencia de lo universal del choque a menudo despiadado entre pasiones e intereses egoístas.

Traducciones al español

Capítulo dos
La interacción literaria: distinción, legitimación y violencia simbólica

6 Quizá la forma más obvia de competir en literatura es la decisión del escritor de ir por terreno conocido, es decir, de retomar una historia atribuible a otro autor o a una tradición reconocible. Esto supone una confrontación directa en la que el escritor invita a comparar a través de una dialéctica de revisión y rechazo; reverencia y falta de respeto; continuidad y discontinuidad.

7 … la casi histérica polarización en dos campos de los lectores de las primeras décadas del siglo diecisiete, los altamente educados y las masas "apenas alfabetizadas," puede verse como una de las razones del desarrollo de una estética elitista en poesía, representada por Carrillo y Sotomayor y Góngora, caracterizada por su cultivo de dificultades léxicas y conceptuales.

8 El progreso hacia la autonomía del campo literario está marcado por el hecho de que, a finales del siglo diecinueve, la jerarquía entre géneros (y autores) según criterios específicos de juicios entre colegas es casi exactamente la inversa a la que resulta del éxito comercial. Esto difiere de lo que sucedía en el siglo diecisiete cuando ambas jerarquías casi confluían…

9 Lo que destaca en esta categoría literaria (sobre todo en manos de hábiles manipuladores del lenguaje como Cervantes, Góngora y Quevedo) es la estrategia formal que critica sistemáticamente las formaciones ideológicas que recrean las relaciones sociales claves entre los escritores y su audiencia histórica.

10 … el campo de producción y difusión sólo puede comprenderse en su totalidad si uno lo contempla como un campo de competición por el monopolio del ejercicio legítimo de la violencia simbólica. Tal construcción nos permite definir el campo de producción restringida como la escena de una competición por el poder de otorgar consagración cultural…

Capítulo tres
La interacción con el poder: literatura y sociedad cortesana en la España del siglo XVII

11 Hasta cierto punto, este patronazgo puede verse como el reflejo en la nobleza provinciana de gustos y modas de la corte aunque el patronazgo nobiliario precede, obviamente, al patrocinio oficial de las academias oficiales bajo Felipe IV y el conde-duque de Olivares en la tercera y cuarta décadas del XVII.

12 Los salones son también, por los intercambios que allí se producen, articulaciones genuinas entre los campos: los que ostentan poder tratan de imponer su visión a los artistas y de apropiarse del poder de consagración y legitimación que tienen…; a su vez, escritores y artistas, actuando como peticionarios

Apéndice

e intercesores o, incluso, como verdaderos grupos de presión intentan asegurarse el control mediador de las recompensas simbólicas o materiales distribuidas por el estado.

13 La relación entre nobles y poetas fue probablemente simbiótica. En una época en la que todavía se consideraba a la poesía empeño necesario para un caballero, la categoría de un noble se mostraba no sólo por la calidad de sus propios versos sino también y sobre todo por el círculo de escritores a los que patrocinaba.

Capítulo cuatro
El filo de la pluma: Quevedo
y su interacción con el campo literario

14 Lo burlesco es, en su condición de imitación paródica, entretenimiento pero también un medio de referirse a otra manera seria de contemplar la realidad. Al ser fundamentalmente un "modo," lo burlesco no tiene existencia independiente: se funda en lo no propio; en lo "otro" (por ejemplo, lo "serio," lo "superior" o lo "culto").

Notas

Introducción

1. Aludo a "Siglo de Oro" aun a sabiendas de que es más "académicamente correcto" en nuestros días—siguiendo, en esto como en tantas otras cosas a la crítica surgida de los departamentos de inglés—referirse a "temprana modernidad." Con todo, creo que "Siglo de Oro" se ha convertido con el tiempo en un concepto que evoca, sin ambigüedad de ningún tipo, un periodo muy definido de la cultura española que abarca desde mediados del XVI a mediados del XVII, aproximadamente.

2. Pablo Jauralde, *Francisco de Quevedo (1580–1645)* (Madrid: Castalia, 1998).

3. Fernando Cabo Aseguinolaza, ed., *El Buscón*, de Quevedo (Barcelona: Crítica, 1993).

4. James O. Crosby, ed., *Sueños y discursos*, de Quevedo (Madrid: Castalia, 1993).

5. Ignacio Arellano, ed., *Los sueños*, de Quevedo (Madrid: Cátedra, 1996).

6. Carmen Isasi Martínez, ed., *El Rómulo*, de Quevedo (Bilbao: Universidad de Deusto, 1993).

7. Celsa Carmen García Valdés, ed., *La prosa festiva completa*, de Quevedo (Madrid: Cátedra, 1993).

8. Valentina Nider, ed., *La caída para levantarse, el ciego para dar vista, el montante de la iglesia en la vida de San Pablo Apóstol*, de Quevedo (Pisa: Giardini, 1994).

Capítulo uno
El primer campo literario español

1. Algunas lecturas psicoanalíticas del *Burlador de Sevilla* tirsiano son muy ilustrativas a este respecto: se analiza "históricamente" la psique motivacional del personaje dejando totalmente de lado la de su creador.

2. Es decir, a qué se refiere el lenguaje, de qué trata, y en qué medida el contexto de emisión de un texto o mensaje lo modifica, aclara o completa. Como afirma el propio Wittgenstein en el párrafo 499 de sus *Philosophical Investigations*, cuya cita encabeza este capítulo, dibujar una línea de demarcación no equivale a decir *para qué* se ha dibujado dicha línea.

3. Esa interacción sobre la que se basa el armazón teórico sociocultural de Bourdieu se inserta en lo que podríamos llamar una corriente empírica de la sociología, volcada en dar sentido a la constante interacción que presentan la praxis social. Erving Goffman, un sociólogo norteamericano con quien el sociólogo francés coincidió a su paso por la Universidad de Pennsylvania, fue uno de los miembros más destacados de dicha corriente. Una de sus contribuciones más destacadas fue la de la conceptualización y aplicación a la sociología del llamado "orden interactivo."

4. Sirva de contraste con el enfoque sociocultural de Bourdieu la sociocrítica que ha venido desarrollando Edmond Cros, influenciado por Lukács y Goldmann (sobre todo en lo que toca al estructuralismo genético). Cros analiza los textos con arreglo a las estructuras sociales—económicas, políticas, culturales o mentales—propias de la época en que se escribieron y cómo las prácticas discursivas emanadas de esas estructuras fueron dejando su huella (*trace idéologique*) en la historia a través de la semántica (*Ideología y genética textual* 163–84). A pesar de una tímida incorporación de algunos artículos de Bourdieu en una de sus últimas manifestaciones (*Genèse* *socio-idéologique des formes* 21–37), el modelo de Cros no acaba de incorporar plenamente las posibilidades que la teoría de campos ofrece a una "génesis socio-ideológica de las formas." Con todo, es un modelo muy válido y a tener en cuenta y cuyos rigurosos análisis microsemióticos pueden servir de herramienta en estudios socioculturales que vayan más allá del campo y se centren en un texto concreto. Otro destacado sociocrítico es Antonio Gómez-Moriana.

5. Si el cronotopo bajtiniano alude a las conexiones espaciotemporales y a su impacto en los géneros literarios ("Mikhail M. Bakhtin" 1187), por sociotopo entiendo una combinación del impacto literario *interno* (intraliterario, intertextual, relacional) de la concentración social de los escritores en un espacio delimitado (en este caso las academias) y de la visibilidad social de ese espacio.

6. Esta preocupación semeja ser una suerte de aplicación al campo de las ciencias humanas del principio de indeterminación científica de Werner Heisenberg, cuya formulación dice, a grandes rasgos (¡y que Alan Sokal me perdone!), que lo que a menudo se observa no es el objeto sino la figuración del mismo salida de las preguntas o respuestas del observador (aquí del crítico literario), que éste altera necesariamente el sistema y que existen incertidumbres ineludibles provocadas por la propia observación.

7. Roger Chartier (*The Order of Books*) y Edward Baker se han acercado desde ese punto de vista a algunas dedicatorias cervantinas.

8. Para un repaso de conjunto de dichas críticas véase la entrada de Craig Calhoun sobre Bourdieu que aparece en la bibliografía y, especialmente, las pp. 726–28.

9. Una rápida búsqueda por la MLA International Bibliography (julio de 2001) ofrece un magro resultado de cuatro entradas que combinen los términos "Bourdieu" y "Spanish Literature," de once para "Bourdieu" más "English Literature" y de un total de 96 que incluyen a la vez "Bourdieu" y "Literature." Nueve de esos 96 corresponden al número monográfico que la revista *SubStance* le dedicó en 2000 precisamente al tema de la penetración del sociólogo francés en la crítica literaria académica. Nada que ver, desde luego, con los 1132 *hits* que aparecen, por ejemplo, para los términos "Derrida" más "Literature."

10. Utilizo el concepto de "lecturas intrínsecas" ya que considero incompleta y equívoca la frecuente traducción de *close readings* como "lecturas cerradas" ya que a menudo encubre los matices semánticos presentes en el adjetivo *close*. Sin ser "intrínseca" una elección ideal, me parece más pertinente que "cerradas."

11. Aquí pienso en los anacronismos y lapsus epistemológicos que resultan de la adaptación mecánica y oportunista (en la que todos los académicos incurrimos, por otra parte) de conceptos y modelos teóricos que una vez fueron creados para explicar diferentes voces y diferentes ámbitos.

12. No me parece pertinente extender el marbete hasta la consabida muerte de Calderón en 1681, ya que los goznes que le daban portazo al "siglo" habían girado mucho antes. No es este el momento de extenderme en el asunto, pero el decenio que va de 1640 a 1650 parece un momento muchísimo más significativo; casi diríase que nos hallamos ante un verdadero corte epistemológico. En ese decenio, recordemos, se producen hechos tan significativos como las sublevaciones de Cataluña y Portugal (1640) y los conatos secesionistas en Andalucía (1641) y Aragón (1648); la defenestración del Conde-Duque y la derrota de Rocroi (ambas en 1643). En el plano literario, desaparecidos ya en los tres decenios anteriores Cervantes (1616), Villamediana (1622), Góngora (1627) y Lope (1635), mueren por esas fechas Vélez de Guevara (1644), Quevedo (1645), Tirso (1648).

13. Aunque me detendré más adelante en la explicación conceptual del término, baste señalar por ahora que en él confluyen, libremente y con articulación bourdieuana de fondo, el "orden interactivo" como práctica social, término acuñado por el sociólogo norteamericano Erving Goffman, y los conceptos de intertextualidad (Kristeva) e intrahistoria (Unamuno).

14. Sobre todo cuando no hay dentro del texto o "dentro" del autor un correlato intratextual explícito o directamente alusivo. Ante algunos excesos restrictivos que a veces se propugnan desde la filología positivista de estricta observancia, uno no puede sino recordar dos ideas significativas; una es de Wittgenstein: "But when one draws a boundary it may be for various kinds of reason" (§499); la otra de Karl Popper: el avance en el proceso científico es imposible sin el concurso de ideas metafísicas que no se pueden demostrar empíricamente (38). De ambas haré, como no podría ser de otra manera en un profano de las filosofías del lenguaje y de la ciencia, interpretación libérrima. La primera sugiere que nuestra civilización es hija amantísima de la hermenéutica (no hay sino recordar la exégesis bíblica o la constante reescritura de la Historia), fin último y necesario de toda ecdótica; la segunda, que la imaginación, la curiosidad y cierta osadía son inherentes al desempeño intelectual.

15. Pienso en poemas como "En lo sucio que has cantado" y "Yo te untaré mis obras con tocino," donde se ataca al poeta cordobés, acusándolo de judío.

16. Utilizo "condición" en el sentido que Lyotard (5) le da al término en su conocida obra *La condition postmoderne*; es decir, como descripción de un estado sociocultural en un momento dado.

17. Alain Viala dedica parte del capítulo tercero de *Naissance de l'écrivain* al desarrollo y vicisitudes de los privilegios de impresión y de los derechos de autor en la Francia del XVII. Véanse, sobre todo, las pp. 101–08.

18. Véase, al respecto, el artículo de Pedro Ruiz Pérez "De la oralidad a la escritura: la formulación autobiográfica de los *Apotegmas* de Juan Rufo" donde se estudia esta transición y la inserción autobiográfica de su autor en los *Apotegmas* (Toledo, 1596) como indicios de la influencia que la imprenta y la corte tuvieron en el advenimiento y evolución de la escritura literaria de entretenimiento.

19. Sobre el particular léanse los capítulos siete y ocho del libro de Viala, donde éste analiza el origen social y las estrategias "profesionales" de los escritores franceses del XVII.

20. Según Kagan (*Students* 63), a mediados del XV sólo había 6 universidades en España; a comienzos del XVII había ya 33, sin contar 6 fuera de la Península. En Salamanca hubo, de 1550 a 1650, una media de entre 4000 y 7000 estudiantes matriculados; en Alcalá, entre 2000 y 4000. En el total de las universidades castellanas estudiaban entre diez mil y veinte mil alumnos al año (197–200). Kagan apunta, con las reservas pertinentes al caso, que de una población de algo menos de siete millones de habitantes, unos 20.000, es decir, el 3,2 % varones castellanos comprendidos entre los 15 y los 24 años, asistían a la universidad anualmente. La mayoría de esos estudiantes eran hidalgos, lo que significa que entre un tercio y un cuarto de estos eran universitarios (200).

21. Pero no hay que olvidar que, como recuerda Maravall, la "socialización de la lectura" surgió de un intento por potenciar al Estado, no al individuo (*Oposición* 31).

22. En 1995, al hacer unas obras de reforma en una casa de Barcarrota (Badajoz), aparecieron diez libros y un manuscrito ocultos en una doble pared. En su mayor parte eran libros prohibidos por el *Index* y pudieron pertenecer a un judeoconverso o a un disidente intelectual extremadamente culto, ya que los textos aparecen en diversos idiomas: latín, francés, griego, hebreo, portugués e italiano. Entre ellos destacan, además del desconocido *Lazarillo* de Medina del Campo (1554), una *Lingua* (1538) de Erasmo; un ejemplar del *Alborayque*, libro contra los conversos extremadamente raro; la *Oración de la emparedada* y textos de quiromancia de César Mantuano, de 1525 y 1543. Véanse, al respecto, el artículo de Pérez González citado en la bibliografía y el monográfico que la *Gazeta de la Unión de Bibliófilos Extremeños* le dedicó al hallazgo.

23. Esta revisión al alza de la alfabetización ha de ser aplicada igualmente al ámbito rural, como ya señaló Margaret Spufford en *Contrasting Communities* 206–18.

24. Es interesante, por ejemplo, hojear el inventario de la biblioteca del letrado, escritor, sacerdote y arqueólogo Rodrigo Caro que se hace a la muerte de éste, en 1647. Allí vemos que, de una notable colección de más de 500 obras, aparecen apenas seis títulos de literatura española en romance que reflejan el marcado carácter clásico de don Rodrigo: don Juan Manuel, Mena, Garcilaso, fray Luis de Granada, Herrera, Góngora y Baltasar de Céspedes (Etienvre 39).

25. Chevalier ha dedicado un reciente artículo ("Lectura en voz alta") a intentar desvirtuar testimonios de la época de lecturas en voz alta con argumentos que no puedo compartir. Por ejemplo, al intentar socavar el valor testimonial de la lectura común de la venta en el *Quijote,* Chevalier dice que es inverosímil la presencia de libros en una venta, ya que "ningún viajero habla de libros en una venta española, ni siquiera Barthélémy Joly, siempre curioso de lectura y cultura," que "al disponer de un día de descanso, parece lógico suponer que estos desgraciados [los segadores] lo aprovecharían para dormir" y, finalmente, que para gallegos analfabetos debía de ser difícil comprender las novelas de caballerías en castellano, mucho más considerando que la gente común no entendía el lenguaje galante (61–62). A ello cabría reponer que el que en las ventas no hubiera "bibliotecas," para nada invalida el que los huéspedes viajaran con libros (y que, eventualmente, se los dejaran olvidados). O que, como en el caso del *Quijote* de Avellaneda (cap. XXVII), se ensaye precisamente en una venta la comedia lopesca *El testimonio vengado*. La falta de competencia "absoluta" de un auditorio para nada imposibilita ni la aparición ni el éxito popular de enrevesados textos, como tan frecuentemente vemos en las comedias, muchos de cuyos versos en nada desmerecen a las endiabladas "razones" de Feliciano de Silva. Chevalier afirma también que Cervantes "se contradice" e invalida el valor testimonial de la lectura colectiva en la venta cuando, en otros pasajes, alude a auditorios humildes admirados y embobados (64). Sin embargo, sabido es que la cultura de la época (Maravall *dixit*) se regodea en buscar la suspensión y admiración de todo tipo de audiencias, por lo que no veo que exista contradicción alguna en ambos hechos. Y la difícil y hasta imposible intelección o decodificación total de una obra (como sin duda prueban casi todas las películas de David Lynch y ciertos libros de Derrida) no deja, en ocasiones, de servir incluso de acicate a su público.

26. James Amelang le ha dedicado un libro al asunto: *The Flight of Icarus: Artisan Autobiography in Early Modern Europe* (Stanford: Stanford UP, 1998).

27. El dato, no obstante, es recogido por Amelang a partir de una comunicación de M. Peña Díaz y A. Simón i Tarrés presentada en un congreso.

28. Montemayor, que probablemente era amigo de Silva, fue un escritor cortesano de origen converso que se convirtió en cantor de capilla de las hijas de Carlos V y criado de aristócratas. El éxito de su *Diana* patentiza, en opinión de Chevalier ("La *Diana*" 52), lo consciente que era Montemayor de las diversas aficiones de su público.

29. Los préstamos de libros eran muy frecuentes en los siglos XVI y XVII y de ellos encontramos pruebas en muchos testamentos (Dadson, *Libros* 20–23). El de Bocángel, por ejemplo, instruye a su mujer para que devuelva cuatro libros a sus legítimos propietarios o, en su defecto—caso de un *Lucano* propiedad del ya difunto Jáuregui—, "a alguno de los herederos" (20).

30. Así lo recuerda Lucía (116), que destaca su presencia aun después de la novela cervantina. Esta pervivencia de lo caballeresco se evidencia en el inventario en 1606 de la librería de Cristóbal López donde nos encontramos con ejemplares aislados de muchos héroes caballerescos: Florisel, Reynaldos, Febo, Rojel de Grecia, Primaleón, Belianís... (Dadson, *Libros* 467–502). Otro testimonio curioso de esa tardía pervivencia se encuentra en el epistolario del conde de Gondomar donde aparece la solicitud de préstamo de un *Morgante* de su nutrida biblioteca, por parte de un tío de su segunda mujer (Lamourette 63).

31. Nombres, entre otros muchos, glosados o nombrados en las monografías de Luna, Alonso Cortés, Barbeito y Wilson y Warnke.

32. Concuerdo con Dadson (*Libros* 275) en que la mayoría de las lecturas femeninas de la época (siglo XVII) fueron seguramente devotas, según se desprende de los inventarios de bibliotecas particulares. Así y todo, me da la impresión de que habría que tener en cuenta la desigual proporción general entre libros religiosos y de entretenimiento, favorable siempre a los primeros, como factor corrector, para evaluar el impacto que las lectoras pudieron tener en ciertos subgéneros de la literatura de entretenimiento. Léase, a ese respecto, el trabajo de Lola Luna donde se estudian la escritura y la lectura femeninas de la temprana modernidad española. Allí recuerda Luna (124) que sólo en un contexto de amplio número de lectoras tienen sentido las denuncias de los moralistas como Malon de Chaide contra las "hilanderuelas" que gozaban de la *Diana,* y las numerosas reimpresiones (once) de *La conversión de la Magdalena* entre 1588 y 1604, que parecen ir de la mano del éxito de dicha novela pastoril.

33. De otra manera sería difícil de explicar el grado de teatralización declamatoria al que llegó la poesía académica de aliento amoroso (J. Robbins). Y con esto no quiero decir que todas las "Filis" y las "Lisis" de la época hubieran de tener un referente femenino directo y real aunque, qué duda cabe, esto ocurriría en ocasiones.

34. La cifra la obtiene Bouza al hacer la media entre los 6350 ejemplares de la edición del *Index* de 1582 y, por ejemplo, las docenas de memoriales y alegaciones particulares que se imprimían, de tiradas mucho más modestos.

35. El *Catálogo de pliegos sueltos poéticos de la Biblioteca Nacional [Siglo XVII]*, ed. por García de Enterría y Martín (Madrid, 1998) recoge 1183 pliegos.

36. José Manuel Blecua hablaba incluso del "desdén" que numerosos poetas habían tenido por la transmisión de su poesía y recordó que muchos de ellos (Garcilaso, Cetina, Figueroa, Francisco de Aldana, fray Luis de León, San Juan de la Cruz, Góngora, los Argensolas, Quevedo, Villamediana, Rioja y otros muchos) nunca vieron su obra poética impresa (*Sobre el rigor* 12–13). A ese presunto desdén de los poetas se le podrían poner algunos peros. Uno de ellos podría inferirse de una de las defensas que Lope hizo de la impresión de sus obras: "Para mí también son obras las de mano, como las impresas; ¿en qué, pues, se fían los que porque no imprimen murmuran" (*Peregrino* 56). Lo interesante de la cita, que aparece en un prólogo donde se congregan, simultáneamente y de una manera muy lopiana, defensa y ataque, es que se inserta en un pasaje donde se alude a la poesía y a los poetas y parece traslucir una tensión epocal respecto a las ediciones poéticas. A fin de cuentas, viene a decir Lope, no importa demasiado cómo se transmita la poesía; lo significativo es que se haga y que llegue a los lectores. Aquí, como en otros casos, corremos el riesgo de trasponer valores y situaciones de nuestra época a las pasadas. Decididamente, no se puede afirmar con rotundidad que no publicar poesía en los siglos XVI o XVII supusiera un desdén hacia ésta. Hay muchos aspectos ajenos a nuestra época pero quizá muy presentes entonces a tener en cuenta cuando nos enfrentemos a la dicotomía manuscritos-impresos poéticos. Entre ellos estarían, se me ocurre, cierto *decorum* caballeresco-masculino, los aspectos lucrativos y comerciales de la edición (y, por lo tanto, deshonrosos en cierto modo) o los aspectos de control cultural y administrativos de los libros (licencias, aprobaciones, potenciales escrutinios inquisitoriales), por citar algunos.

37. Ms. 1.092, titulado "Discursos sobre la moneda y govierno de España" (Pérez Cuenca, *Catálogo* 24).

38. Un ejemplo de la tiranía del dato testimonial es el que ofrecía Chevalier en *Lectura y lectores* cuando—apoyándose también en las estimaciones previas de A. Rumeau y Claudio Guillén sobre el escaso número de ediciones de la obra—afirmaba que el *Lazarillo* se leyó poco en la segunda mitad del XVI dadas su ausencia referencial absoluta en el *Tesoro* de Covarrubias y su escasa presencia en inventarios de bibliotecas particulares. Uno pensaría que su temprana presencia en los índices inquisitoriales (1559) tendría algo que ver en esa aparente escasez referencial y que, independientemente de su presencia en índices o inventarios, la gente podía leer o poseer determinados libros perseguidos o de carácter comprometido, como el ya aludido *Lazarillo* de la "Biblioteca de Barcarrota" atestigua fehacientemente. Por otro lado, y como defendía Rico (101–02), habría que tener en cuenta también la difusión manuscrita y las posibles lecturas colectivas de la obra. En honor del profesor Chevalier hay que decir que hoy considera demasiado reduccionistas algunas de sus conclusiones de entonces; sobre todo en lo concerniente a los niveles de alfabetización y acceso a la lectura en la España de los siglos XVI y XVII.

39. Ignoro la fuente de Pierre Civil (*Prose* 22) quien ofrece una cifra de "environ 15 000" ejemplares para la biblioteca gondomarense, número ciertamente exagerado. El dato erróneo se debió de originar, como ya aclaró Teófanes Egido (Michael y Ahijado 195), en una referencia epistolar de Antolínez de Burgos, corresponsal de Godomar, luego recogida por el viajero Richard Ford. Sobre esta biblioteca, véanse los trabajos de Lamourette y Michael-Ahijado. Por otro lado, Dadson (*Libros* 20–21) avanza con cautela la cifra de 17.000 libros para la biblioteca de Hernando Colón, hijo del descubridor.

40. En los preliminares de una reedición (Baeza, 1615) de los exitosos *Proverbios morales* (Madrid: Luis Sánchez, 1598) de Alonso de Barros, afirma Jiménez Patón que Felipe II gustó del libro, lo cual era muy de tener en cuenta ya que: "con haber sido tan enemigo de poesía el rey nuestro señor don Felipe Segundo (que Dios tenga) se cuenta de Su Majestad que recibió particular contento y gusto con la de estos *Proverbios*, y aun mostró que lo tendría en que los otros sus criados los tomasen de memoria" (tomo el dato de Dadson, *Libros* 176).

41. No se ha podido probar que a Cervantes se le comisionara una relación (Canavaggio 282) de la visita a la corte en Valladolid del embajador inglés Lord Charles Howard, conde de Nottingham, entre mayo y junio de 1605. Dicha visita puede seguirse a través de su reflejo en la *Fastiginia* de Pinheiro (78–160).

42. Extracto el relato que de los acontecimientos da Elliott (*Count-Duke* 38–45).

43. Un manuscrito de finales del XVII en poder de la Universidad de Pennsylvania y glosado por Carreira (*Gongoremas* 117) dice que, cuando el poeta le envió al Duque las setenta y nueve octavas del *Panegírico*, "respondió el Duque que mui bien, pero que no las entendia. Con lo cual Don Luis no prosiguió."

44. Estoy pensando en episodios como la acogida aragonesa al fugitivo Antonio Pérez, los peregrinajes de Felipe IV por las cortes en demanda de dinero o en los importantes residuos de la naturaleza "birreinal" de España (Castilla + Aragón) que subsistían. Por citar algo significativo, recordemos los privilegios de impresión, independientes y circunscritos a cada uno de los dos reinos.

45. Adrian Marino (186) señala que durante el siglo XVII se percibe una transición en las aspiraciones motivacionales de los escritores: desde el ansia de gloria como objetivo de los de la antigüedad hasta la persecución de la reputación literaria, que tiene rasgos mucho más modernos y que comienza a relacionarse con el concepto de éxito popular entre los escritores del Barroco y del clasicismo francés.

46. Sería muy conveniente contar con un estudio detallado de los ingresos de los escritores españoles. Contamos con datos dispersos (ventas de privilegios, contratos con *autores* de comedias, con ciudades, con nobles) pero, que yo sepa, no contamos con un estudio homogéneo y unificado de ingresos como el que Viala hizo sobre los escritores franceses del XVII. Según los derechos de autor que estos percibían, Viala los divide en cuatro categorías: los que no recibían nada (nobles, noveles); los mal pagados (autores de poco nombre o practicantes de géneros minoritarios que cobraban entre 50 y 300 libras); los de éxito comercial medio, que cobraban entre 300 y 1000 libras; los autores de éxito, por encima de las 1000 (Molière, Corneille, Scarron, Chapelain, La Calprenède) (107–08). Como oportunamente recuerda el propio Viala, para tener un buen pasar se necesitaban entonces entre 3000 y 4000 libras, lo que situaba a los escritores necesitados en el nivel de ingresos de cocheros y lacayos y en el de la élite del trabajo manual a los de éxito medio, mientras que los autores de éxito cobraban lo que secretarios y preceptores y más que historiadores y profesores (113). La suma de los ingresos por derechos de autor y los correspondientes al mecenazgo real permitió a Corneille, Scarron, Racine o Molière, que se situaban entre las 3000 y las 4000 libras entre ambos conceptos, vivir "sur un pied d'honnête bourgeois ou de noble modeste" (114).

47. La cita pertenece a *The Return from Parnassus*, de Robert Greene. Anteriormente, dirigiéndose al resto de los "university wits," Greene ya había hecho alusiones al oficio de Shakespeare como actor en *Groat's Worth of Wit Bought with a Million of Repentance* (1592), donde caracterizaba al bardo de Stratford como "an upstart crow, beautified in our feathers" (Wyndham liv).

48. A Mal Lara le siguieron en el liderazgo académico Fernando de Herrera; el canónigo Francisco Pacheco, tío del pintor; el discípulo de Mal Lara, Francisco de Medina; y el propio suegro de Velázquez (J. Brown, *Images* 22–28). Esta academia tuvo intereses muy amplios y acordes con los gustos e intereses de sus miembros. Entre las disciplinas que motivaron el interés del grupo sevillano se encuentran la pintura, la escultura o la numismática, además de la propiamente humanística ejemplificada por Herrera con sus *Anotaciones* (1580) a la poesía garcilasiana. Un interesante testimonio indirecto y externo de este grupo intelectual lo ofrece el dramaturgo sevillano Juan de la Cueva quien en su epístola "A Cristóbal de Sayas" (*ca.* 1585), dirigida "a los academicistas... / del Museo del ínclito Malara," critica las *Anotaciones* (Montero 21).

49. Son fechas que Aurora Egido ("Las academias" 116) avanza con cautela para esta academia que debió de gestarse en torno al *Cancionero* de 1628 y cuyos testimonios conservados muestran el ascendiente de la poesía gongorina en Aragón y en el propio Uztarroz.

50. Habría que hacer, quizás, dos prudentes excepciones: una probable academia vallisoletana entre 1601 y 1605 (King, "The Academies" 370) y las sevillanas de Pacheco, el duque de Alcalá y de Juan de Arguijo. En el caso de la vallisoletana, el propio carácter cortesano de Valladolid en dicho periodo, así como su más que probable traslado desde Madrid, reforzaría el argumento que vengo señalando de la especificidad literaria que, de alguna manera, surge del proceso de concentración y especialización literaria que supone la Corte a comienzos del XVII. En cuanto a las sevillanas, es difícil saber, como advierte Aurora Egido (120), si llegaron a ser academias o tertulias sin disciplina concreta. Con todo, la de Pacheco no es sino continuación más o menos directa del grupo creado en torno a Mal Lara a mediados del XVI y la variedad extraliteraria de sus intereses queda de manifiesto en un capítulo que Jonathan Brown le dedica al núcleo sevillano en *Images*.

51. Ver al respecto el artículo de Harry Sieber sobre el uso propagandista y en beneficio propio que el Duque hizo del patronazgo literario y también las páginas que le dedica Feros (*Kingship* 100–08) al asunto.

52. Mención aparte merece la llamada "Venta del siglo" por la que buena parte de la colección pictórica (cuadros de Rafael, Tiziano, Veronés, Mantegna...) del derrotado y ejecutado rey inglés Carlos I fue comprada en 1649 para Felipe IV y el marqués del Carpio por el embajador español. Para más detalle véase el catálogo *The Sale of the Century: Artistic Relations between Spain and Great Britain, 1604–1655* (New Haven: Yale UP, 2002), editado por Jonathan Brown y John H. Elliott.

53. El dato está sacado de la *Bibliografía madrileña* de Pérez Pastor. Claramente, la cifra hubo de ser superior ya que lo que hizo Pérez Pastor fue catalogar aquellas obras de las que tuvo noticia o de las que quedaban ejemplares.

54. Claro está también que a Madrid llegaban muchos libros publicados en otros lugares españoles y, a pesar de los filtros inquisitoriales, extranjeros.

55. Elizabeth Wright ha dado cuenta brillantemente de este proceso lopesco de afirmación autorial en *Pilgrimage to Patronage*, donde se detiene en analizar pormenorizada y contextualizadamente el lugar de *La dragontea*, las *Fiestas de Denia* y *La Jerusalén conquistada* en la trayectoria literario-cortesana del escritor. Sus aportaciones son especialmente sugerentes en los casos de *La dragontea* y las *Fiestas*, aunque quizá se echa de menos en el libro la posible inclusión analítica de *La Arcadia*, ya fuera por razones de estricta contigüidad o por la importancia que la obra tiene en cuanto a intentar fijar en el receptor la imagen de un Lope virgiliano en la cortesanía, culto y sofisticado en la expresión y como pretendiente cualificado no ya al trono cómico, que ya comenzaba a ostentar, sino también al de la producción pura.

56. Como escribió Alonso de Castillo Solórzano en sus *Donaires del Parnaso* (Madrid, 1624), describiendo una competición poética: "Y con lanzas en los ristres, / romperlas todos procuran / en Lope, como si fuera / Estafermo desta justa" (I, fol. 36).

57. Esta referencia a la pintura en contexto académico nos remite tanto al tópico horaciano del *ut pictura poiesis*, de matriz aristotélica y horaciana, y que se refiere al propósito de imitación (*mímesis*) de las acciones humanas que tenían ambas artes (Lee, Bergmann), como al proceso de dignificación artística de los pintores que se lleva a cabo en el XVII. Por citar un par de hitos significativos, recordemos el hábito santiaguino que Felipe IV le concede a Velázquez o la "Deposición en favor de los profesores de la pintura," de Calderón, fechada en 1677.

58. La literatura de la época abunda en ejemplos de lo habitual que era el correo en la época. Es sabido que Lope escribía para Madrid hasta en su destierro valenciano, con correos que iban y venían regularmente (Profeti 679). Igualmente, el epistolario lopesco alude en ocasiones a misivas que no ha podido contestar con premura por lo que se dejan para el correo "ordinario" (*Cartas completas* 149). Otra mención postal muy conocida es la que aparece en la "Adjunta al Parnaso" del *Viaje* cervantino (ed. Gaos 183). Hay que mencionar también, de pasada, el nutrido intercambio epistolar entre Justo Lipsio y numerosos letrados y escritores españoles, Quevedo incluido, entre 1577 y 1606. A este intercambio le dedicó una monografía Alejandro Ramírez.

59. Podrían aducirse incontables ejemplos al respecto de esta poesía metaacadémica; por ejemplo, los que recoge Giménez (49–51) al repasar el ms. 3700 de la Biblioteca Nacional de Madrid, "Poesías varias," que contiene composiciones de muchos poetas (el conde de Saldaña: Quevedo, Lope, Góngora, Luis Vélez de Guevara, Alonso de Salas, el Conde-Duque, el marqués de Alcañices), que tienen todos los visos de haberse originado en la academia madrileña del propio conde de Saldaña.

60. Los ejemplos de la metaliteratura en que se envuelve el *Quijote* son casi innumerables. Sin salir de la primera parte y, además del parodiado molde de la novela de caballerías, en seguida nos vienen a la memoria el escrutinio de la biblioteca de nuestro héroe, el episodio de los galeotes, la historia de Marcela y Grisóstomo y las alusiones a la polémica que rodeó a la comedia nueva del diálogo entre el cura y el canónigo (*Quijote* I.47–48), entre otros. El *Quijote* es como es (es decir, sumamente metaliterario) porque apareció en un momento en el que la densidad y concentración de la práctica literaria eran tales que la reflexividad se hacía inevitable.

61. Por señalar un par de conocidos ejemplos, los capítulos 3 y 44 de la segunda parte del *Quijote* dan cuenta de la reacción entre los lectores de las novelas intercaladas en la primera y, especialmente, de "El curioso impertinente."

62. "Pasos de un peregrino son errante / cuantos me dictó versos dulce musa / en soledad confusa, / perdidos unos, otros inspirados" (Góngora, *Soledades* vv. 1–4). Opto aquí por poner la coma tras "confusa" y no tras "musa," desviándome de Jammes (Góngora, *Soledades* 182–84), porque, aparte de la ruptura de la musicalidad que supone la segunda opción, esta contradice la *lectio facilior* que hacen el Manuscrito Chacón y los primeros comentaristas gongorinos Pellicer y Salcedo Coronel. Chacón, Pellicer y Salcedo se asemejan bastante a lo que podríamos llamar "lectores privilegiados" de la poesía del cordobés. Además, si Góngora utiliza el símil "pasos" = "versos" y ambos pertenecen a un "peregrino... errante" lo lógico es que "pasos / versos" sean el doble referente tanto de "perdidos" como de "inspirados." Por mucho que se los dictara una musa, no parece una dedicatoria el lugar más adecuado, por puro *decorum*, para decir que *todos* los versos del poema habían sido/ estado "inspirados." Jammes (Góngora, *Soledades* 182) también afirma que no parece verosímil que, al arrancar su poema, Góngora "empiece calificándolo indirectamente de *confuso*" pero tal asociación parece inevitable en el contexto de los versos y dada la referencia interna de los mismos ("soledad") al título del poema. El poeta no conoció *a priori*—a diferencia de los comentaristas antiguos y modernos— el tono de las críticas que iba a recibir por parte de algunos adversarios y no tenía por qué estar prevenido del doble filo del sintagma "soledad confusa." Además, esa aparente humildad de reconocer la dual condición de sus versos ("perdidos" o "inspirados" en la confusión creadora dictada por el numen de la musa) cuadraría perfectamente con una dedicatoria a un noble al que el poeta pide "déjate un rato hallar del pie acertado / que sus errantes pasos ha votado" (31–32). Estos versos, vienen a cerrar simbólicamente con su repetición de "errantes pasos" el círculo referencial que se había abierto en el primer verso de aquella. El pie (el del poeta pero también el del poema) son los acertados; el del poeta porque quiere colocarse bajo la protección del Duque y el del poema porque, como silva lírico-pastoril, es el más adecuado para conseguir capital simbólico con el que glorificar al aristócrata. De esas dos cosas y no de que todos sus versos sean "inspirados" sí que podría confesar Góngora, sin faltar al *decorum*, que había estado "acertado": en la elección de mecenas (el Duque) y de metro (la silva). Un punto de vista diferente al de Jammes es el que sigue Joaquín Roses en "Pasos, voces y oídos." Como sugiere Roses, con el que concuerdo, una vez admitida la más que probable identificación de discursos entre autor (Góngora) y peregrino, habría que identificar versos y pasos también (191).

63. Estoy pensando en poemas incluidos en las *Rimas*, como el que comienza "Pluma, las musas de mi genio autoras," donde en tono humorístico alude Lope al empeño de su pluma—"pues en queriendo hacer versos sencillos / arrímese dos Musas cantimploras"—por imitar a Góngora, a quien cita expresamente (759); pero, sobre todo, en la "Égloga a Claudio" de *La vega del Parnaso*, que forma parte de la cuarta parte de dichas *Rimas* (696–717). El poema, escrito en estancias aliradas contiene, muy en la vena lopesca, un auténtico curriculum literario del escritor glosado, periodizado y contextualizado por éste en primera persona, además de interesantes comentarios sobre dramaturgia y sobre su relación con la imprenta (vv. 259–534).

64. Ver al respecto el trabajo de Rozas, "Burguillos como heterónimo de Lope," inserto en su colección de ensayos *Estudios sobre Lope de Vega* (197–220).

65. Tomo la expresión del artículo de Carreira "El yo de Góngora: sus máscaras y epifanías," inserto en *Gongoremas* (121–59).

66. Utilizo aquí este término, ciertamente anacrónico, para englobar sus obras de carácter filológico, ecdótico, político-filosófico, humanístico e histórico.

67. Interesante es también reseñar los cruces intertextuales de algunas obras de Lope. Antonio Carreño ha estudiado muy recientemente alguno de esos cruces en el Lope último de *Las rimas del licenciado Tomé de Burguillos* donde aparecen, además de huellas del Quevedo de "Canta sola a Lisi" ("Que érades" 36), trazas de una intertextualidad autoparódica del Fénix (38).

68. Reflejo receptor de este salto "amoral" gongorino son las líneas que Gracián dedica a caracterizar su poesía en *El criticón* (212–13). El jesuita, que admira expre-

samente la forma y poderío poéticos del cordobés, no puede evitar criticar la falta de *decorum* que percibe en sus temas y el desvío moral de los temas tradicionales de la poesía clásica.

69. Esta y el resto de las referencias que aparezcan en adelante a Márquez Villanueva se remiten, por comodidad, a su ensayo recopilatorio *Trabajos y días cervantinos* (Alcalá, 1995) donde se recogen artículos aparecidos en diversas revistas y ponencias congresuales.

70. Para una argumentación más en detalle de este aspecto véanse los trabajos de Sieber (1995) y Feros (*Kingship,* 2000).

71. Con respecto a la relación entre géneros literarios y economía, Salomon sostenía que la presión económica y social se ejercía más o menos directamente en la tarea creadora según si el género era "confidencial" o no ("Algunos problemas" 23) Así, "aunque los sonetos lopianos tienen 'algo que ver con la conciencia social de su tiempo... no dependen del ciclo producción-consumo... [como] las comedias. En cambio, la novela es un género que... se desarrolla en un ambiente donde la correlación entre 'productor-creador' y 'público-consumidor' ejerce su presión" (23).

72. La cita es de la "Adjunta al Parnaso" y aparece rodeada de duros ataques a Lope y a los autores, junto a la constatación de que las comedias "tienen sus sazones y tiempos, como los cantares" (Cervantes, ed. Gaos, *Viaje* 183).

73. La fábula apareció en su famosa antología *Flores de poetas ilustres de España* (Valladolid, 1605) y dio pie, por ejemplo, a la *Fábula de Acis y Galatea* que Carrillo y Sotomayor dedicó al conde de Niebla en 1610. Como es sabido, Góngora visitó también el mito de Galatea y Acis posteriormente, dedicándole asimismo el poema al Conde.

74. Pienso en algunas obras y poemas de Lope, en poemas gongorinos de tono autoparódico señalados por Carreira (*Gongoremas* 121–59) y en los prólogos cervantinos, por ejemplo. Sobre estos últimos, véase el artículo de Edward Baker.

Capítulo dos
La interacción literaria: distinción, legitimación y violencia simbólica

1. Como recoge Marino (189), la poesía es percibida en el conjunto de jerarquías estilísticas y literarias que funcionan en el XVII como el arte más destacado ["the foremost art"].

2. El que sus textos orgánicamente antigongoristas ("La aguja," "La culta latiniparla," las dedicatorias a las ediciones de Fray Luis y de la Torre) sean posteriores a la polémica en torno a las *Soledades* y significativamente tardíos no hace sino reforzar la idea de que Quevedo quiso arrogarse un lugar destacado en el asedio a la nueva poesía. Por otro lado, nada más lógico ya que el *Big Bang* de la nueva poesía (esto es, la difusión madrileña de las *Soledades*) ocurrió poco antes de su viaje a Italia. De todos modos, algún ataque quevediano se debieron de llevar las *Soledades* en su estreno madrileño de la primavera de 1613, ya que Góngora escribió su soneto "Con poca luz y menos disciplina," dedicado "A los que dijeron mal de las *Soledades*" en el que se alude inequívocamente a Quevedo en los versos "Las puertas le cerró de la Latina / quien duerme en español y sueña en griego" (*Sonetos* 279). A veces se ha apuntado que, entre finales de 1613 y mediados de 1614, el cortesano que ya era Quevedo, estuvo quizá más pendiente de una crisis religiosa (Ettinghausen, Cros), de preparativos viajeros o de intrigas políticas que de otra cosa.

Pero, dados su juventud y el carácter antagonista y polémico de don Francisco, se me hace difícil creer que dejara pasar la difusión madrileña de las *Soledades* durante la primavera-verano de 1613, o sus estancias madrileñas de 1614 y 1615 sin atacar al cordobés, cuya poesía no podía estar de más actualidad.

3. Carreira, por ejemplo, dice que no concuerdan "los insultos de algunas supuestas sátiras de Quevedo contra Góngora y lo que cuenta don Francisco Muñoz de Melo, acerca de la admiración que, mezclada con antipatía, sintió Quevedo por Góngora" (*Gongoremas* 421). Pero, sin entrar en muchos vericuetos psicológicos, ¿hay realmente contradicción entre sentir una mezcla de admiración y antipatía por alguien y escribirle sátiras? Si se cuestiona el ms. 108 de la Biblioteca Menéndez Pelayo por ser fuente única de algunos poemas antigongorinos atribuidos a Quevedo, como hace el propio Carreira, ¿por qué habría que dar más crédito a lo que dejó escrito el poeta portugués en unos *Apólogos dialogais*, contenidos en su *Hospital das letras*, de carácter paraficticio? Y eso, dejando aparte que Melo era, además de poeta que tomó luego una deriva culterana, mucho más joven (nació en 1611) que un Quevedo con quien empezó a relacionarse a partir de 1631, cuando Góngora ya había muerto.

4. Se trata del ms. 108 de la Biblioteca Menéndez Pelayo.

5. Es la fecha que da Blecua apuntando que "parece responder al soneto de Góngora que comienza 'Anacreonte español, no hay quien os tope,' de hacia 1609" (Quevedo, *Poesía original* 1166).

6. Artigas, *Don Luis de Góngora y Argote: biografía y estudio crítico* 364–79.

7. Lope era familiar del Santo Oficio y llegó a presidir "la Cofradía de familiares y comisarios del Santo Oficio" durante la quema del monje sacrílego catalán Benito Ferrer el 21 de enero de 1624 (Castro y Rennert 272). Quevedo fue, además de "privado" del duque de Osuna—con todas las actividades *non sanctas* que dicha condición trajo consigo—, alguien lo suficientemente cercano al campo de poder años más tarde como para escribir aprobaciones para obras de otros autores, Lope incluido.

8. ¿Acaso le sorprende hoy a alguien que, tras haber atacado las prácticas monopolísticas de Microsoft, AOL no intente lo mismo en su ámbito? Si tuviéramos que interpretar la praxis humana en función de una coherencia fundada en el lenguaje y no en los hechos, me temo que nuestra experiencia del mundo sería radicalmente diferente.

9. De "chocarreras" tildó precisamente el jesuita Juan de Pineda algunas de las composiciones gongorinas (Alcalá 131), al justificar su denuncia censorial.

10. Dejó escrito Francisco López de Mendizorroza en las *Observaciones de la vida del condestable Juan Fernández de Velasco y cifra de sus dictámenes* (1625) que dicho personaje, condestable de Castilla, gobernador de Milán, presidente del consejo de Italia y embajador en Inglaterra, era "estudiosísimo desde sus tiernos años de buenos libros... Digo que tomó tan a pechos el estudio de las buenas letras como si de ellas hubiera de vivir" (cito por Morros 281, modernizando la grafía).

11. Escribía su comentarista José de Pellicer que Góngora fue adquiriendo en sus años de estudiante "el título de primero entre catorce mil ingenios" entre el discipulado salmantino y que el cordobés trocó gustosamente los títulos académicos por el de "poeta erudito, el mayor de los de su tiempo, con que empezó a ser mirado y aclamado con respeto" (cito por Dámaso Alonso, Introducción xx).

12. Ahí están para probarlo la disputa entre Samaniego e Iriarte en el XVIII; las polémicas en torno a *La cuestión palpitante* o los "Paliques" clarinianos en el XIX; o, más recientemente, las refriegas de nuestros días alrededor de la llamada "poesía de la experiencia." El caso de los ilustrados es especialmente significativo ya que sus praxis literarias, las fábulas, entraron en conflicto frontal por razón de su competencia genérica directa.

13. Uno de los botones de muestra más tempranos al respecto lo hallamos en el estudio de José María Pozuelo Yvancos, *El lenguaje poético de la lírica amorosa de Quevedo* (Murcia: Universidad de Murcia, 1979).

14. Pienso en el repetido acusarle de judío en textos antigongorinos atribuidos a Lope (las cartas en torno a la difusión de las *Soledades*) y Quevedo (especialmente los poemas 827 y 829 de la ed. de Blecua).

15. Me refiero a la letrilla gongorina de tono escatológico sobre la Esgueva ("¿Qué lleva el señor Esgueva?") que fue directamente atacada por las décimas de Quevedo ("Ya que coplas componéis"). Estas décimas fueron a su vez replicadas por el poeta cordobés ("Musa que sopla y no inspira"), respuesta que llevó a la contrarréplica del madrileño ("En lo sucio que has cantado").

16. De hecho Eduardo Acosta, editor de la *Defensa de Epicuro* (publicada por Quevedo en 1635 pero escrita años antes), habla de tres periodos quevedianos de reconocido estoicismo: 1609–13, 1627–32 y su prisión de 1639–42. Apenas doce años en total pues, y nada cercanos, por tanto, al comienzo de sus ataques a Góngora de hacia 1603, a no ser que se considere como ejemplo de estoicismo la correspondencia con Lipsio. Por otro lado, esta recurrente vena estoica de Quevedo ha de ser adecuadamente contextualizada con al menos tres factores: un cierto *zeitgeist* de la época en la que lo estoico "estaba de moda"; lo que de esfuerzo filológico-humanístico (y por ende de capital cultural a él asociado) tienen los acercamientos estoicos quevedianos, y las propias prisiones, destierros y exilios quevedianos que de alguna manera invitaban al estoicismo tanto privado y psicológico como *coram vobis*, es decir, frente al Mundo en general y frente al campo de poder en particular. Tampoco podemos olvidar la instrumentalización sermonaria que del estoicismo hace a veces Quevedo (Fernández Mosquera, "El sermón" 83–84) ni que desde mitad de la década que comienza en 1630 el estoicismo cristiano de Quevedo se va haciendo más cristiano que estoico (Rey, ed. crítica, *Virtud* 288). Véanse también las advertencias de Clamurro (*Language* 25–28) contra el reduccionismo de leer a Quevedo desde etiquetas como "neoestoico," "defensor de la ortodoxia católica" o moralista sin tener en cuenta el contenido y el significado extratextual de los textos.

17. Kenneth Brown ofrece una lectura diferente de este último verso en su monografía sobre el poeta: "Poeta soy gongorino, / ... / en este tiempo los *sordos*" (400). La cita pertenece a la "Introducción a la boda de un sastre" y tiene una naturaleza claramente académica.

18. Véanse el "Catálogo" que adjunta Jammes a su ed. de las *Soledades* (676–77) donde critica el que se hayan dado como quevedianos poemas antigongorinos que sólo aparecen en un manuscrito (ms. 108 de la Biblioteca Menéndez Pelayo) y los reparos de parecido tenor de Carreira (*Gongoremas* 418–21).

19. La *Aguja* aparece entre el *Libro de todas las cosas*, inserto a su vez en *Juguetes de la niñez* (Madrid, 1631). Según García Valdés (ed. de Quevedo, *Prosa festiva* 111), con cuya opinión concuerdo, el retoque de algunos versos de la *Aguja*, que en

algunas copias manuscritas difieren de la versión finalmente publicada ("Quien quisiere ser Góngora en un día" frente a "Quien quisiere ser *culto* en sólo un día" de *Juguetes*) sugiere el que ésta fuera escrita en vida del cordobés y no tras su muerte, acaecida en 1627. Así y todo, como señala la propia García Valdés, se mantiene en el título la alusión a las *Soledades*. La *Culta* debió de escribirse hacia 1627 ó 1628, si seguimos a García Valdés (113), que adelanta la fecha—1629—propuesta previamente por Jauralde en "Texto, fecha y circunstancias de 'La culta latiniparla' de Quevedo."

20. Todos ellos aparecen en el apéndice que el propio Jammes adjunta a su edición de las *Soledades* (607–719) donde glosa los textos que saludaron crítica o elogiosamente al gran poema gongorino.

21. Sobre todo es en las escenas segunda y tercera del cuarto acto (343–84) donde el diálogo entre César, Julio y Ludovico sirve de excusa para el comento del soneto de Lope "Pululando de culto, Claudio amigo," ya de por sí burlesco y, de paso, de las *Lecciones solemnes a la obra de dos Luis de Góngora y Argote* (1630) de Pellicer.

22. Una deriva conceptual que comienza en el XVII acaba, a partir del XVIII, confundiendo "gongorismo" y "culteranismo," como recuerda Collard (17). Pero es innegable que dicha deriva está ya, y muy presente, en los primeros años de las polémicas. Es cierto que la palabra *culto* se emplea muy raramente para satirizar la poesía del cordobés (16) pero también los es que hay que leer entre líneas en muchos testimonios de la época ya que, si bien no señalan nominalmente a Góngora, es indudable que el poeta cordobés estaba en el punto de mira de los ataques. Recordemos, una vez más, que las sátiras y ataques personales directos no eran ni frecuentes ni bien vistos y constituían en muchos casos motivo de indexación inquisitorial. De ahí el que se pluralice o generalice constantemente en sátiras y burlas. El que Góngora fuera casi universalmente percibido como poeta excelente y de referencia (sobre todo por su obra anterior al *Polifemo* y las *Soledades*) no obstaba para que su oscuridad y su dificultad cultistas disgustaran a algunos de sus críticos que, fuera de Quevedo, no le negaban la sal de gran poeta. Los contemporáneos distinguían ciertamente entre Góngora y sus seguidores, mucho menos dotados (17), pero no por eso dejarían de ver y afear el "pecado original" del cordobés como precursor y adalid de lo que percibían como excesos cultistas.

23. Jammes (Introducción 643) se resiste a atribuir la carta a Lope y para ello se basa en las alusiones de aquella al *Antídoto* de Jáuregui y a las primeras voces progongorinas y la sitúa en la segunda mitad de 1615. Adelanta, pues, las fechas propuestas previamente por Amezúa (verano de 1617), Millé y Orozco (fines de 1616 ambos).

24. De hecho, no está nada claro que esa polaridad existiera de una manera precisa y taxativa en ambos extremos (producción/consumo) del proceso cultural pues el conjunto de la época presenta una acusada mezcolanza de lo popular y lo culto. Si bien es cierto que hay obras, como muchas de las de Góngora, que nacieron con un aliento elitista no deja de ser paradójico que su autor gozara de una fama verdaderamente notable dentro y fuera del campo literario. Piénsese también, por ejemplo, en la variedad de público en las representaciones teatrales y en su reflejo en los textos de la comedia que a menudo presentan, junto a travestismos y tramas sentimentales de capa y espada, una gran sofisticación poética (el caso del monólogo introductor de Tisbea en el *Burlador* y muchas obras calderonianas son paradigmáticos).

25. Véase el artículo de Sara T. Nalle "Literacy and Culture in Early Modern Castile." Concuerdo con Nalle quien señala que las tasas de alfabetización eran más altas de lo que sugieren los escrutinios de bibliotecas privadas que no tienen en cuenta dos factores: que sólo se inventariaban las colecciones más valiosas y que sólo los ricos podían coleccionar libros. Según sus cálculos, la mitad de los varones castellanos sabía leer en el XVI y la posesión de libros estaba más extendida de lo que creemos. El XVII no haría, en todo caso, sino acentuar e incrementar dichas cifras.

26. Como recuerda Carreira, las sátiras personales escritas por Góngora "eran las piezas más codiciadas por los colectores de manuscritos" (Introducción xiii).

27. ... *adicionada por Juan de Silva, Conde de Portalegre*. Según Bouza (*Corre* 56), de la *Instrucción* sólo se conoce una copia impresa pero existen numerosas copias manuscritas, lo que reforzaría su carácter nobiliario y elitista.

28. De la misma manera que Quevedo, que logra su hábito de caballero de Santiago en 1617–18 cuando estaba en su "cumbre de toda buena fortuna" como hombre de confianza del virrey Osuna, Góngora logra dos hábitos de dicha orden para dos sobrinos suyos en 1622–23. Como se puede seguir por su espistolario (pág. 179 especialmente), parece claro que su reputación poética y, sobre todo, el aprecio del Conde-Duque por su poesía tuvieron mucho que ver con tales honores. De rebote, la poesía de Góngora "produjo" otro hábito pues, como recuerda Carreira (*Gongoremas* 222), Antonio Chacón, señor de Polvoranca, logró otro hábito por la elaboración y dedicatoria del manuscrito gongorino que lleva su nombre.

29. Los premios y categorías eran los siguientes: a los mejores versos latinos heroicos, dos varas de raso; los elegíacos eran premiados con tres de tafetán; a la mejor oda, tres de Olanda; al mejor epigrama, un rosario guarnecido de seda y oro; al mejor soneto, un *agnus* guarnecido de oro; un espejo grande para la mejor canción; una sortija de oro a las mejores estancias; una escribanía de asiento para la declaración de un enigma y, para la glosa de una letra, unos guantes de ámbar (Alonso Cortés 19–26). Las correspondencias entre premios y subgéneros poéticos nos dan una idea bastante aproximada de la valoración y estima de cada uno de ellos.

30. Por traer una alusión de Góngora a la envidia ajena ante sus obras, ahí está la décima que comienza "Royendo, sí, mas no tanto" con la que agradeció al conde de Saldaña la defensa que éste hizo de la poesía gongorina en otra décima ("Estilo para deidades"). Ambas son de hacia 1614 y las tomo de Jammes (Introducción y apéndices 623).

31. Sobre la evolución y consideración en España de las dualidades horacianas en los siglos XVI y XVII ver el segundo volumen, dedicado a la teoría poética del Siglo de Oro, de la monumental obra de Antonio García Berrio *Formación de la teoría literaria moderna* (Universidad de Murcia, 1980).

32. Carreira (*Gongoremas* 418), empero, aduciendo "un manuscrito del Palacio Real de buena época y fiabilidad" dice que el romance parodiado le fue atribuido a Liñán y que bien pudo ocurrir que Góngora lo contrahiciera a lo burlesco creyéndolo de Lope.

33. Como se lee en la "Vida y escritos de don Luis de Góngora" que abre el Manuscrito Chacón con las obras del poeta, "no sin generosa vergüenza de algún amigo de menor edad (confesó él) se empeñó a la grandeza del *Polifemo y Soledades*, y otros más breves poemas" (*Obras Ch.* iv–v). ¿Quién puede ser ese "amigo de menor edad" sino Carrillo y Sotomayor?

34. Don Dámaso le dedicó un artículo al tema en 1926: "La supuesta imitación por Góngora de la *Fábula de Acis y Galatea*," luego recogido en *Estudios y ensayos gongorinos* (324–70). Allí defendía tenazmente la originalidad gongorina con argumentos sobre todo textuales y reclamando para Góngora el beneficio del dominio público (*res nullius*) y las fuentes comunes para desechar las acusaciones de plagio. Alusiones a Góngora como plagiario, y comentadas por el propio Alonso por cierto, se encuentran en las *Rimas humanas y divinas* (1634) de Lope. Allí Lope-Burguillos acusa al poeta cordobés, sin nombrarlo, de haber fusilado a los poetas italiano Stillani y Chabrera:

> Cierto poeta de mayor esfera,
> cuyo discípulado dificulto,
> de los libros de Italia fama espera;
> mas porque no conozcan por insulto
> los hurtos de Estillani y del Chabrera,
> escribe en griego, disfrazado en culto.
>
> (Alonso, *En torno a Lope* 63)

35. Maravall, en el cuarto capítulo de *La cultura del barroco*, "Recursos de acción psicológica sobre la sociedad barroca."

36. Ese es, de hecho, el punto de partida del libro sobre el *Viaje* en el que actualmente trabajo y el de mi artículo "Ironía, poeticidad y *decorum* en el *Viaje del Parnaso*."

37. Me he centrado en Cervantes para ejemplificar la violencia simbólica porque no parece, a primera vista, un ejercitador de dicha violencia en comparación, digamos, con Góngora y, sobre todo, con Quevedo. De éste ya habrá oportunidad de hablar más adelante pero para aludir al ejercicio gongorino de la violencia simbólica baste uno de los ejemplos más obvios: el consistente ataque sonetil con que saluda muchas de las obras lopescas aparecidas entre 1598 y 1609 (*Arcadia, La Dragontea*, ¿autos sacramentales? *Jerusalén conquistada*). Tal insistencia puede seguirse por los sonetos a él atribuidos que llevan los números VI, VII, VIII y XI en la ed. de Biruté Ciplijauskaité (Castalia). El soneto XI (266), cuyo primer verso reza "Hermano Lope, bórrame el soneto," hace un auténtico escrutinio pormenorizado de la obra lopiana hasta entonces (¿1609?), aludiendo a seis de sus obras. No concuerdo con el cuestionamiento autorial, a menudo sin pruebas concluyentes, que Carreira y Jammes suelen hacer de muchos poemas burlescos tradicionalmente atribuidos a Góngora. Si no hay pruebas documentales y concluyentes en contrario, me inclino por pensar que quien más motivos podía tener para ejercer la violencia simbólica interautorial era o alguien que ostentara el suficiente capital simbólico como para verlo amenazado (caso de Góngora ante la avalancha editorial de Lope), o bien un novel que irrumpiera en el campo (Quevedo en la corte vallisoletana). Las ambiciones lopescas de reinar sobre el Parnaso son patentes ya en el *Peregrino* (Sevilla, 1604), cuya portada muestra en todo lo alto a Pegaso, el alado caballo que simbolizaba el heroísmo literario (Wright, *Pilgrimage* 80), triunfando sobre la envidia. Si Góngora no tenía intenciones de echar su cuarto a espadas en la palestra literaria ¿qué sentido tendrían su afanosa propagación de las *Soledades* en Madrid por medio de Almansa y Mendoza y el buscar para ellas la aprobación legitimadora de alguien tan significativo para el campo literario como Pedro de Valencia?

Capítulo tres
La interacción con el poder: literatura y sociedad cortesana en la España del siglo XVII

1. Aunque la moda editorial de los libros de caballerías ya había pasado es muy posible que estos mantuvieran su popularidad entre los aristócratas que eran, precisamente, quienes podían mantener una biblioteca tanto sincrónica (es decir, de novedades) como diacrónica (histórica, familiar, acumulativa). Mientras los libros de caballerías habían desaparecido casi de la actualidad editorial a comienzos del XVII, es lógico pensar que las bibliotecas nobiliarias contaran con profusión de amadises, palmerines y demás, que tanto éxito habían tenido en el siglo anterior.

2. Esta necesidad de presentarse ante el lector en prólogos progresivamente retorizados y autorrepresentativos era fruto también del aumento en el número de lectores anónimos que trajo la popularización de la imprenta (Bouza, *Del escribano* 119).

3. El conde de Puymaigre le dedicó un estudio específico, *La cour littéraire de don Juan II*, donde destacaba la "espèce d'épidémie poétique" interclasista que manifiesta este reinado en el que a los "grands personnages faisant de la poésie et de la philosophie à leurs moments perdus, se mêlent des gens sorties de tous les coins de la société" (2: 188).

4. Norbert Elias llama mecanismo real o *Köenigsmechanismus* a la tendencia del rey a incrementar su poder al ejercer de árbitro entre diferentes grupos de poder y al existir una complementariedad antagónica entre estos últimos (Koenigsberger 299–300).

5. No piensa lo mismo John Beverley quien ve en la poesía gongorina "the capacity to contain an ethical, political, and ecological meditation on the proper relation of nature and society, of authority and freedom, of love—a meditation conducted through the prism of the historical crisis he lives through in his own fortune as a poet and as a courtier" (*Aspects* 23).

6. Es de lamentar, una vez más, que no exista para la literatura española del Siglo de Oro el equivalente al *Naissance de l'écrivain* de Viala (en el capítulo tercero de la obra) y otras obras similares, donde se recogen infinidad de datos económicos referentes a las transacciones editoriales entre libreros y escritores franceses de la segunda parte del siglo. Hubert Carrier ha dedicado recientemente un artículo al problema de la propiedad literaria en el XVII francés llegando a la conclusión de que esta evoluciona lentamente a lo largo del siglo y que los avances en el derecho moral de la propiedad literaria no se corresponden, necesariamente, con una realidad mercantil de "derechos de autor" pues es únicamente el librero el que recoge los beneficios del triunfo de una obra.

7. El teatro y la poesía son un ejemplo de esta aparente paradoja: mientras la *práctica teatral* de Lope se pliega ante las demandas del público, en pos del triunfo, Cervantes, persiste, contra toda lógica "económica," con una *escritura teatral* mucho más autónoma y consecuente con su ética artística pero que ha perdido el favor de autores y público. La consecuencia es, como confiesa el propio Cervantes en el prólogo a sus *Ocho comedias* (Madrid, 1615), que ha llegado a un punto en el que ni él busca ya representar sus obras ni los autores se las solicitan. Góngora, por su parte, escribió obstinada y conscientemente sus obras poéticas mayores para "los pocos" y no logró ninguna retribución directa por éstas.

8. En "L'Excuse à Ariste," una especie de disculpa para no escribir cierta obra encargada por un noble, Corneille hace una fogosa declaración de independencia como escritor: "Je satisfais ensemble peuple et courtisans / Et mes yeux en tout lieux sont mes seuls partisans; / Par le seul beauté ma plume est estimé: / Je ne doit qu'à moy seul toute ma Renommée" (Sellstrom 212). La cita es muy significativa de la dualidad receptora para la que produce la cultura cortesana: pueblo y cortesanos y de la creciente tensión que comienza a haber entre mercado y mecenazgo. El ejemplo es ciertamente francés pero no muy alejado de lo que ocurría en España.

9. Bouza (*Corre* 132–35) recoge alguna de las críticas que se le hicieron a Felipe II por sus frecuentes visitas al Escorial mientras se construía y por su posterior querencia al palacio-monasterio.

10. Es cierto que las oposiciones campo-ciudad o corte-aldea eran *topoi* clásicos pero no lo es menos que las sociedades cortesanas del XVII presentaron saltos cualitativos y cuantitativos cuya combinación afectó a la literatura de una manera radicalmente nueva.

11. Esas son, según García Valdés (54), las fechas probables de redacción de *Vida de la corte*.

12. En ocasiones la condición social de Quevedo se presta a confusiones y conviene hacer algunas aclaraciones al respecto. La época tenía muy claras ciertas jerarquías entre los diferentes escalones de la nobleza. Así, Olivares dividía a los nobles en "infantes, grandes, señores, caballeros y hidalgos" (Elliott, *El conde-duque* [1998] 218). A partir de ahí hay divisiones más sutiles: entre la nobleza titulada (unos 168 hacia 1627) había 41 grandes (es decir duques, marqueses o condes con el título de "Grandeza de España"). Después, y en orden descendente, duques, marqueses, condes y vizcondes sin grandeza. Se podría distinguir también entre hidalgos rurales y cortesanos; entre caballeros con hábito o sin él. Por último, también cabría incluir el prestigio y la situación económica de cada uno de ellos, sobre todo en una época en la que se crean numerosos títulos. Quevedo ascendió desde la hidalguía o la caballería sin hábito, a caballero de Santiago a partir del 29 de diciembre de 1617 por sus gestiones políticas junto al duque de Osuna en los virreinatos de Sicilia y Nápoles. Más tarde se convierte en "Señor de la Torre de Juan de Abad" de una forma más leguleya que caballeresca, si se me permite la licencia, al aprovecharse de su influencia y experiencia cortesanas, así como de su insistencia en el pleitear para "adjudicarse" el señorío cuando La Torre no puede hacer efectivos unos pagos que adeudaba al escritor (Jauralde, *FdeQ* 167–73). Se convierte así el escritor en "señor" con jurisdicción sobre un determinado territorio. En definitiva, Quevedo, que era en sus comienzos un caballero sin título, se convierte más tarde y por muy modesto que sea en señor y esta ascensión debe más a su trayectoria y *habitus* cortesanos que a la sangre.

13. Como señala Feros ("Twin Souls" 34–35), la invisibilidad e inaccesibilidad del monarca se convirtieron en axioma político y tema común en la España de finales del XVI y comienzos del XVII y aparecen ya en el quevediano *Discurso de las privanzas*. El acceso al rey se convertía así en la clave del poder cortesano, y servir en la cámara del rey, por ejemplo como *sumiller de corps* o "camarero mayor," tenía más prestigio que hacerlo en secretarías o consejos (36–37). Por otro lado, como recuerda Bouza (*Del escribano* 85), Justo Lipsio era de la opinión que el rey debía comportarse con frialdad (*frigus*) y lentitud (*tarditas*) en acciones, gestos y palabras, como había sido propio de Marco Antonio, Ludovico Sforza o Carlos V. Esta manera de obrar acarrearía apoyo, temor y respeto entre los súbditos.

14. Hay un activo grupo de investigación en la Universidad de la Coruña, liderado por Sagrario López Poza, que se dedica a estudiar las relaciones y que publica un boletín: http://rosalia.dc.fi.udc.es/BORESU/.

15. Quizá unido, todo hay que decirlo, al hecho de que Lope estaba esta vez menos pendiente de escribir relaciones que de seguir a la actriz Jerónima de Burgos, comedianta de la compañía de Pinedo que fue la contratada para amenizar las fiestas lermeñas.

16. Sobre la fecha de ingreso de Lope que da Astrana (24 de enero de 1610 [en *Vida*]) existe cierta confusión. Federico Carlos Sáinz de Robles (1: 1834) distingue, en su edición de las *Obras selectas* de Lope, entre la admisión en la "Congregación de Esclavos de Santísimo Sacramento del Oratorio de Caballero de Gracia," en el verano de 1609, y la entrada en la "Congregación del oratorio que había de llamarse (desde 1646) del Olivar," efectuada por Lope ese 24 de enero de 1610.

17. Claro es que en ese concepto de "criados-escritores" se congregan casos muy diferentes que habría que evaluar individualmente.

18. Véase, al respecto, el artículo de Vázquez Lesmes donde se ilustran los requisitos necesarios para entrar en el cabildo catedralicio cordobés, así como cierta endogamia familiar en lo que respecta a sus cargos internos.

19. Calderón fue, al decir de José Simón Díaz, el "prototipo de escritor protegido" ya que sirvió a los duques de Frías, Infantado y Alba, y acabó siendo nombrado por la Corona capellán de los Reyes Nuevos de Toledo ("Mecenazgo" 119). Como escritor "áulico," Calderón llegó quizá más lejos que nadie al "hacer aparecer seres humanos vivientes en un auto sacramental, junto a los alegóricos y divinos," como ocurre en *El primer blasón de Austria* donde el Cardenal Infante dialoga con la Iglesia y con San Miguel (119).

20. En esta biblioteca personal del monarca nos encontramos, como indicio de la destacada importancia cortesana de que gozaba la literatura de entretenimiento, con la *Celestina,* las *Novelas ejemplares,* el *Persiles,* el *Lazarillo,* la *Selva de aventuras* de Jerónimo de Contreras, el *Guzmán,* la *Pícara Justina* de López de Úbeda y con varias rimas poéticas (Bouza, *Del escribano* 131).

21. Kagan compara en este artículo ("Clío") la labor de los cronistas reales ("centro") con la de los corógrafos o historiadores locales ("periferia"). A la visión centralista y unificadora de los primeros se opondría la de los segundos, más proclives a dar una visión de la monarquía como unión de reinos o "independent republics" y a dar más realce a los aspectos locales (74).

22. El *Compendio* había logrado el raro permiso real para ser impreso fuera de España y sus peripecias editoriales fueron novelizadas y alteradas en un memorial por un Garibay que logró con esta empresa ser nombrado aposentador y, tras mucho insistir, cronista real (García-Oro y Portela 122–25). Han aparecido recientemente dos obras relacionadas con Garibay: su *Discurso de mi vida,* editado por Jesús Moya (Bilbao: Universidad del País Vasco, 1999; 2002) y, del propio Moya, *Esteban de Garibay: un guipuzcoano en la corte del rey Felipe* (Sebastián: Real Sociedad Bascongada de Amigos del País, 2002). Ambas ilustran muchas de las vicisitudes y contextos en los que se desarrolló la carrera cortesana de nuestro cronista, además de su relación con otros miembros del campo cultural (Arias Montano, Mariana…).

23. Incluyo a cronistas del reino de Aragón por parecerme que, en esencia, su perfil y acceso al cargo son similares a los de los cronistas reales o de Indias.

24. Lope no fue el único que, de una u otra manera, trató de postularse como cronista. Tamayo de Vargas, que alcanzaría el cargo años más tarde, dirigió un memorial al Rey por esta época pidiendo una subvención para la publicación de crónicas castellanas de hazañas militares, para que los nobles jóvenes "aprendieran en las historias a lo que sus mayores les obligaron con sus hazañas" y se olvidaran de los libros de entretenimiento, causantes de "tantos estragos en las costumbres," pues "apenas se hallan libres los retiramientos de las doncellas y recogimientos de los Monasterios desta peste" (Hillgarth 30). Claro está que el objetivo último de Tamayo era ganar la visibilidad y el prestigio cortesanos como historiador y cronista que le permitieran ocupar luego el cargo, una vez que vacara.

25. Para ese propósito me he servido del artículo de Richard Kagan ("Clio") y del libro de J. García-Oro y M. J. Portela.

26. A quien Lope buscaba sustituir era nada menos que al respetado erudito Pedro de Valencia pero fueron las murmuraciones palaciegas sobre la vida privada de Lope (ver carta 433 en *Cartas completas* 2: 87) las que hicieron inútiles la petición de Lope y la intercesión del duque de Sessa ante el de Uceda en favor del escritor (87–88).

27. Almansa y Mendoza, sin embargo, habla de "mil y quinientos ducados para imprimir la historia de España, que tiene muy añadida" (247). Desde 1596 Mariana venía solicitando que le hiciera "alguna merced y limosna en lo procedido de oficios vacos" (García-Oro y Portela 442) para editar en castellano la *Historia general de España* que previamente había publicado en latín. El Rey accedió y se le dieron doscientos ducados.

28. Apenas tres semanas antes de elevar su petición oficial al Rey para ocupar el puesto de cronista real, el conde Lemos le encarga a Lope una comedia sobre la Virgen del Rosario (*Cartas completas* 2: 82).

29. Similar tema y similar contexto receptor madrileño de la poesía del cordobés presenta otro soneto suyo de 1615 que lleva el epígrafe "De los que censuraron su *Polifemo*":

> Pisó las calles de Madrid el fiero
> monóculo galán de Galatea,
> y cual suele tejer bárbara aldea
> soga de gozques contra forastero,
>
> rígido un bachiller, otro severo
> (crítica turba al fin, si no pigmea)
> su diente afila y su veneno emplea
> en el disforme cíclope cabrero.
>
> A pesar del lucero de su frente,
> lo hacen oscuro, y él en dos razones,
> que en dos truenos libró su Occidente,
>
> "Si quieren," respondió, "los pedantones
> luz nueva en hemisferio diferente,
> den su memorial a mis calzones."

(*Sonetos* 197)

30. Eso mismo, precisamente, hicieron Lope y Quevedo con el propio Góngora y con sus seguidores, tildándoles de perros, insulto bastante fuerte en la época, con connotaciones étnico-religiosas incluso. Así, escribió Quevedo: "Yo te untaré mis obras con tocino / porque no me las muerdas, Gongorilla, / perro de los ingenios de Castilla" (*Poesía original* 1171). Lope, por su parte, en el soneto que comienza "Conjúrote, demonio culterano, / que salgas deste mozo miserable," se exhorta al "Cultero inexorable" diciéndole "Habla cristiano, perro" (*Rimas* 780). Si bien el destinatario del conjuro lopiano es un "demonio culterano" genérico, parece difícil disociarlo totalmente de la figura gongorina.

31. Quevedo, que no era nuevo en lo de "untar carros" por toda la corte, volvió definitivamente a esta a finales de junio o comienzos de julio de 1619, lo que coincide casi exactamente con esa mención de Lope (*Cartas* 242) de que, a 6 de mayo de 1620, había estado un año viviendo parcialmente de esos 500 escudos que le había hecho llegar Osuna desde Nápoles. No es sorprendente que una vez en prisión Osuna, a su vuelta a España, Lope escriba a Diego Félix de Quijada: "Del de Osuna no crea vuestra merced nada; preso está, pero Dios sabe por qué. Él es gran señor, gran caballero, gran soldado: traidor no puede ser; le temieron los enemigos de España" (245).

32. Justo después de mencionar que pasa "entre librillos y flores de un huerto lo que queda ya de la vida" le dice a Lemos que quizá Mira de Amescua o Guillén de Castro "pudiera[n] servir mejor a V. E. en esta ocasión" (Lope, *Cartas* 242).

33. Una carta de Lope al duque de Sessa, fechada el 30 de noviembre de 1611, ilustra muy bien el mecanismo de pie forzado con el que solían funcionar las academias: "Esos sonetos llevé yo a la academia [del conde de Saldaña]; fue el sujeto a una dama llamada Cloris, a quien por tener enfermos los ojos manó un médico que le cortasen los cabellos; aconsejo a V. E. que no se le dé nada ni de los cabellos ni de los sonetos, que yo los envío para que acompañen el pliego" (*Cartas* 106). En otras cartas Lope deja traslucir igualmente cierto hastío y desinterés para con las academias.

34. A este respecto véase J. Robbins (15–17), donde alude a los aspectos sociales y performativos de las academias.

35. Como apunta Pierre Civil ("Livre" 189) al estudiar las dedicatorias al duque de Lerma, entre 1600 y 1617 se produce un desplazamiento desde el mecenazgo de estado, identificado casi exclusivamente con la monarquía, a un mecenazgo más ministerial. Las causas de este desplazamiento habría que buscarlas, creo, en la reacción en cadena que provoca el fortalecimiento del sistema de privados o favoritos en las cortes de Felipe III y Felipe IV. Dicha reacción hay que entenderla tanto horizontal—alineamiento de los cortesanos y escritores con una facción aristocrática (los Zúñiga o los Sandoval, principalmente)—como verticalmente (tensiones, fracturas y alianzas dentro de cada una de esas facciones en permanente pugna por obtener poder o influencia). En lo que respecta a las dedicatorias de los escritores es claro que estos suelen contemplarlas como *inversiones* simbólicas en el capital político (cercanía con el poder), económico (mecenazgo directo) o simbólico (reputación) que podían proporcionarles los aristócratas a quienes dirigían sus obras. De ahí que, en su modalidad más corriente, la dedicatoria adopte una forma pública y codificada forzada por los lazos de dependencia (185). Discrepo de Civil (183), sin embargo, cuando considera que un acercamiento crítico a la condición social de los escritores de la época y a su interacción con los nobles ha de trascender los casos excepcionales (en función de sus relaciones problemáticas con los destinatarios de sus dedicatorias) de Lope, Cervantes y Quevedo. Creo, por el contrario, que la posición simbólica de estos escritores dentro del campo literario de alguna manera modela y desde luego ejemplifica la variada fortuna (triunfo o "fracaso") y el diferente alcance de esa interacción (colaboración, enfrentamiento, desdén, solicitud...) entre nobles y escritores. Si no se puede explicar la interacción social de los escritores del XVII español apelando exclusivamente a Lope, Cervantes y Quevedo, no menos cierto es que tampoco se puede entender sin ellos.

36. Ferrer (48–51) alude, entre otras, a *La buena guarda,* a *La limpieza no manchada,* a *La vida de Pedro Nolasco* (encargo de la Orden de la Merced); a los encargos palatinos *Adonis y Venus* (la más temprana), *El premio de la hermosura, La selva sin amor, El Perseo* y *La noche de san Juan.* Además, sabemos por el epistolario de encargos directos de Lemos y de Saldaña y se puede suponer que muchas otras de tema genealógico o contemporáneo-militar como *El Arauco domado* o la *Nueva victoria del marqués de Santa Cruz* pudieron ser de encargo. También alude Ferrer a la trilogía sobre los Pizarro de Tirso (*Todo es dar en una cosa, Las amazonas en las Indias* y *La lealtad contra la envidia*), que fue escrita entre 1626 y 1629 y que "está estrechamente conectada con la campaña legal que por esos años estaba llevando a cabo el descendiente de Francisco Pizarro, Juan Hernando Pizarro, por reivindicar el título de marqués y las compensaciones económicas que Carlos V había prometido a su antepasado" (50).

37. Wright parte de *The Empress, the Queen, and the Nun,* un estudio de Magdalena Sánchez en el que se valoran los roles políticos de la emperatriz María, de la reina Margarita y de sor Margarita de la Cruz. Según Sánchez (172–75), estas mujeres que pertenecían a la rama austriaca de los Habsburgo trataron de influir en la corte para que se reforzara la condición europea de la Monarquía Española. En la corte de Felipe III había una fuerte oposición a la privanza de Lerma y operaban tres facciones: la del propio Lerma—orientada a una política ibérica, pacifista y profrancesa—, otra alrededor de la reina Margarita de Austria y los embajadores imperiales—orientada al apoyo dinástico en Centroeuropa—y, por fin, la del duque de Uceda, hijo de Lerma, y el confesor real Luis de Aliaga—orientada al medro y a la influencia—, aunque Sánchez (36–37) opina que tales facciones no eran delimitaciones puras y que las líneas de tales facciones eran cruzadas por algunos individuos.

38. El párrafo que sigue es una glosa de las páginas 101–07 de *Kingship and Favoritism* de Feros.

39. El benedictino fray Prudencio de Sandoval (1551–1620) fue nombrado cronista real por Felipe III en 1600. Fray Purdencio era, no por casualidad, un pariente lejano del duque de Lerma y fue autor de la *Chrónica del emperador de España Alonso VII* (Madrid, 1600)—criticada como apología de los Sandoval—, de la *Historia de los reyes de Castilla y León* (Madrid, 1615) y de la *Vida y hechos del Emperador Carlos V* (1604). Esta última fue comisionada por el propio Lerma cuando era virrey de Valencia y formó parte del programa lermeño de propaganada personal y familiar (Feros, "Twin Souls" 104–08). El benedictino fue uno de tantos miembros del campo cultural que, como afirma Sieber (86–87), se afincó en la Corte en búsqueda de "powerful noblemen who might act as brokers or conduits or sponsors, paving their way to honors and rewards."

40. Como por ejemplo las relaciones que aparecen con los números 854 (de Miguel Rojo) y 1126 (anónima) en el *Catálogo de pliegos sueltos poéticos de la Biblioteca Nacional,* que también intentan responder a la demanda creada por la curiosidad pública. Las relaciones de sucesos fueron, en buena medida, antecedentes de los periódicos modernos, aunque en ellas podían combinarse, dependiendo de los casos, la comercialidad emanada de la demanda curiosa del público en general con el patrocinio interesado y específico de algún noble. En el segundo caso, los temas y motivos respondían más a la propaganda o al embellecimiento y lustre cortesanos de alguna casa nobiliaria.

Capítulo cuatro
El filo de la pluma: Quevedo y su interacción con el campo literario

1. Sigo aquí las delimitaciones de Anthony Giddens cuando establece las prioridades de una teoría de la producción cultural. Giddens (209–14), parte en su investigación del carácter relacional de la significación en un contexto de prácticas sociales en el que el significado no consiste en un mero juego de significantes, como parece inferir Derrida al priorizar la escritura, sino en la intersección de la producción de significantes con las acciones y objetos organizados y percibidos por un individuo concreto. El profesor inglés parte aquí de las ideas de Wittgenstein sobre el uso y la contextualización del lenguaje.

2. Lía Schwartz ("La representación" 43) ha apuntado hace poco otro ejemplo de estas calladas "excursiones" intertextuales de cala y paráfrasis de nuestro escritor demostrando como Quevedo reelabora en los *Sueños* ciertos pasajes de la traducción de Bernardino de Mendoza al *Politicorum* de Lipsio (*Los seis libros de Las políticas o Doctrina Civil de Justo Lipsio* [Madrid: Imprenta Real, 1604]) y que alguna de sus imágenes parece indicar una "dependencia directa" de dicha traducción.

3. Fernández Mosquera ("Ideología" 156) también considera que las sátiras, entre las que cita *Los sueños, El Buscón* y *La hora de todos*, no pueden ser leídas en clave social, política o ideológica, a pesar de presentar ciertos guiños circunstanciales. Sin embargo, cabría hacer ciertas distinciones, especialmente en lo que concierne a *La hora* pues esta obra es, como señalan sus editores Bourg, Dupont y Geneste (13), una síntesis satírica ligada a convicciones íntimas y constantes donde aparece claramente el compromiso político-ideológico de Quevedo. La propia datación de la obra, escrita probablemente entre 1633 y 1635, apunta en esa misma dirección de un Quevedo que ha optado por una deriva antiolivarista, como reflejan otras obras contemporáneas como la *Execración* o la segunda parte de la *Política*.

4. Mal hubiera casado su percepción como autor venal con su orgullosa imagen de caballero. Por eso deja claro desde un principio, entre sátiras, burlas e ironías en *Vida de la corte* que él no quiere "enriquecerse con [sus] borrones" (Quevedo, *Prosa festiva* 230). Había una diferencia muy sutil en ciertos oficios artístico-intelectuales (las llamadas "Artes liberales," entre las que no se contaba la Pintura pero sí la Poesía y, por extensión, la Literatura) entre ser considerados oficios manuales o no manuales y ésta era, como sabemos por el caso de Velázquez, demostrar que no se cobraba directamente por el producto de esa actividad. Todavía en 1677 Calderón testifica en un memorial a favor de los profesores de pintura y solicita de las autoridades que "la miren como exenta y traten como noble," citando casos como el de Velázquez. Puede verse una edición de este memorial calderoniano en http://cervantesvirtual.com/servlet/SirveObras/90794996422637616365579/p0000001.htm#1.

5. No me parecen convincentes los cautos peros que Carreira (*Gongoremas* 419) le pone a la identificación quevediana con ese "Miguel Musa" amparándose en que "uno de los mejores manuscritos gongorinos asegura que Miguel Musa se llamaba un poeta vallisoletano." Si ese era el caso, ¿quién era el tal Musa y por qué no contrarreplicó? y, sobre todo, ¿por qué apunta tan claramente Góngora a Quevedo en su réplica, si el autor del ataque había sido el supuesto Musa? ¿No es más fácil creer que el autor de ese manuscrito gongorino simplemente atribuyó el poema *al seudónimo*, al que dio la patria de aparición del poema, ya que no tenía manera de conocer o quizá de sospechar que "Miguel de Musa" era un nombre inventado?

6. Jauralde ("Aventura" 46) sostiene por contra que Quevedo no escribía fácilmente latín, que sus cartas a Lipsio, salvo la firma, no son autógrafas y que sus cartas a Jacobo Chifflet deben de haberse escrito igualmente con ayuda (46). Sin embargo, el que las cartas no fueran ológrafas no significa, necesariamente, que Quevedo no escribiera con más o menos soltura en latín. El carácter reflexivo y no instantáneo de aquellas, que otorgaría tiempo suficiente para que alguien con la formación teológico-humanista de Quevedo (Alcalá, Valladolid) escribiera su propia carta latina, nos fuerza a que consideremos otras alternativas a esa condición no ológrafica como, por ejemplo, razones de legibilidad caligráfica o de enfermedad. Como recuerda Crosby ("¿De qué murió Quevedo?" 160), el propio Quevedo reconoce en carta a Justo Lipsio de 4 de septiembre de 1604 que tuvo que dictarla porque le faltaban fuerzas para escribir ("Manu aliena, nam propria langueo"). De justicia es señalar que, en otro lugar, el propio Jauralde describe a Quevedo como "excelente latinista" (*FdeQ* 878).

7. Para un reflejo más detallado del epistolario español lipsiano véase el libro de Alejandro Ramírez.

8. Situación muy diferente, por supuesto, a cuando es Olivares quien ocupa el valimiento. Del desinterés de Lerma por la poesía gongorina manifestado en la acogida del *Panegírico* se pasará al deseo olivariano de que Góngora le dedique sus poesías.

9. García Valdés (23–129) recoge en su edición de la *Prosa festiva* quevediana las fechas de autoría que la crítica ha propuesto para cada una de ellas.

10. El propio Quevedo, consciente de su indeleble reputación satírica e ingenioso-burlesca, previene al lector en la "Advertencia muy importante para informar al que leyere esta historia" de *La caída para levantarse*: "Doy a leer mi devoción, no mi ingenio, y deseo defenderme en el sagrado de tan soberano sujeto" (136).

11. Rico (*Novela* 129) afirma, recordando ese contexto editorial, que "Quevedo entró a saco en el repertorio de elementos constitutivos del género, dispuesto a competir con el anónimo quinientista [el *Lazarillo*] y con el sombrío [Mateo] Alemán, para vencerlos a punta de ingenio." De paso, categorizando un tanto anacrónicamente otras obras jocosas quevedianas contemporáneas del *Buscón* (*Vida de corte*, *Libro de todas las cosas*) las despacha como "auténticas colecciones de retales" (130) y acaba afirmando que Quevedo no comprendió el *Lazarillo* ni el *Guzmán* (136), lo cual es mucho afirmar si tenemos en cuenta que el *Buscón* ha acabado, le guste a Rico o no, encuadrado como obra picaresca. Esto último demuestra que, si bien Quevedo no siguió ciertos patrones picarescos ni de construcción del pícaro sí los utilizó de manera proteica y no por ello dejó de comprender y, lo que es más, de aprehender los semas esenciales del género picaresco. Si acaso, Quevedo comprendió tan bien el género que se dio cuenta de que tenía que remozarlo y adaptarlo a las expectativas de la cultura cortesana vigente a comienzos del XVII. Igualmente, Quevedo tenía a buen seguro clara la sobada y sabia noción de que, en literatura, todo lo que no es tradición es plagio. Eso sirve tanto para el anónimo creador del genial *Lazarillo* como para Mateo Alemán.

12. Después de las pruebas efectuadas con 45 testigos montañeses, que afirman "que el pretendiente no ha tenido ni su padre oficio bajo ni vil, antes se han tratado como caballeros con su hacienda, y esto es público y notorio," que "el pretendiente ha tenido caballo y puede andar en él" y que "no ha estado retado ni desafiado, ni tal se ha sabido" (Riandière *passim*), los comisarios certifican que "es hijo de algo don Francisco de Quevedo, limpio y cristiano viejo" (114).

13. Dada la contradicción entre los datos que ofrecen Cerrón-Puga en su ed. de las poesías de Francisco de la Torre, donde dice que Sarmiento era amigo del Brocense (15–16), y Rivers, quien sostiene que "este burgalés, amigo de Quevedo" era "más joven que él" (*Quevedo y su poética* 22), se me hace difícil creer que se refieran a la misma persona. El Brocense murió en 1601 mientras que Manuel Sarmiento de Mendoza nació "por los años de 1580 y tantos," según recoge la Enciclopedia Espasa y asume el propio Rivers, y murió en 1650. La enciclopedia recoge tres biografías de personas coetáneas apellidadas "Sarmiento de Mendoza" (dos) o "Sarmiento Mendoza" (una). Los tres nacieron en Burgos; dos de ellos, Manuel Sarmiento Mendoza y Antonio Sarmiento de Mendoza, hacia 1580 y murieron en 1650 mientras que el tercero, Francisco Sarmiento Mendoza, nació en 1525 y murió en Jaén en 1595. Estos dos últimos estudiaron en Salamanca, fueron religiosos, y acabaron en Andalucía. Como hipótesis de trabajo me inclino por pensar que ambos tuvieron algo que ver con los manuscritos de Fray Luis y de la Torre y que, quizás, eran parientes. Es la única solución que se me ocurre para casar fechas y datos que no parecen corresponder a una sola persona.

14. Adviértanse aquí las connotaciones de vocablo con tantas reminiscencias gongorinas como "peregrino."

15. Escribe Lope en *La Dorotea*, por aquellos mismos años: "Aquél poeta es culto, que cultiva de suerte su poema, que no deja cosa áspera ni escura, como un labrador un campo; que eso es cultura, aunque ellos digan que lo toman por ornamento" (351).

16. Góngora, en un soneto de ¿1598? en el que ataca *La dragontea* lopesca, establece un paralelismo simbólico entre el Tajo—que parece aludir en particular a Lope y en general a esa "musa castellana" a la que se refiere en el primer terceto—y el Betis, sinécdoque por excelencia de lo sevillano y por extensión de lo andaluz, de quienes se presenta como adalid requiriendo de Apolo inspiración "porque el mundo vea / que el Betis sabe usar de tus pinceles" (*Sonetos* 262). La oposición geográfico-estilística parece pues patente ya a finales del XVI.

17. Francisco Vivar ("El poder" 280) ha definido recientemente *La Perinola* como un ejemplo de la competencia entre los escritores de la época con el que Quevedo pretende "imponer orden en la literatura de su tiempo" y "conseguir poder y afirmación personal a través de la escritura," ideas con las que concuerdo plenamente. El *Para todos* de Montalbán tuvo gran éxito (cuatro ediciones en dos años) y, según Vivar, fue esa intención montalbaniana de alcanzar "a todos" y de desjerarquizar la dicotomía vulgo-discretos lo que molestó a Quevedo, defensor de una jerarquía social y cultural y de dirigirse a "los pocos" (285–87).

18. Hay casos en los que se mezcla lo intertextual con lo interautorial, como en el poema burlesco antigongorino "Alguacil del parnaso, Gongorilla," donde se intercalan versos de las *Soledades* y se alude a Almansa y Mendoza, el propagador madrileño de la poesía gongorina:

> y solamente tú, Matus Gongorra,
> cuando garciclopeas *Soledades,*
> francigriega[s] latinas necedades;
> siendo así (Mendocilla me lo dijo)
> *obras ambas de artífice prolijo.*
>
> (*Poesía original* # 841)

19. Repárese en la significativa referencia a las jácaras que hace el Duque, así como a la descripción de las labores burocráticas, políticas y administrativas que desempeñaba Quevedo para Osuna.

20. Se trata del que comienza "¿Yo en justa injusta...?" (*Sonetos* 276). Góngora se había presentado a la justa con el soneto que principia "En tenebrosa noche..." (237).

21. Vid. mi "Quevedo y Olivares: una aclaración a su epistolario."

22. Una referencia adicional a las colaboraciones teatrales quevedianas la encontramos en la primera jornada de *La noche de San Juan*, una comedia palatina lopesca de hacia 1631:

> Aquí, el primero en la dicha,
> representará Vallejo
> una comedia, en que ha escrito
> don Francisco de Quevedo
> los dos actos, que serán
> el primero y el tercero,
> porque el segundo, que abraza
> los dos, dicen que ha compuesto
> don Antonio de Mendoza.

23. La primera prueba fehacientemente datada de los ataques de Quevedo a Olivares es la *Execración*, que data del verano de 1633.

24. Que estas cartas-relaciones gozaban de cierta difusión lo prueba la carta 16 de Almansa y Mendoza (303) que glosa la muerte del toreo Arañuela "que citó don Francisco de Quevedo en su carta de la jornada de Andalucía."

Capítulo cinco
La pluma en el filo: Quevedo o la ansiedad política

1. Una distorsión adicional de la crítica, al contemplar homogénea y retroactivamente la obra queved iana, ha sido leer el *Buscón* como una concertada defensa del estamento aristocrático y, consecuentemente, ver a su autor como portavoz de su clase (Molho 99–102). Si bien es cierto que Quevedo alardea siempre que puede de su sangre noble es muy arriesgado leer todas sus obras en esa clave. Si el *Buscón* fuera exclusivamente una defensa de la clase noble sería difícil explicar su recepción como texto polémico y heterodoxo del que Quevedo hubo de desentenderse públicamente. Tal motivación de clase hubiera sido más lógica en un Quevedo no ya juvenil sino maduro y quizá hubiera requerido de una obra seria y no de una satírico-burlesca que, por su condición de género ínfimo, no era la más adecuada para transmitir una crítica "seria." Es más *natural*, en mi opinión, leer el *Buscón* desde una perspectiva biográfico-posicional como una toma de posición ingenioso-burlesca de un joven hidalgo cortesano. Abad (*Literatura* 181) defiende una lectura sincrética y muy plausible en la que se mezclarían en la obra el alarde ingenioso y la crítica a la movilidad social. Por otro lado, sí es factible pensar que Quevedo ejerciera en ciertos momentos posteriores a 1630 de portavoz, más que de clases o de grupos sociales, de ciertos estados de opinión contrarios a Olivares.

2. Lamento disentir aquí con Alfonso Rey ("Concepto" 136–42) cuando afirma que Quevedo no se identifica con la nobleza, que aprecia más la virtud que el linaje y que no se puede contemplar el privilegio de la sangre como una baza favorable al escritor. En su argumentación aduce el profesor Rey ejemplos de *Los sueños, Política de Dios, Marco Bruto* y de la "Epístola satírica." Creo, sin embargo, que lo que Quevedo defiende no es *virtus* sobre *nobilitas* sino, más bien, *virtus in nobilitate*, como prueba el escritor en el *Discurso de las privanzas* y en el *Marco Bruto* en citas que recoge el propio Rey. Quevedo puede burlarse de los hidalgos pobres (*Sueños*), apéndice casi caricaturesco de la nobleza y tópico epocal, por dos razones: porque esos "hidalguillos" (nótese el diminutivo) no manifiestan *virtus* y porque él no es uno de ellos. La condición de caballero de Quevedo forma parte de su imagen pública, como vemos por el encabezamiento de sus obras, por la percepción social que de él se tiene (como señalaba en una cita anterior del epistolario del conde de Gondomar) y hasta por las ironías que se gasta Cervantes al describirlo en el *Viaje del Parnaso* (2: 316–18). Significativamente, Cervantes coloca a Quevedo inmediatamente después de la nobleza titulada (Salinas-Esquilache-Saldaña-Villamediana-Alcañices) y de otros nobles como Francisco de la Cueva, Rodrigo de Herrera y Juan Antonio de Vera, en lo que parece un claro orden nobiliario descendente que se cierra con nuestro escritor.

3. El caso de Quevedo no fue excepcional y parece consecuencia del desarrollo del mercado editorial a lo largo del XVII. Parecidas situaciones se vivían en otros países europeos. En 1629 el escritor francés Saint-Amant abre la primera edición de sus *Œuvres* con una "Advertencia al lector" en la que explica que se ha decidido a editar y supervisar sus obras para evitar que "algún mal librero de provincias" se le adelante (Carrier).

4. La signatura del documento, procedente del fondo de Gondomar y guardado en la Real Biblioteca, es Gondomar II / 2161, doc. 29.

5. Fernández Mosquera señala en otro artículo ("Quevedo y Paravicino") la sincronía y las concomitancias ideológicas y hasta de tono con las que ambos, antiguos compañeros de colegio, reaccionan ante la aparición en Madrid de unos carteles sacrílegos el 2 de julio de 1633: quince días más tarde, el 19, Quevedo fecha la *Execración contra los judíos* y fray Hortensio Paravicino pronuncia un encendido sermón.

6. Así, mientras "L'Excuse à Ariste," donde la voz poética es un joven poeta que se niega a escribir una poesía de encargo y la *Epître dédicatoire d'Heraclius*, celebración de su entrada en la Académie française, son cómicas, su *Théodore,* donde refleja aspectos de la polémica sobre *Le Cid* y de su fallido intento por entrar en la Academia, es una tragedia. En las dos primeras se alaba a Richelieu mientras en la última se le critica.

7. Cabría preguntarse si ese intento de atraer voluntades no es, en sí mismo, prueba del peso que comenzaba a tener la opinión pública. Me parece también que

estas sociedades urbanas que se forman en torno a una corte son un perfecto caldo de cultivo para que aparezcan algún tipo de "opinión pública." La existencia en el caso de Madrid de mentideros, protoperiodismo (Almansa y Mendoza, las cartas de jesuitas, las relaciones), propaganda y pasquines políticos parecen apuntar en esa dirección. Hay que citar también el hecho de que, aunque nos sorprenda por la idea recibida que tenemos de una monarquía absoluta, a veces la gente del pueblo se acercaba al soberano en procesiones y festejos públicos para increparlo por la situación del reino (Lisón Tolosana 71).

8. Harold Bloom formuló y describió en *The Anxiety of Influence: A Theory of Poetry* (1973) la relación que los poetas suelen tener con la tradición, sobre todo en lo que toca a una ontogénesis casi freudiana, fundada tanto en la afinidad e influencia como en el rechazo, que un poeta dado establece con uno o varios "titanes" de esa tradición. Mi título va por otros derroteros y describe la ansiedad social e interactiva que Quevedo muestra en sus relaciones con el campo literario pero, sobre todo, con el de poder. Quevedo, lejos de competir con la tradición, la aprovecha para sus fines, sobre todo en lo que se refiere a temas y formas y ello se hace patente desde *El Buscón* a las silvas; desde el "rescate" de Fray Luis o de la Torre a la vena estoica. Lo que es más, esa ansiedad de influencia le llevó directamente a la acción y, casi siempre, a una acción a la contra, se tratara de Góngora o de la defensa (*Chitón*) o el ataque (*Execración, La hora*) políticos.

9. Díaz Martínez (108–11) cree sin embargo que en los *Discursos* hay atisbos de crítica política a Felipe III y al duque de Lerma, lo que concordaría con obras posteriores como los *Grandes anales*. Díaz se ampara en citas quevedianas posteriores e indirectas donde se defienden el criticar veladamente con omisiones o mediante la crítica generalizada e indirecta (*Virtud militante, Noticia, juicio y recomendación de la "Utopía" y de Tomás Moro*) para hacer esa lectura. Sin embargo el Quevedo de las *Privanzas* es un joven y neófito pretendiente cortesano que no tiene experiencia política y que, por estas mismas fechas, está escribiendo un encendido elogio a Lerma (*Obra poética* #237). Es difícil cuantificar la influencia que la propia privanza quevediana con el duque de Osuna pudo tener en su pensamiento y en su psicología pero es razonable creer que fue mucha. Mientras el Quevedo de los *Discursos de la privanza* escribía *de leídas* (probablemente bajo la influencia directa del *Politicorum* de Lipsio que se acababa de traducir en 1604) el Quevedo posterior vivió muy directamente o fue incluso protagonista de la política y los entresijos cortesanos. Quizá fruto y reflejo de esa aportación experiencial y directa de su involucración política es la compleja relación que el escritor tiene con la doctrina maquiavélica (Díaz 94–101).

10. Para Francisco Vivar (*Quevedo, passim*), que ha estudiado recientemente el desarrollo de la imagen de España y la formación de la identidad nacional en la obra quevediana, *España defendida* y la "Epístola satírica" serían para nuestro escritor ejemplos de la decadencia de España y de su nobleza, mientras que *Mundo caduco* lo sería de una Europa periclitada. Con ambas Quevedo buscaría "construirse" a sí mismo como noble al servicio del Rey defendiendo una imagen de España como unidad cultural [cap. 2] y política [cap. 3] basada en la homogeneidad histórica, lingüística y religiosa (52). Hay que insertar la construcción de la identidad nacional en la obra de Quevedo en el contexto de la decadencia de finales del XVI y comienzos del XVII (17). Para ello, Quevedo propone el "diseño de una identidad nacional

como respuesta que restaure la antigua grandeza y revitalice el sentimiento nacional" (cito de Vivar, *Quevedo* 18)

11. Es cierto que, como señala Roncero (*Humanismo* 126), no hay documentos que prueben el interés quevediano por optar al puesto de cronista real pero, sin embargo, no creo que debamos por ello desecharla como hipótesis de trabajo. Teniendo en cuenta su combinado interés por asuntos históricos y filológicos y su patriotismo militante nada hubiera sido más lógico que aspirar a ese puesto. Un puesto que, no por casualidad, también habían ocupado destacados filólogos e historiadores como su admirado Justo Lipsio o Eryciús Puteanus.

12. Véase mi artículo "Quevedo y Olivares: una nota cronológica a su epistolario" donde fecho esta carta en 1630 y no en 1631, como han defendido recientemente Jauralde (*FdeQ* 604–05) y Urí (14–16) en su edición de *El chitón* quevediano.

13. Elliott incluía entre los datos defensores de la cercanía entre Olivares y Quevedo la aparición de éste en un documento de compra de Loeches a favor del Valido en 1633 aunque, Jauralde y Crosby afirman (393), que se trata de uno de los muchos homónimos del escritor.

14. Víd. mi art. "Quevedo y Olivares."

15. La fecha de la comedia no está establecida con precisión. Según la crítica, podemos conjeturar que la obra fue escrita entre 1624 y 1627, aproximadamente, y fue retocada o reescrita posteriormente. Según Astrana (*Vida* 374–76), la obra fue escrita en 1627. Blecua (Quevedo, *Obra poética* 4: 149) hace un repaso de las dataciones, citando el dato tomado de Artigas (*Teatro inédito de don Francisco de Quevedo*), tomado a su vez de un trabajo de E. Merimée, de que la compañía de Roque Figueroa y Mariana de Olivares tenía en su repertorio en 1624 la comedia *Cómo ha de ser el privado*. Eso explicaría, dice Blecua (Quevedo, *Obra poética* 4: 149), las mezcladas alusiones a hechos históricos de 1623, relativamente lejanos, con otros de 1627 ó 1628.

16. Concuerdo plenamente con la distinción que Henry Méchoulan presenta en "Quevedo stoïcien?": una cosa es predicar (obras literarias) y otra muy distinta dar trigo estoico (comportamiento sumiso hacia Olivares en San Marcos, peticiones de clemencia, etc.). Ciertamente, las obras quevedianas de tema estoico trascienden su estricto contenido. Como señala Eduardo Acosta, editor de la *Defensa de Epicuro*, esta obrita de tema estoico destila muchas facetas quevedianas como las de traductor de textos clásicos y modernos; estudioso preocupado por problemas de crítica textual; intelectual apasionado y escéptico y, finalmente, crítico contradictorio y poco riguroso que deforma cuestiones doctrinales al servicio de un objetivo polémico (lxx). Cabría añadir un elemento cohesionador de todas esas facetas: Quevedo cultivó a lo largo de su trayectoria, frente a la mayoría de sus compañeros de campo, una cierta distinción de humanista y tratadista serio con ánimo de granjearse prestigio socioliterario. Atribuir a Quevedo una actitud vital y un perfil ideológico estoicos, mero reflejo de parte de su producción literaria, significa a veces tomar el todo por la parte.

17. Recuérdese, sin ir más lejos, la carta que le dirige a Medinaceli el 21 de diciembre de 1630 en la que le dice "Yo doy gran prisa a ese señor [Olivares] por ir a servir a vuecelencia, y se la doy sin susto de lo que hiciere u dejare de hacer" (*Epistolario completo* 247). Para una contextualización de esta carta en el triángulo relacional Olivares-Quevedo-Medinaceli, véase mi "Quevedo y Olivares" (496–99).

18. "Asperilla" era un mote con el que, según Jauralde (*FdeQ* 688), Quevedo designaba a Olivares entre amigos de confianza.

19. De nuevo es de notar la instantaneidad de la acción quevediana que reacciona muy rápidamente ante sucesos de la actualidad.

20. Crosby ("Cuarenta" 230) ha demostrado recientemente que, según escribe el propio Quevedo en una carta desde su prisión leonesa y en contra de lo que en alguna ocasión se ha afirmado, el escritor no trató al inquisidor Adam de la Parra. Alguna de las cartas muestra incluso un cierto desprecio hacia el inquisidor (229).

21. Elliott y De la Peña recogen una de las pocas referencias directas y explícitas sobre el asunto, una carta de Olivares a Felipe IV en la que se lee: "pues como V. Majd. sabe por el negocio [la prisión] de don Francisco de Quevedo, fue necesario que el duque del Infantado siendo íntimo amigo de don Francisco de Quevedo (como él lo dijo a V. Majd. y a mí), fue necesario que le acusase de infiel y enemigo del gobierno y murmurador dél, y últimamente por confidente de Fracia y correspondiente de franceses (2: 189). Jauralde se acoge asimismo a la acusación que se le hace a Quevedo de participar en una trama antiolivarista de connivencia y menos belicosidad para con los franceses (*FdeQ* 772), propuesta por López Ruiz (92), y en la que el duque del Infantado habría sido el delator. Las relaciones de Quevedo con éste, una vez liberado, son un tanto confusas. Jauralde sugiere que Quevedo condescendió y perdonó dicha denuncia ya que estaba al borde de la muerte "y no era momento para rencores" (770). Desde luego la dedicatoria del *Marco Bruto* da pie a suspicacias. Si la leemos en la clave Bruto = traidor y reparamos en la salutación ("Señor, no presumo que Vuecelencia leerá este libro; prométome le recibirá") y, sobre todo, en unas líneas que siguen ("De mucho que debo a vuecelencia [¿en el sentido de venganza?] le doy lo menos [¿una dedicatoria envenenada?] y me quedo con lo más [¿su acusación y desprecio más directos?]") surgen desde luego dudas. El Duque, como sabemos, dio la callada por respuesta. En carta a Francisco de Oviedo de 13 de junio de 1645 escribe Quevedo: "... ve vuesa merced cuán ajeno estaría yo de que mi carta la había de ver el señor duque del Infantado, para que le moviese a hacer conmigo otra cosa que la que hizo cuando le dediqué *Marco Bruto* y se le di, que aun no me dijo que Dios me diese salud ni que le había leído. Yo quiero al Duque bien, de balde, y le deseo todo gusto que su grandeza merece" (*Epistolario completo* 494–95). Me inclino por pensar que Quevedo no supo de tal delación de Infantado, de ahí su sorpresa por la falta de reacción del Duque al dedicarle nuestro escritor el *Marco Bruto*, aunque Jauralde opina que se lo dedicó porque Quevedo quería "congraciarse con el noble que tomó parte en su prisión" (*FdeQ* 835), lo que me parece improbable. En mi opinión el del Infantado se dio por aludido al creerse tildado de traidor, dadas las connotaciones del personaje histórico romano; de ahí su silencio y desconfianza hacia un Quevedo que quizá dio involuntariamente en la diana. En carta de finales de agosto de 1645 y a las puertas de la muerte, Quevedo le escribe a Oviedo diciéndole: "Yo no sé qué da cuidado al señor Duque del Infantado de la impresión de mis obras, pues aun una que le dirigí, razonable, no la leyó ni me dijo nada, si era buena o mala; cosa de que yo no me quejo ni me quejaré" (*Epistolario completo* 503).

22. El *Catálogo* de manuscritos quevedianos de Pérez Cuenca lista, por ejemplo, 20 atribuciones al escritor de "Católica, sacra, real majestad" y 18 de "Toda España está en un tris." Por otro lado, la edición del poema a la que me refiero es la *Proclamación o aclamación a la Magestad de Felipo Quarto* (Barcelona: Jayme Matevat,

1641), en cuya portada aparece como obra de Quevedo. Con respecto a la problemática sobre la atribución, véase el artículo de Whitaker donde se hace un interesante estudio de la correspondencia diplomática de la embajada florentina en la corte española entre 1639 y 1640. En varios informes cifrados se alude repetidamente a Quevedo como el autor de una sátira antigubernamental que tiene todo el aspecto de ser una versión primitiva de "Católica, sacra" (Whitaker 371).

23. Whitaker (371) recoge el dato de que Bernardo Bonnani, secretario de la embajada toscana en Madrid en 1639, creía que Quevedo podía estar envuelto en una conspiración en el momento de su prisión. De nuevo, es muy significativo observar hasta qué punto Quevedo llegó a representar el antiolivarismo entre sus contemporáneos y las cosas que le creían capaz de hacer al respecto. López Ruiz (*Quevedo: Andalucía* 140–46) pone en relación las prisiones de Quevedo, Lorenzo Coqui, secretario del nuncio (7-2-1640) y la del antiguo contable del conde de Saldaña (futuro duque del Infantado), así como el destierro del duque de Medinaceli con las negociaciones secretas entre Francia y España por medio del barón de Pujols. Esto reforzaría la "pista" francesa como causa de la prisión quevediana.

24. Carmen Peraita ("Plutarch" 83) afirma que Quevedo apoya tácitamente en el *Marco Bruto* la defensa que el padre Mariana hacía del tiranicidio como último recurso para lograr el bien común.

25. Lía Schwartz ha puesto de relieve como incluso las sátiras quevedianas se convirtieron en "contrahaz de sus tratados doctrinales o relatos historiográficos, que difundieron modelos ideológicos que se deseaba imponer" ("Representación" 34). Ello demuestra que la trayectoria quevediana es susceptible de una cierta unidad de acción y que puede ser problemático oponer de manera sistemática el Quevedo "serio" al burlesco.

26. Pienso, por ejemplo, en el panfleto quevediano "La rebelión de Barcelona no es por el fuero ni por el güevo," de finales de 1641, donde Quevedo interviene desde prisión en la guerra de pasquines provocada por la insurrección de Cataluña. En el panfleto se cita elogiosamente al *Aristarco* de Rioja y no faltan elogios al Conde-Duque, obviamente para atenuar los efectos de su prisión lanzando un guiño a Olivares, como señala Arredondo (150). ¿Significa eso que sorprendemos a Quevedo en otra de sus contradicciones? Probablemente no. Más bien nos encontramos ante otra toma de posición marcada por las circunstancias con la que Quevedo juega sus bazas al mostrarse como un patriota (130). Constreñido por la prisión y al no poder ofrecer datos de primera mano, nuestro escritor utiliza un tono literario y satírico (129), manipula un refrán e intensifica las consignas oficiales con el objetivo de congraciarse con el poder (150)

27. Es decir: si prescindimos de obras satírico-burlescas de juventud (*Buscón*, *Sueños*, opúsculos festivos, ciertas poesías) que pertenecían al género ínfimo por dicha condición, por mucha popularidad que tuvieran, y descontamos el hecho de que su poesía "seria" tuvo, al parecer, una circulación restringida como señalaba en el capítulo anterior, ¿qué nos queda de "literario" en la obra quevediana que no tenga alcances políticos o morales? Uno pensaría que, aparte de los entremeses, también satírico-burlescos por cierto, prácticamente nada. Se me podrá decir que lo que queda es *también* literatura pero la diferencia con la praxis literaria de otros escritores coetáneos es muy acusada. Mientras esos escritores (Cervantes, Góngora, Lope) luchan con los poetas fuertes de la tradición o con la tradición misma estirando y explorando los límites de los géneros literarios clásicos (épica, lírica y poesía dramática, respectivamente y en sentido lato), Quevedo se dedica a experimentar con la variedad formal de la retórica perlocutiva (sermones, tratados, memoriales, crónicas históricas, discursos, panfletos, ediciones, comentos, "traducciones" glosadas). Todo lo que no es en Quevedo burla, ataque o invectiva es comento o imitación. ¿Dónde está el pulso de Quevedo a la tradición? ¿En su estilo? ¿En su voracidad poligráfica? ¿No es una ironía que Quevedo no reconociera como propio el *Buscón*, su única obra literaria auténticamente "moderna" desde el punto de vista genérico?

Obras citadas

Abad, Francisco. "Ideario político y mentalidad señorial de Quevedo." *Cuadernos Hispanoamericanos* 361–62 (1980): 85–92.

———. *Literatura e historia de las mentalidades*. Madrid: Cátedra, 1987.

Abellán, José Luis. *Historia crítica del pensamiento español*. Vol. 3. *Del Barroco a la Ilustración*. Madrid: Espasa-Calpe, 1981.

Acosta Méndez, Eduardo. Introd. y ed. de *Defensa de Epicuro contra la común opinión*, de Francisco de Quevedo. Madrid: Tecnos, 1986.

Alatorre, Antonio. "Quevedo: de la silva al ovillejo." *Homenaje a Eugenio Asensio*. Ed. Luisa López Grigera y Augustin Redondo. Madrid: Gredos, 1988. 19–31.

Alcalá, Ángel. *Literatura y ciencia ante la Inquisición española*. Madrid: Laberinto, 2001.

Alemán, Mateo. *Guzmán de Alfarache*. Ed. Francisco Rico. Barcelona: Planeta, 1983.

Alexander, Jeffrey C. "The Reality of Reduction: The Failed Synthesis of Pierre Bourdieu." *Fin du Siècle Social Theory*. Londres: Verso, 1995.

Almansa y Mendoza, Andrés de. *Obra periodística*. Ed. y estudio de Henry Ettinghausen y Manuel Borrego. Madrid: Castalia, 2001.

Alonso, Dámaso. *Estudios y ensayos gongorinos*. Madrid: Gredos, 1955.

———. *En torno a Lope*. Madrid: Gredos, 1972.

———. "Entre Góngora y el marqués de Ayamonte: poesía y economía." *Studies in Spanish Literature of the Golden Age Presented to Edward M. Wilson*. Londres: Tamesis, 1973. 9–23.

———. "Góngora en las cartas del abad de Rute." *Homenaje a la memoria de don Antonio Rodríguez Moñino*. Madrid: Castalia, 1975. 27–58.

———. *Góngora y el "Polifemo."* 3 vols. 7ª ed. Madrid: Gredos, 1985.

———. Introducción. Góngora, *Obras de don Luis* 1: xvii–lv.

———. *La lengua poética de Góngora*. Madrid: Anejos de la *Revista de Filología Española*, 1950.

———. *Poesía española: ensayo de métodos y límites estilísticos*. 5ª ed. Madrid: Gredos, 1981.

———. "La supuesta imitación por Góngora de la *Fábula de Acis y Galatea*." *Obras completas*. Vol. 5. Madrid: Gredos, 1978. 529–69.

Alonso Cortés, Narciso. *Noticias de una corte literaria*. Valladolid: La Nueva Pincia, 1906.

Alvarez Vázquez, José Antonio. "Teoría y práctica política de Quevedo." *Cuadernos Hispanoamericanos* 336 (1978): 427–51.

Obras citadas

Amelang, James S. "Formas de la escritura popular: las autobiografías de artesanos." *Escribir y leer en el siglo de Cervantes.* Ed. Antonio Castillo. Barcelona: Gedisa, 1999. 129–42.

———. "The Mental World of Jeroni Pujades." Kagan, *Spain* 211–26.

Ames-Lewis, Francis. *The Intellectual Life of the Early Renaissance Artists.* New Haven: Yale UP, 2000.

Arellano, Ignacio. *Poesía satírico burlesca de Quevedo: estudio y anotación filológica de los sonetos.* Pamplona: Universidad de Navarra, 1984.

Arellano, Ignacio, y Victoriano Roncero. Introducción. *La musa Clío del Parnaso español de Quevedo.* Pamplona: Eunsa, 2001. 5–40.

Artigas, Miguel. *Don Luis de Góngora y Argote: biografía y estudio crítico.* Madrid: RAE, 1925.

———. *Teatro inédito de don Francisco de Quevedo.* Madrid: Tip. de la "Revista de Archivos," 1927.

Ariza Canales, Manuel. *Retratos del príncipe cristiano: de Erasmo a Quevedo.* Córdoba: Universidad de Córdoba, 1995.

Arredondo, María Soledad. "Armas de papel: Quevedo y sus contemporáneos ante la guerra de Cataluña." *Perinola* 2 (1998): 117–51.

Asensio, Eugenio. "Censura inquisitorial de libros en los siglos XVI y XVII: fluctuación y decadencia." *El libro antiguo español.* Actas del Primer Coloquio Internacional. Ed. M.ª Luisa López-Vidriero y Pedro M. Cátedra. Salamanca: Universidad de Salamanca, 1988.

———. *Itinerario del entremés desde Lope de Rueda hasta Quiñones de Benavente.* 2ª ed. Madrid: Gredos, 1971.

———. "Tramoya contra poesía: Lope atacado y triunfante (1617–1622)." *Actas del coloquio sobre teoría y realidad en el teatro español del siglo XVII: la influencia italiana.* Ed. Francisco Ramos Ortega. Roma: Instituto Español de Cultura y Literatura, 1981. 229–47.

Asensio, Jaime. "¿Es Tirso 'el otro' de el *Viaje del Parnaso* de Cervantes?" *Revista Canadiense de Estudios Hispánicos* 10.2 (1986): 155–72.

Astrana Marín, Luis. *La vida turbulenta de Quevedo.* Madrid: Gran Capitán, 1945.

Bajtin, Mijail [Engl.: Mikhail Bakhtin; Fr.: Mikhaïl Bakthine]. *The Dialogic Imagination.* Austin: U of Texas P, 1981.

———. *L'œuvre de François Rabelais et la culture populaire au Moyen Age et sous la Renaissance.* Trad. Andrée Robel. París: Gallimard, 1970.

Baker, Edward. "Patronage, the Parody of an Institution in *Don Quijote*." *Culture and the State in Spain: 1550–1850.* Ed. Tom Lewis y Francisco J. Sánchez. Hispanic Issues 20. Nueva York: Garland, 1999. 102–25.

Barbeito Carneiro, María Isabel. "Escritoras madrileñas del siglo XVII." Tesis doctoral. Universidad Complutense, 1986.

Barella, Julia. "Bibliografía: academias literarias." *Edad de Oro* 7 (1988): 189–95.

Obras citadas

Barrera, Cayetano Alberto de la. *Catálogo bibliográfico y biográfico del teatro antiguo español*. Biblioteca Románica Hispánica. Ed. facsímil. Madrid: Gredos, 1969.

———. *Nueva biografía de Lope de Vega*. 2 vols. Biblioteca de Autores Españoles 262 y 263. Madrid: Atlas, 1974.

Baum, Doris L. *Traditionalism in the Works of Francisco de Quevedo y Villegas*. Chapel Hill: U of North Carolina P, 1970.

Bergmann, Emilie L. *Art Inscribed: Essays on Ekphrasis in Spanish Golden Age Poetry*. Cambridge: Harvard UP, 1979.

Beverley, John R. *Aspects of Góngora's "Soledades."* Purdue University Monographs in Romance Languages 1. Amsterdam: Benjamins, 1980.

———. Introducción. *Soledades*, de Luis de Góngora. Madrid: Cátedra, 1979.

———. "The Language of Contradiction: Aspects of Góngora's *Soledades*." *Ideologies and Literature* 1.5 (1978): 28–56.

———. "On the Concept of Spanish Literary Baroque." *Culture and Control in Counter-Reformation Spain*. Ed. Anne J. Cruz y Mary Elizabeth Perry. Hispanic Issues. Minneapolis: U of Minnesota P, 1992. 216–30.

———. "The Production of Solitude: Góngora and the State." *Ideologies and Literature* 3.13 (1980): 24.

Biurrun Lizarazu, Javier. Introducción. *Mundo caduco*, de Francisco de Quevedo. Pamplona: Eunsa, 2000.

Blanco, Mercedes. "La estela del *Polifemo*." *Actas del XII Congreso de la Asociación Internacional de Hispanistas. Birmingham, 21–26 de agosto de 1995*. Vol. 2. Ed. Jules Whicker. Birmingham: U of Birmingham, 1998. 42–59.

Blecua, José Manuel. "El entorno poético de Fray Luis de León." *Fray Luis de León: Actas de la I Academia Literaria renacentista*. Ed. Víctor García de la Concha. Salamanca: Universidad de Salamanca, 1981. 79–80.

———. Introducción. *Obra poética*, de Francisco de Quevedo. 4 vols. Madrid: Castalia, 1969.

———. *Sobre el rigor poético en España y otros ensayos*. Barcelona: Ariel, 1977.

———. *Sobre poesía de la Edad de Oro*. Madrid: Gredos, 1970.

Bloom, Harold. *The Anxiety of Influence: A Theory of Poetry*. Nueva York: Oxford UP, 1973.

Bocángel, Gabriel. *La lira de las musas*. Ed. Trevor Dadson. Madrid: Cátedra, 1985.

Borges, Jorge Luis. "Quevedo." *Prosa completa (1930–1975)*. Vol. 3. Barcelona: Bruguera, 1985. 49–56.

Bourdieu, Pierre. *La distinction: Critique social du jugement*. París: Minuit, 1979.

———. *The Field of Cultural Production: Essays on Art and Literature*. Ed. Randal Johnson. N.p.: Columbia UP, 1993.

———. *Outline of a Theory of Practice*. Cambridge: Cambridge UP, 1977.

Obras citadas

Bourdieu, Pierre. "Passport to Duke." Brown y Szeman 241–46.

———. *Razones prácticas: sobre la teoría de la acción*. Trad. Julio Vivas. Barcelona: Anagrama, 1997.

———. *The Rules of Art: Genesis and Structure of the Literary Field*. Trad. Susan Emanuel. Cambridge: Polity, 1996.

Bourg, Jean, Pierre Dupont y Pierre Geneste. Introducción. *La hora de todos y la fortuna con seso*, de Francisco de Quevedo. Madrid: Cátedra, 1987.

Bouza Álvarez, Fernando J. *Corre manuscrito: una historia cultural del Siglo de Oro*. Madrid: Marcial Pons, 2001.

———. *Del escribano a la biblioteca. La civilización escrita europea en la Alta Edad Moderna (siglos XV–XVII)*. Madrid: Síntesis, 1997.

———. "Escritura, propaganda y despacho de gobierno." *Escribir y leer en el siglo de Cervantes*. Ed. Antonio Castillo. Barcelona: Gedisa, 1999. 85–109.

Brown, Jonathan. *Images and Ideas in Seventeenth-Century Spanish Painting*. Princeton: Princeton UP, 1978.

Brown, Jonathan, y John H. Elliott. *A Palace for a King: The Buen Retiro and the Court of Philip IV*. New Haven: Yale UP, 1980.

Brown, Kenneth. *Anastasio Pantaleón de Ribera (1600–1629): ingenioso miembro de la república literaria española*. Madrid: Studia Humanitatis, 1980.

Brown, Nicholas, e Imre Szeman, eds. *Pierre Bourdieu: Fieldwork in Culture*. Lanham, MD: Rowman & Littlefield, 2000. 19–43.

Brownlee, Marina S., y Hans Ulrich Gumbrecht, eds. *Cultural Authority in Golden Age Spain*. Baltimore: Johns Hopkins UP, 1995.

Cabrera de Córdoba, Luis. *Relación de las cosas sucedidas en la corte de España desde 1599 hasta 1614*. Prólogo de Ricardo García Cárcel. Valladolid: Junta de Castilla y León, 1997.

Calhoun, Craig. "Pierre Bourdieu." *The Blackwell Companion to Major Social Theorists*. Ed. George Ritzer. Oxford: Blackwell, 2000. 696–730.

Canavaggio, Jean. *Cervantes*. Madrid: Espasa, 1997. [Ed. orig. fr. en 1987.]

Candelas Colodrón, Manuel Angel. "Las silvas de Quevedo." *Estudios sobre Quevedo*. Ed. Santiago Fernández Mosquera. Santiago de Compostela: Universidad de Santiago de Compostela, 1995. 161–85.

Caro Baroja, Julio. *Los judíos en la España moderna y contemporánea*. 2ª ed. 2 vols. Madrid: Arión, 1961.

———. *Vidas poco paralelas*. Madrid: Turner, 1981.

Carrasco Urgoiti, Soledad. "Notas sobre el vejamen de academia en la segunda mitad del siglo XVII." *Revista Hispánica Moderna* 31 (1965): 97–111.

———. "La oralidad en el vejamen de academia." *Edad de Oro* 7 (1988): 49–57.

Carreira, Antonio. *Gongoremas*. Barcelona: Península, 1998.

Obras citadas

———. Introducción. *Obras de don Luis Góngora (Manuscrito Chacón).* Vol. 3. Málaga: RAE–Caja de Ahorros de Ronda, 1991. Ix–xxi.

———. "*Loci critici* en los romances de Góngora." *Da Góngora a Góngora.* Ed. Giulia Poggi. Milán: ETS, 1997. 17–39.

———. "Quevedo en la redoma: análisis de un fenómeno criptopoético." Schwartz y Carreira 231–49.

Carreño, Antonio. Estudio preliminar. *Rimas humanas y otros versos*, de Lope de Vega. Barcelona: Crítica, 1998.

———. "'Que érades vos lo más sutil del mundo': de *Burguillos* (Lope) y Quevedo." *Calíope* 8.2 (2003): 25–50.

Carrier, Hubert. "La propriété littéraire en France au XVIIe siècle." Online. Internet. 7 de junio de 2003. Disponible en http://www.robic.ca/cpi/Cahiers/13-1/CarrierHubert.htm#sdfootnote1sym.

Carrillo y Sotomayor, Luis. *Obras.* Ed. Rosa Navarro Durán. Madrid: Castalia, 1990.

———. *Poesías completas.* Ed. Angelina Costa. Madrid: Cátedra, 1984.

Castillo Solórzano, Alonso de. *Donaires del Parnaso.* Madrid, 1624.

———. *Las harpías en Madrid.* Ed. Pablo Jauralde. Madrid: Castalia, 1985. [Ed. princeps de 1631.]

Castro, Américo. *Cervantes y los casticismos españoles.* 2ª ed. Madrid: Alianza, 1974.

———. *La realidad histórica de España.* México, DF: Porrúa, 1973.

Castro, Américo, y Hugo Rennert. *Vida de Lope de Vega (1562–1635).* Salamanca: Anaya, 1969.

Catálogo de pliegos sueltos poéticos de la Biblioteca Nacional: Siglo XVII. Madrid: Universidad de Alcalá: Biblioteca Nacional, 1998.

Celma Valero, María Pilar. "Invectivas conceptistas: Góngora y Quevedo." *Studia Philologica Salmanticensia* 6 (1982): 33–66.

Cerrón Puga, María Luisa. Introducción y ed. *Poesía completa* de Francisco de la Torre. Madrid: Cátedra, 1984.

Cervantes, Miguel de. *Don Quijote de la Mancha.* Ed. L. A. Murillo. 5ª ed. 2 vols. Madrid: Castalia, 1991.

———. *Entremeses.* Ed. Nicholas Spadaccini. Madrid: Cátedra, 1984.

———. *La Galatea.* Ed. Juan Bautista Avalle-Arce. Madrid: Espasa-Calpe, 1987.

———. *La Galatea.* Ed. Francisco Estrada y María Teresa López García-Berdas. Madrid: Cátedra, 1995.

———. *Novelas ejemplares.* Ed. Juan Bautista Avalle-Arce. 3 vols. Madrid: Castalia, 1986.

———. *Viaje del Parnaso.* Ed. Vicente Gaos. Madrid: Castalia, 1614.

———. *Viaje del Parnaso.* Madrid: CSIC, 1983.

Obras citadas

Chartier, Roger. *Entre poder y placer: cultura escrita y literatura en la Edad Moderna*. Madrid: Cátedra, 2000.

———. "Escribir y leer la comedia en el siglo de Cervantes." *Escribir y leer en el siglo de Cervantes*. Ed. Antonio Castillo. Barcelona: Gedisa, 1999. 243–54.

———. *Lectures et lecteurs dans la France d'ancien régime*. París: Seuil, 1982.

———. *The Order of Books: Readers, Authors, and Libraries in Europe between the Fourteenth and Eighteenth Centuries*. Trad. Lydia G. Cochrane. Stanford: Stanford UP, 1994.

———. "Le Prince, la bibliothèque et la dédicace au XVe et XVIIe siècles." *El libro antiguo español*. Vol. 3: *El libro en palacio*. Ed. Maria Luisa López-Vidriero y Pedro M. Cátedra. Salamanca: Universidad de Salamanca, 1996. 81–100.

Cheney, Patrick. "'Jog on, jog on': European Career Paths." Cheney y de Armas 3–23.

———. "'Thondring Words of Threat': Marlowe, Spenser, and Renaissance Ideas of a Literary Career." *Marlowe, History, and Sexuality*. Ed. Paul Whitfield White. Nueva York: AMS, 1998. 39–58.

Cheney, Patrick, and Frederick A. de Armas, eds. *European Literary Careers: The Author from Antiquity to the Renaissance*. Toronto: Toronto UP, 2002.

Chevalier, Maxime. "*La Diana* de Montemayor y su público en la España del siglo XVI." *Creación y público en la literatura española*. Ed. Jean-François Botrel y Serge Salaün. Madrid: Castalia, 1974. 40–55.

———. "Lectura en voz alta y novela de caballerías: a propósito del *Quijote*." *Boletín de la Real Academia Española* 79.276 (1999): 55–65.

———. *Lectura y lectores en la España de los siglos XVI y XVII*. Madrid: Turner, 1976.

———. "Para una historia de la agudeza verbal." *Edad de Oro* 13 (1994): 23–29.

———. *Quevedo y su tiempo: la agudeza verbal*. Barcelona: Crítica, 1992.

Civil, Pierre. "Livre et pouvoir au début du XVIIe siècle: les dédicaces au Duc de Lerma." Redondo 181–97.

———. *La prose narrative du siècle d'or espagnol*. París: Dunod, 1997.

Clamurro, William H. "The Destabilized Sign: Word and Form in Quevedo's *Buscón*." *MLN* 95.2 (1980): 295–311.

———. *Language and Ideology in the Prose of Quevedo*. Newark, DE: Juan de la Cuesta, 1991.

———. "Leyendo a Quevedo leer." *Actas del XIII Congreso de la Asociación Internacional de Hispanistas, Madrid, 6–11 de julio de 1998*. Ed. Florencio Sevilla y Carlos Alvar. Vol. 1. Madrid: Castalia, 2000. 460–66.

———. "Quevedo y la lectura política." *La Perinola* 5 (2001): 95–107.

Obras citadas

CODOIN, *Coleción de documentos inéditos para la historia de España*. Varios volúmenes. Madrid: Viuda de Calero, 1842–86.

Collard, Andrée. *Nueva poesía: conceptismo, culteranismo en la crítica española*. Madrid: Castalia, 1967.

Collins, Marsha S. *The "Soledades," Góngora's Masque of the Imagination*. Columbia: U of Missouri P, 2002.

Contag, Kimberly. *Mockery in Spanish Golden Age Literature. Analysis of Burlesque Representation*. Lanham, MD: UP of America, 1996.

Corte y monarquía de España en los años 1636 y 1637, La. Ed. A. Rodríguez Villa. Madrid, 1886.

Cossío, José María de. *Fábulas mitológicas en España*. Madrid: Espasa-Calpe, 1952.

Covarrubias Horozco, Sebastián de. *Tesoro de la lengua castellana o española*. Ed. de Martin de Riquer. Barcelona: Horta, 1943.

Cros, Edmond. *Genèse socio-idéologique des formes*. N.p. [¿Montpellier?]: Centre d'Études et de Recherches Sociocritiques, 1998.

———. *Ideología y genética textual*. Madrid: Cupsa, 1980.

———. *Theory and Practice of Sociocriticism*. Trad. Jerome Schwartz. Minneapolis: U of Minnesota P, 1988.

Crosby, James O. "Cuarenta y dos cartas de Quevedo a dos jesuitas distinguidos." *Perinola* 2 (1998): 215–35.

———. "¿De qué murió Quevedo? (Diario de una enfermedad mortal)." *MLN* 115.2 (2000): 157–87.

———. *En torno a la poesía de Quevedo*. Madrid: Castalia, 1967.

———. "The Friendship and Enmity between Quevedo and Juan de Jáuregui." *MLN* 76 (1961): 35–39.

———. *Guía bibliográfica para el estudio crítico de Quevedo*. Londres: Grant, 1976.

———. "La última prisión de Quevedo: documentos atribuidos, atribuibles y apócrifos." *Perinola* 1 (1997): 101–22.

Crosby, James O., y Pablo Jauralde Pou. *Quevedo y su familia en setecientos documentos notariales (1567– 1724)*. Anejos de *Manuscrt.Cao*. Madrid: Universidad Autónoma de Madrid, 1992.

Cruickshank, Donald W. "'Literature' and the Book Trade in Golden-Age Spain." *Modern Language Review* 73 (1978): 799–824.

Cruz, Anne J. "Art of the State: The *Academias Literarias* as Sites of Symbolic Economies in Golden Age Spain." *Caliope* 1.2 (1995): 72–95.

Cuevas, Cristóbal. Introducción. *El día de fiesta por la mañana y por la tarde*, de Juan de Zabaleta. Madrid: Castalia, 1983. 9–86.

Dadson, Trevor J. Introducción. *Antología poética 1564–1630*, de Diego de Silva y Mendoza, conde de Salinas. Madrid: Visor, 1985.

Obras citadas

Dadson, Trevor J. *Libros, lectores y lecturas: estudios sobre bibliotecas particulares del Siglo de Oro*. Madrid: Arco Libros, 1998.

Davies, Gareth. *A Poet in Court: Antonio Hurtado de Mendoza (1586–1644)*. Oxford: Dolphin, 1971.

DeJean, Joan. Rev. of *The Republic of Letters: A Cultural History of the French Enlightenment*, by Dena Goodman, and *Citizens without Sovereignty: Equality and Sociability in French Thought, 1670–1789*, by Daniel Gordon. *Eighteenth-Century Studies* 29.1 (1996): 115–16.

Deleito y Piñuela, José. *Sólo Madrid es corte: la capital de dos mundos bajo Felipe IV*. 3ª ed. Madrid: Espasa-Calpe, 1968.

———. *... también se divierte el pueblo*. Madrid: Alianza, 1988.

Díaz Martínez, Eva María. Estudio preliminar, ed. y notas. *Discurso de las privanzas*, de Francisco de Quevedo. Pamplona: Eunsa, 2000.

Diccionario de autoridades. Online. Real Academia Española. Internet. Junio de 2003. Disponible en http://www.rae.es/.

Domínguez Ortiz, Antonio. *Las clases privilegiadas en el antiguo régimen*. 3ª ed. Madrid: Itsmo, 1985.

———. *Instituciones y sociedad en la España de los Austrias*. Barcelona: Ariel, 1985.

———. "Quevedo y su circunstancia." *Historia 16* 55 (1980): 50–60.

———. *La sociedad española en el siglo XVII*. Madrid: CSIC, 1963.

Dubois, Jacques. "Pierre Bourdieu and Literature." *SubStance* 29.3 (2000): 84–102.

Dunn, Peter N. "Mateo Alemán in an Age of Anxiety." *Studies in Honor of James O. Crosby*. Ed. Lía Schwartz. Newark, DE: Juan de la Cuesta, 2004. 125–35.

Dutton, Richard. "The Birth of the Author." *Texts and Cultural Change in Early Modern England*. Ed. Cedric C. Brown y Arthur F. Marotti. Londres: Macmillan, 1997. 153–78.

Egginton, William. "Gracián and the Emergence of the Modern Subject." *Rhetoric and Politics: Baltasar Gracián and the New World Order*. Ed. Nicholas Spadaccini y Jenaro Talens. Minnesota: U of Minnesota P, 1997. 151–69.

Egido, Aurora. "Las academias literarias de Zaragoza en el siglo XVII." *La literatura en Aragón*. Ed. Manuel Alvar. Zaragoza: Caja de Ahorros y Monte de Piedad de Zaragoza, Aragón y Rioja, 1984. 101–28.

———. *Fronteras de la poesía en el Barroco*. Barcelona: Crítica, 1990.

———. "Una introducción a la poesía y a las academias literarias del XVII." *Estudios Humanísticos* 6 (1984): 9–25.

———. "Lope de Vega, Ravisio Textor y la creación del mundo como obra de arte." *Homenaje a Eugenio Asensio*. Ed. Luisa López Grigera y Augustin Redondo. Madrid: Gredos, 1988. 171–84.

———. "Retablo carnavalesco del buscón Don Pablos." *Hispanic Review* 46 (1978): 173–97.

———, ed. *Siglos de Oro: Barroco. Primer suplemento. Historia y crítica de la literatura española*. Barcelona: Crítica, 1992.

Egido, Teófanes. "La sátira, arma de oposición política a Olivares." *La España del Conde-Duque de Olivares*. Ed. John H. Elliott y Ángel García Sanz. Valladolid: Universidad de Valladolid, 1990. 339–72.

Elias, Norbert. *The Court Society*. Trad. Edmund Jephcott. Oxford: Blackwell, 1983.

Elliott, John Huxtable. "Concerto Barroco." *The New York Review of Books* 9 de abril de 1987: 26–29. (Reseña a la traducción al inglés de *La cultura del Barroco*, de J. A. Maravall).

———. *El conde-duque de Olivares*. Trad. Teófilo de Lozoya. Barcelona: Mondadori, 1998.

———. "El Conde Duque de Olivares: hombre de estado." *La España del Conde Duque de Olivares*. Ed. John H. Elliott y Ángel García Sanz. Valladolid: Universidad de Valladolid, 1990. 19–30.

———. *El Conde-duque de Olivares y la herencia de Felipe II*. Valladolid: Universidad de Valladolid, 1977.

———. *The Count-Duke of Olivares: The Statesman in an Age of Decline*. New Haven: Yale UP, 1986.

———. "Quevedo and the Count-Duke of Olivares." *Quevedo in Perspective: Eleven Essays for the Quadricentennial. Proceedings from the Boston Quevedo Symposium*, October, 1980. Ed. James Iffland. Newark, DE: Juan de la Cuesta, 1982. 227–50.

———. *Richelieu and Olivares*. Cambridge: Cambridge UP, 1984.

Elliott, John Huxtable, y José F. de la Peña. *Memoriales y cartas del Conde Duque de Olivares*. 2 vols. (Vol. 1: *Política interior: 1621–1627;* Vol. 2: *Política interior: 1627–1645*). Madrid: Alfaguara, 1981.

Encyclopædia Britannica. Online. Internet. 2001.

Entrambasaguas, Joaquín de. *Estudios y ensayos sobre Góngora y el Barroco*. Madrid: Nacional, 1975.

———. *Góngora en Madrid*. Madrid: Instituto de Estudios Madrileños, 1961.

Escapa, Pablo Andrés. "Ex bibliotheca gondomarensi, in nativitate Ihesu anno MCMXCIX." *Avisos: Noticias de la Real Biblioteca* 19 (1999): 3–4.

Espinosa, Pedro. *Flores de poetas ilustres de España*. Valladolid: 1605.

Etienvre, Jean-Pierre. "Libros y lecturas de Rodrigo Caro." *Cuadernos bibliográficos* [CSIC] 38 (1979): 31–106.

Etreros, Mercedes. *La sátira política en el siglo XVII*. Madrid: Fundación Universitaria Española, 1983.

Ettinghausen, Henry. "Estilística y política: Quevedo y Almansa ante el cambio de régimen de 1621." *Littérature et politique en Espagne aux siècles d'Or*. Ed. Jean-Pierre Étienvre. París: Klincksieck, 1998. 151–62.

Obras citadas

Ettinghausen, Henry. "Ideología intergenérica: la obra circunstancial de Quevedo." Fernández Mosquera, *Estudios* 225–59.

———. "Quevedo ante dos hitos en la historia de su tiempo: el cambio de régimen de 1621 y las rebeliones de catalanes y portugueses de 1640." Schwartz y Carreira 83–109.

———. "Quevedo, ¿un caso de doble personalidad"? *Homenaje a Quevedo: Actas de la II Academia Literaria Renacentista*. Salamanca: Universidad de Salamanca, 1982. 27–44.

———. "Quevedo 350 Years On." *Bulletin of Hispanic Studies* 78 (1996): 91–103.

Falcón Martínez, Constantino, et al. *Diccionario de la mitología clásica*. 2 vols. Madrid: Alianza, 1980.

Fayard, Janine. *Les membres du Conseil du Castille à l'époque moderne (1621–1746)*. Genève: Droz, 1979.

Fernández-Daza Alvarez, Carmen. *El primer conde de la Roca*. Badajoz: Junta de Extremadura, 1995.

Fernández Guerra, Aureliano, ed. *Obras de Don Francisco de Quevedo y Villegas*. 3 vols. Madrid: Impr. de los Sucesores de Hernando, 1921–26.

Fernández Mosquera, Santiago, coord. *Estudios sobre Quevedo*. Santiago de Compostela: Universidad de Santiago de Compostela, 1995.

———. "Ideología y literatura: perturbaciones literarias en la exégesis ideológica de la obra de Quevedo." *Perinola* 1 (1997): 151–69.

———. "Quevedo y Paravicino ante unos carteles sacrílegos (Madrid, 2 de julio de 1633)." Schwartz y Carreira 111–31.

———. "El sermón, el tratado, el memorial: la escritura interesada de Quevedo." *Perinola* 2 (1998): 63–86.

Fernández Mosquera, Santiago, y Antonio Azaustre Galiana. *Índices de la poesía de Quevedo*. Barcelona: PPU/Universidade de Santiago de Compostela, 1993.

Fernández Navarrete, Martin, Miguel Salvá y Pedro Sáinz de Baranda. *Colección de documentos inéditos para la Historia de España*. 112 vols. Madrid: Imprenta de la viuda de Calero, 1842–95.

Feros, Antonio. *Kingship and Favoritism in the Spain of Philip III, 1598–1621*. Cambridge: Cambridge UP, 2000.

———. "Twin Souls: Monarchs and Favourites in Early Seventeenth-Century Spain." Kagan, *Spain* 27–47.

Ferrer, Teresa. *Nobleza y espectáculo teatral (1533–1622)*. Valencia: UNED, 1993.

Ferri Coll, José Mª. "Burlas y chanzas en las academias literarias del Siglo de Oro: los Nocturnos de Valencia." *Actas del XIII Congreso de la Asociación Internacional de Hispanistas, Madrid, 6–11 de julio de 1998*. Vol. 1. Ed. Florencio Sevilla y Carlos Alvar. Madrid: Castalia, 2000. 327–35.

Florit Durán, Francisco. "Lope de Vega y Tirso de Molina en 1621: la dedicatoria de *Lo fingido verdadero*." *"Otro Lope no ha de haber." Atti del convegno internazionale su Lope de Vega. Firenze, 10–13 febbraio 1999.* Ed. Maria Grazia Profeti. Vol. 3. Florencia: Alinea, 2000. 85–96.

Foucault, Michel. *Les mots et les choses: Une archéologie des sciences humaines.* París: Gallimard, 1966.

Frenk, Margit. "Lectores y oidores: la difusión oral de la literatura en el Siglo de Oro." *Actas del séptimo Congreso de la Asociación Internacional de Hispanistas.* Ed. Giuseppe Bellini. Vol. 1. Roma: Bulzoni, 1981. 101–23.

———. "Más sobre la lectura en el Siglo de Oro: de oralidades y ambigüedades." *Actas del XIII Congreso de la Asociación Internacional de Hispanistas. Madrid, 6–11 de julio de 1998.* Ed. Florencio Sevilla y Carlos Alvar. Vol. 1. Madrid: Castalia, 2000. 516–21.

Friedman, Edward H. "Creative Space: Ideologies of Discourse in *Polifemo*." *Cultural Authority in Golden Age Spain.* Ed. Marina S. Brownlee y Hans Ulrich Gumbrecht. Baltimore: Johns Hopkins UP, 1995. 51–78.

Frohock, W. M. "The *Buscón* and the Current Criticism." *Homenaje a William L. Fichter.* Ed. David Kossoff y José Amor y Vázquez. Madrid: Castalia, 1971. 223–27.

Fumaroli, Marc. Introduction. *L'Âge d'or du mécénat: 1598–1661.* Ed. Roland Mousnier y Jean Mesnard. París: CNRS, 1985. 1–12.

Gaos, Vicente. Introducción. Cervantes, *Viaje del Parnaso.*

García Cárcel, Ricardo. *Las culturas del Siglo de Oro.* Madrid: *Historia 16,* 1989.

García de Enterría, María Cruz. "Lectura y rasgos de un público." *Edad de Oro* 12 (1993): 119–30.

García de Enterría, María Cruz, y Julián Martín Abad, eds. *Catálogo de pliegos sueltos poéticos de la Biblioteca Nacional (Siglo XVII).* Alcalá: Universidad de Alcalá, 1998.

García-Oro Marín, José, y María José Portela Silva. *La monarquía y los libros en el Siglo de Oro.* Alcalá: Universidad de Alcalá, 1999.

García Santo-Tomás, Enrique. "Artes de la ciudad, ciudad de las artes: la invención de Madrid en *El diablo cojuelo.*" *Revista Canadiense de Estudios Hispánicos* 35.1 (2000): 117–35.

———. *La creación del "Fénix": Recepción crítica y formación canónica del teatro de Lope de Vega.* Madrid: Gredos, 2000.

———. "El espacio simbólico de la pugna literaria." *El teatro del Siglo de Oro ante los espacios de la crítica.* Ed. García Santo-Tomás. Madrid: Iberoamericana, 2002. 31–58.

García Valdés, Celsa Carmen. Introducción. *Prosa festiva completa de Francisco de Quevedo.* Madrid: Cátedra, 1993. 13–143.

Gebauer, Gunter, y Jennifer Marston William. "Habitus, Intentionality, and Social Rules: A Controversy between Searle and Bourdieu." *SubStance* 29.3 (2000): 68–83.

Obras citadas

Ghia, Walter. *Il pensiero politico di Francisco de Quevedo*. Pisa: ETS, 1994.

Giddens, Anthony. "Structuralism, Post-structuralism and the Production of Culture." *Social Theory Today*. Ed. Anthony Giddens y Jonathan Turner. Cambridge: Polity, 1987. 195–223.

Giménez Fernández, Clara. "Poesía de academias." *Manuscrt.Cao* 2 (1989): 47–55.

Godzich, Wlad, y Nicholas Spadaccini. "Popular Culture and Spanish Literary History." *Literature among Discourses. The Spanish Golden Age*. Ed. Godzich y Spadaccini. Minneapolis: U of Minnesota P, 1986. 41–61.

Gómez Bernal, Antonio. *Notas al cautiverio de Quevedo en San Marcos de León*. Salamanca: Prisma, 1989.

Gómez-Moriana, Antonio. *Discourse Analysis as Sociocriticism: The Spanish Golden Age*. Minneapolis: U of Minnesota P, 1993.

Góngora, Luis de. *Antología poética*. Ed. Antonio Carreira. 2ª ed. Madrid: Castalia, 1987.

———. *Epistolario completo*. Ed. Antonio Carreira. Concordancias de Antonio Lara. Zaragoza: Pórtico, 2000.

———. *Obras completas*. Ed. Juan Millé y Jiménez e Isabel Millé y Jiménez. Madrid: Aguilar, 1943.

———. *Obras de don Luis Góngora (Manuscrito Chacón)*. 3 vols. Málaga: RAE–Caja de Ahorros de Ronda, 1991.

———. *Romances*. Ed. Antonio Carreño. 3ª ed. Madrid: Cátedra, 1988.

———. *Soledades*. Ed. John Beverley. Madrid: Cátedra, 1979.

———. *Soledades*. Ed. Robert Jammes. Madrid: Castalia, 1994.

———. *Sonetos completos*. Ed. de Biruté Ciplijauskaité. 5ª ed. Madrid: Castalia, 1985.

Goodman, Dena. *The Republic of Letters: A Cultural History of the French Enlightenment*. Ithaca: Cornell UP, 1994.

Gordon. Daniel. *Citizens without Sovereignty: Equality and Sociability in French Thought, 1670–1789*. Princeton: Princeton UP, 1994.

Gracián, Baltasar. *El criticón*. Ed. Elena Cantarino. Madrid: Espasa-Calpe, 1998.

Grafton, Anthony. "El lector humanista." *Historia de la lectura en el mundo occidental*. Ed. Guglielmo Cavallo y Roger Chartier. Madrid: Taurus, 2001. 317–71.

Green, Otis H. "The Literary Court of the Conde de Lemos at Naples, 1610–1616." *Hispanic Review* 1.4 (1933): 290–308.

Greenblatt, Stephen. *Renaissance Self-Fashioning: From More to Shakespeare*. Chicago: U of Chicago P, 1980.

———. *Will in the World: How Shakespeare became Shakespeare*. Nueva York: Norton, 2004.

Obras citadas

Griffin, Clive. "El inventario del almacén de libros del impresor Juan Cromberger: Sevilla 1540." *El libro antiguo español.* Vol. 4: *Coleccionismo y bibliotecas (Siglos XV–XVIII).* Ed. María Isabel Hernández González. Salamanca: Universidad de Salamanca, 1996. 257–373.

Guerre, Pierre. "Pouvoir et poésie." *Le préclassicisme français.* Ed. Jean Tortel. París: Les Cahiers du Sud, 1952. 79–102.

Guerrero Salazar, Susana. *Las fábulas mitológicas en Francisco de Quevedo.* Málaga: Universidad de Málaga, 1997.

Guillén, Claudio. *El primer Siglo de Oro: estudios sobre géneros y modelos.* Barcelona: Crítica, 1988.

Guillory, John. "Bourdieu's Refusal." Brown y Szeman 19–43.

Gumbrecht, Hans Ulrich. "Cosmological Time and the Impossibility of Closure." Brownlee y Gumbrecht 304–21.

Gutiérrez, Carlos M. "Hacia una teoría de la interautorialidad para el Siglo de Oro." *Memoria de la palabra: Actas del VI Congreso de la Asociación Internacional Siglo de Oro.* Ed. María Luisa Lobato y Francisco Domínguez Matito. Vol. 1. Madrid: Iberoamericana, 2004. 993–1002.

———. "Ironía, poeticidad y *decorum* en el *Viaje del Parnaso.*" *Actas del IV Congreso Internacional de la Asociación de Cervantistas.* Palma: Universitat de les Illes Balears, 2001. 1043–49.

———. "La poesía amorosa de Quevedo como estrategia literaria." *Perinola* 9 (2005). En prensa.

———. "Quevedo desde la interacción: posibilidades ecdóticas y hermenéuticas." *Perinola* 4 (2000): 147–61.

———. "Quevedo y Olivares: una nota cronológica a su epistolario." *Hispanic Review* 69 (2001): 487–99.

———. "Las *Soledades* y el *Polifemo* de Góngora: distinción, capitalización simbólica y tomas de posición en el campo literario español de la primera mitad del siglo XVII." *Romance Languages Annual* 10 (1999): 621–25.

Habermas, Jürgen. "El papel de los intelectuales." *Diario 16.* Suplemento *Culturas,* 10 de septiembre de 1988: 1 y 2.

Harst, David H. *Imitatio (Poéticas sobre la imitación en el Siglo de Oro).* Madrid: Orígenes, 1985.

Harvey, David. *Consciousness and Urban Experience: Studies in the History and Theory of Capitalist Urbanization.* Baltimore: Johns Hopkins UP, 1985.

Helgerson, Richard. *Self-Crowned Laureates: Spenser, Jonson, Milton and the Literary System.* Berkeley: U of California P, 1983.

Herrera, Fernando de. *Poesía.* Ed. María Teresa Ruestes. Barcelona: Planeta, 1986.

Herrero García, Miguel. *Estimaciones literarias del siglo XVII.* Madrid: Voluntad, 1930.

Obras citadas

Hillgarth, Jocelyn N. "Spanish Historiography and Iberian Reality." *History and Theory* 24 (1985): 23–43.

Hipsky, Marty. "Romancing Bourdieu: A Case Study in Gender Politics in the Literary Field." Brown y Szeman 186–206.

Honneth, Axel. "Critical Theory." *Social Theory Today*. Ed. Anthony Giddens y Jonathan Turner. Palo Alto, CA: Stanford UP, 1988. 347–82.

Humphrey Newcomb, Lori. "The Triumph of Time: The Fortunate Readers of Robert Greene's *Pandosto*." *Texts and Cultural Change in Early Modern England*. Ed. Cedric C. Brown y Arthur F. Marotti. Londres: Macmillan, 1997. 95–123.

Ife, B. W. *Reading and Fiction in Golden-Age Spain: A Platonist Critique and Some Picaresque Replies*. Cambridge: Cambridge UP, 1985.

Infantes, Víctor. "De *Officinas* y *Polyantheas*: los diccionarios secretos del Siglo de Oro." *Homenaje a Eugenio Asensio*. Ed. Luisa López Grigera y Augustin Redondo. Madrid: Gredos, 1988. 243–57.

Inman Fox, E. *Ideología y política en las letras de fin de siglo (1898)*. Madrid: Espasa-Calpe, 1988.

Iventosch, Herman. "Cervantes and Courtly Love: The Grisóstomo-Marcela Episode." *PMLA* 89 (1974): 64–76.

Jago, Charles J. "La Corona y la aristocracia durante el régimen de Olivares: un representante de la aristocracia en la corte." *La España del Conde-Duque de Olivares*. Ed. John H. Elliott y Ángel García Sanz. Valladolid: Universidad de Valladolid, 1990. 373–97.

Jammes, Robert. *Études sur l'œuvre poétique de Luis de Góngora y Argote*. Bordeaux: Féret et Fils, 1967.

———. Introducción y apéndices. *Soledades*, de Luis de Góngora. Madrid: Castalia, 1994.

———. Prefacio. *Una poética de la oscuridad: la recepción crítica de las "Soledades" en el siglo XVII*, de Joaquín Roses Lozano. Madrid: Tamesis, 1994. Ix–xv.

Jaramillo Cervilla, Manuel. *Personalidad y pensamiento político de Quevedo*. Granada: Diputación Provincial, 1981.

Jauralde Pou, Pablo. "Una aventura intelectual de Quevedo: *España defendida*." Schwartz y Carreira 45–58.

———. "Aventuras intelectuales de Quevedo." *Actas del XII Congreso de la Asociación Internacional de Hispanistas*. Birmingham, 21–26 de agosto de 1995. Ed. Jules Whicker. Birmingham: U of Birmingham, 1998. 1–15. [Se trata de una versión primitiva del anterior.]

———. "El contexto poético de Góngora y los primeros poemas de Quevedo." *Edad de Oro* 12 (1993): 149–57.

———. "Las ediciones póstumas de Quevedo." *Edición y anotación de textos del Siglo de Oro*. Ed. Jesús Cañedo e Ignacio Arellano. Pamplona: Universidad de Navarra, 1987. 211–31.

Obras citadas

———. *Francisco de Quevedo (1580–1645)*. Madrid: Castalia, 1998.

———. "Obras de Quevedo en la prisión de San Marcos." *Hispanic Review* 50 (1982): 159–71.

———. "Obrillas festivas de Quevedo: estado actual de la cuestión." *Serta Philologica Fernando Lázaro Carreter*. Madrid: Cátedra, 1983. 2: 275–84.

———. "La poesía de Quevedo y su imagen política." *Política y literatura*. Ed. Aurora Egido. Zaragoza: Caja de Ahorros y Monte de Piedad de Zaragoza, Aragón y Rioja, 1988. 41–63.

———. Prólogo. *Estudio de las Flores de poetas ilustres de España de Pedro Espinosa*, de Pablo Villar Amador. Granada: Universidad de Granada, 1994.

———. "¿Redactó dos veces Quevedo *El Buscón*?" *Revista de Filología Románica* 5 (1987–88): 101–11.

———. "El texto del *Buscón*, de Quevedo." *Dicenda (Arcadia. Estudios y textos dedicados a Francisco López Estrada)* 7 (1988): 83–103.

———. "Texto, fecha y circunstancias de *La culta latiniparla*, de Quevedo." *Bulletin Hispanique* 83 (1981): 131–43.

———. "Texto, fecha y circunstancias del *Libro de todas las cosas y otras muchas más*." *Revista de filología española* 62 (1982): 297–302.

———. "El texto perdido del *Buscón*." *Crítica textual y anotación filológica en obras del Siglo de Oro*. Ed. Ignacio Arellano y Jesús Cañedo. Madrid: Castalia, 1991. 293–300.

———. "La trasmisión de las obras de Quevedo." *Homenaje a Quevedo*. Ed. Víctor García de la Concha. Salamanca: Universidad de Salamanca, 1982.

Jauralde Pou, Pablo, y James O. Crosby. *Quevedo y su familia en setecientos documentos notariales (1567–1724)*. Anejos de *Manuscrt.Cao*. Madrid: Universidad Autónoma de Madrid, 1992.

Jenkins, Richard. *Pierre Bourdieu*. Londres: Routledge, 1992.

Johnson, Carroll B. "Quevedo in Context: Personality, Society, Ideology." *Mester* 9.2 (1980): 3–16.

Johnson, Christopher. "*De Doctrina Gongorina*: Góngora's Defence of Obscurity." *Bulletin of Hispanic Studies* 77.1 (2000): 21–46.

Kagan, Richard L. "Clio and the Crown: Writing History in Habsburg Spain." Kagan, *Spain* 73–99.

———, ed. *Spain, Europe and the Atlantic World: Essays in Honour of John H. Elliott*. Cambridge: Cambridge UP, 1995.

———. *Students and Society in Early Modern Spain*. Baltimore: Johns Hopkins UP, 1974.

Kent, Conrad. "Politics in *La hora de todos*." *Journal of Hispanic Philology* 1 (1977): 99–119.

King, Willard F. "The Academies and Seventeenth-Century Spanish Literature." *PMLA* 75 (1960): 367–76.

Obras citadas

King, Willard F. *Prosa novelística y academias literarias en el siglo XVII*. Madrid: Anejos del *Boletín de la Real Academia Española*, 1963.

Koenigsberger, H. G. "*Dominium regale* or *dominium politicum et regale*? Monarchies and Parliaments in Early Modern Europe." *Human Figurations: Essays for/aufsätze Norbert Elias*. Amsterdam: Stichting Amsterdams Sociologisch Tijdschrift, 1977. 293–318.

Komanecky, Peter M. "Quevedo's Notes on Herrera: The Involvement of Francisco de la Torre in the Controversy over Góngora." *Bulletin of Hispanic Studies* 52 (1975): 123–33.

Krabbenhoft, Kenneth. *El precio de la cortesía: retórica e innovación en Quevedo y Gracián*. Salamanca: Universidad de Salamanca, 1994.

Kristeva, Julia. "Bakhtine, le mot, le dialogue et le roman." *Critique* 239 (1967): 438–65.

Lamourette, Adrien. "Algunas herencias del conde de Gondomar en la Real Biblioteca." *Reales Sitios* 129 (1996): 61–66.

Lázaro Carreter, Fernando. *Estilo barroco y personalidad creadora*. Madrid: Cátedra, 1984. [Ed. *princeps:* Salamanca: Anaya, 1966.]

———. "Quevedo: la invención por la palabra." *Academia Literaria Renacentista*. Vol. 2: *Homenaje a Quevedo*. Ed. Víctor García de la Concha. Salamanca: Universidad de Salamanca, 1982. 9–24.

Lee, Rensselaer W. *"Ut pictura poiesis" : The Humanistic Theory of Painting*. Nueva York: Norton, 1967.

Leone Halpern, Cynthia. *The Political Theater of Early Seventeenth-Century Spain, with Special Reference to Juan Ruiz de Alarcón*. Nueva York: Peter Lang, 1993.

Lida, Raimundo. "Hacia la *Política de Dios*." *Francisco de Quevedo*. Ed. Gonzalo Sobejano. 2ª ed. Madrid: Taurus, 1991. 255–65.

———. *Letras hispánicas: estudios, esquemas*. México, DF: Fondo de Cultura, 1958.

———. *Prosas de Quevedo*. Barcelona: Crítica, 1981.

Lisón Tolosana, Carmelo. *La imagen del rey. Monarquía, realeza y poder ritual en la Casa de los Austrias. Discurso de recepción del académico Excmo. Sr. D. Carmelo Lisón Tolosana y contestación del Excmo. Sr. D. Salustiano del Campo Urbano*. Madrid: Espasa-Calpe–Real Academia de Ciencias Morales y Políticas, 1992.

Lokos, Ellen D. "El lenguaje emblemático en el *Viaje del Parnaso*." *Cervantes* 9 (1989): 63–74.

———. *The Solitary Journey: Cervantes's Voyage to Parnassus*. Nueva York: Peter Lang, 1991.

López Aranguren, José Luis. "Lectura política de Quevedo." *Revista de Estudios Políticos* 29 (1950): 157–67.

Obras citadas

López Bueno, Begoña. *La poética cultista de Herrera a Góngora.* Sevilla: Alfar, 1987.

López de Úbeda, Francisco. *La pícara Justina.* Ed. Antonio Rey Hazas. Madrid: Nacional, 1977.

López de Vega, Antonio. *Paradoxas racionales escritas en forma de diálogos del género narrativo la primera, del activo las demás, entre un cortesano i un filósofo.* Anejos de la *Revista de Filología Española* 21. Madrid: Imprenta de la Librería y Casa Editorial Hernando, 1935.

López Grigera, Luisa. "Francisco de Quevedo: 'Memorial a una academia.' Estudios bibliográfico y textual y edición crítica." *Homenaje a la memoria de don Antonio Rodríguez Moñino (1910–1970).* Madrid: Castalia, 1975. 389–404.

López Piñero, José María. *Ciencia y técnica en la sociedad española de los siglos XVI y XVII.* Barcelona: Labor, 1979.

López Poza, Sagrario. "Quevedo, humanista cristiano." Schwartz y Carreira. 59–81.

López Ruiz, Antonio. *Quevedo: Andalucía y otras búsquedas.* Almería: Zéjel, 1991.

———. *Quevedo y los franceses.* Almería: Cajal, 1980.

Loureiro, Angel G. "Reivindicación de Pablos." *Revista de Filología Española* 67 (1987): 225–44.

Lucía Mejías, José Manuel. *Imprenta y libros de caballerías.* Madrid: Ollero y Ramos, 2000.

Luna, Lola. *Leyendo como una mujer la imagen de la mujer.* Barcelona: Anthropos, 1996.

Ly, Nadine. "Las *Soledades*: 'Esta poesía inútil....'" *Criticón* 30 (1985): 7–42.

Maldonado, Felipe C. R. "Algunos datos sobre la composición y dispersión de la biblioteca de Quevedo." *Homenaje a la memoria de don Antonio Rodríguez Moñino.* Madrid: Castalia, 1975. 405–28.

Maravall, José Antonio. *La cultura del barroco.* 5ª ed. Barcelona: Ariel, 1990.

———. "From the Renaissance to the Baroque: The Difhasic Schema of a Social Crisis." *Literature among Discourses: The Spanish Golden Age.* Ed. Wlad Godzich y Nicholas Spadaccini. Minneapolis: U of Minneapolis P, 1986. 3–40.

———. *La oposición política bajo los Austrias.* Barcelona: Ariel, 1972.

———. *Poder, honor y élites en el siglo XVII.* Madrid: Siglo XXI, 1979.

———. "Sobre el pensamiento social y político de Quevedo." *Academia Literaria Renacentista.* Vol. 2: *Homenaje a Quevedo.* Ed. Víctor García de la Concha. Salamanca: Universidad de Salamanca, 1982. 69–131.

———. *Teatro y literatura en la sociedad barroca.* Madrid: Seminarios y Ediciones, 1972.

———. *Utopía y reformismo en la España de los Austrias.* Madrid: Siglo XXI, 1982.

Obras citadas

Marichal, Juan. "Quevedo: el escritor como 'espejo' de su tiempo." *La voluntad de estilo*. Madrid: Revista de Occidente, 1967.

Marina, José Antonio. *Elogio y refutación del ingenio*. 4ª ed. Barcelona: Anagrama, 1992.

Marino, Adrian. *The Biography of the Idea of Literature: From Antiquity to the Baroque*. Albany: SUNY P, 1996.

Mariscal, George. *Contradictory Subjects: Quevedo, Cervantes, and Seventeenth-Century Spanish Culture*. Ithaca, NY: Cornell UP, 1991.

Márquez Villanueva, Francisco. *Trabajos y días cervantinos*. Alcalá: Centro de Estudios Cervantinos, 1995.

Martínez Arancón, Ana, ed. *La batalla en torno a Góngora: selección de textos*. Barcelona: Bosch, 1978.

Martínez Conde, Francisco F. *Quevedo y la monarquía: un modelo de Rey*. Madrid: Endymion, 1996.

Martín Jiménez, Alfonso. *El "Quijote" de Cervantes y El "Quijote" de Pasamonte: una imitación recíproca: la "Vida" de Pasamonte y "Avellaneda."* Alcalá de Henares: Centro de Estudios Cervantinos, 2001.

McGaha, Michael. "'Divine Absolutism' vs. 'Angelical' Constitutionalism: The Political Theories of Quevedo and Enríquez Gómez." *Studies in Honor of Bruce W. Wardropper*. Newark, DE: Juan de la Cuesta, 1989. 181–92.

Méchoulan, Henry. "Quevedo stoïcien?" *Le stoïcisme au XVIe et au XVIIe siècle*. Ed. Pierre-François Moreau. 2 vols. Vol. 2. París: Albin Michel, 1999. 189–203.

"Menciones de Francisco de Quevedo y carta autógrafa [*Ex Bibliotheca Gondomariensi*]." *Avisos: Noticias de la Real Biblioteca* 22 (2000): 8.

Mennell, Stephen. *Norbert Elias: An Introduction*. Dublin: University College P, 1998.

Michael, Ian, y José Antonio Ahijado Martínez. "La Casa del Sol: la biblioteca del conde de Gondomar en 1619–23 y su dispersión en 1806." *El libro antiguo español*. Vol. 3: *El libro en palacio*. Ed. Maria Luisa López-Vidriero y Pedro M. Cátedra. Salamanca: Universidad de Salamanca, 1996. 185–200.

Micó, José María. "Proyección de las *Anotaciones* en las polémicas gongorinas." *Las "Anotaciones" de Fernando de Herrera: doce estudios*. Ed. Begoña López Bueno. Sevilla: Universidad de Sevilla, 1997. 263–78.

"Mikhail M. Bakhtin." *The Norton Anthology of Theory and Criticism*. Nueva York: Norton, 2001. 1186–89.

Milner, Z. "Le cultisme et le conceptisme dans l'œuvre de Quevedo." *Les Langues Néolatines* 44 (1950): 1–10.

Moi, Toril. "The Challenge of the Particular Case: Bourdieu's Sociology of Culture and Literary Criticism." *Modern Language Quarterly* 58.4 (1997): 497–509.

Molho, Maurice. *Semántica y poética (Góngora y Quevedo)*. Barcelona: Crítica, 1977.

Obras citadas

Moll, Jaume. "El proceso de formación de las *Obras completas de Quevedo*." *Homenaje a Antonio Asensio*. Madrid: Gredos, 1988. 321–30.

Monge, Félix. "Culteranismo y conceptismo a la luz de Gracián." *Homenaje: estudios de filología e historia literaria lusohispanas e iberoamericanas publicados para celebrar el tercer lustro del Instituto de Estudios Hispánicos Portugueses e Iberoamericanos de la Universidad Estatal de Utrecht*. La Haya: Van Goor Zonen, 1966. 355–81.

Mongrédien, George. *La vie littéraire au XVIIe siècle*. París: Jules Tallandier, 1947.

Montero Reguera, José. "Una amistad truncada: sobre Lope de Vega y Cervantes (esbozo de una compleja relación)." *Anales del Instituto de Estudios Madrileños* 39 (1999): 313–36.

Moore, Roger. "Quevedo Bibliography." Online. Internet. Mayo de 2001. Disponible en http://www.stthomasu.ca/~rgmoore/bibliog/bib.htm

———. *Towards a Chronology of Quevedo's Poetry*. Frederickton, Canadá: York, 1977.

Morros Mestres, Bienvenido. *Las polémicas literarias en la España del XVI: a propósito de Fernando de Herrera*. Barcelona: Quaderns Crema, 1998.

Mousnier, Roland, y Fritz Hartung. *Quelques problèmes concernant la monarchie absolue*. X Congresso Internazionale di Scienze Storiche. Ed. Giunta Centrale per gli Studi Storici. Vol. 4. Roma: Florencia: G. C. Sansoni, 1955. 3–55.

Nalle, Sara T. "Literacy and Culture in Early Modern Castile." *Past and Present* 125 (1989): 65–96.

———. "Printing and Reading Popular Religious Texts in Sixteenth-Century Spain." *Culture and the State in Spain: 1550–1850*. Ed. Tom Lewis y Francisco J. Sánchez. Hispanic Issues 20. Nueva York: Garland, 1999. 126–56.

Navarrete, Ignacio. *Orphans of Petrarch: Poetry and Theory in the Spanish Renaissance*. Berkeley: U of California P, 1994.

Navarro Durán, Rosa. Introducción. *Obras*, de Luis Carrillo y Sotomayor. Madrid: Castalia, 1990.

Nider, Valentina. "La disimulación como 'prudencia divinamente política' en *La caída para levantarse* de Quevedo." *Littérature et politique en Espagne aux siècles d'Or*. Ed. Jean–Pierre Étienvre. París: Klincksieck, 1998. 423–35.

Nuevo Testamento. Ed. Eloíno Nácar Fuster y Alberto Colunga Cueto. Madrid: Biblioteca de Autores Cristianos, 1980.

Olivares, Julián. *La poesía amorosa de Francisco de Quevedo*. Madrid: Siglo XXI de Editores de España, 1995.

Orozco Díaz, Emilio. *Introducción a Góngora*. Barcelona: Crítica, 1984.

Orozco Díaz, Emilio. *Lope y Góngora frente a frente*. Madrid: Gredos, 1973.

Ortenbach, Enrique. *Quevedo*. Barcelona: Lumen, 1991.

Pabst, Walter. *La creación gongorina en los poemas "Polifemo" y "Soledades."* Trad. Nicolás Marín. Madrid: CSIC, 1966.

Pacheco de Narváez, Luis. *Peregrinos discursos y tardes bien empleadas.* Ed. Aurelio Valladares Reguero. Pamplona: Eunsa, 1999.

Parker, Alexander A. "La agudeza en algunos sonetos de Quevedo: contribución al estudio del conceptismo." *Estudios dedicados a Menéndez Pidal.* Vol. 3. Madrid: CSIC, 1952. 345-60.

Paz, Amelia de. "Góngora... ¿y Quevedo?" *Criticón* 75 (1999): 29–47.

Pedraza Jiménez, Felipe B. Introducción. *Vida de don Francisco de Quevedo y Villegas,* de Pablo Antonio de Tarsia. Cuenca: Universidad de Castilla–La Mancha, 1997.

Pelorson, Jean-Marc. *Les "letrados" juristes castillans sous Philippe III: Recherches sur leur place dans la société, la culture et l'état.* Poitiers: Université de Poitiers, 1980.

———. "La politisation de la satire sous Philippe III et Philippe IV." *La contestation de la société dans la littérature espagnole au siècle d'Or.* Ed. VV.AA. Toulouse–Le Mirail: 1981. 99–107.

Peraita, Carmen. "En torno a la circunstancia histórica de la *Política de Dios* I de Quevedo: '... auiendo de tener lado.'" *Studia Aurea. Actas del III Congreso de la AISO (1993).* Ed. M. C. Pinillos, I. Arellano, F. Serralta y M. Vitse. Vol. 3: *Prosa.* Toulouse–Pamplona: Griso–LEMSO, 1996. 389–98.

———. "From Plutarch's Glosssator to Court Historiographer: Quevedo's Interpretive Strategies in *Vida de Marco Bruto.*" *Allegorica* 17 (1996): 73–94.

———. "La oreja, lengua, voz, el grito y las alegorías del acceso al rey: elocuencia sacra y afectos políticos en *Política de Dios* de Quevedo." *Perinola* 5 (2001): 185–205.

———. *Papel simbólico y función del arte retórico y la práctica hermenéutica en la Política de Dios I.* Universidad de Alcalá: Servicio de Publicaciones de la Universidad de Alcalá, 1998. 1203–10.

———. *Quevedo y el joven Felipe IV: el príncipe cristiano y el arte del consejo.* Kassel: Reichenberger, 1997.

Pérez Cuenca, Isabel. *Catálogo de los manuscritos de Francisco de Quevedo en la Biblioteca Nacional.* Madrid: Ollero y Ramos, 1997.

———. "La transmisión manuscrita de la obra poética de Quevedo: Atribuciones." Fernández Mosquera, *Estudios* 119–31.

———. "*Las tres musas últimas castellanas: problemas de atribución.*" *Actas del XIII Congreso de la Asociación Internacional de Hispanistas. Madrid, 6–11 de julio de 1998.* 4 vols. Ed. Florencio Sevilla y Carlos Alvar. Vol. 1. Madrid: Castalia, 2000. 659–69.

Pérez de Guzmán, Juan. "Bajo los Austrias: academias literarias de ingenios y señores." *La España Moderna* 6 (1894): 68–107.

Obras citadas

Pérez González, Fernando T. "El elemento hebraico y la Biblioteca de Barcarrota." *Gazetilla de la U.B.Ex.* [Unión de Bibliófilos Extremeños] 114 (1996). Online. Internet. 2001. Disponible en: http://www.unex.es/ubex/n14/pag5.htm.

Pérez Pastor, Cristóbal. *Bibliografía madrileña, ó Descripción de las obras impresas en Madrid.* 3 vols. Madrid: Tipografía. del Colegio de Huérfanos, 1891–1907.

Perry, Mary Elizabeth. *Ni espada rota ni mujer que trota.* Barcelona: Crítica, 1993.

Pinheiro da Veiga, Tomé. *Fastiginia: vida cotidiana en la corte de Valladolid.* Ed. Narciso Alonso Cortés. Valladolid: Ámbito, 1989.

Popper, Karl. *The Logic of Scientific Discovery.* Londres: Harper, 1968.

Porqueras Mayo, Alberto. *El prólogo como género literario.* Madrid: CSIC, 1957.

Potter, Garry. "For Bourdieu, against Alexander: Reality and Reduction." *Journal for the Theory of Social Behaviour* 30.2 (2000): 229–46.

Profeti, María Grazia. "Estrategias editoriales de Lope de Vega." *Actas del XIII Congreso de la Asociación Internacional de Hispanistas. Madrid, 6–11 de julio de 1998.* 4 vols. Ed. Florencio Sevilla y Carlos Alvar. Vol. 1. Madrid: Castalia, 2000. 679–85.

Puymaigre, Théodore, conde de. *La cour littéraire de don Juan II, roi de Castille.* 2 vols. París: A. Franck, 1873.

Querillac, René. "A propos du *Chitón de las tarabillas* de Quevedo." *Bulletin Hispanique* 82 (1980): 402–20.

Quevedo, Francisco de. *El Buscón.* Ed. Pablo Jauralde. Madrid: Castalia, 1990.

———. *El Buscón.* Ed. Fernando Cabo Aseguinolaza. Barcelona: Crítica, 1993.

———. *La caída para levantarse, el ciego para dar vista, el montante de la iglesia en la vida de San Pablo Apóstol.* Ed. Valentina Nider. Pisa: Giardini, 1994.

———. *El chitón de las tarabillas.* Ed. Manuel Urí Martín. Madrid: Castalia, 1998.

———. *Cinco silvas.* Estudio, ed. y notas de María del Carmen Rocha de Sigler. Salamanca: Universidad de Salamanca, 1994.

———. Dedicatoria. *Poesía completa,* de Francisco de la Torre. Ed. María Luisa Cerrón Puga. Madrid: Cátedra, 1984.

———. *Defensa de Epicuro contra la común opinión.* Ed. Eduardo Acosta Méndez. Madrid: Tecnos, 1986.

———. *Discurso de las privanzas.* Ed. Eva María Díaz Martínez. Pamplona: Eunsa, 2000.

———. *Epistolario completo de don Francisco de Quevedo-Villegas.* Ed. Luis Astrana Marín. Madrid: Instituto Editorial Reus, 1946.

———. *Execración contra los judíos.* Ed. Fernando Cabo Aseguinolaza y Santiago Fernández Mosquera. 1993. Barcelona: Crítica, 1996.

Obras citadas

Quevedo, Francisco de. *Los grandes anales de quince días: edición y estudio.* Ed. Victoriano Roncero López. Madrid: Universidad Complutense, 1988.

———. *"Un Heráclito cristiano," "Canta sola a Lisi" y otros poemas.* Ed. y estudio preliminar de Lía Schwartz e Ignacio Arellano. Biblioteca Clásica. Barcelona: Crítica, 1998.

———. *La hora de todos y la fortuna con seso.* Ed. Jean Bourg, Pierre Dupont y Pierre Geneste. Madrid: Cátedra, 1987.

———. *Lince de Italia u zahorí español.* Ed. Ignacio Pérez Ibáñez. Pamplona: Eunsa, 2002.

———. *Mundo caduco.* Ed. Javier Biurrun Lizarazu. Pamplona: Eunsa, 2000.

———. *Obra poética.* Ed. José Manuel Blecua. 4 vols. Madrid: Castalia, 1969.

———. *Obras completas.* Ed. Felicidad Buendía. 2 vols. Madrid: Aguilar, 1958.

———. *Obras en verso.* Ed. Luis Astrana Marín. Madrid: Aguilar, 1941.

———. *El Parnaso español, monte en dos cumbres dividido, con las nueve Musas castellanas.* Ed. José González de Salas. Madrid: Pedro Coello, 1648.

———. *Poesía moral (Polimnia).* Ed. Alfonso Rey. 2ª ed. Madrid-Londres: Támesis, 1999.

———. *Poesía original completa.* Ed. José Manuel Blecua. Barcelona: Planeta, 1981.

———. *Prosa festiva completa.* Ed. Celsa Carmen García Valdés. Madrid: Cátedra, 1993.

———. *El Rómulo.* Ed. Carmen Isasi Martínez. Bilbao: Universidad de Deusto, 1993.

———. *Sátiras lingüísticas y literarias (En prosa).* Ed. Celsa Carmen García Valdés. Madrid: Taurus, 1986.

———. *Los sueños.* Ed. Ignacio Arellano. 2ª ed. Madrid: Cátedra, 1996.

———. *Sueños y discursos.* Ed. James O. Crosby. Madrid: Castalia, 1993.

———. *La vida del buscón llamado don Pablos.* Ed. Fernando Lázaro Carreter. Salamanca: Universidad, 1965.

———. *La vida del buscón.* Ed. Fernado Cabo Aseguinolaza. Barcelona: Crítica, 1993.

———. *Virtud militante.* Ed. Alfonso Rey. Santiago: Universidad de Santiago de Compostela, 1985.

Ramírez, Alejandro. *Epistolario de Justo Lipsio y los españoles (1577–1606).* 2ª ed. Saint Louis: Washington UP and Castalia, 1967.

Ranum, Orest. *Artisans of Glory: Writers and Historical Thought in Seventeenth-Century France.* Chapel Hill: U of North Carolina P, 1980.

Read, Malcolm K. "Saving Appearances: Language and Commodification." *Rhetoric and Politics: Baltasar Gracián and the New World Order.* Ed. Nicholas Spadaccini y Jenaro Talens. Minneapolis: U of Minnesota P, 1997. 91–124.

Redondo, Augustin, ed. *Le pouvoir au miroir de la littérature en Espagne aux XVIe et XVIIe siècles*. Travaux du Centre de Recherche sur L'Espagne des XVIe et XVIIe siècles 16. París: Presses de la Sorbonne Nouvelle, 2000.

Reed, Cory A. *The Novelist as Playwright: Cervantes and the "Entremés nuevo."* Nueva York: Peter Lang, 1993.

Rey, Alfonso. "Concepto de nobleza y visión de la guerra en la obra de Quevedo." *Rostros y máscaras: personajes y temas de Quevedo*. Ed. Ignacio Arellano y Jean Canavaggio. Anejos de *La Perinola* 5. Pamplona: Universidad de Navarra, 1999. 133–60.

———. Ed. crítica e introducción. *Virtud militante contra las quatro pestes del mundo, invidia, ingratitud, soberbia, avarizia*, de Francisco de Quevedo. Santiago: Universidad de Santiago de Compostela, 1985.

———. "Los memoriales de Quevedo a Felipe IV." *Edad de Oro* 12 (1993): 257–65.

———. *Quevedo y la poesía moral española*. Madrid: Castalia, 1995.

———. "Revisión del *Buscón*." *Ínsula* 531 (1991): 5–6.

———. "Un texto inédito de Quevedo: *execración por la fee católica contra la blasfema obstinación de los judíos que hablan portugués y en Madrid fijaron los carteles sacrílegos y heréticos*." *Boletín de la Biblioteca de Menéndez Pelayo* 59 (1993): 105–41.

Rey Hazas, Antonio. Introducción. *La pícara Justina*, de Francisco López de Úbeda. Madrid: Nacional, 1977. 9–51.

Riandière la Roche, Josette. "Expediente de ingreso en la orden de Santiago del caballero D. Francisco de Quevedo y Villegas. Introducción, edición y estudio." *Criticón* 36 (1986): 43–129.

Ricapito, Joseph V. "Quevedo's *Buscón*, 'Libro de entretenimiento' or 'Libro de desengaño': An Overview." *Kentucky Romance Quarterly* 32 (1985): 153–64.

Rico, Francisco. *La novela picaresca y el punto de vista*. 6ª ed. Barcelona: Seix Barral, 2000.

Riquer, Martín de. *Cervantes, Passamonte y Avellaneda*. Barcelona: Sirmio, 1991.

Rivers, Elias L. "Garcilaso, Góngora, and Their Readers." *EMF: Studies in Early Modern France*. Vol. 2. Ed. David Lee Rubin. Charlottesville, VA: Rookwood, 1996. 67–78.

———. "Quevedo against 'Culteranismo': A Note on Politics and Morality." *MLN* 112.2 (1997): 269–74.

———. *Quevedo y su poética dedicada a Olivares: estudio y edición*. Pamplona: Eunsa, 1998.

Robbins, Derek. *Bourdieu and Culture*. Londres: Sage, 2000.

Robbins, Jeremy. *Love Poetry of the Literary Academies in the Reigns of Philip IV and Charles II*. Londres: Tamesis, 1997.

Rocha de Sigler, María del Carmen. Estudio, ed. y notas. *Cinco silvas*, de Francisco de Quevedo. Salamanca: Universidad de Salamanca, 1994.

Obras citadas

Rodríguez de la Flor, Fernando. *Emblemas: lecturas de la imagen simbólica*. Madrid: Alianza Forma, 1995.

Rodríguez Moñino, Antonio. *Construcción crítica y realidad histórica en la poesía española de los siglos XVI y XVII*. 2ª ed. Madrid: Castalia, 1968.

Roig Miranda, Marie. *Les sonnets de Quevedo: variation, constance, évolution*. Nancy: Presses Universitaires, 1989.

Rojas Villandrando, Agustín de. *El viaje entretenido*. Ed. Jean-Pierre Ressot. Madrid: Castalia, 1995.

Rojek, Chris, y Bryan Turner. "Decorative Sociology: Towards a Critique of the Cultural Turn." *Sociological Review* 48.4 (2000): 629–48.

Romera Navarro, Miguel. "Querellas y rivalidades en las academias del siglo XVII." *Hispanic Review* 9.4 (1941): 494–99.

Romojaro, Rosa. *Funciones del mito clásico en el Siglo de Oro: Garcilaso, Góngora, Lope de Vega, Quevedo*. Barcelona: Anthropos, 1998.

Roncero López, Victoriano. Ed. y estudio. *Los grandes anales de quince días*, de Francisco de Quevedo. Madrid: Universidad Complutense, 1988.

———. *El humanismo de Quevedo*. Pamplona: Eunsa, 2000.

Rosales, Luis. "La poesía cortesana." *Studia Philologica: Homenaje ofrecido a Dámaso Alonso*. Vol. 3. Madrid: Gredos, 1963. 287–335.

Roses Lozano, Joaquín. "Pasos, voces y oídos: el peregrino y el mar en las *Soledades* (II, vv. 112–89)." *Da Góngora a Góngora*. Ed. Giulia Poggi. Milán: ETS, 1997. 181–95.

———. *Una poética de la oscuridad: la recepción crítica de las "Soledades" en el siglo XVII*. Madrid: Tamesis, 1994.

Rozas, Juan Manuel. *Estudios sobre Lope de Vega*. Ed. Jesús Cañas Murillo. Madrid: Cátedra, 1990.

———. *Significado y doctrina del "Arte Nuevo" de Lope de Vega*. Madrid: SGEL, 1976.

Rozas, Juan Manuel, y Antonio Quilis. "El lopismo de Jiménez Patón: Góngora y Lope en la *Elocuencia española en arte*." *Revista Española de Literatura* 21 (1962): 35–54.

Ruiz de Alarcón, Juan. *Las paredes oyen. La verdad sospechosa*. Ed. Juan Oleza y Teresa Ferrer. Barcelona: Planeta, 1986.

Ruiz Pérez, Pedro. "De la oralidad a la escritura: la formulación autobiográfica de los *Apotegmas* de Juan Rufo." *Boletín de la Real Academia Española* 78.275 (1998): 401–26.

Saavedra Fajardo, Diego de. *República literaria*. Ed. José Carlos de Torres. Barcelona: Plaza & Janés, 1985.

Sagnieux, Joël. *Cultures populaires et cultures savantes en Espagne: Du Moyen Age aux Lumières*. París: CNRS, 1982.

Obras citadas

Sáinz de Robles, Federico Carlos, ed. Estudio preliminar, biografía, bibliografía, notas y apéndices. *Obras selectas*, de Lope de Vega. 3 vols. México, DF: Aguilar, 1991 [reimpr.].

Salas Barbadillo, Alonso Jerónimo de. *La peregrinación sabia y El sagaz Estacio, marido examinado*. Ed. Francisco A. Icaza. Madrid: Espasa-Calpe, 1941.

Salomon, Noël. "Algunos problemas de sociología de las literaturas de lengua española." *Creación y público en la literatura española*. Ed. Jean-François Botrel y Serge Salaün. Madrid: Castalia, 1974. 15–39.

———. *Recherches sur le thème paysan dans la "Comedia" au temps de Lope de Vega*. Bordeaux: Institut d'Études Ibériques et Ibéro-Américaines de l'Université de Bordeaux, 1965.

Sánchez, José. *Academias literarias en el Siglo de Oro español*. Madrid: Gredos, 1961.

Sánchez, Magdalena S. *The Empress, the Queen, and the Nun*. Baltimore: Johns Hopkins UP, 1998.

Sánchez Sánchez, Mercedes. "Lo público y lo privado: acerca del epistolario de Quevedo." *Edad de Oro* 12 (1993): 293–301.

Santiago Páez, Elena. "*Animi medicamentum*: la biblioteca de Felipe IV de la Torre Alta del Alcázar." *El libro antiguo español*. Vol. 3: *El libro en palacio*. Ed. Maria Luisa López-Vidriero y Pedro M. Cátedra. Salamanca: Universidad de Salamanca, 1996. 285–314.

Sarduy, Severo. *Ensayos generales sobre el barroco*. Buenos Aires: Fondo de Cultura Económica, 1987.

Sayer, Andrew. "Bourdieu, Smith and Disinterested Judgement." *Sociological Review* 47.3 (1999): 403–31.

Schwartz, Lía. "Golden Age Satire: Transformations of Genre." *MLN* 105 (1990): 260–82.

———. "Quevedo." *Siglos de Oro: Barroco. Primer suplemento. Historia y crítica de la literatura española*. Ed. Aurora Egido. Barcelona: Crítica, 1992. 300–12.

———. *Quevedo: discurso y representación*. Pamplona: Universidad de Navarra, 1986.

———. "Quevedo y su obra: entre ecdótica y hermenéutica." Fernández Mosquera, *Estudios* 25–43.

———. "La representación del poder en la sátira áurea: del rey y de sus ministros en el *Dédalo* de B. L. de Argensola y en los *Sueños* de Quevedo." Redondo 33–47.

Schwartz, Lía. "En torno a la enunciación en la sátira: los casos de *El Crotalón* y los *Sueños*." *Lexis* 9 (1985): 209–27.

———. "Las voces del poeta amante en la poesía de Quevedo." Schwartz y Carreira 271–83.

Obras citadas

Schwartz, Lía, y Antonio Carreira, eds. *Quevedo a nueva luz: literatura y política*. Málaga: Universidad de Málaga, 1997.

Schwartz, Lía, e Ignacio Arellano. Estudio preliminar. Quevedo, *"Un Heráclito cristiano."*

Sellstrom, A. Donald. "La *Théodore* de Corneille ou le statut social de l'écrivain." *L'Âge d'or du mécénat: 1598–1661*. Ed. Roland Mousnier y Jean Mesnard. París: CNRS, 1985. 209–18.

Senabre, Ricardo. "Hipótesis sobre la cronología de algunos poemas quevedescos." *Homenaje a José Manuel Blecua*. Madrid: Gredos, 1983. 605–16.

Sendín Vinagre, Juan José. "'Un libro que los acote todos.' Repertorios, erudición y anotación erudita en el Siglo de Oro. Un modelo: la *Arcadia* de Lope de Vega." Tesis doctoral. Universidad de Valladolid, 1999.

Sieber, Harry. "The Magnificent Fountain: Literary Patronage in the Court of Philip III." *Cervantes* 18.2 (1998): 85–116.

Simeoni, Daniel. "Anglicizing Bourdieu." Brown y Szeman 65–86.

Simón Díaz, José. "Censo de escritores al servicio de los Austrias." *Censo de escritores al servicio de los Austrias y otros estudios bibliográficos*. Madrid: CSIC, 1983. 7–32.

———. *Cien escritores madrileños del Siglo de Oro*. Madrid: Insituto de Estudios Madrileños, 1975.

———. "El mecenazgo en la España de los Austrias." *Actes du XXVIIIe Colloque International d'Etudes humanistes de Tours*. Ed. Pierre Aquilon y Henri-Jean Martin: París: Promodis, 1988. 112–21.

———. "Tráfico de alabanzas en el Madrid literario del Siglo de Oro." *Anales del Instituto de Estudios Madrileños* 14 (1977): 197–202.

Smith, Paul Julian. *Quevedo on Parnassus: Allusive Context and Literary Theory in the Love Lyric*. Londres: MHRA, 1987.

———. *Writing in the Margin: Spanish Literature of the Golden Age*. Oxford: Oxford UP, 1988.

Spufford, Margaret. *Contrasting Communities: English Villagers in the Sixteenth and Seventeenth Centuries*. Cambridge: Cambridge UP, 1974.

Suárez de Figueroa, Cristóbal. *El pasajero*. Ed. María Isabel López Bascuñana. Presentación de José Manuel Blecua Teijeiro. 2 vols. Barcelona: PPU, 1988.

Tarsia, Pablo Antonio de. *Vida de don Francisco de Quevedo y Villegas*. Ed. facsímil a cargo de Melquíades Prieto Santiago. Cuenca: Universidad de Castilla–La Mancha, 1997.

Teresa de Jesús, Santa. *La vida. Las moradas*. Ed. Rosa Navarro Durán. Barcelona: Planeta, 1984.

Thompson, I. A. "The Nobility in Spain, 1600–1800." *The European Nobilities in the Seventeenth and Eighteenth Centuries*. Ed. H. M. Scott. Vol. 1. Londres: Longman, 1995.

Obras citadas

Throsby, David. *Economics and Culture*. Cambridge: Cambridge UP, 2001.

Tirso de Molina [Fray Gabriel Téllez], atrib. *El burlador de Sevilla y convidado de piedra*. Ed. Joaquín Casalduero. 6ª ed. Madrid: Cátedra, 1982.

Tomás y Valiente, Francisco. *Los Validos en la monarquía española del siglo XVII: estudio institucional*. Madrid: Siglo XXI, 1982.

Torre, Francisco de la. *Poesía completa*. Ed. María Luisa Cerrón Puga. Madrid: Cátedra, 1984.

Torre, Guillermo de. "Lope de Vega y la condición socioeconómica del escritor en el siglo XVII." *Cuadernos Hispanoamericanos* 161–62 (1963): 249–61.

Vaíllo, Carlos. "Hacia una cronología de la poesía satíricoburlesca de Quevedo." *La edición de textos: Actas del I Congreso Internacional de Hispanistas del Siglo de Oro*. Ed. Pablo Jauralde, Daniel Noguera y Alfonso Rey. Londres: Tamesis, 1990. 477–82.

Valente, José Ángel. *El vuelo alto y ligero*. Ed. César Real Ramos. Salamanca: Universidad de Salamanca, 1998.

Vázquez Lesmes, Rafael. "El cabildo catedralicio cordobés en tiempos de Felipe II: limpieza de sangre y élite de poder." *Felipe II y su tiempo*. Ed. José Luis Pereira Iglesias. Cádiz: Universidad de Cádiz, 1999. 597–603.

Vega, Lope de. "Arte nuevo de hacer comedias en este tiempo." Ed. Juan Manuel Rozas. Online. Biblioteca Virtual Miguel de Cervantes. Internet. 6 de junio de 2003. Disponible en: http://cervantesvirtual.com/servlet/SirveObras/02937407321706029101813/p0000001.htm#I_1_.

———. *Cartas*. Ed. Nicolás Marín. Madrid: Castalia, 1985.

———. *Cartas completas*. Ed. Ángel Rosenblat. 2 vols. Buenos Aires: Emecé, 1948.

———. *La Dorotea*. Ed. José Manuel Blecua. Madrid: Cátedra, 1996.

———. *La noche de san Juan*. Online. Association for Hispanic Classical Theater. Internet. 2 de julio de 2002. Disponible en: http://www.trinity.edu/org/comedia/lope/nochsj.html.

———. *Obras selectas*. Ed. Federico Carlos Sáinz de Robles. 3 vols. México, DF: Aguilar, 1991.

———. *El peregrino en su patria*. Ed. Juan Bautista Avalle-Arce. Madrid: Castalia, 1973.

———. *Poesía selecta*. Ed. Antonio Carreño. Madrid: Cátedra, 1984.

———. *Rimas humanas y otros versos*. Ed. Antonio Carreño. Barcelona: Crítica, 1998.

Vélez de Guevara, Luis. *El diablo cojuelo*. Ed. Ángel Raimundo Fernández González e Ignacio Arellano. Madrid: Castalia, 1988.

Viala, Alain. *Naissance de l'écrivain: Sociologie de la littérature à l'âge classique*. París: Minuit, 1985.

Obras citadas

Villar Amador, Pablo. *Estudio de las Flores de poetas ilustres de España de Pedro Espinosa*. Granada: Universidad de Granada, 1994.

Vivar, Francisco. "El poder y la competencia en la disputa literaria: la *Perinola* frente al *Para todos*." *Hispanic Review* 68.3 (2000): 279–93.

———. *Quevedo y su España imaginada*. Madrid: Visor, 2002.

Walters, D. Gareth. *Poems to Lisi*. Exeter: U of Exeter P, 1988.

Wardropper, Bruce, ed. *Historia y crítica de la Literatura Española*. Vol. 3. Barcelona: Crítica, 1983.

Weber, Max. *Economy and Society: An Outline of Interpretive Sociology* [1914]. 3 vols. Ed. Guenther Roth y Claus Wittich. Trad. Ephraim Fischoff [et al.]. Nueva York: Bedminster, 1968.

Whinnom, Keith. *Medieval and Renaissance Spanish Literature: Selected Essays by Keith Whinnom*. Ed. Alan Deyermond, W. F. Hunter y Joseph T. Snow. Exeter: U of Exeter P, 1994. [Incluye "The Problem of the 'Best-Seller' in Spanish Golden Age Literature," reimpr. del orig. del *Bulletin of Hispanic Studies* 57 (1980): 189–98.]

Whitaker, Shirley B. "The Quevedo Case (1639): Documents from Florentine Archives." *MLN* 97.2 (1982): 368–79.

Williams, Raymond. *Culture and Society*. Londres: Hogarth, 1993.

Wilson, Edward M. "Inquisición y censura en la España del siglo XVII." *Entre las jarchas y Cernuda: constantes y variables en la poesía española*. Barcelona: Ariel, 1977. 247–72.

———. "Quevedo para las masas." *Entre las jarchas y Cernuda: constantes y variables en la poesía española*. Barcelona: Ariel, 1977. 275–97.

Wilson, Katharina M., y Frank J. Warnke, eds. *Women Writers of the Seventeenth Century*. Athens: U of Georgia P, 1989.

Wittgenstein, Ludwig. *Philosophical Investigations*. Ed. G. E. M. Anscombe y R. Rhees. 3ª ed. Nueva York: Macmillan, 1968.

Woods-Marsden, Joanna. *Renaissance Self-Portraiture: The Visual Construction of Identity and the Social Status of the Artist*. New Haven: Yale UP, 1998.

Wright, Elizabeth R. *Pilgrimage to Patronage: Lope de Vega and the Court of Philip III, 1598–1621*. Lewisburg: Bucknell UP, 2001.

———. "Virtuous Labor, Courtly Laborer: Canonization and a Literary Career in Lope de Vega's *Isidro*." *MLN* 114 (1999): 223–40.

Wyndham, George. Introduction. *The Poems of Shakespeare*. Londres: Senate, 1994 [reimpr.; la ed. orig. es de 1898.].

Ynduráin, Domingo. "Maestro del lenguaje." *Historia 16* 55 (1980): 61–88.

Zabaleta, Juan de. *El día de fiesta por la mañana y por la tarde*. Ed. Cristóbal Cuevas García. Madrid: Castalia, 1983.

Zudaire, E. "Ideario político de don Gaspar de Guzmán, privado de Felipe IV." *Hispania* 25 (1965): 413–25.

Índice alfabético

Abad, Francisco, 222
Abad de Rute. *Ver* Fernández de Córdoba, Francisco
academias, 31, 40–42, 45–46, 54–55, 99, 105, 139–49, 181, 188–90, 281–82nn48–50
   Académie Française, 41, 45
   en Aragón, 41, 121, 282n49
   Arguijo (academia de), 143
   del Buen Retiro, 45
   francesas, 41
   jerarquía, 143
   de Medrano o Peregrina, 45, 143, 190
   de Mendoza, Francisco de, 45, 46, 146, 162
   mujeres, participación y asistencia, 31, 146–48
   nobleza, asistencia de y críticas a, 142–48
   Nocturnos, academia de los (Valencia), 140, 149
   reglas y razones de su existencia, 45–46, 147, 295n33
   Saldaña, academia del conde de, 143, 188
   Selvaje (academia de Francisco de Silva o del Parnaso), 143, 190
   en Sevilla, 41, 281–82n48
   como "sociotopo" de la cultura cortesana, 12, 141, 266, 276n5
   vejámenes y burlas, 31
Acevedo, Fernando de, 112, 233
action theory. *Ver* teoría de la acción
agency. *Ver* teoría de la acción
agudeza. *Ver* prácticas agudas e ingeniosas
Alarcón, Juan Ruiz de. *Ver* Ruiz de Alarcón, Juan
Alemán, Mateo, 48, 98
   Guzmán de Alfarache, 32, 38, 49, 293n20
alfabetización, y niveles de lectura, 10, 26–31, 278n23
Alfonso X, El Sabio, 112

Almansa y Mendoza, Andrés de, 71, 76–77, 85, 136, 300nn18 y 24
Alonso, Dámaso, 2, 70, 90, 137, 185
Alonso Cortés, Narciso, 86
Amadís de Gaula, 32
Amelang, James S., 29
Angulo y Pulgar, Martín de, *Epístolas satisfactorias*, 67, 71
Arellano, Ignacio, 184, 234
Argensola, los. *Ver* Leonardo de Albión, Gabriel; Leonardo de Argensola, Bartolomé; Leonardo de Argensola, Lupercio
Arguijo, Juan de, 66, 97
aristocracia. *Ver* academias; clientelismo y mecenazgo; sociedad cortesana
Ariza Canales, Manuel, 261
Arredondo, María Soledad, 132, 305n26
Asensio, Eugenio, 213, 220
Astrana Marín, Luis, 55, 178, 180, 214, 260
autorrepresentación, 48, 285n74
Ayamonte, marqués de. *Ver* Guzmán y Sotomayor, Francisco de

Baker, Edward, 113
Barahona de Soto, Luis, 66
Barcarrota, marqués de. *Ver* Portocarrero, Alonso de
Barrera y Leirado, Cayetano Alberto de la, 214
Barrionuevo, Gabriel de, 128
Barros, Alonso de, 38, 98
Baum, Doris L., 225
Becker, Gary, 14
Béjar, duque de. *Ver* López-Zúñiga, Alfonso Diego
Benegasi, Francisco, 67
Beverley, John R., 88, 110, 136, 163, 206
bibliotecas españolas (XVI–XVII). *Ver* lectura en España en los siglos XVI y XVII: bibliotecas
Biurrun Lizarazu, Javier, 223
Blecua, José Manuel, 148

335

Índice alfabético

Bloom, Harold, 302n8
Bocángel, Gabriel, 71, 132, 133, 190, 251, 279n29
Borbón, Isabel de, 160, 211
Borges, Jorge Luis, 218, 261, 270–71
Borja, Francisco de, príncipe de Esquilache, 67, 88, 115, 186
Boscán, Juan, 26–27, 82, 265
Bourdieu, Pierre, 2–3, 10–19, 51, 55, 198, 265
   capital simbólico, 13, 14
   críticas a su modelo, 14, 18–19
   crítica a la estética pura, 23–24
   distinción, 13
   La distinction: Critique social du jugement, 88
   doble historización, 16, 102, 177
   espacio de posibles, 14–15, 16,
   estructuralismo genético, 15
   The Field of Cultural Production, 17, 24, 52, 105, 169
   habitus. Ver habitus
   legitimidad, 13. *Ver también* campo literario: legitimación
   producción pura *vs.* producción a gran escala, 52
   Razones prácticas, 10, 55, 83, 174, 185, 187, 193, 219
   The Rules of Art, 10–11, 23, 24, 81, 87, 92, 99, 142, 219, 227
   tomas de posición, 12–13, 193
Bourg, Jean, Pierre Dupont y Pierre Geneste [eds.], 56, 226, 247–48, 251, 253, 255
Bouza Álvarez, Fernando J., 28, 32, 42, 84
Brocense, El. *Ver* Sánchez, Francisco
Brown, Jonathan, 141, 156, 161, 162, 248
Brown, Kenneth, 141, 287n17

Cabrera de Córdoba, Luis, 233
Calatayud, Francisco de, 162
Calderón de la Barca, Pedro, 99, 121, 125, 157, 251, 293n19
Calderón, Rodrigo, marqués de Siete Iglesias, 35, 122, 127, 151

campo literario, 22–23, 24–59, 265–67. *Ver también* academias; Bourdieu, Pierre; escritura
   competencia interna, 19, 49, 135, 148–49, 267
   distinción, 75–93, 188, 281n45
   espacios físicos y simbólicos, 99, 114, 120–21, 135, 140, 173, 265
   estrategias y jerarquía, 43, 44, 81–84, 102–06, 136, 173, 285n1, 295–96n35. *Ver también* géneros literarios
   legitimación, 19, 98–106, 123–26, 131–35, 139–49, 193. *Ver también* Bourdieu, Pierre
   polémicas. *Ver* polémicas literarias
   reflexividad, 266
   relación entre escritores y aristócratas, 161, 295n35. *Ver también* clientelismo y mecenazgo
   relación de los escritores con la religión, 121, 207, 214
campo de poder, 107–64. *Ver también* clientelismo y mecenazgo
Canavaggio, Jean, 119
Cancionero general (1511), 32
Candelas Colodrón, Manuel Angel, 190
capital cultural, 39, 144, 145. *Ver también* Bourdieu, Pierre; prácticas agudas e ingeniosas
Cárcel de amor, 32
Cárdenas, Jaime de 159
career studies, 9–10
Carlos II, 122
Caro, Ana, 31, 146
Caro, Rodrigo, 66, 235, 278n24
Caro Baroja, Julio, 56, 152, 247
Carreira, Antonio, 63, 69, 84, 185, 298n5
Carrillo y Sotomayor, Luis, 61, 66, 78, 86, 91, 92, 285n73, 289n33
cartas. *Ver* Góngora, Luis de: obras: *Epistolario*; Quevedo, Francisco de: cartas; Vega, Lope de: obras: cartas
Cascales, Francisco, 150

Índice alfabético

Castilla Aguayo, Juan de, 61
Castillo Solórzano, Alonso de, 60, 100, 116, 140, 190, 199, 283n56
Castro, Américo, 21, 22, 24
   Cervantes y los casticismos españoles, 21
   La realidad histórica de España, 165
   Vida de Lope de Vega (1562–1635) [y Hugo Rennert], 286n7
Castro, Guillén de, 87, 251
Celestina, La, 21, 32, 38, 293n20
Celma Valero, María Pilar, 68
Cerda, Antonio Juan Luis de la, duque de Medinaceli, 130, 142, 241, 245.
   Ver también Quevedo: relación con el duque de Medinaceli
Cerrón Puga, María Luisa, 194, 195
certámenes. *Ver* campo literario: competencia interna
Cervantes, Miguel de, 48, 52, 100–06, 119, 121, 162, 199, 257, 269
   habitus y dificultades cortesanas, 35–36, 62, 104–05, 145, 164, 189
   prestigio y trayectoria literaria, 52, 102–06, 114
   violencia simbólica en, 100–06, 266, 290n37
   —obras:
      Don Quijote de la Mancha, 32, 33, 49, 54, 61, 78, 94, 100, 103, 107, 108, 136, 283nn60–61
      Entremeses, 52
      La Galatea, 100, 103
      Novelas ejemplares, 293n20
      Persiles, 293n20
      Viaje del Parnaso, 43, 48, 98, 100–06, 116, 120, 266, 285n72, 301n2
Chartier, Roger, 2
Chevalier, Maxime, 3, 30, 52, 78, 93, 95–97, 175, 180, 280n38
Chumacero, José de, presidente de Castilla, 220, 241, 252, 253
Clamurro, William H., 167, 225, 262
clientelismo y mecenazgo, 113–14, 121–39, 145–46, 295–96n35, 296n36

Collado del Hierro, Agustín, 71
Collard, Andrée, 68, 192
Collins, Marsha S., 120
conceptismo. *Ver* polémicas literarias
Contag, Kimberly, 95, 176
Corneille, Pierre, 39, 227, 255, 281n46, 292n8, 301n6
Corral, Gabriel del, *La Cintia de Aranjuez*, 46
corte. *Ver* cultura cortesana; Madrid; Valladolid
Covarrubias Horozco, Sebastián de, 122
cronistas reales, 131–34, 294n23
Cros, Edmond, 93, 191, 275–76n4
Crosby, James O., 177, 211, 218
Cruickshank, Donald W., 46
Cruz, Anne J., 45, 141
culteranismo. *Ver* polémicas literarias
cultura cortesana, 37, 42, 112, 114–21, 129, 157, 159–61, 248, 293n15. *Ver también* academias; clientelismo y mecenazgo; sociedad cortesana; propaganda

Dadson, Trevor J., 98
Dantisco, Gracián, 97
Davies, Gareth, *A Poet in Court: Antonio Hurtado de Mendoza (1586–1644)*, 114, 145, 146, 161, 238
Dávila, Antonio Sancho, tercer marqués de Velada, 143, 215
Deleito y Piñuela, José, 109, 116
Díaz de Ribas, Pedro, 71
distinción literaria. *Ver* Bourdieu, Pierre; campo literario
Domínguez Ortiz, Antonio, 51, 230, 243
Dupont, Pierre. *Ver* Bourg, Jean
Duque de Estrada, Diego, *Comentarios del desengañado de sí mismo*, 125, 147
duque de Medinaceli. *Ver* Cerda, Antonio Juan Luis de la
duque de Osuna. *Ver* Téllez-Girón, Pedro

Egido, Aurora, 40, 121, 140
Elias, Norbert, 4, 9, 15, 16, 25, 55, 60, 112, 115, 116, 220, 230, 291n4

337

Índice alfabético

Elliott, John Huxtable, 111, 112, 124, 152, 155, 162, 187, 206, 224, 231, 238, 240, 242, 253, 260, 264
Enríquez Gómez, Antonio, 161, 263
Enríquez de Guzmán, María, 211, 231
escritura / escritores, 11, 12, 19, 30–31, 35, 38, 54, 61, 62, 113–14, 121–22, 124–25, 126, 131, 138, 147, 281n46, 291n7. *Ver también* interautorialidad; clientelismo y mecenazgo
Espinel, Vicente, 127, 145, 189
Espinosa, Pedro, 66
   Fábula de Genil, 54
   Flores de poetas ilustres de España, 86, 103, 136, 163, 170–72, 222, 285n73
Esquilache, príncipe de. *Ver* Borja, Francisco de
Estella, Diego de, *Tratado de la vanidad del mundo*, 48
Ettinghausen, Henry, 55, 166, 177, 186, 191, 202

Felipe II, 35, 37, 54, 86, 116, 132, 148, 153, 280n40, 292n8
Felipe III, 34, 36, 44, 107, 115, 116, 211, 222, 229, 230, 266
Felipe IV, 34, 111, 115, 131, 132, 148, 160, 162, 211–12, 252, 255–60, 266
Fernández-Daza Alvarez, Carmen, 123, 153
Fernández de Castro, Pedro, séptimo conde de Lemos, marqués de Sarria, 102, 120, 127, 147, 181
Fernández de Córdoba, Francisco, Abad de Rute, 34, 89, 91, 93, 137
Fernández de Córdoba, Luis, duque de Sessa, 72, 119, 124, 126, 129, 136, 159, 205. *Ver también* Vega, Lope de
Fernández de Velasco, Juan, Condestable de Castilla, *Observaciones del licenciado Prete Jacopín...* (atrib.), 67, 286n10
Fernández Guerra, Aureliano, 55

Fernández Mosquera, Santiago, 168, 175, 184, 226, 246, 256, 257, 297n3
Feros, Antonio, 36, 154, 256, 292n13
Ferrer, Benito, 234–35
Ferrer, Teresa, 153, 296n36
Flores de poetas ilustres de España. *Ver* Espinosa, Pedro
Francia, 30, 32, 39–41, 43–46, 132, 156, 211, 212, 223, 291n6
Friedman, Edward H., 75, 88
Fumaroli, Marc, 139
Furetière, Antoine, 44

Gálvez de Montalvo, Luis, *El pastor de Filida*, 38
Gaos, Vicente, 101, 102
García Santo-Tomás, Enrique, 115
García Valdés, Celsa Carmen, 117, 190
Garcilaso de la Vega, 67, 265
Garibay, Juan de, 132–33, 293n22
géneros y subgéneros literarios, 81–84, 102–03, 106, 234, 257, 285n71, 305–06n27
   picaresca, 178–79, 298n11
   poesía, 83, 110, 147, 153, 160, 163, 190, 285n1, 289n29, 291n7
   relaciones, 119–20, 129, 130–31, 281n41, 293n14, 296–97n40
   teatro, 43, 77, 87–88, 291n7
Geneste, Pierre. *Ver* Bourg, Jean
Giddens, Anthony, 8, 267, 297n1
Giménez Fernández, Clara, 141, 189
Godzich, Wlad, 58, 95
Gómez de Sandoval y Rojas, Diego, conde de Saldaña, 143
Gondomar, conde de. *Ver* Sarmiento de Acuña, Diego
Góngora, Luis de, 35, 39, 48, 62, 63–93, 109, 124, 133, 251, 257, 265, 267, 269
   ataques a su poesía, 79–81, 284–85n68, 286nn3 y 9, 287n14, 288n22, 290n34, 295n30. *Ver también* polémicas literarias
   comentarios a su poesía, 71, 74, 291n5

Índice alfabético

dificultad de su poesía, 76, 88–91, 194
distinción y competencia, 74–77, 84–93, 148, 171, 289n28
fama y difusión de sus obras, 71, 76–77, 110, 136, 170, 173, 186, 286n11, 289n26
habitus y personalidad, 84–86, 90, 91, 93, 121, 122, 164
Olivares, relación con, 39, 83, 84, 109, 122
polémicas. *Ver* polémicas literarias
—obras:
  "El conde mi señor se fue a Nápoles," 79
  "Carta de don Luis de Góngora, en respuesta de la que le escribieron," 60, 76
  "Con poca luz y menos disciplina...," 135, 285n2
  "Ensíllenme el asno rucio" (romance paródico), 91, 289n32
  Epistolario, 79, 80, 107, 199
  "Fábula de Píramo y Tisbe," 77
  "Hermano Lope, bórrame el soneto" (atrib.), 290n37
  Manuscrito Chacón, 84, 122, 289n33
  "Musa que sopla y no inspira," 172, 298n5
  Panegírico al duque de Lerma, 34, 137, 154, 281n43
  "Pisó las calles de Madrid...," 294n29
  "Por tu vida, Lopillo, que...," 123–24
  Polifemo, 54, 74, 91, 92, 96, 135, 267, 289–90nn33–34
  "¿Qué lleva el señor Esgueva?" 170, 287n15
  "Royendo, sí, mas no tanto," 289n30
  "Señor, aquel Dragón de inglés veneno," 299n15
  Soledades, 48, 53–54, 85, 96, 120, 135, 267, 283–84n62
  Sonetos, 53, 285n2, 290n37
González, José[ph], 111
González de Amezúa, Agustín, 55
González de Bobadilla, Bernardo, *Ninfas de Henares*, 100
González de Salas, José Antonio, 131, 185, 263, 271
Gracián, Baltasar, 81–82, 96, 121, 136, 158, 174–75, 284–85n68
Granada, fray Luis de, *Libro de la oración*, 32
Greene, Robert, 78, 79, 281n47
Griffin, Clive, 32
Guéret, Gabriel, 44
Guevara, fray Antonio de, 32, 33, 108, 116
Guillén, Claudio, 168, 183
Gumbrecht, Hans Ulrich, 3
Gutiérrez, Carlos M., 20, 105, 185, 242, 264
Guzmán, Ramiro Felipe de, duque de Medina de las Torres, 124, 194
Guzmán de Alfarache. *Ver* Alemán, Mateo
Guzmán y Pimentel, Gaspar de, conde-duque de Olivares, 35, 36, 72, 73, 109, 111, 127, 131, 142, 152, 155, 156, 159, 223, 249, 250, 270. *Ver también* Quevedo: relación con Olivares
Guzmán y Sotomayor, Francisco de, marqués de Ayamonte, 124, 126, 128

Habermas, Jürgen, 227
habitus, 14, 15, 22, 23, 35, 98, 217–27. *Ver también* Cervantes, Miguel de; Góngora, Luis de; Vega, Lope de; Quevedo, Francisco de
Harst, David H., 91
Hartung, Fritz, 111
Heredia, Cristóbal de, 79, 109
Herrera, Fernando de, 66, 67, 68, 73, 86, 170, 195–98, 265, 281n48
Herrero García, Miguel, 49
Humphrey Newcomb, Lori, 78
Hurtado de Mendoza, Antonio, 4, 35, 115, 122, 124–27, 145–46, 161–62, 189, 190, 239, 251

Ife, B. W., 47
Inman Fox, E., 158

Índice alfabético

ingenio. *Ver* prácticas agudas e ingeniosas
interautorialidad, 19, 20–22, 98–106, 141–42, 145, 198–200, 237, 239–40, 267–68, 277n13. *Ver también* academias
intercasticismo (Américo Castro), 21
intertextualidad, 79, 91, 141, 172, 194, 205, 215, 284nn63 y 67, 288n21, 299–300n18

Jammes, Robert, 63, 64, 68, 73, 85, 88, 176, 283n62
Jaramillo Cervilla, Manuel, 225
Jauralde Pou, Pablo, 92, 118, 168, 172, 184, 218, 220, 249, 262
Jáuregui, Juan de, 64, 66, 68, 75, 148, 156, 162, 199, 202, 204, 251, 279n29
Jiménez de Enciso, Diego, 162
Jonson, Ben, 39, 40, 78
Juan II de Castilla, 112, 291n3
justas y certámenes. *Ver* campo literario: competencia interna

Kagan, Richard, L. 26, 132, 150, 277n20
King, Willard F., 99–100, 141, 148, 149
Komanecky, Peter M., 68–69, 196

Laredo, Antonio de, 125
Lastanosa, Juan Vicencio, 136, 137
Lazarillo de Tormes, 278n22, 280n38, 293n20
Lázaro Carreter, Fernando, 68, 86, 90, 93, 170
lectura en España en los siglos XVI y XVII, 25–34, 278n23, 289n25. *Ver también* escritura; géneros y subgéneros literarios
　bibliotecas, 34, 131, 278n23, 279n30, 280n39, 291n1, 293n20
　caballerías, libros de, 30, 279n30, 291n1
　imprenta, libreros y tiraje, 26, 38, 42, 46
　lectura femenina, 29–32, 279n32
　tipos de lectores y niveles de lectura, 47, 77–78, 103–04, 278n25
Ledesma, Alonso de, 97, 172, 180

Lemos, conde de. *Ver* Fernández de Castro, Pedro
León, fray Luis de, 72, 73, 74, 194
Leonardo de Albión, Gabriel, 125, 128
Leonardo de Argensola, Bartolomé, 82, 92, 125, 127, 128, 133, 171, 200
Leonardo de Argensola, Lupercio, 82, 92, 125, 127, 133, 171, 200
Lerma (villa ducal), 119, 129, 293n15
Lerma, duque de. *Ver* Sandoval y Rojas, Francisco
Lida, Raimundo, 166, 183, 261
Liñán y Verdugo, Antonio, *Guía y avisos de forasteros que vienen a la corte* (atrib.), 116
Lipsio, Justo, 69, 170, 171–72, 175, 210, 302n9
Lisón Tolosana, Carmelo, 258–59
Lisón y Biedma, Mateo, *El tapaboca*, 180, 239
literatura. *Ver* escritura
Lokos, Ellen D., 105
López Aranguren, José Luis, 58
López Bueno, Begoña, 66, 67
López de Enciso, Bartolomé, *Desengaño de celos*, 100
López de Úbeda, Francisco, *La pícara Justina* (atrib.), 48, 49, 151, 179, 293n20
López de Vega, Antonio, *Paradoxas racionales*, 97
López de Vicuña, Juan, 71, 74, 80, 148, 208
López Poza, Sagrario, 183
López Ruiz, Antonio, 174, 180, 191, 222, 223
　Quevedo: Andalucía y otras búsquedas, 191
　Quevedo y los franceses, 174, 180
López-Zúñiga, Alfonso Diego, duque de Béjar, 136, 138
Lucas Hidalgo, Gaspar, 97
Luis de León, fray. *Ver* León, fray Luis de

Madrid (epicentro socioliterario, personaje), 37, 42, 46, 50, 93, 115, 116, 120, 135, 139, 265
Mal Lara, Juan de, 41, 139, 281n48

Índice alfabético

Malvezzi, Virgilio, 245
Manuscrito Chacón. *Ver* Góngora, Luis de: obras: Manuscrito Chacón
Maqueda, duque de. *Ver* Cárdenas, Jaime de
Maquiavelo, Nicolás [Niccolo Macchiavelli], 25, 259
Maravall, José Antonio, 16, 23, 31, 37, 38 42, 50, 51, 58, 87, 95, 110, 145, 157, 158, 163, 206, 225, 235, 247, 277n21
Mariana, Juan de, 133, 134, 155, 156, 294n27, 305n24
Marichal, Juan, 222
Marina, José Antonio, *Elogio y refutación del ingenio*, 94, 95
Marino, Adrian, 281n45
Mariscal, George, 7, 17, 53, 55, 62, 100, 112, 119, 158
Márquez Villanueva, Francisco, 49
Martín Jiménez, Alfonso, 100
Martínez Arancón, Ana, 76, 136
Martínez de Portichuelo, Francisco, 74
Mártir Rizo, Juan Pablo, 99, 199, 235
McGaha, Michael, 263
mecenazgo. *Ver* clientelismo y mecenazgo
Medina de las Torres, duque de. *Ver* Guzmán, Ramiro Felipe de
Medinaceli, duque de. *Ver* Cerda, Antonio Juan Luis de la
Medinilla, Baltasar Elisio de, 126, 199
Medrano, Sebastián Francisco de, 66, 146, 190
Mendoza, Alvaro, *El Scholástico*, 97
Mercader, Gaspar, conde de Buñol, *El prado de Valencia*, 37, 47
Mesa, Cristóbal de, 127, 142, 213
metaliteratura, 48, 88, 94, 103, 137, 148, 283nn59–61
Mexía, Pedro, *Silva de varia lección*, 33
Mira de Amescua, Antonio, 87, 99, 128, 190, 199, 251
Moi, Toril, 18
Molière [Jean-Baptiste Poquelin], 39, 281n46
Monge, Félix, 68
Mongrédien, George, 40,
Monnani, Bernardo, 217, 251

Montaigne, Michel de, 262
Morales, Ambrosio de, 133
Morovelli, Francisco, 175
Mousnier, Roland, 111
mujer, 129. *Ver también* academias; lectura
Muñoz de Melo, Francisco, 286n3

Nalle, Sara T., 28, 29
Nider, Valentina, 262
Niseno, Basilio, 200, 204
nobleza. *Ver* academias; clientelismo y mecenazgo; sociedad cortesana
Nocturnos, academia de los. *Ver* academias

Oliste, Jorge de, 126
Olivares, conde-duque de. *Ver* Guzmán y Pimentel, Gaspar de
Olivares, Julián, 184
Ortigosa, Francisco de, 128
Osuna, duque de. *Ver* Téllez-Girón, Pedro
Oviedo, Francisco de, 242, 304n21

Pacheco, Francisco, 41, 131, 196, 267
Pacheco de Narváez, Luis, 203, 204, 210, 220
Pantaleón de Ribera, Anastasio, 70, 162, 163, 287n17
Paravicino, fray Hortensio Félix de, 98, 199, 251, 301n5
Parker, Alexander A., 68, 93
Parra, Adam de la, 111, 156, 206, 247, 250, 304n20
Pasamonte, Jerónimo de, 100
Paz, Amelia de, 63, 64
Pellicer [de Ossau] Salas y Tovar, José, 74, 104, 133, 156, 163, 190, 199, 214, 224, 252, 283n62
Pérez de Montalbán, Juan, 202–04, 251, 267, 299n17
Peraita, Carmen, 225, 232, 256, 261, 305n24
Pérez Cuenca, Isabel, 33
Pérez de Herrera, Cristóbal, 98
Pérez de Hita, Ginés, *Guerras civiles de Granada*, 29, 32
Pícara Justina. *Ver* López de Úbeda, Francisco

341

Índice alfabético

Pineda, Juan de, S. J., 80, 136, 148, 207, 208–09, 286n9
Pinheiro da Veiga, Tomé, *Fastiginia*, 97, 174, 180
pintura. *Ver* propaganda
poder. *Ver* campo de poder
poesía. *Ver* géneros y subgéneros literarios
polémicas literarias
    "culteranos-conceptistas," 65–69, 288n22
    castellanos-andaluces, 64, 66–68, 71–75, 299n15
    Francia, 44, 156
    Góngora, 53, 63–75, 91, 135–36, 148, 170, 172–73, 192–93, 290n34, 295n30. *Ver también* Góngora, Luis de: ataques a su poesía
    Inglaterra, 40, 78–79
    Lope, 64, 65, 74, 75, 78, 88, 299n15
    llanos-cultos, 65–67, 192–98, 203
    Quevedo, 63–75. *Ver también* Quevedo, Francisco de: polémicas literarias y religiosas
Polo de Medina, Salvador Jacinto, 71
Porqueras Mayo, Alberto, 103
Portocarrero, Alonso de, marqués de Villanueva de Barcarrota, 174, 181, 212
prácticas agudas e ingeniosas, 93–97, 125, 141
Prete Jacopín (pseud.), *Observaciones… contra las "Anotaciones" de Fernando de Herrera* (atrib. a Juan Fernández de Velasco), 198
privados. *Ver* sociedad cortesana
propaganda, 50, 112, 149–64, 282n51, 301–02n7
    corográfica, 150, 293n21
    histórico-política, 124, 132, 149, 151, 249–50
    ideológico-señorial (Maravall), 50–51, 158
    personal/familiar/nobiliaria, 151–57, 296n36
    pintura (uso propagandístico), 154, 156, 157
    religiosa, 150
    tipos, 150–51
Pujols, barón de, 223

Quevedo, Francisco de, 53–58, 63–75, 82, 104–05, 121, 126, 165–271 *passim*. *Ver también* polémicas literarias
    acción literaria, 4, 169–216, 268
    acción política, 217–64, 268
    ansiedad de influencia, 164, 166–67, 228–36, 255, 257, 260, 302n8
    antisemitismo, 56, 242, 246, 250, 264, 277n15, 287n14. *Ver también* Quevedo: obras: *Execración contra los judíos*
    ataques a los culteranos. *Ver* polémicas literarias
    ataques a Quevedo, 104, 125, 175, 180, 181, 204, 210. *Ver también Tribunal de la justa venganza*
    atribuciones y desatribuciones, 63–64, 287n18
    cartas, 17, 159, 217, 234, 238, 242, 243, 244, 245, 246, 252, 259
    censuras (incluidas las inquisitoriales) y aprobaciones, 177–78, 201, 207, 208, 214, 220, 261
    cultura cortesana, participación, 214–16, 300n22
    dedicatorias, 181, 200, 202, 210, 211, 212, 214, 219, 223, 229, 231, 251, 257
    epistolario. *Ver* Quevedo: cartas
    escritura y estilo, 167–68, 202, 211, 256–57, 267, 297n2, 305–06n27
    estoicismo, 211, 242, 287n16, 303n16
    fama e imagen pública, 48, 167, 172, 174–76, 185–86, 191, 213, 220, 251, 252–53, 298n10, 300n24, 304–05nn22 y 23
    habitus y personalidad, 56, 166, 168, 170, 171, 182, 187–88, 190–91, 214–16, 217–36, 251, 254, 260,

267, 292n12, 297n4, 299n12, 301nn 2 y 5
hombre de acción, 165, 222
humanista, 167, 183–84, 199, 298n6
instrumentalización política de la literatura y la religión, 56, 247, 249–50, 254–64, 269
Italia (estancia; viajes), 138, 191–92, 268
pensamiento político, 219, 222–27, 232, 248, 250
poesía amorosa, 184–86
polémicas literarias y religiosas: 63, 65, 66, 70, 72, 170, 173, 175, 193, 200–05, 208–09, 214, 235–36, 242, 267, 285–86n1
prácticas literarias burlesco-ingeniosas, 97, 131, 167, 172, 174–76, 178, 200–05
QUEVEDO, 6, 20, 50, 55
relación con el duque de Medinaceli, 223–24, 228, 243, 245–47, 248, 249, 251, 253, 254, 269, 303n17
relación con el duque de Osuna, 126, 159, 179–80, 181, 191, 207, 221–23, 229, 268
relación con la nobleza en general, 130–31, 181, 248, 270, 300–01nn1 y 2
relación con Olivares, 111, 197, 205, 210, 214, 224, 231, 233, 237–55, 257, 269, 303n13, 304nn18 y 21
sátiras, 169, 177–78, 200–05, 229–31, 252–53, 286n3, 297n3, 304–05n22, 305n25
subjetividad, 53, 55–56, 158, 166, 268, 270
tomas de posición y trayectoria, 170–74, 179, 182–88, 192, 201–02, 213–14, 224, 226–27, 231, 243–60, 303n11, 305nn25 y 26
Valladolid (estancia), 180
vasallo del rey, 249, 255–60
—obras:
  Aguja de navegar cultos, 63, 65, 70, 72, 193, 203, 205, 287–88n19

"Al Rey Católico, Nuestro señor don Felipe IV" (soneto), 259
"Alguacil del Parnaso, Gongorila," 205
El alguacil endemoniado, 181, 212, 251
"Al que de la guarda ha sido," 130
Anacreonte, 184, 202
"Aquella frente augusta...," 215
"Al bastón que le vistes en la mano," 248
"Atlante que en la cruz sustentas cielo," 264
"Bermejazo platero de las cumbres," 94
Breve compendio de los servicios de Francisco Gómez de Sandoval, 259
El Buscón, 37, 49, 54, 93, 117, 168, 178–79, 180, 187, 200, 268, 298n11, 300–01n1, 305–06n27
La caída para levantarse... [*Vida de San Pablo*], 167, 189, 262, 298n10
"Carta a la duquesa de Olivares...," 129–30
"Carta del Rey don Fernando el Católico" (ed.), 223, 231, 232
Carta al serenísimo Luis XIII, 167, 201, 259
El chitón de las tarabillas, 95, 137, 151, 155, 167, 180, 199, 210, 220, 237, 238, 244
Cinco silvas, 189
"Comento contra... don Juan de Alarcón," 162
Cómo ha de ser el privado, 155, 167, 237, 238–40, 244, 303n15
La culta latiniparla, 63, 65, 70, 72, 193, 287–88n19
La cuna y la pultura, 202, 204, 221, 257
Dedicatoria, *Poesía completa* de Francisco de la Torre, 194–97
Defensa de Epicuro, 303n16

343

Índice alfabético

Quevedo, Francisco de: obras *(continuación)*
"Deja la procesión, súbete al paso," 264
Descífrase el alevoso manifiesto en que previno el levantamiento del duque de Berganza, 259
Dichos y hechos del... duque de Osuna (desaparecida), 222
Discursos de la privanza, 167, 229, 268, 269, 302n9
"Enigma del ojo de atrás," 176
Epícteto, 186, 220
"Epístola satírica y censoria," 230, 257
"Érase una cena," 130
"La esfera en que divide bien compuesta," 264
España defendida, 167, 174, 184, 201, 212, 229, 256, 269, 302n10
Execración contra los judíos, 56, 167, 226, 234, 242, 245, 246, 250, 251, 254, 257, 258, 263, 264, 269, 271
"Fiesta de toros literal y alegórica," 237, 238–39, 244
"Floris, la fiesta pasada," 130
Grandes anales de quince días, 223, 231–34
Heráclito cristiano, 179
La hora de todos, 56, 169, 194, 222, 226, 245, 250, 251, 253–54, 263, 264, 269, 271
Introducción a la vida devota, 202, 220
Juguetes de la niñez, 177, 193, 221
Lágrimas de Jeremías, 167, 184, 201, 212
Job, 167, 209, 249
Lince de Italia u zahorí español, 217, 258, 269
Marco Bruto, 167, 189, 201, 223, 236, 243, 254, 304n21, 305n24
Lo más corriente de Madrid, 116
Memorial a una academia, 179, 190, 271

Memorial por el patronato de Santiago, 221, 236, 258
"Miré los muros de la patria mía," 270
Mundo caduco, 223
"Noticia, juicio y recomendación de la *Utopía* y de Tomás Moro," 198, 260, 302n9
Obras propias y traducciones latinas de fray Luis (ed.), 194
Obras del bachiller Francisco de la Torre (ed.), 194
Orlando, poema de las necedades y locuras de, 203
Panegírico a la majestad de don Felipe IV, 259
El Parnaso español, 186
Perinola, 48, 193, 202, 204, 266, 299n17
Phocílides, 184, 202, 212, 220, 229
"Poeta de ¡Oh qué lindicos!" (atrib.), 64, 205
Política de Dios, 33, 207, 210, 220, 221, 231, 232, 244, 249, 254–64 *passim*, 268, 271
Pregmática de aranceles generales, 61, 268
Premática del desengaño contra los poetas güeros, 61, 268
Premática del tiempo, 61, 268
Premáticas de estos reinos, 61, 268
Providencia de Dios, 262
Quien miente más, medra más (atrib., coautor con Hurtado de Mendoza), 237
La rebelión de Barcelona, 259, 305n26
Relación con que se declaran las trazas con que Francia ha pretendido inquietar los ánimos, 259
Remedios de cualquier fortuna, 221
"Respuesta al padre Pineda," 208–09
El Rómulo (trad.), 202, 220, 245
"Salvó aventuradas flotas," 248–49

Índice alfabético

Sermón estoico, 257
silvas, 189
Su espada por Santiago, 236
Los sueños, 61, 167, 175, 181, 200, 201, 211, 231, 257, 268
Vida de la corte, 54, 116-18, 173, 297n4
Vida de santo Tomás de Villanueva, 150, 167, 214, 220
Virtud militante, 202, 302n9
Visita y anatomía de la cabeza de Richelieu, 259
"Ya que coplas componéis," 170
"Yo te untaré mis obras con tocino" (atrib.), 66, 295n30
El zurdo alanceador, 213, 214

Racine, Jean, 39
Ranum, Orest, 132
Read, Malcolm K., 96, 97, 136
Reed, Cory A., 52
Rey, Alfonso, 169, 230, 234, 256, 259, 260, 301n2
Rey Hazas, Antonio, 151
Rico, Francisco, 93
Rioja, Francisco de, 35, 66, 122, 124, 196
    Aristarco, 124, 132, 151
    bibliotecario real, 131-32, 133
    Nicandro (atrib.), 156, 249
Riquer, Martín de, 100
Rivers, Elias L., 72
Robbins, Jeremy, 31, 40, 78, 81, 139, 144, 145, 161, 189
Robles, Juan de, 97, 214, 264
Rodríguez Moñino, Antonio, 83
Roca, conde de la. *Ver* Vera y Zúñiga, Juan Antonio de
Roig Miranda, Marie, 168, 264
Rojas Villandrando, Agustín de, *El viaje entretenido*, 49, 147
Romancero general (1600), 86
Roncero, Victoriano, 232, 234
Roses Lozano, Joaquín, 53, 76, 89, 90, 91, 95, 284n62
Rozas, Juan Manuel, 143

Rufo, Juan, 97, 277n18
Ruiz de Alarcón, Juan, 98, 162, 199
Ruiz de Castro, Francisco, octavo conde de Lemos, 138

Saavedra Fajardo, Diego de, 25, 156, 158, 265
Salas Barbadillo, Alonso Jerónimo de, 48, 100, 121, 143-44, 145, 189, 190, 199, 251
Salcedo Coronel, García de, 74, 145, 189, 283n62
Saldaña, conde de. *Ver* Gómez de Sandoval y Rojas, Diego
Salinas, conde de. *Ver* Silva y Mendoza, Diego de
Salinas de Castro, Juan de, 97, 207-08, 235
Salomon, Noël, 11, 206
Sánchez, Alfonso, *Expostulatio Spongiae*, 78
Sánchez, Francisco, El Brocense, 66, 195, 265
Sánchez, José, 141
Sánchez Sánchez, Mercedes, 211
Sandoval, fray Prudencio de, 154, 296n39
Sandoval, Sancho de, 246
Sandoval y Rojas, Bernardo, cardenal primado, 148, 212
Sandoval y Rojas, Francisco, duque de Lerma, 35, 36, 37, 127, 145, 213, 241
    patronazgo artístico y literario, 119, 122-23
    propagandismo, 153-54, 233, 296n39
Santa Cruz, Melchor de, 94
Santiago (apóstol). *Ver* Quevedo, Francisco de: polémicas literarias y religiosas
Sarmiento de Acuña, Diego, conde de Gondomar, 34, 107-08, 221, 279n30
Sarmiento Mendoza, Manuel, 195, 198, 235, 299n13
Schwartz, Lía, 184, 255, 305n25
self-fashioning. *Ver* autorrepresentación

Índice alfabético

Serrano de Paz, Manuel, 74
Sessa, duque de. *Ver* Fernández de Córdoba, Luis
Shakespeare, William, 39, 281n47
Sieber, Harry, 119, 153
Silva y Mendoza, Diego de, conde de Salinas, 115, 139, 163
Simón Díaz, José, 121
Smith, Paul Julian. 75, 77, 88, 179, 201
sociedad cortesana, 34–36, 50, 132–34, 127, 145–46, 150, 154–56, 256, 292–93n13. *Ver también* Elias, Norbert; cultura cortesana
Soto, Hernando de, 98
Soto de Rojas, Pedro, 71, 145, 189, 190
Spadaccini, Nicholas, 12, 19, 52, 58, 95
subjetividad, 53–58. *Ver también* Quevedo: subjetividad
Suárez de Figueroa, Cristóbal, 61, 92, 100, 121, 126
 El pasajero, 60, 126, 128, 142, 203
 Plaza universal de todas las ciencias, 70

Tamayo de Vargas, Tomás, 133, 294n24
 Notas a Garcilaso de la Vega, 131
 Restauración de la ciudad de Salvador de Bahía, 155
Tassis y Peralta, Juan de, conde de Villamediana, 115, 128, 139
teatro. *Ver* géneros y subgéneros literarios
Téllez-Girón, Pedro, duque de Osuna, 122, 124, 138, 159, 163, 191, 221–23.
 Ver también Quevedo, Francisco de
teoría de la acción, 10, 23
Teresa de Jesús, Santa, 29
Thompson, I. A., 145
Timoneda, Joan, 29
Tirso de Molina [Fray Gabriel Téllez], 54, 190
Toledo, Fadrique de, 213, 248–49
Tomás y Valiente, Francisco, 229
Torquemada, Antonio de, 33, 38
Torre, Francisco de la, 70, 72, 194
Tribunal de la justa venganza, 125, 181, 202, 251. *Ver también* Quevedo, Francisco de: ataques a Quevedo

Trillo y Figueroa, Francisco de, *Neapolisea*, 64, 71

Ulloa y Pereira, Luis de, 71, 123, 124
Urí, Manuel, 238, 246
Uztarroz, Juan Francisco Andrés de, 41, 133, 204, 282n49

Valdivielso, José de, 148, 172
Valencia, 120
Valencia, Pedro de, 89, 91, 92, 93, 133
Valente, José Ángel, 217, 270
Valladolid, 80, 116, 119, 151, 170, 180, 188
Valle, Luis del, 98
Vázquez, Mateo, 126
Vega, Bernardo de la, *El Pastor de Iberia*, 100
Vega, Garcilaso de la. *Ver* Garcilaso de la Vega
Vega, Lope de, 43–44, 48, 64, 65, 67, 71, 93, 99, 147, 151–53, 164, 189, 190, 213, 257, 265, 293n15, 296n36
 ambiciones sociales y cortesanas, 123–24, 132–34, 269, 282n55, 294n26
 autorrepresentación, 21, 119, 284n63, 291n2
 Belardo (pseud. de Lope), 100, 140
 biblioteca y bienes, 34
 Burguillos (pseud. de Lope), 143
 condición social y *habitus*, 118, 119, 138, 207, 286n7, 293n16, 295n31
 Góngora (polémica con). *Ver* polémicas literarias
 popularidad e imagen pública, 60, 77–78, 173, 265, 283n56
 relación con el duque de Sessa, 126, 129, 136, 159, 200
 —obras:
  "A las bodas venturosas," 120
  La Angélica, 77
  Arcadia, 21, 43, 44, 119
  Arte nuevo de hacer comedias en este tiempo, 46–47, 88, 266
  Bodas entre el alma y el amor divino, 154

Índice alfabético

El Brasil restituido, 157
"Canta, cisne andaluz..." (soneto), 72
"Carta que se escribió echadiza a don Luis de Góngora" (atrib.), 76, 288n23
cartas, 31, 60, 61, 87, 99, 107, 119, 123, 126–27, 129, 138, 159, 170, 200, 283n58, 294n26, 295nn31–33
La Circe, 74
La devoción del Rosario, 138, 294n28
La Dorotea, 74, 288n21, 299n15
Dragontea, 43, 44, 77, 119, 151–52
"Ensíllenme el potro rucio" (romance), 289n32
Fiestas de Denia, 44, 120
La hermosa Ester, 134, 153
La historial Alfonsina, 153
Isidro, 44, 77, 116, 119, 150
Laurel de Apolo, 29, 48, 98, 103, 104, 266
La noche de san Juan, 296n36, 300n22
"Otra epístola a un señor de estos reinos sobre la misma materia," 88
El peregrino en su patria, 21, 49, 61, 77, 87, 120, 136, 179, 199, 279–80n36
El premio de la hermosura, 115, 133–34, 153, 296n36
"Pululando de culto, Claudio amigo," 288n21
Los ramilletes de Madrid (*Dos estrellas trocadas*), 134, 153, 160
"Respuesta a un papel que escribió un señor de estos reinos en razón de la nueva poesía," 71
Rimas humanas, 43, 199, 284n63, 290n34
"Un soneto me manda hacer Violante," 47, 94
El testimonio vengado, 278n25

Veinte y una parte... de las comedias, 199
Velada, tercer marqués de. *Ver* Dávila, Antonio Sancho
Velázquez, Diego, 156, 157, 162
Vélez de Guevara, Luis, 35, 99, 124, 190, 199
  El diablo cojuelo, 31, 37, 115, 146–47
  Elogio del juramento..., 145, 189
Vera y Zúñiga, Juan Antonio de, conde de la Roca, 4, 78, 123, 124, 153, 155, 163, 210, 241, 264
Viala, Alain, 2, 39, 40–41, 44, 45, 46, 137
Villamediana, conde de. *Ver* Tassis y Peralta, Juan de
Villanueva, Jerónimo de, 127, 215, 220, 237
Villanueva, santo Tomás de, 150
violencia simbólica, 13, 98–106, 171, 192, 193, 290n37. *Ver también* Cervantes, Miguel de; polémicas literarias
Vivar, Francisco, 193, 299n17, 302n10

Weber, Max, 160
Whinnom, Keith, 32, 33, 77
Whitaker, Shirley B., 251
Williams, Raymond, 53, 226
Wilson, Edward M., 148
Wright, Elizabeth, 44, 119, 134, 136, 151, 152, 153

Ynduráin, Domingo, 165, 225, 260

Zabaleta, Juan de, *El día de fiesta por la mañana y por la tarde*, 31
Zayas, María de, 30, 146
Zudaire, E., 264
Zúñiga, Baltasar de, 35, 171, 209, 223, 231, 232
Zúñiga, Inés de, condesa-duquesa de Olivares, 129

Sobre el autor

Carlos M. Gutiérrez es profesor de la Universidad de Cincinnati y ha publicado numerosos estudios sobre Siglo de Oro y recepción cervantina. Es autor de *Dejémonos de cuentos* (1994; relatos). Actualmente trabaja en un libro sobre el *Viaje del Parnaso* y en *Recurso al método* (relatos).

www.ingramcontent.com/pod-product-compliance
Lightning Source LLC
Chambersburg PA
CBHW052142300426
44115CB00011B/1480